Rolf A. Schütze

Ausgewählte Probleme des internationalen Zivilprozessrechts

Rolf A. Schütze

Ausgewählte Probleme des internationalen Zivilprozessrechts

Von

Professor Dr. Rolf A. Schütze
Rechtsanwalt in Stuttgart

W DE G
RECHT

De Gruyter Recht · Berlin

∞ Gedruckt auf säurefreiem Papier, das die US-ANSI-Norm über Haltbarkeit erfüllt.

ISBN-13: 978-3-89949-331-3
ISBN-10: 3-89949-331-1

Bibliografische Information Der Deutschen Bibliothek

Die Deutsche Bibliothek verzeichnet diese Publikation in der Deutschen Nationalbibliografie; detaillierte bibliografische Daten sind im Internet über <http://dnb.ddb.de> abrufbar.

Printed in Germany

Datenkonvertierung/Satz: Werksatz Schmidt & Schulz, Gräfenhainichen
Druck und Bindung: Hubert & Co., Göttingen
Einbandgestaltung: Christopher Schneider, Berlin

Für B. A.

Vorwort

Die in diesem Band zusammengefassten Beiträge behandeln einige zentrale Fragen des internationalen Zivilprozessrechts. Sie sind zum großen Teil in den letzten 20 Jahren in Festschriften und juristischen Zeitschriften veröffentlicht worden. Alles ist überarbeitet und aktualisiert, Literatur und Rechtsprechung sind auf den aktuellen Stand gebracht, zwischenzeitliche Gesetzesänderungen berücksichtigt worden. Dabei bleibt jedoch die Sicht des Zeitpunktes der damaligen Veröffentlichung erhalten.

Ausgespart – mit einer Ausnahme – sind Probleme des deutsch-amerikanischen Rechtsverkehrs, denen ein besonderer – 2004 erschienener – Band gewidmet ist[1]. Der Band ergänzt das Handbuch *Deutsches Internationales Zivilprozessrecht*, dessen 2. Auflage vor einigen Monaten ebenfalls im Verlag de Gruyter Recht erschienen ist. Probleme, die nach der Konzeption des Werkes nicht vertieft behandelt werden konnten, finden in den hier zusammengefassten Beiträgen eine ausführliche Erörterung.

Den Verlagen, in denen die Beiträge erstmals publiziert worden sind, sei gedankt für die Genehmigung der Aufnahme in diesen Band.

Dank gebührt dem Geschäftsführer und Cheflektor des Verlags de Gruyter Recht, Herrn Dr. Schremmer, für aufmunternden Zuspruch, stete Hilfe und verlegerische Betreuung.

Stuttgart, Ostern 2006 Rolf A. Schütze

[1] Vgl. Schütze, Prozessführung und -probleme im deutsch-amerikanischen Rechtsverkehr, 2004

Inhaltsverzeichnis

Abgekürzt zitierte Literatur

Baumbach/Lauterbach/ Albers/Hartmann	Baumbach/Lauterbach/Albers/Hartmann, Kommentar zur Zivilprozessordnung, 63. Aufl., 2005
Geimer, Anerkennung	Geimer, Anerkennung ausländischer Entscheidungen in Deutschland, 1995
Geimer, IZPR	Geimer, Internationales Zivilprozessrecht, 5. Aufl., 2005
Geimer/Schütze, EuZVR	Geimer/Schütze, Europäisches Zivilverfahrensrecht, 2. Aufl., 2004
Geimer/Schütze, Internationaler Rechtsverkehr	Geimer/Schütze, Internationaler Rechtsverkehr in Zivil- und Handelssachen, o.J (Loseblattsammlung), bis 2005 Bülow/Böckstiegel/Geimer/Schütze, Internationaler Rechtsverkehr in Zivil- und Handelssachen
Geimer/Schütze,Internationale Urteilsanerkennung	Geimer/Schütze, Internationale Urteilsanerkennung, Bd. I/1, 1983; Bd. I/2, 1984, Bd. II, 1971
Kegel/Schurig, IPR	Kegel/Schurig, Internationales Privatrecht, 9. Aufl., 2004
Kropholler, Internationale Zuständigkeit	Kropholler, Internationale Zuständigkeit, in: Handbuch des Internationalen Zivilverfahrensrechts, Bd. I, 1982, S. 197 ff.
Kropholler, EuZPR	Kropholler, Europäisches Zivilprozessrecht, 8. Aufl., 2005
Linke, IZPR	Linke, Internationales Zivilprozessrecht, 4. Aufl., 2006
Martiny, Handbuch	Martiny Anerkennung ausländischer Entscheidungen nach autonomem Recht, in: Handbuch des Internationalen Zivilverfahrensrechts, Bd. III/1, 1984
MünchKomm ZPO/Bearbeiter	Münchener Kommentar zur ZPO, 2. Aufl., 2000/2001 mit Aktualisierungsband, 2003
Nagel/Gottwald, IZPR	IZPR Nagel/Gottwald, Internationales Zivilprozessrecht, 5. Aufl., 2002
Raape/Sturm, IPR	Raape/Sturm, Internationales Privatrecht, Bd. I: Allgemeine Lehren, 6. Aufl., 1977
Rauscher, IZVR	Rauscher, Internationales und Europäisches Zivilverfahrensrecht, 1999
Reithmann/Martiny/Bearbeiter, Internationales Vertragsrecht	Reithmann/Martiny, Internationales Vertragsrecht, 6. Aufl., 2004
Riezler, IZPR	Riezler, Internationales Zivilprozessrecht und prozessuales Fremdenrecht, 1949

Schack, IZVR	Schack, Internationales Zivilverfahrensrecht, 3. Aufl., 2002
Schlosser, EuZPR	Schlosser, EU-Zivilprozessrecht, 2. Aufl., 2002
Schröder, Internationale Zuständigkeit	Schröder, Internationale Zuständigkeit, 1971
Schütze, Prozessführung	Schütze, Prozessführung und -risiken im deutsch-amerikanischen Rechtsverkehr, 2004
Schütze, RV	Schütze, Rechtsverfolgung im Ausland, 3. Aufl., 2002
Schütze, DIZPR	Schütze, Deutsches Internationales Zivilprozessrecht unter Einschluss des Europäischen Zivilprozessrechts, 2. Aufl., 2005
Stein/Jonas/Bearbeiter	Stein/Jonas, Grosskommentar zur Zivilprozessordnung, 22. Aufl., 2002 ff.
Thomas/Putzo/Bearbeiter	Thomas/Putzo, Zivilprozessordnung, 27. Aufl., 2005
Walter, IZPR	Walter, Internationales Zivilprozessrecht der Schweiz, 3. Aufl., 2002
Wieczorek/Schütze/Bearbeiter	Wieczorek/Schütze, Großkommentar zur Zivilprozessordnung, 3. Aufl., 1994 ff.
Zöller/Bearbeiter	Zöller, Kommentar zur Zivilprozessordnung, 25. Aufl., 2005

Abkürzungsverzeichnis

aA	anderer Ansicht
aaO	am angegebenen Ort
Abk	Abkommen
AGBG	Allgemeines Bürgerliches Gesetzbuch (AU)
ABl.	Amtsblatt
abl.	ablehnend
ABl. (EG)	Amtsblatt der Europäischen Gemeinschaft
Abs.	Absatz
abw.	abweichend
AcP	Archiv für die civilistische Praxis
a.E.	am Ende
a.F.	alte Fassung
AG	Die Aktiengesellschaft oder Amtsgericht
AGB	allgemeine Geschäftsbedingungen
AJIL	American Journal of International Law (USA)
AktG	Aktiengesetz
All E.R.	The All England Law Reports (GB)
allg.	allgemein
Am.J.Comp.L.	The American Journal of Comparative Law (USA)
Anh.	Anhang
Anm.	Anmerkung
AnwBl.	Anwaltsblatt
AP	Arbeitsrechtliche Praxis, Nachschlagewerk des Bundesarbeitsgerichts
ArbGG	Arbeitsgerichtsgesetz
ArchVR	Archiv des Völkerrechts
Art.	Artikel (Mehrzahl: Artt.)
ATCA	Alien Tort Claims Act
Aufl.	Auflage
AuR	Arbeit und Recht
AusfG	Ausführungsgesetz
AusfVO	Ausführungsverordnung
ausl.	ausländisch
AVAG	Gesetz zur Ausführung zwischenstaatlicher Verträge und zur Durchführung von Verordnungen der Europäischen Gemeinschaft auf dem Gebiet der Anerkennung und Vollstreckung in Zivil- und Handelssachen (Anerkennungs- und Vollstreckungsausführungsgesetz)
AWD	Außenwirtschaftsdienst des Betriebsberaters (ab 1975 RIW/AWD, ab 1982 RIW)
BAG	Bundesarbeitsgericht

BAGE	Entscheidungen des Bundesarbeitsgerichts, amtliche Sammlung
BAnz	Bundesanzeiger
BayObLG	Bayerisches Oberstes Landesgericht
BayObLGZ	Entscheidungen des Bayerisches Obersten Landesgerichts, amtliche Sammlung
BB	Betriebsberater
BGB	Bürgerliches Gesetzbuch
BGBl.	Bundesgesetzblatt
BGE	Entscheidungen des Bundesgerichts (CH)
BGH	Bundesgerichtshof
BGHZ	Entscheidungen des Bundesgerichtshofs in Zivilsachen, amtliche Sammlung
BJM	Bundesministerium der Justiz
BöhmsZ	Zeitschrift für internationales Privat- und Strafrecht
BR	Bundesrat
BRAK-Mitt.	Mitteilungen der Bundesrechtsanwaltskammer
BRAO	Bundesrechtsanwaltsordnung
BRDrucks.	Bundesratsdrucksache
BT	Bundestag
BTDrucks.	Bundestagsdrucksache
BVerfG	Bundesverfassungsgericht
BVerfGE	Entscheidungen des Bundesverfassungsgerichts, amtliche Sammlung
BVerwG	Bundesverwaltungsgericht
B.Yb.Int.L.	The British Yearbook of International Law (GB) (auch: BYIL)
bzw	beziehungsweise
Cc	code civil (F) oder codice civile (I)
CCI	Chambre de Commerce Internationale
CIM	Anhang B zum COTIF über Eisenbahnbeförderung von Gütern
CISG	United Nations Convention on Contracts for the International Sale of Goods (UN Kaufrecht)
CIV	Anhang A zum COTIF über Eisenbahnbeförderung von Personen und Gepäck
CJ	Code judiciaire (B)
CMR	Genfer Übereinkommen über die Beförderung im internationalen Strassenverkehr v. 19.5.1956
COTIF	Übereinkommen über den internationalen Eisenbahnverkehr
cpc	Code de procédure civile (F) oder Codice di procedura civile (I)
DAJV-NL	Zeitschrift der Deutsch-amerikanischen Juristen-Vereinigung (Newsletter)
DB	Der Betrieb

ders.	derselbe
d.h.	das heißt
Diss.	Dissertation
DJ	Deutsche Justiz
DNotZ	Deutsche Notar-Zeitschrift
doc.	Document
DR	Deutsches Recht
DRiZ	Deutsche Richterzeitung
Drucks.	Drucksache
DRZ	Deutsche Rechts-Zeitschrift
DVBl	Deutsches Verwaltungsblatt
DVO	Durchführungsverordnung
DZWir	Deutsche Zeitschrift für Wirtschafts- und Insolvenzrecht (bis 1998 Deutsche Zeitschrift für Wirtschaftsrecht) abgekürzt bis 1992 auch DZWiR
EC	European Community
ECE	United Nations Economic Commission for Europe
EG	Einführungsgesetz oder Europäische Gemeinschaften
EGBGB	Einführungsgesetz zum BGB
EGMR	Europäischer Gerichtshof für Menschenrechte
EMRK	Europäische Menschenrechtskonvention
EheG	Ehegesetz
Einf.	Einführung
EMRK	Europäische Konvention zum Schutze der Menschenrechte
Erl.	Erläuterung
EU	Europäische Union
EuGH	Gerichtshof der Europäischen Gemeinschaften
EuGHE	Entscheidungen des Gerichtshofs der Europäischen Gemeinschaften, amtliche Sammlung
EuGVÜ	EWG-Übereinkommen vom 27.9.1968 über die gerichtliche Zuständigkeit und die Vollstreckung gerichtlicher Entscheidungen in Zivil- und Handelssachen
EuLF	The European Legal Forum
EuR	Europa-Recht
Euratom	Europäische Atomgemeinschaft
EuRAÜ	Europäisches Übereinkommen betreffend Auskünfte über ausländisches Recht
Europ.L.Rev.	European Law Review
EuZW	Europäische Zeitschrift für Wirtschaftsrecht
EWG	Europäische Wirtschaftsgemeinschaft
EWG-Vertrag	Vertrag zur Gründung der Europäischen Wirtschaftsgemeinschaf v. 25.3.1957
EwiR	Entscheidungen zum Wirtschaftsrecht
EWR	Europäischer Wirtschaftsraum

EWS	Europäisches Wirtschafts- & Steuerrecht – Betriebsberater für Europarecht
f., ff.	folgend, folgende
FamRÄndG	Familienrechtsänderungsgesetz
FamRZ	Zeitschrift für das gesamte Familienrecht
fasc.	Fascicule
FGG	Gesetz über Angelegenheiten der Freiwilligen Gerichtsbarkeit
FN	Fußnote
FS	Festschrift
G.	Gesetz
Gaz.du Pal.	Gazette du Palais (F)
gem.	gemäß
GG	Grundgesetz
ggf.	gegebenenfalls
GmbH	Gesellschaft mit beschränkter Haftung
GmbHG	Gesetz betreffend die Gesellschaften mit beschränkter Haftung
GmbHRdSch	Rundschau für GmbH
Gruchot	Beiträge zur Erläuterung des deutschen Rechts, begründet von Gruchot
GRUR	Gewerblicher Rechtsschutz und Urheberrecht
GRURInt	Gewerblicher Rechtsschutz und Urheberrecht, internationaler Teil
GS	Gedächtnisschrift
GVBl.	Gesetz- und Verordnungsblatt
GVG	Gerichtsverfassungsgesetz
GWB	Gesetz gegen Wettbewerbsbeschränkungen
HBÜ	Haager Übereinkommen über die Beweisaufnahme im Ausland in Zivil- und Handelssachen 1970
Herausg.	Herausgeber
HGB	Handelsgesetzbuch
h.L.	herrschende Lehre
h.M.	herrschende Meinung
HRR	Höchstrichterliche Rechtsprechung
HZPA	Haager Zivilprozessabkommen 1905
HZPÜ	Haager Zivilprozessübereinkommen 1954
HZÜ	Haager Übereinkommen über die Zustellung gerichtlicher und außergerichtlicher Schriftstücke im Ausland in Zivil- und Handelssachen 1965
IATA	International Air Transport Association
ICC	International Chamber of Commerce
ICLQ	International and Comparative Law Quarterly
idF	in der Fassung
IECL	International Encyplopedia of Comparative Law
ILA	International Law Association

insbes.	insbesondere
IPG	Gutachten zum ausländischen und internationalen Privatrecht
IPR	internationales Privatrecht
IPRax	Praxis des Internationalen Privat- und Verfahrensrechts
IPRG	Gesetz zur Neuregelung des internationalen Privatrechts (auch CH und I)
IPRspr.	Die deutsche Rechtsprechung auf dem Gebiete des Internationalen Privatrechs
i.S.	im Sinne von
IWB	Internationale Wirtschaftsbriefe
IZPR	internationales Zivilprozessrecht
IZVR	internationales Zivilverfahrensrecht
JA	Juristische Arbeitsblätter
JBl	Juristische Blätter (AU)
JbItR	Jahrbuch für italienisches Recht
J.Bus.L.	The Journal of Business Law
J.C.P.	Jurisclasseur Périodique (F)
Jher.Jb.	Jherings Jahrbücher für die Dogmatik des bürgerlichen Rechts
JMBl	Justizministerialblatt
JN	Jurisdiktionsnorm (AU)
JOR	Jahrbuch für Ostrecht
Journal Clunet	Journal de droit international (F)
JR	Juristische Rundschau
J.trib.	Journal des tribunaux (B)
JurA	Juristische Analysen
JurBüro	Das juristische Büro
JuS	Juristische Schulung
JW	Juristische Wochenschrift
JZ	Juristenzeitung
KG	Kammergericht
KTS	Konkurs-, Treuhand- und Schiedsgerichtswesen
leg.cit.	zitiertes Gesetz
LG	Landgericht
lit.	Buchstabe
LJV	Landesjustizverwaltung
Lloyd's Rep.	Lloyd's Law Reports (GB)
Lloyd's MCLQ	Lloyd's Maritime and Commercial Law Quarterly (GB)
LM	Nachschlagewerk des Bundesgerichtshofs, herausgegeben von Lindenmaier und Möhring
LS	Leitsatz
L.Q.Rev.	Law Quarterly Review (GB)
LugÜ	Luganer Übereinkommen vom 16.9.1988 über die gerichtliche Zuständigkeit und die Vollstreckung gerichtlicher Entscheidungen in Zivil- und Handelssachen

LZ	Leipziger Zeitschrift für Deutsches Recht
MDR	Monatsschrift für Deutsches Recht
m.w.N.	mit weiteren Nachweisen
N	Note oder Fußnote
Nachw.	Nachweis oder Nachweise
NATO	North Atlantic Treaty Organisation
NCPC	Noveau Code de procédure civile (F)
Nds.RPfl.	Niedersächsische Rechtspflege
Ned.Yb.IntL.	Netherland's Yearbook of International Law (NL)
n.F.	neue Fassung
NiemeyersZ	Niemeyers Zeitschrift für internationales Recht
NILR	Netherlands International Law Review (NL)
NJB	Nederlands Juristenblad (NL)
NJW	Neue Juristische Wochenschrift
NJW-RR	NJW Rechtsprechungs-Report Zivilrecht
NotBZ	Zeitschrift für die notarielle Beurkundungspraxis
Nr.	Nummer
OER	Osteuroparecht
öJZ	österreichische Juristenzeitung (AU)
öZPO	österreichische Zivilprozessordnung (AU)
OLG	Oberlandesgericht
OLGE	Die Rechtsprechung der Oberlandesgerichte auf dem Gebiet des Zivilrechts
OVG	Oberverwaltungsgericht
PrGS	preußische Gesetzessammmlung
Prot.	Protokoll
Q.B.	Law Reports, Queen's Bench Division (GB)
RabelsZ	Rabels Zeitschrift für ausländisches und internationales Privatrecht
RdA	Recht der Arbeit
RdC	Académie de Droit International, Recueil des Cours
Rdn.	Randnummer
Rev.crit.	Revue critique de droit international privé (F)
RG	Reichsgericht
RGBl.	Reichsgesetzblatt
RGZ	Entscheidungen des Reichsgerichts in Zivilsachen, amtliche Sammlung
RheinZ	Rheinische Zeitschrift für Zivil- und Prozessrecht des In- und Auslandes
RIW	Recht der Internationalen Wirtschaft (seit 1982, davor seit 1975 RIW/AWD, davor AWD)
RIW/AWD	Recht der Internationalen Wirtschaft – Außenwirtschaftsdienst des Betriebsberaters (seit 1975, ab 1982 RIW)
Rpfleger	Der deutsche Rechtspfleger
RPS	Recht und Praxis der Schiedsgerichtsbarkeit – Beilage zum Betriebsberater

Rs.	Rechtssache
Rspr.	Rechtsprechung
RvglHdWbch	Schlegelberger (Herausgeber), Rechtsvergleichendes Handwörterbuch für das Zivil- und Handelsrecht des In-und Auslandes
S.	Seite
s.	siehe
SchKG	Bundesgesetz über Schuldbetreibung und Konkurs (CH)
SchlHA	Schleswig-Holsteinische Anzeigen
schweizJZ	Schweizerische Juristenzeitung (CH)
SdN Rec.	Recueil des traités et des engagements enregistrés par le secretariat de la Société des Nations
Sec.	Section
Sem.judiciaire	La semaine judiciaire (F)
SJIR	Schweizerisches Jahrbuch für internationales Recht (CH)
SJZ	Süddeutsche Juristenzeitung
s.o.	siehe oben
Sp.	Spalte
StAZ	Zeitschrift für Standesamtswesen (jetzt: Das Standesamt)
StPO	Strafprozessordnung
str.	streitig
Suppl.	Supplement
SZIER	Schweizerische Zeitschrift für internationales und europäisches Recht (CH)
Trav.com.fr.dr.int.pr.	Travaux du comité français de droit international privé (F)
u.a.	unter anderem
UCC	Uniform Commercial Code (USA)
UFITA	Archiv für Urheber-, Film-, Funk- und Theaterrecht (seit 2000 Archiv für Urheber- und Medienrecht)
UN	United Nations
UNCITRAL	United Nations Commission on International Trade Law
UNIDROIT	Institut International pour l'Unification de Droit Privé
unstr.	Unstreitig
UNÜ	UN-Übereinkommen über die Anerkennung und Vollstreckung ausländischer Schiedssprüche vom 10.6.1958
UWG	Gesetz gegen unlauteren Wettbewerb
v.	versus
VersR	Versicherungsrecht
vgl.	vergleiche
VO	Verordnung
VOBl.	Verordnungsblatt
VOBl.Br.Z.	Verordnungsblatt für die britische Zone
Vol.	volume
Warneyer	Die Rechtsprechung des Reichsgerichts auf dem Gebiete des Zivilrechts (auch zitiert: Warn.)

WBl.	Wirtschaftsrechtliche Blätter (AU)
WiRO	Wirtschaft und Recht in Osteuropa
W.L.R.	Weekly Law Reports (UK)
WM	Wertpapiermitteilungen
WRP	Wettbewerb in Recht und Praxis
ZAkDR	Zeitschrift der Akademie für Deutsches Recht
ZaöRV	Zeitschrift für ausländisches öffentliches Recht und Völkerrecht
ZBB	Zeitschrift für Bankrecht und Bankwirtschaft
ZbJV	Zeitschrift des Berner Juristenvereins (CH)
ZEuP	Zeitschrift für Europäisches Privatrecht
ZfRV	Zeitschrift für Rechtsvergleichung (AU)
ZGR	Zeitschrift für Unternehmens- und Gesellschaftsrecht
ZHR	Zeitschrift für das gesamte Handels- und Wirtschaftsrecht
ZIP	Zeitschrift für Wirtschaftsrecht und Insolvenzpraxis
ZIR	Niemeyers Zeitschrift für internationales Recht (auch abgekürzt NiemeyersZ)
ZPO	Zivilprozessordnung
ZRHO	Rechtshilfeordnung in Zivilsachen
ZRP	Zeitschrift für Rechtspolitik
ZS	Zivilsenat
ZSR	Zeitschrift für Schweizerisches Recht (CH)
ZVglRWiss	Zeitschrift für Vergleichende Rechtswissenschaft
ZZP	Zeitschrift für Zivilprozess
ZZPInt	Zeitschrift für Zivilprozess International

1. Internationales Zivilprozessrecht und Rechtsvergleichung[1]

Cappelletti[2] hat in einem offenen Brief beredt mehr Prozessrechtsvergleichung gefordert. Er hat damit auf eine bedauerliche Vernachlässigung des Prozessrechts in der Rechtsvergleichung hingewiesen. Während das rechtsvergleichende Schrifttum zu Problemen des materiellen Rechts in abundante Fülle wächst, sind die Ansätze zur Prozessrechtsvergleichung relativ bescheiden. Habscheid hat – in dieser Art ein- und erstmalig – ausgewählte Probleme des Zivilprozesses komparativ dargestellt[3]. Unter der Herausgeberschaft von Cappelletti ist eine rechtsvergleichende Studie zum Zivilprozessrecht im Rahmen der International Encyclopedia of Comparative Law[4] erschienen. Vorarbeiten finden sich in zwei groß angelegten Projekten[5], die bedauerlicherweise nicht fortgeführt worden sind. Die von Wach, Kisch, Mendelssohn-Bartholdy und Pagenstecher herausgegebene Reihe „Das Zivilprozessrecht der Kulturstaaten" umfasst nur vier Bände, die weitgehend veraltet sind. In dem von Smit betreuten „Project on International Civil Procedure" sind lediglich drei Länderbände in englischer Sprache erschienen[6]. Es bleibt noch viel zu tun. Langbein hat auf die Bedeutung der Zivilprozessrechtsvergleichung für die Vertragsgestaltung hingewiesen[7].

[1] Erstmals publiziert in: Recht in Ost und West, FS Waseda, 1988, S. 323 ff.

[2] Vgl. Cappelletti, An Open Letter to Professor Hans Schima about the Need, Difficulties and Purposes of Comparative Civil Procedure, FS Krasensky, 1973, S. 125 ff.

[3] Vgl. Habscheid, Introduzione al diritto processuale civile comparato, 1985

[4] Bd. XVI, Kap. 6, Ordinary Proceedings in First Instance, 1984 mit Beiträgen von Clermont und Kaplan zu England und den USA, Kohl zu den romanischen Rechtsordnungen, Schima und Hoyer zu den zentraleuropäischen Ländern, Wengerek zu den sozialistischen Staaten, Ekelöf zu den skandinavischen Rechtsordnungen und Vescovi zu den Rechten der iberischen Halbinsel und Lateinamerikas

[5] Heusler, Das Zivilprozessrecht der Schweiz, 1923; Wrede, Das Zivilprozessrecht Schweden und Finnlands, 1924; Klein, Der Zivilprozess Österreichs, 1927; Munch/Petersen, Der Zivilprozess Dänemarks, 1932

[6] Ginsburg/Bruzelius, Civil Procedure in Sweden, 1965; Cappelletti/Perillo, Civil Procedure in Italy, 1963; Herzog/Weser, Civil Procedure in France, 1967

[7] Vgl. Langbein, Zivilprozessrechtsvergleichung und der Stil komplexer Vertragswerke, ZVglRWiss 86 (1987), 141 ff.

Darstellungen ausländischen Prozessrechts bereiten den Boden für eine moderne Prozessrechtsvergleichung. Das Werk von Geimer/Schütze, Internationaler Rechtsverkehr in Zivil- und Handelssachen ermöglicht einen ersten Einstieg in das nationale und internationale Zivilprozessrecht zahlreicher Staaten[8]. Taylor und Cooper erläutern wesentliche Probleme der Prozessführung in den Staaten des Brüsseler und Lugano Übereinkommens[9]. Unter der Herausgeberschaft von Snijders behandeln verschiene Autoren das Zivilprozessrecht Englands, Frankreichs, Luxemburgs, Belgiens, der Niederlande, Italiens und Deutschlands[10]. Zusammenfassende Darstellungen sind in jüngerer Zeit zum internationalen Zivilprozessrecht asiatischer Staaten erschienen[11].

Internationales Zivilprozessrecht und Rechtsvergleichung unterscheiden und beeinflussen sich gleichermaßen. Das internationale Zivilprozessrecht- als Gesamtheit der zivilprozessualen Normen, die Auslandsbeziehungen betreffen[12] – stellt objektives[13] Recht dar, während die Rechtsvergleichung Rechtsforschungs- und Rechtsanwendungsfunktion hat. In beiden Ausgestaltungen befruchtet die Rechtsvergleichung das internationale Zivilprozessrecht und dient ihm. Das gilt für die Wissenschaft ebenso wie für die Gesetzgebung[14] und die Rechtsprechung[15].

8 Nur das als Bülow/Arnold, Internationaler Rechtsverkehr in Zivil- und Handelssachen, 1. Aufl., 1954 erschienene Werk enthält im Länderteil das nationale Zivilprozess- und Gerichtsverfassungsrecht. Die von Böckstiegel, Geimer und Schütze, seit 2005 allein von Geimer und Schütze herausgegebene 2. Aufl., 1973 ff. enthält im Länderteil einen Überblick über das jeweilige internationale Zivilprozessrecht.

9 Vgl. Taylor/Cooper, European Litigation Handbook, 1995

10 Vgl. Snijders u.a.; Access To Civil Procedure Abroad, 1995

11 Vgl. z.B. Ong, Cross Border Litigation in ASEAN, 1997 und Pryles, Dispute Resolution in Asia, 1997

12 Vgl. für diese Definition Schütze, DIZPR, Rdn. 2; für andere Definitionsversuche vgl. die Zusammenstellung bei Geimer, IZPR, Rdn. 9

13 Die Bezeichnung „international" ist im internationalen Zivilprozessrecht ebenso missverständlich wie im internationalen Privatrecht, da es sich um nationales („autonomes") Recht handelt. Siehr, Scherz und Ernst im Internationalen Privatrecht, FS Zajtay, 1982, S. 409 ff. geht so weit, im Hinblick auf die Bezeichnung „international" von einem Witz zu sprechen.

14 Vgl. dazu Drobnig/Dopffel, Die Nutzung der Rechtsvergleichung durch den deutschen Gesetzgeber, RabelsZ 46 (1982), 253 ff.

15 Vgl. dazu Drobnig, Rechtsvergleichung in der deutschen Rechtsprechung, RabelsZ 50 (1986), 610 ff.

I. Die Bedeutung der Rechtsvergleichung für die Qualifikation international-zivilprozessualer Begriffe

Das Problem der Qualifikation – im internationalen Privatrecht gleichzeitig von Kahn[16] und Bartin[17] entdeckt[18] – tritt im internationalen Zivilprozessrecht in doppelter Weise auf[19]:

– bei der Zuordnung von Rechtsinstituten oder -normen zum materiellen oder Prozessrecht (Qualifikation eines Systembegriffs)[20].

– Bei der Bestimmung des Inhalts von Begriffen, insbesondere im Zusammenhang mit der Auslegung von Staatsverträgen zivilprozessualen Inhalts[21].

In beiden Funktionen kann die Rechtsvergleichung nützlich, wenn nicht unentbehrlich sein.

1. Qualifikation eines Systembegriffs

Rabel[22] hat für das internationale Privatrecht die rechtsvergleichende Methode hoffähig gemacht. Er hat empfohlen, die Zuordnung von Rechtsbegriffen und -instituten nicht nach der lex fori vorzunehmen, sondern rechtsvergleichend zu qualifizieren. In gleicher Weise kann – mit Einschränkungen – die rechtsvergleichende Methode im Bereich des internationalen Zivilprozesses zur Bestimmung herangezogen werden, ob ein Rechtsbegriff oder -institut dem Prozessrecht oder

[16] Vgl. Kahn, Gesetzeskollisionen, Jher.Jb. 30 (1891), 1 ff.

[17] Vgl. Bartin, De l'impossibilité d'arriver à la suppresion d'initiative des conflits de lois, Journal Clunet 24 (1897), 225 ff., 446 ff., 720 ff. (teilweise abgedruckt auch in Picone/Wengler, Internationales Privatrecht, 1974, S. 345ff. unter dem Titel: Die Qualifikations»konflikte«.

[18] Dölle hat nachgewiesen, dass Entdeckungen nicht der Naturwissenschaft vorbehalten sind, es vielmehr auch juristische Entdeckungen gibt. Vgl. Dölle, Juristische Entdeckungen. Festvortrag, 1958, Verhandlungen des 42. Deutschen Juristentages in Düsseldorf, 1957, Bd. 2, T.B.

[19] Vgl. Riezler, IZPR, S. 101 f.; Schütze, DIZPR, Rdn. 57 ff.

[20] Vgl. Riezler, IZPR, S. 103

[21] Vgl. dazu Schütze, Zur Auslegung internationaler Übereinkommen, FS von Maydell, 2002, S. 649 ff.

[22] Vgl. Rabel, Das Problem der Qualifikation, RabelsZ 5 (1931), 241 ff.

dem materiellen Recht zuzuordnen ist und damit die lex fori oder die lex causae Anwendung findet[23].

Das ist beispielsweise bei der Zuordnung der Prozessführungsbefugnis möglich und sinnvoll. Es ist heute anerkannt, dass man die Prozessführungsbefugnis – obwohl Prozessvoraussetzung – nicht unbedingt und in jedem Fall dem Verfahrensrecht zuordnen und damit der lex fori unterstellen kann. Denn die Befugnis, ein Recht prozessual geltend zu machen, kann sowohl im Prozessrecht als auch im materiellen Recht wurzeln. Demgemäß beurteilt sich die Frage nach der Anwendbarkeit der lex fori oder der lex causae[24]. Das Problem der Zuordnung der prozessualen Befugnis zur Geltendmachung von Rechten liegt nun häufig darin, dass diese – soweit sie im ausländischen Recht wurzelt – keine Entsprechung im Recht der lex fori hat. So kennt das deutsche Recht die „class action" US-amerikanischer Ausgestaltung[25] nicht. Wie soll der deutsche Richter also zuordnen? Ihm bleibt nur die Möglichkeit, die Funktion der „class action" zu ergründen und eine Entsprechung im deutschen oder in anderen Rechten zu suchen. Dabei kann er sachgerechte Ergebnisse nur mit der rechtsvergleichenden Methode erzielen, indem er einen Funktionsvergleich vornimmt[26].

[23] Vgl. Geimer, IZPR, Rdn. 312 ff.; Schütze, DIZPR, Rdn. 58 f. Der Grundsatz „forum regit processum" – obwohl weltweit favorisiert – wird neuerdings zunehmend in Frage gestellt. Vgl. z.B. Niederländer, Materielles Recht und Verfahrensrecht im internationalen Privatrecht, RabelsZ 20 (1955), 1 ff.; Grunsky, Lex fori und Verfahrensrecht, ZZP 89 (1976), 241; Szászy, International Civil Procedure, 1967, S. 225 ff.

[24] Vgl. Fragistas, Die Prozessstandschaft im internationalen Prozessrecht, FS Lewald, 1953, S. 471 ff.; Geimer, IZPR, Rdn. 2234 ff.; Riezler, IZPR, S. 427 f.; Schütze, DIZPR, Rdn. 192; Wunderlich, Zur Prozessstandschaft im internationalen Recht, Diss. München 1970

[25] Vgl. dazu Baetge/Eichholtz, Die Class Action in den USA, in: Die Bündelung gleichgerichteter Interessen im Prozess, 1999, S. 287 ff.; Greiner, Die Class Action im amerikanischen Recht und deutscher ordre public, 1998; Hirte, Sammelklagen – Fluch oder Segen?, VersR 2000, 148 ff.; Schack, Einführung in das US-amerikanische Zivilprozessrecht, 3. Aufl., 2003, S. 81 ff.; Witzsch, Class Actions, JZ 1975, 277 ff.

[26] Die funktionale Auslegung ist im Vordringen, wobei nicht die Ähnlichkeit mit einem deutschen Rechtsinstitut entscheidend ist, vielmehr nach dem gleichen Ordnungsziel gesucht werden muss, vgl. Geimer, Internationales Zivilprozessrecht, Rdn. 313. Schon Kohler hat 1901 den Funktionsvergleich als Methode der Rechtsvergleichung empfohlen. Vgl. Kohler, Über die Methode der Rechtsverglei-

Die „class action“ gibt einem einzelnen Anspruchsinhaber das Recht, nicht nur seinen eigenen Anspruch, sondern auch Ansprüche anderer Personen prozessual geltend zu machen, soweit diese aufgrund eines ähnlichen gleich gelagerten Sach- und Rechtszusammenhangs geschädigt worden sind. Leading case ist der Yellow Cab-Fall[27]. Sie ist zulässig, wenn die Mitglieder der „class“ so zahlreich sind, dass die Klageverbindung (joinder) unzweckmäßig wäre[28]. Letztlich geht es darum, dass der einzelne Anspruchsinhaber wegen eines relativ kleinen Anspruchs kaum Klage erheben wird. So betrug der Mehrpreis, den das Taxiunternehmen im Yellow Cab-Fall durch Manipulation der Taxameter berechnete, lediglich 4 % des geschuldeten Fahrpreises. Für den einzelnen Taxibenutzer – selbst bei häufigen Taxifahrten – wäre es wirtschaftlich unsinnig gewesen, den eigenen Schaden einzuklagen[29]. Letztlich ist die Geltendmachung von Rechten im Wege der „class action“ auch im öffentlichen Interesse[30]. Sie ist eine Art Popularklage.

Auch das deutsche Recht kennt Fälle, in denen die Rechte zahlreicher Betroffener durch einen von ihnen gerichtlich geltend gemacht werden können, wenn die Geltendmachung für den einzelnen unzweckmäßig erscheint und ihn deshalb möglicherweise von der Klageerhebung abhält. So kennt das Wettbewerbsrecht die Verbandsklage[31], wo entweder gewerbliche Verbände (Fachverbände) die Interessen ihrer Mitglieder, Verbände, die sich der Bekämpfung unlauteren Wettbe-

chung, Zeitschrift für das Privat- und öffentliche Recht der Gegenwart XXVIII (1901), 273ff.; Rabel, Aufgabe und Notwendigkeit der Rechtsvergleichung, Gesammelte Aufsätze, Bd. III, 1967, S. 1ff. formuliert im Anschluss an Kohler treffend: „Zu erfassen aber haben wir aus diesen Quellen das Leben, die Funktionen der Rechtsgestaltung. Denn das Recht ist – um das allbekannte Wort Kohlers nicht preziös zu umgehen – eine Kulturerscheinung, es kann nicht unabhängig gedacht werden von seinen Ursachen und Wirkungen.“

27 Vgl. Daar v. Yellow Cab Co., 67 Cal. 2d 695, 433 P. 2d 732, 63 Cal. Rep. 724 (1967)

28 Vgl. F.R.Civ.P. 23

29 Dabei ist zu berücksichtigen, dass der US-Zivilprozess – im Grundsatz – keine Kostenerstattung der unterliegenden an die obsiegende Partei kennt; vgl. Schütze, RV, Rdn. 507 m.w.N.; ders. Kostenerstattung und ordre public-Überlegungen zur deutsch-amerikanischen Urteilsanerkennung, FS Németh, 2003, S. 795 ff.

30 Auf den Gesichtspunkt der prozessualen Zweckmäßigkeit weist Witzsch, JZ 1976, 277 ff. (278) hin.

31 Vgl. § 8 Abs. 3 Nr. 2 – 4 UWG; im übrigen Gloy, in: Gloy/Loschelder, Handbuch des Wettbewerbsrechts, 3. Aufl. 2005, § 21 Rdn. 40 ff.

werbs widmen, Interessen der Allgemeinheit, oder Verbraucherverbände die der Verbraucher geltend machen können. Die Ausgestaltung der Klagemöglichkeit ist anders als bei der „class action" US-amerikanischer Prägung. Die Funktion ist aber die gleiche. Der Schädiger soll nicht daraus Nutzen ziehen, dass die Geschädigten nur jeweils so geringfügig beeinträchtigt werden, dass sie von einer gerichtlichen Geltendmachung ihrer Rechte zurückschrecken, die Beeinträchtigung aller aber so beträchtlich ist, dass ein Weg kollektiven Rechtsschutzes aufgetan werden muss.

Diese Funktionsgleichheit macht es möglich, die „class action" – obwohl dem deutschen und anderen kontinentaleuropäischen Rechten unbekannt – zuzuordnen. Sie wurzelt im Prozessrecht. Ihre Zulässigkeit und ihre Wirkungen bestimmen sich nach der lex fori[32]. Im deutschen Prozess ist die Geltendmachung von Ansprüchen im Wege der Prozessstandschaft aufgrund einer „class action" deshalb unzulässig, selbst wenn die Prozessführungsbefugnis am Ort der Schädigung besteht[33].

Die Möglichkeiten der Rechtsvergleichung beschränken sich bei der Qualifikation von Systembegriffen allerdings auf die Auffindung des funktionell entsprechenden Rechtsinstitutes in der lex fori. Sie finden ihre Grenze da, wo die Entsprechung eindeutig ist, die Zuordnung zum Prozess oder materiellen Recht aber in den verschiedenen Rechtsordnungen unterschiedlich vorgenommen wird, wie bei der Verjährung. Die Verjährung wird nach deutscher Auffassung dem materiellen Recht zugeordnet[34], in den USA dem Prozessrecht[35].

[32] Vgl. Schütze, DIZPR, Rdn. 193

[33] Vgl. Schütze, DIZPR, Rdn. 193

[34] Vgl. Art. 32 Abs. 1 Nr. 4 EGBGB; dazu auch RGZ 145, 121; BGH NJW 1960, 1720; BGH IPRspr. 1964/65 Nr. 257, BGH NJW 1965, 1914; Kegel/Schurig, IPR, S. 636; Reithmann/Martiny (Martiny), Internationales Vertragsrecht, Rdn. 316; Schütze, Die Unterbrechung und Inlaufsetzung der Verjährung von Wechselansprüchen durch ausländische Klageerhebung, WM 1967, 246 ff.

[35] Vgl. Hay, Die Qualifikation der Verjährung im US-amerikanischen Kollisionsrecht, IPRax 1989, 197ff.; Lorenzen, The Statut of Limitations and the Conflict of Laws, 28 (1919) Yale LJ, 492ff.; Mitscherlich/Jander, Verjährungsprobleme im internationalen Privatrecht der Vereinigten Staaten, RIW/AWD 1978, 358ff.; Schlink, Die international-privatrechtliche Behandlung der Verjährung in den Vereinigten Staaten, RabelsZ 9 (1935), 418 ff.

Hier kann auch die Rechtsvergleichung nicht zu einer Lösung helfen. Man muss sich entscheiden, und dem Richter bleibt nichts übrig, als nach der lex fori zu qualifizieren[36]. Der deutsche Richter beurteilt die Verjährung also nach der lex causae, was zu den in der deutschen Rechtsprechung mehrfach behandelten Problemen führt, wenn diese, nämlich die lex causae, die Verjährung dem Prozessrecht zuordnet. Rechtsprechung und Schrifttum nehmen in diesem Fall eine Rück- (oder ggf. Weiter-)verweisung nicht vor und wenden die lex causae an[37].

2. Bestimmung des Inhalts von Begriffen international-zivilprozessualer Bedeutung

Die Bestimmung des Inhalts international-zivilprozessualer Begriffe im Rahmen von Staatsverträgen – insbesondere über die internationale Urteilsvollstreckung – ist zuweilen problematisch[38]. Die Staatsverträge verzichten in der Regel auf eine Ausfüllung und Interpretation einzelner Tatbestandsmerkmale und die Umschreibung von Begriffen. Bestimmt man nach erst- oder zweitstaatlichem Recht – wie dies leider die gängige Praxis ist[39] – so ist eine einheitliche Anwendung des Vertrages nicht gesichert. Derartige Probleme haben sich bei der Bestimmung des Begriffs der „Zivilsache" ergeben[40]. Die Anerkennungs- und Vollstreckungsverträge sind hinsichtlich ihres sachlichen Geltungsbereichs regelmäßig auf Zivil- und Handelssachen beschränkt. Qualifiziert man nach erst- oder zweitstaatlichem Recht, dann ist eine Entscheidung in einem Staat zu erlassen, im anderen unter Umständen anerkennungsfähig, während die Wirkungserstreckung derselben Entscheidung – im anderen Staat erlassen – nicht möglich ist, wenn nämlich die Materie von einem Recht als

36 Vgl. Schütze, DIZPR, Rdn. 59

37 Vgl. RG JW 1911, 148; RGZ 145, 121; BGH AWD 1960, 183; IPG 1974 Nr. 2 (Köln); Geimer, IZPR, Rdn. 351; Kegel/Schurig, IPR, S. 351 f.; Reithmann/Martiny (Martiny), Internationales Vertragsrecht, Rdn. 316

38 Vgl. Schütze, DIZPR, Rdn. 60 ff.

39 Vgl. dazu eingehend Cramer-Frank, Auslegung und Qualifikation bilateraler Anerkennungs- und Vollstreckungsverträge mit Nicht-EG-Staaten, 1987

40 Vgl. dazu Cramer-Frank, Auslegung und Qualifikation bilateraler Anerkennungs- und Vollstreckungsverträge mit Nicht-EG-Staaten, 1987, S. 34ff.; Waehler, Handbuch des internationalen Zivilverfahrensrechts, Bd. III/2, 1984, S. 239 ff.

Zivilsache, vom anderen als öffentlich-rechtliche Streitigkeit angesehen wird. So rechnet die belgische Rechtsordnung das Sozialrecht zum Zivilrecht[41], das deutsche Schrifttum nicht[42]. Würde man den Begriff der Zivilsache im deutsch-belgischen Anerkennungs- und Vollstreckungsabkommen erststaatlich qualifizieren, dann wäre ein belgisches Urteil in einer sozialversicherungsrechtlichen Streitigkeit in der Bundesrepublik Deutschland anzuerkennen, eine entsprechende deutsche Entscheidung in Belgien jedoch nicht. Es ergäbe sich eine Einbahnstraße[43]. Belgische Urteile wären privilegiert[44].

Lösungsmöglichkeiten bestehen in zweifacher Form. Bei einer Doppelqualifikation[45] nach erst- und zweitstaatlichem Recht ist die Anwendung zwar auf dem kleinsten gemeinschaftlichen Nenner[46], aber einheitlich gewährleistet. Die dagegen vorgebrachten Einwände[47], der gewünschte weite Anwendungsbereich eines Staatsvertrages werde unnötig eingeengt, vermögen nicht zu überzeugen. Die *einheitliche,*

41 Vgl. Bülow, Vereinheitlichtes internationales Zivilprozessrecht in der Europäischen Wirtschaftsgemeinschaft, RabelsZ 29 (1965), 473 ff. (477 f.)

42 Vgl. von Maydell, Sach- und Kollisionsnormen im internationalen Sozialversicherungsrecht, 1987, S. 15 ff.

43 Eine gleiche Situation ergibt sich im ‚Rahmen des deutsch-tunesichen Rechtshilfe-, Anerkennungs- und Vollstreckungsvertrags, da das tunesische Recht den Bereich der Sozialversicherung teilweise dem Zivilrecht zuordnet; vgl. dazu Deutsche Denkschrift, BTDrucks. V Nr. 3167, S. 44, im übrigen Cramer-Frank, Auslegung und Qualifikation bilateraler Anerkennungs- und Vollstreckungsverträge mit Nicht-EG-Staaten, 1987, S. 40

44 Zu einem ähnlich unbefriedigenden Ergebnis führt eine Qualifikation nach zweitstaatlichem Recht. Harries, Das deutsch-belgische Anerkennungs- und Vollstreckungsabkommen, RabelsZ 26 (1961), 629 ff. (633 f.) und Geimer/Schütze, Internationale Urteilsanerkennung, Bd. II, S. 258 favorisieren deshalb eine Doppelqualifikation nach erst- und zweitstaatlichem Recht.

45 Vgl. dazu Geimer/Schütze, Internationale Urteilsanerkennung, Bd. II, S. 258; Riezler, IZPR, S. 116 f.; Schütze, FS von Maydell, S. 649 ff. (651 f.); ders., DIZPR, Rdn. 63. Geimer, IZPR, Rdn. 317 bezeichnet die Doppelqualifikation als denkbar.

46 So Linke, IZPR, Rdn. 57, der zwar Wohlwollen für die Doppelqualifikation zeigt, sie aber zur einheitlichen Anwendung auf kleinstem gemeinschaftlichem Nenner erklärt; ebenso Schack, IZVR, Rdn. 51

47 Vgl. Cramer-Frank, Auslegung und Qualifikation bilateraler Anerkennungs- und Vollstreckungsverträge mit Nicht-EG-Staaten, 1987, S. 43; Martiny, Handbuch, S. 88

nicht die *einseitige* Anwendung eines Staatsvertrages ist Sinn entsprechend.

Die Lösung über eine Doppel- oder Mehrfachqualifikation ist aber nicht die einzige. Der Europäische Gerichtshof hat[48] – angesichts der Kontroversen – einen Weg eingeschlagen, mit Hilfe der Rechtsvergleichung zu einer befriedigenden Lösung des Qualifikationsproblems zu kommen. Er hat in zahlreichen Fällen Begriffe des EuGVÜ in vertragsautonomer Weise interpretiert. So ist beispielsweise in der ersten Eurocontrol-Entscheidung der Begriff der Zivil- und Handelssache qualifiziert worden[49]. Der EuGH hat nicht auf das Recht der in Betracht kommenden Staaten, etwa das des Erst- oder Zweitstaates zurückgegriffen, vielmehr die „Zivil- und Handelssache" autonom nach der Zielsetzung und Systematik des Übereinkommens sowie allgemeinen Rechtsgrundsätzen beurteilt, die sich aus der Gesamtheit der innerstaatlichen Rechtsordnungen ergeben haben. Diese rechtsvergleichende vertragsautonome Interpretation ist auch in weiteren Fällen vom EuGH, so z.B. bei der Definition des Abzahlungsgeschäftes in Art. 13 EuGVÜ[50], des Ortes des schädigenden Ereignisses in Art. 5 Nr. 3 EuGVÜ[51] und der Zweigniederlassung in Art. 5 EuGVÜ[52] benutzt worden.

48 Vgl. zur Methode der vertragsautonomen Interpretation durch den EuGH aus der abundanten Literatur insbes. Cieslik, Die Methode des Gerichtshofs der EG bei der Auslegung des Europäischen Gerichtsstands- und Vollstreckungsübereinkommens, Diss. Bayreuth 1992; Geimer, Zur Auslegung des Brüsseler Zuständigkeits- und Vollstreckungsübereinkommens in Zivil- und Handelssachen vom 27. September 1968, EuR 12 (1977), 341ff.; Geimer/Schütze, EuZVR, Einl. Rdn. 41, 131ff. m.w.N. für die Rechtsprechung des EuGH; Martiny, Autonome und einheitliche Auslegung im Europäischen Internationalen Zivilprozessrecht, RabelsZ 45 (1981), 427ff.; Pfeiffer, Grundlagen und Grenzen der autonomen Auslegung des EuGVÜ, Jahrbuch junger Zivilrechtswissenschaftler, 1991, (1992), S. 71ff.; Schlosser, Vertragsautonome Auslegung, nationales Recht, Rechtsvergleichung und das EuGVÜ, GS Bruns, 1980, S. 45ff.; kritisch Scholz, Das Problem der autonomen Auslegung des EuGVÜ, 1998

49 Vgl. EuGH Rs. 29/76 – LTU v. Eurocontrol – EuGHE 1976, 1541 = RIW/AWD 1977, 40 mit Anm. Linke = Rev. crit. 1977, 772 mit Anm. Droz = Riv.dir. int.priv.proc. 1977, 183 = N.J. 1982 Nr. 95 mit Anm. Schultsz

50 Vgl. EuGH Rs. 150/77 – Bertrand v. Ott – EuGHE 1978, 1431 = RIW/AWD 1978, 685 = Rev. crit. 1979, 119 mit anm. Mezger = J.C.P. 1979 II 19051 mit Anm. Jeantet = N.J. 1979 Nr. 115 mit Anm. Schultsz

51 Vgl. EuGH Rs. 21/76 – Bier v. Mines de Potasse d'Alsace – EuGHE 1976, 1735 = RIW/AWD 1977, 356 mit Anm. Linke = Rev. crit. 1977, 563 mit Anm.

II. Das Problem der Gegenseitigkeit

Viele Rechte kennen das Erfordernis der verbürgten Gegenseitigkeit[53] in mancherlei Bereichen des internationalen Zivilprozessrechtes, so bei der Befreiung von der Verpflichtung zur Stellung einer Ausländersicherheit (cautio iudicatum solvi)[54] und der Anerkennung ausländischer Zivilurteile[55]. Die Gegenseitigkeitsfeststellung setzt einen Vergleich zweier Rechtsordnungen voraus, erfordert also im Rahmen einer Äquivalenzprüfung die Anwendung der rechtsvergleichenden Methode. Denn eine vollständige Deckungsgleichheit von rechtlichen Regelungen im Bereich des internationalen Zivilprozessrechtes gibt es nur bei rezipierten Rechten, aber auch hier nur im Zeitpunkt der Rezeption[56]. Danach beginnt das rezipierte Recht eine Eigenentwicklung im Verhältnis zum Mutterrecht. So ist die japanische Regelung der Anerkennung und Vollstreckbarerklärung ausländischer Zivilurteile aus dem deutschen Recht rezipiert[57]. Die literale Gleichheit bei-

Bourel = D.S. 1977, Jur. 613 mit Anm. Droz = N.J. 1977 Nr. 494 mit Anm. Schultsz

52 Vgl. EuGH Rs. 33/78 Somafer v. Saar-Ferngas – EuGHE 1978, 2183 = RIW/AWD 1979, 56 = Riv.dir.int.priv.proc. 1979, 132

53 Vgl. dazu allgemein Hepting, Die Gegenseitigkeit im internationalen Privatrecht und internationalen Zivilprozessrecht, Diss. München 1973; Nagel, Veränderte Grundlagen für die Anwendung der Gegenseitigkeit im internationalen Zivilprozessrecht, Jahrbuch für internationales Recht 11 (1962), S. 338ff.; Schwantag, Gegenseitigkeit und „loi uniforme" in Abkommen zum internationalen Privat- und Prozessrecht, Diss Freiburg 1976

54 Vgl. dazu Schütze, Die Ausländersicherheit im internationalen Zivilprozessrecht, FS Chuo, 1998, S. 737 ff.

55 Vgl. für das deutsche Recht § 328 Abs. 1 Nr. 5 ZPO; dazu Fragistas, Der Begriff der Gegenseitigkeit bei der Anerkennung der ausländischen Urteile, FS Schätzel, 1960, S. 149 ff.; Geimer/Schütze, EuZVR, E.1, Rdn. 38 ff.; Pfeiffer, Kooperative Reziprozität – § 328 Abs. 1 Nr. 5 ZPO neu besichtigt, RabelsZ 55 (1991), 734 ff.; Süss, Die Anerkennung ausländischer Urteile, FS Rosenberg, 1949, S. 229 ff.; von Wedel, Zur Auslegung von § 328 Nr. 5 ZPO, Judicium 5 (1933), 77 ff.

56 Vgl. Geimer/Schütze, EuZVR, E.1, Rdn. 94

57 Vgl. dazu Kono/Trunk, Anerkennung und Vollstreckung ausländischer Urteile in Japan, ZZP 102 (1989), 319ff.; Menkhaus, Anerkennung und Vollstreckbarkeitserklärung deutscher zivilgerichtlicher Entscheidungen in Japan, RIW 1988, 189ff.; Nagata, Anerkennung und Vollstreckbarkeit deutscher Urteile in vermögensrechtlichen Streitigkeiten in Japan, RIW/AWD 1976, 208 ff. (208); Nagel, Die Anerkennung und Vollstreckung ausländischer Urteile nach der geltenden deut-

der Regelungen führt aber noch nicht zur Gegenseitigkeit. Erst die Praxis in Japan und in Deutschland machen einen Vergleich möglich, der zu einer rechtsvergleichenden Äquivalenzprüfung mit dem Ergebnis der Gegenseitigkeitsbejahung führt[58].

Im Rahmen der Gegenseitigkeitsprüfung hat die Rechtsprechung des Bundesgerichtshofes sich auch noch unter einem anderen Aspekt der Rechtsvergleichung bedient. Zuweilen ist der Inhalt des erststaatlichen Rechtes nicht aufklärbar, insbesondere weil Erfahrungen fehlen. Nun kann das Fehlen von Erfahrungen bei der Gegenseitigkeitsprüfung im Rahmen von 328 Abs. 1 Nr. 5 ZPO nicht automatisch zur Verneinung der Gegenseitigkeit führen[59]. Der Bundesgerichtshof hat deshalb – wenn eine gesetzliche Regelung nicht feststellbar ist – auf das Mutterrecht bei rezipierten Rechten zurückgegriffen. So hat er zur Auslegung des syrischen Rechtes in einer Entscheidung das ägyptische Recht und weiter das französische Recht herangezogen[60]. Zur Auslegung des südafrikanischen Anerkennungsrechts hat der Bundesgerichtshof auf englisches common law zurückgegriffen[61]. Die Anwendung des Mutterrechts ist dann angezeigt, wenn noch eine erkennbare Beziehung zum rezipierten Recht besteht[62], wie dies vor

schen Zivilprozessordnung im besonderen Verhältnis zu Japan, FS Waseda, 1988, S. 757 ff. Vgl. zur Rezeption deutschen Zivilprozessrechts in Japan darüber hinaus Nakamura, Die Rezeption deutschen Rechts in Japan, insbesondere auf dem Gebiet des Zivilprozessrechts, ZZP 84 (1971), 74 ff.; ders., Japan und das deutsche Zivilprozessrecht, in: Habscheid (Herausg.), Das deutsche Zivilprozessrecht und seine Ausstrahlung auf andere Rechtsordnungen, 1991, S. 415 ff.

58 Vgl. Geimer/Schütze, EuZVR, E.1, Rdn. 180; Petersen, Länderbericht Japan, in: Geimer/Schütze, Internationaler Rechtsverkehr, 1058. 11 f.

59 Vgl. BGHZ 22, 24; 49, 50; Nachweise bei Schütze, Die Rechtsprechung des BGH zur Verbürgung der Gegenseitigkeit (§ 328 Abs. 1 Nr. 5 ZPO), NJW 1969, 293 ff. (295). So hat der BGH in der Dänemarkentscheidung die gesetzlich manifestierte Anerkennungsbereitschaft trotz Fehlens von Erfahrungen genügen lassen, vgl. BGHZ 22, 24

60 Vgl. BGHZ 49, 50 = AWD 1968, 266 mit Anm. Schütze = LM Nr. 19 zu § 328 ZPO mit Anm. Schneider

61 Vgl. BGHZ 42, 194

62 Vgl. Martiny, Handbuch, S. 541

allem im Bereich der common law Länder[63] – aber auch im Bereich anderer Rechtskreise[64] – der Fall ist[65].

III. Fazit

Die Rechtsvergleichung hat eine entscheidende Bedeutung im Rahmen des internationalen Zivilprozessrechts. Sie kann zur Qualifikation von Systembegriffen, zur Bestimmung des Inhalts von Begriffen international-zivilprozessualer Bedeutung und im Rahmen der Gegenseitigkeitsfeststellung nützlich und notwendig sein. Ohne sie wären sachgerechte Lösungen häufig unmöglich. Die wachsende Bedeutung des internationalen Zivilprozessrechtes erfordert mehr Zivilprozessrechtsvergleichung.

[63] Ein gutes Beispiel für die enge Bindung an das Mutterrecht auch nach Erlangung der Unabhängigkeit bilden Singapur und Malaysia, wo bis vor kurzem (Singapur) auf wichtigen Rechtsgebieten eine permanente Rezeption staatfand. Für die Anerkennung und Vollstreckbarerklärung ausländischer Zivilurteile lehnen sich beide Rechtsordnungen so eng an das englische Vorbild an, dass für die Gegenseitigkeitsfeststellung auf das englische Vorbild zurückgegriffen werden kann. Vgl. dazu Schütze, Handels- und Wirtschaftsrecht in Singapur und Malaysia, 1987, S. 109 ff.

[64] So haben die frankophonen schwarzafrikanischen Staaten in den ersten Jahren nach der Erlangung der Unabhängigkeit nicht nur die rezipierten französischen Gesetze angewendet, sind vielmehr auch der französischen Praxis gefolgt. Vgl. Schütze, Anerkennung ausländischer Urteile in Afrika, 1966, S. 22 ff.

[65] In Liberia – um ein Beispiel außerhalb der französischen und englischen rezipierten Regelungen zu nehmen – wurde – jedenfalls bis zum Ausbruch des Bürgerkrieges – US-amerikanisches internationales Zivilprozessrecht für die Wirkungserstreckung ausländischer Zivilurteile angewendet. Vgl. Martiny, Handbuch, S. 628 und Schütze, Die Anerkennung und Vollstreckbarerklärung ausländischer Zivilurteile und Schiedssprüche in Liberia, RIW 1987, 598 ff. (598)

2. Die Bedeutung der Rechtsprechung als Rechtsquelle im deutschen internationalen Zivilprozessrecht[1]

Das Grundgesetz zieht die Grenzen zwischen gesetzgebender und richterlicher Gewalt im Rahmen des klassischen Systems der Gewaltenteilung. Art. 92 GG bestimmt:

> *Die Recht sprechende Gewalt ist den Richtern anvertraut; sie wird durch das Bundesverfassungsgericht, durch die in diesem Grundgesetze vorgesehenen Bundesgerichte und durch die Gerichte der Länder ausgeübt.*

Zwar kennt das deutsche Recht keine Art. 5 CC[2] entsprechende Norm, die es den Gerichten verbietet, über den zur Entscheidung stehenden Einzelfall hinaus allgemeine Regelungen zu treffen und so gesetzgeberische Gewalt auszuüben[3]; es ist aber anerkannt, dass die Rechtsprechung im deutschen Recht keine Rechtsquelle im engeren Sinne darstellt[4]. Gerichtsurteile können keine normative Geltung im Sinne allgemeiner Verbindlichkeit beanspruchen. Es gibt keine „binding force of precedent", wie sie die Systeme des common law kennen[5]. Eine Ausnahme bilden die Entscheidungen des Bundesverfassungsgerichts nach Art. 100 Abs. 2 GG, die Gesetzeskraft haben.

Es ist aber nicht zu verkennen, dass die Rechtsprechung, insbesondere die der oberen Bundesgerichte, trotz der mangelnden formellen Bindungswirkung faktische Konsequenzen hat, die einer Bindungswirkung nahe kommen. Das gilt insbesondere in Bereichen des Rechts, die der Gesetzgeber nicht ausgefüllt hat oder in denen lückenhafte

1 Erstmals publiziert in: ZVglRWiss 92 (1993), 29 ff. Der Aufsatz stellt die leicht geänderte Fassung eines Vortrags an der Chuo-Universität Tokio am 6.10.1992 dar.

2 Art. 5 CC lautet: *« Il est défendu aux juges de prononcer par voie de disposition générale et réglementaire sur les causes qui leur sont soumises.»*

3 Eine ähnliche Regelung findet sich im österreichischen Recht in § 12 AGBG

4 Vgl. David/Grasmann, Einführung in die grossen Rechtssysteme der Gegenwart, 2. Aufl., 1988, S. 196 f.; Eneccerus/Nipperdey, Lehrbuch des Bürgerlichen Rechts, Bd. I/1, 1959, S. 274 f.; Larenz, Methodenlehre der Rechtswissenschaft, 6. Aufl., 1991, S. 366 ff.

5 Vgl. Cross, Precedent in English Law, 3. Aufl., 1977

gesetzliche Regelungen bestehen. Sieht man als Rechtsquelle alle Faktoren, die bei der Fortentwicklung und Schaffung des Rechts mitwirken[6], dann kann man das Richterrecht als Rechtsquelle im weiteren Sinne bezeichnen[7].

Boehmer, der große deutsche Rechtsdenker, hat die Rolle richterlicher Rechtsschöpfungsmacht in der Auslegung, Ergänzung und korrektorischen Fortbildung des Gesetzesrechts zum Hauptanliegen seines groß angelegten Werks Grundlagen der bürgerlichen Rechtsordnung gemacht[8].

Das deutsche internationale Zivilprozessrecht ist durch die Rechtsprechung des Bundesverfassungsgerichts und der Gerichte der ordentlichen und der Arbeitsgerichtsbarkeit in hohem Maße in diesem Sinne beeinflusst und entwickelt worden[9].

I. Die authentische Feststellung des Inhalts völkerrechtlicher Normen des internationalen Zivilprozessrechts durch das Bundesverfassungsgericht

Nach Art. 25 GG sind die allgemeinen Regeln des Völkerrechts Bestandteil des Bundesrechts. Ist in einem Rechtsstreit zweifelhaft, ob eine Regel des Völkerrechts Bestandteil des Bundesrechts ist, so entscheidet das Bundesverfassungsgericht nach Art. 100 Abs. 2 GG

[6] Vgl. David/Grasmann, Einführung in die grossen Rechtssysteme der Gegenwart, 2. Aufl., 1988, S. 196

[7] Vgl. auch die Ausführungen zum niederländischen Recht im Generalreport von Sauveplanne, The Notion of Positive Law, General Reports to the 10th International Congress of Comparative Law, 1988, S. 105 ff. (116): *„Although Dutch judges are not under a duty to follow stare decisions, their decisions have the effect of formulating rules of law when it is assumed that in similar cases the judge will decide in the same way. This applies in particular to decisions of the highest courts in the legal hierarchy. The highest civil and administrative courts play a prominent rule with regard to the existence of laws".* Dies ist in der Tat auch die Situation im deutschen Recht.

[8] 1. Buch, 1950; 2. Buch, 1. Abt., 1951; 2. Buch, 2. Abt., 1952; dieser letzte Band ist allein der Praxis richterlicher Rechtsschöpfung gewidmet. Das dritte Kapitel befasst sich mit der Rechtsschöpfung praeter legem, das vierte mit dem contra legem.

[9] Vgl. Schütze, DIZPR, Rdn. 22 f.

hierüber auf Vorlage des mit dem Rechtsstreit befassten Gerichts. Die Entscheidung des Bundesverfassungsgerichts hat Gesetzeskraft[10].

Das Bundesverfassungsgericht hat in mehreren Entscheidungen den Umfang der Gerichtsbarkeit im Erkenntnis- und Vollstreckungsverfahren abgegrenzt und die Immunität ausländischer Staaten definiert. Damit hat es einen wesentlichen Bereich des internationalen Zivilprozessrechts mit Gesetzeskraft geregelt.

1. Die Immunität ausländischer Staaten im Erkenntnisverfahren

Die Immunität im zivilgerichtlichen Verfahren ist positivgesetzlich nur für Mitglieder von diplomatischen und konsularischen Vertretungen und andere mit ausländischer Amtsgewalt bekleidete Personen im Anschluss an die Wiener Übereinkommen über diplomatische und konsularische Beziehungen[11] geregelt[12]. Für die Staatenimmunität fehlt eine solche Regelung im Gerichtsverfassungsgesetz.

Bis 1945 wurde in Deutschland der Grundsatz der absoluten Immunität im zivilgerichtlichen Erkenntnisverfahren praktiziert[13]. Ausländische Staaten genossen Immunität ungeachtet der Rechtsnatur der gegen sie geltend gemachten Ansprüche[14]. Nach einigem Schwanken in der Rechtsprechung nach 1945[15] vollzog sich der Wandel zur eingeschränkten Immunität durch zwei Beschlüsse des Bundesverfassungsgerichts[16] vom 30.10.1962[17] und 30.4.1963[18].

[10] Vgl. § 31 Abs. 2 BVerfGG

[11] BGBl. 1964 II 957; 1969 II 1585; vgl. dazu Steinmann, Ein Beitrag zu Fragen der zivilrechtlichen Immunität von ausländichen Diplomaten, Konsuln und anderen bevorrechtigten Personen sowie von fremden Staaten, die durch ihre Missionen oder auf ähnliche Weise in der Bundesrepublik Deutschland tätig werden, MDR 1965, 706 ff.; 795 ff.

[12] Vgl. §§ 18–20 GVG

[13] Vgl. dazu den Überblick bei Malina, Die völkerrechtliche Immunität ausländischer Staaten im zivilgerichtlichen Erkenntnisverfahren, Diss. Marburg 1978, S. 121 ff.

[14] Vgl. RGZ 62, 165; 103, 174; 110, 315; 111, 375

[15] So wandte das LG Kiel, JZ 1954, 117 mit Anm. Aubin, in einer Entscheidung aus dem Jahre 1953 bereits die Lehre von der eingeschränkten Immunität an.

[16] Vgl. dazu Münch, Das Verfahren des Bundesverfassungsgerichts nach Art. 100 II GG, JZ 1964, 163 ff.

Im ersten Fall ging es um eine Klage gegen den jugoslawischen Staat. Gegenstand des Prozesses waren Ansprüche aus dem Kauf eines Gesandtschaftsgrundstücks und der Rückabwicklung des unwirksamen Vertrages. Die zweite Entscheidung betraf Werklohnansprüche gegen den iranischen Staat aus Reparaturarbeiten am Botschaftsgebäude. In beiden Fällen hat das Bundesverfassungsgericht die Immunität der beklagten Staaten verneint und die Klagen für zulässig erklärt.

Das Bundesverfassungsgericht hat den Grundsatz aufgestellt, dass ausländische Staaten nur hinsichtlich Ansprüchen aus hoheitlicher Tätigkeit (acta iure imperii), nicht aber solcher aus nichthoheitlicher Tätigkeit (acta iure gestionis) Immunität im Erkenntnisverfahren genießen. Damit wurde die Lehre von der eingeschränkten Immunität in das deutsche Recht eingeführt[19]. Wegen der Gesetzeskraft der Entscheidungen des Bundesverfassungsgerichts in diesen Fällen handelt es sich um echtes Richterrecht, wenngleich nicht zu verkennen ist, dass das Bundesverfassungsgericht nicht eigentlich Recht gesetzt, vielmehr nach Art. 25 GG geltendes Völkerrecht festgestellt hat.

2. Die Immunität ausländischer Staaten im Vollstreckungsverfahren

Eine ähnlich bedeutsame und das Recht prägende Funktion wie bei der Staatenimmunität im Erkenntnisverfahren hat das Bundesverfas-

[17] Vgl. BVerfGE 15, 25

[18] Vgl. BVerfGE 16, 27; dazu (zustimmend) Kimminich, Das Völkerrecht in der Rechtsprechung des Bundesverfassungsgerichts, AöR 93 (1968), 485 ff.; (ablehnend) Trefftz, Die beschränkte Immunität in der Bundesrepublik, NJW 1964, 957

[19] Vgl. dazu Albert, Völkerrechtliche Immunität ausländischer Staaten gegen Gerichtszwang, Diss. Berlin 1984; Bertele, Souveränität und Verfahrensrecht – Eine Untersuchung der aus dem Völkerrecht ableitbaren Grenzen staatlicher exterritorialer Jurisdiktion im Verfahrensrecht, 1998; Dahm, Völkerrechtliche Grenzen der inländischen Gerichtsbarkeit gegenüber ausländischen Staaten, FS Nikisch 1958, S. 153ff.; Damian, Staatenimmunität und Gerichtszwang, 1985; Esser, Klagen gegen ausländische Staaten, 1990; Habscheid, Staatenimmunität im Erkenntnis- und Vollstreckungsverfahrens, FS Giger, 1989, S. 213 ff.; Malina, Die völkerrechtliche Immunität ausländicher Staaten im zivilgerichtlichen Erkenntnisverfahren, Diss. Marburg 1978; Schaumann/Habscheid, Die Immunität ausländischer Staaten nach Völkerrecht und deutschem Zivilprozessrecht, Berichte der Deutschen Gesellschaft für Völkerrecht, Heft 8, 1968

sungsgericht hinsichtlich der Beschränkung der Gerichtsbarkeit im Vollstreckungsverfahren ausgeübt. Auch in der Zwangsvollstreckung wurde in Deutschland lange Zeit der Grundsatz der absoluten Immunität praktiziert. Leading case ist dabei der Hellfeld-Fall[20], wo der Preußische Kompetenzkonfliktsgerichtshof die Zwangsvollstreckung aus einem Versäumnisurteil gegen den russischen Staat in Guthaben beim Bankhaus Mendelssohn in Berlin für unzulässig erklärte.

Nachdem das Landgericht Stuttgart bereits durch Beschluss vom 21.9.1971[21] dem spanischen Staat Vollstreckungsimmunität für ein Konsulatskonto zugebilligt hatte, entschied das Bundesverfassungsgericht sechs Jahre[22] später in einem Rechtsstreit, der die Pfändung von Guthaben der Republik der Philippinen bei der Deutschen Bank betraf u.a.

> *Es besteht eine allgemeine Regel des Völkerrechts, wonach die Zwangsvollstreckung durch den Gerichtsstaat aus einem gerichtlichen Vollstreckungstitel gegen einen fremden Staat, der über ein nicht-hoheitliches Verhalten (acta iure gestionis) dieses Staates ergangen ist, in Gegenstände dieses Staates, die sich im Hoheitsbereich des Gerichtsstaates befinden oder dort belegen sind, ohne Zustimmung des fremden Staates unzulässig ist, soweit diese Gegenstände im Zeitpunkt des Beginns der Vollstreckungsmaßnahme hoheitlichen Zwecken des fremden Staates dienen.*

Das Bundesverfassungsgericht hat aber nicht nur den sachlichen Umfang der Staatenimmunität durch authentische Interpretation des Völkerrechts abschließend geregelt, es hat auch die Grenzen der immunitätsberechtigten Hoheitsträger abgesteckt. In einer Entscheidung vom 12.4.1983[23] hielt das Bundesverfassungsgericht die Pfändung von Konten der National Iranian Oil Company für zulässig,

[20] Jahrbuch für öffentliches Recht 5 (1911), 255; dazu Allen, The Position of Foreign States before German Courts, 1928, S. 18 ff.

[21] Vgl. LG Stuttgart, AWD 1973, 104

[22] Vgl. BVerfGE 46, 342 = RIW/AWD 1978, 122 mit Anm. Seidl Hohenveldern

[23] Vgl. BVerfGE 64, 1 = RIW 1983, 613 (L) mit Anm. Seidl-Hohenveldern; vgl. dazu auch OLG Frankfurt/Main, IPRax 1983, 68 (ders. Fall) und Albert, Arrestverfahren gegen ausländische staatliche Unternehmen am Vermögensgerichtsstand, IPRax 1983, 55 ff.; Stein, Zur Immunität fremder Staaten und ihrer im Ausland belegenen Bankkonten, IPRax 1984, 179 ff.

obwohl die NIOC geltend gemacht hatte, sie sei aufgrund des iranischen Erdölgesetzes nur Treuhänderin der Guthaben für den iranischen Staat. Der erste Leitsatz der Entscheidung lautet:

> *Es besteht keine allgemeine Regel des Völkerrechts, die es geböte, einen fremden Staat als Inhaber von Forderungen aus Konten zu behandeln, die bei Banken im Gerichtsstaat unterhalten werden und auf den Namen eines rechtsfähigen Unternehmens des fremden Staates lauten.*

II. Die Ausfüllung von Regelungslücken durch die Rechtsprechung

Es fehlt eine Kodifikation des deutschen internationalen Zivilprozessrechts. Einige Normen des IZPR finden sich verstreut in der ZPO und im GVG. Im Übrigen ist gesetztes Recht in diesem Bereich selten. Die Ausfüllung der Regelungslücken ist der Rechtsprechung überlassen[24]. Der Gesetzgeber hat die Chance einer umfassenden Kodifizierung bei der Reform der IPR im Jahre 1986[25] nicht genutzt.

1. Die internationale Zuständigkeit

Die deutsche ZPO regelt direkt nur die örtliche Zuständigkeit. Eine Regelung der internationalen Zuständigkeit als eigenständige Erscheinungsform der gerichtlichen Entscheidungskompetenz, die die Verteilung der Rechtsprechungsaufgaben zwischen den Staaten abgrenzt, fehlt. In der Literatur ist schon frühzeitig eine besondere Form staatlicher Zuständigkeit neben der örtlichen – internen – Zuständigkeit postuliert worden. Der Begriff der internationalen[26] Zuständigkeit ist von Neuner[27] herausgearbeitet und später insbeson-

[24] Vgl. zu den Rechtsquellen des deutschen internationalen Zivilprozessrechts Geimer, IZPR, Rdn. 119ff.; Linke; IZPR, Rdn. 9ff.; Riezler, IZPR, S. 17ff.; Schack, IZVR, Rdn. 53ff.; Schütze, DIZPR, Rdn. 12 ff.; die wichtigsten Texte sind zusammengestellt bei Geimer/Schütze, Internationaler Rechtsverkehr, Loseblatt o. J.

[25] Vgl. Gesetz zur Neuregelung des Internationalen Privatrechts vom 25.7.1986, BGBl. 1986 I 1142

[26] Die Bezeichnung „internationale Zuständigkeit" ist wenig glücklich, da es sich um eine Zuständigkeitsform des autonomen Rechts handelt; vgl. auch Kropholler, Internationale Zuständigkeit, S. 200 f.

[27] Vgl. Neuner, Internationale Zuständigkeit, 1929

dere von Pagenstecher[28], Kralik[29], Matthies[30] und Geimer[31] präzisiert worden. Die Rechtsprechung ging aber bis zum Jahre 1965 unbeirrt von einem Gleichlauf örtlicher und internationaler Zuständigkeit aus. Erst seit einem Beschluss des großen Zivilsenats des Bundesgerichtshofs vom 14.6.1965[32] ist die internationale Zuständigkeit als eine selbstständige Zuständigkeitsform in der Rechtsprechung anerkannt. Der BGH führt dazu aus:

> *Trotz dieser Verknüpfung (in den Voraussetzungen) bleiben örtliche und* internationale *Zuständigkeit etwas Verschiedenes: Die örtliche Zuständigkeit verteilt die Streitsachen unter die deutschen erstinstanzlichen Gerichte, die internationale Zuständigkeit dagegen regelt, ob eine Streitsache mit Auslandsbeziehungen von deutschen oder von ausländischen Gerichten entschieden werden soll.*

Seit dieser Entscheidung ist die von der örtlichen Zuständigkeit zu unterscheidende internationale Zuständigkeit im deutschen Recht unbestritten, und zwar sowohl in der Rechtsprechung[33] als auch im Schrifttum[34]. Die Rechtsprechung hat auch die Grenzen zwischen örtlicher und internationaler Zuständigkeit definiert und damit den Begriff letzterer Zuständigkeitsform präzisiert:

- §§ 513 Abs. 2, 545 Abs. 2 ZPO, die eine Nachprüfung der örtlichen Zuständigkeit in der Berufungs- und Revisionsinstanz ausschließen,

[28] Vgl. Pagenstecher, Gerichtsbarkeit und internationale Zuständigkeit als selbständige Prozessvoraussetzungen, RabelsZ 11 (1937), 337 ff.

[29] Vgl. Kralik, Die internationale Zuständigkeit, ZZP 74 (1961), 2 ff.

[30] Vgl. Matthies, Die deutsche internationale Zuständigkeit, 1955

[31] Vgl. Geimer, Zur Prüfung der Gerichtsbarkeit und der internationalen Zuständigkeit bei der Anerkennung ausländischer Urteile, 1966

[32] Vgl. BGHZ 44, 46 = JZ 1966, 237 mit Anm. Neuhaus = LM Nr. 4 zu § 512a ZPO mit Anm. Schneider = JuS 1965, 458 mit Anm. Bähr; dazu auch Cohn, Zur internationalen Zuständigkeit deutscher Gerichte, AWD 1966, 211 ff.; ders., Nachprüfung der internationalen Zuständigkeit durch die Rechtsmittelinstanz, NJW 1966, 287 ff.; Maier, Nachprüfung der internationalen Zuständigkeit durch die Rechtsmittelinstanz, NJW 1965, 1650 ff.; Schütze, Örtliche und internationale Zuständigkeit, AWD 1966, 94 f.

[33] Vgl. z.B. BGHZ 69, 37; 80, 1; 94, 156; BGH RIW 1989, 481

[34] Vgl. Geimer, IZPR, Rdn. 844 ff. (der sich allerdings gegendie These, die internationale Zuständigkeit sei in der deutschen ZPO nicht geregelt und erst richterrechtlich entwickelt worden Rdn. 943 ff. wendet); Linke, IZPR, Rdn. 102 ff.; Nagel/Gottwald, IZPR, § 3, Rdn. 200 ff.; Schack, IZVR, Rdn. 186 ff.; Schütze, DIZPR, Rdn. 101 ff.

gelten nicht für die internationale Zuständigkeit. Diese Rechtsmittel können auch auf die mangelnde internationale Zuständigkeit gestützt werden[35].

– Die Zuständigkeit begründende Wirkung des § 281 Abs. 2 ZPO gilt nicht für die internationale Zuständigkeit[36].

– Dagegen bleibt die internationale Zuständigkeit bestehen, wenn die zuständigkeitsbegründenden Tatsachen während des Prozesses fortfallen. Das Bundesarbeitsgericht hat § 261 Abs. 3 ZPO (perpetuatio fori) im Sinne einer perpetuatio competentiae internationalis angewendet[37].

2. Die internationale Rechtshängigkeit

Während die Anerkennung und Vollstreckbarerklärung ausländischer Zivilurteile positivrechtlich geregelt sind[38], fehlt eine derartige Norm für die Berücksichtigung ausländischer Rechtshängigkeit im inländischen Verfahren[39]. § 261 ZPO betrifft nur die durch Klageerhebung vor einem inländischen Gericht begründete Rechtshängigkeit.

Die Rechtsprechung hat diese Lücke – trotz bestehender Bedenken[40] – in der Weise ausgefüllt, dass die Rechtshängigkeit vor einem ausländischen Gericht dann zu berücksichtigen ist, wenn die im ausländi-

35 Vgl. BGHZ 44, 46; BGH NJW 2003, 426

36 Vgl. BGHZ 44, 46; 84, 17; neuerdings auch OLG Düsseldorf, WM 2000, 2192; dazu auch Schütze, Die Bedeutung der Verweisung nach § 281 ZPO für die internationale Zuständigkeit, RIW 1995, 630 f.

37 Vgl. BAG JZ 1979, 647; dazu auch Beitzke, Bemerkungen zur perpetuatio fori im deutschen internationalen Verfahrensrecht, FS Rammos, 1979, S. 71ff.; Damrau, Fortdauer der internationalen Zuständigkeit trotz Wegfalls ihrer Voraussetzungen?, FS Bosch, 1976, S. 103 ff.

38 Vgl. §§ 328, 722 f. ZPO

39 Vgl. dazu im einzelnen Habscheid, Zur Berücksichtigung der Rechtshängigkeit eines ausländischen Verfahrens, RabelsZ 31 (1967), 251ff.; Schütze, Die Berücksichtigung der Rechtshängigkeit eines ausländischen Verfahrens, RabelsZ 31 (1967), 233ff.; ders., Die Wirkungen ausländischer Rechtshängigkeit im inländischen Verfahren, ZZP 104 (1991), 136 ff.; ders. Zur internationalen Rechtshängigkeit im deutschen Recht, FS Beys, 2003, S. 1501 ff. jeweils mit weiteren Nachweisen für Rechtsprechung und Schrifttum

40 Vgl. Hellwig, Lehrbuch des Deutschen Civilprocessrechts I, 1903, S. 127, 178; Schütze, RabelsZ 31 (1967), 136 ff. (144 ff.)

schen Prozess zu erwartende Entscheidung in Deutschland anzuerkennen sein wird[41]. Es wird auf eine positive Anerkennungsprognose abgestellt, wobei eine Ausnahme nur für den Fall gemacht wird, dass das ausländische Verfahren unzumutbar lange dauert[42].

Der Gesetzgeber hat diese einhellige Rechtsprechung offenbar als ausreichend angesehen und weder bei der Reform des internationalen Privatrechts noch der des Zivilprozessrechts eine Bestimmung für die internationale Rechtshängigkeit in das Gesetz eingefügt. Er hat damit eine an sich der Legislative obliegende Regelung der dritten Gewalt überlassen und den Richter zum Gesetzgeber gemacht. Das ist verfassungsrechtlich nicht unbedenklich, findet sich aber seit Gründung der Bundesrepublik in steigendem Maße[43].

III. Die Interpretation gesetzlicher Regelungen des internationalen Zivilprozessrechts durch die Rechtsprechung

Die spärlichen gesetzlichen Regelungen des internationalen Zivilprozessrechts haben erst durch die Rechtsprechung weitgehend ihre inhaltliche Ausgestaltung erfahren. So ist aus der Bestimmung des § 293 ZPO nicht zu entnehmen, ob ein ausländischer Rechtssatz als Recht oder als Tatsache zu werten ist. Erst die Auslegung dieser Norm in dem Sinne, dass auch für ausländisches Recht der Grundsatz *iura novit curia* gilt, hat der Regelung ihren Inhalt gegeben. Insoweit ist das Richterrecht im Rahmen der Auslegung gesetzlicher Normen Rechtsquelle im weiteren Sinne.

[41] Vgl. RGZ 49, 344; 158, 147; BGH NJW 1958, 103 (obiter dictum); BGH NJW 1983, 1269; BGH NJW 1986, 2195; BGH IPRax 2001, 457; OLG Hamburg LZ 1926, 551; OLG München NJW 1972, 110; OLG Frankfurt/Main RIW/AWD 1980, 874; BayObLG FamRZ 1983, 501; OLG Saarbrücken RIW 1999, 64

[42] Vgl. BGH NJW 1983, 1269 = IPRax 1984, 152 = Dir. Fam. 1983, 527 mit abl. Anm. Tortoroci; dazu auch Geimer, Beachtung ausländischer Rechtshängigkeit und Justizgewährungsanspruch, NJW 1984, 527ff.; Luther, Die Grenzen der Sperrwirkung ausländischer Rechtshängigkeit, IPRax 1984, 141 ff.

[43] So weigert sich der Bundestag in verfassungsrechtlich bedenklicher Weise, die ihm obliegende Regelung des Arbeitskampfrechts vorzunehmen und überlässt diese der Legislative zukommende Aufgabe der richterlichen Gewalt.

1. Der Nachweis ausländischen Rechts im inländischen Prozess

Die Fassung vom § 293 ZPO, der die Ermittlung ausländischen Rechts im deutschen Zivilprozess regelt, ist missverständlich. Die Gerichte haben den Grundsatz *iura novit curia* aber stets auch auf ausländische Rechtsnormen angewendet[44] und behandeln ausländisches Recht nicht als Tatsache, sondern als Recht. Dennoch wird die Ermittlung des Inhalts eines ausländischen Rechtssatzes – inkonsequenterweise – in der Praxis in einem förmlichen Beweisverfahren aufgrund eines Beweisbeschlusses durchgeführt[45].

Ist die Ermittlung ausländischen Rechts noch – wenngleich auslegungsbedürftig – geregelt, so fehlt eine gesetzliche Regelung für den Fall eines *non liquet*. Da ausländisches Recht nicht als Tatsache angewendet wird, finden die Beweislastregeln keine Anwendung. Keine Partei kann beweisfällig werden. Die Rechtsprechung wendet als Ersatzrecht deutsches Recht als lex fori an[46], obwohl dies nur die ultima ratio sein sollte, wenn sich keine „bessere" Lösung[47] findet – etwa die Anwendung eines verwandten Rechts – z.B. des Mutterrechts bei rezipierten Rechtsordnungen[48].

[44] Vgl. BGHZ 77, 32; BGH WM 1987, 273

[45] Vgl. z.B. BGH NJW 1975, 2142; dazu eingehend Geisler, Zur Ermittlung ausländischen Rechts durch „Beweis" im Prozess, ZZP 91 (1978), 176ff.; zum Beweisverfahren auch Bendref, Gerichtliche Beweisbeschlüsse zum ausländischen und internationalen Privatrecht, MDR 1983, 892 ff.

[46] Vgl. BGHZ 69, 387; BGH StAZ 1978, 124; BGH NJW 1992, 1215; BGH RIW 1982, 199; BGH NJW-RR 1986, 484; OLG Frankfurt/Main FamRZ 2000, 37; KG FamRZ 2002, 840

[47] Vgl. zu den in der Literatur favorisierten Hilfsanknüpfungen Schack, IZVR, Rdn. 637 ff.; Schütze, DIZPR, Rdn. 264 ff.

[48] So hat der Bundesgerichtshof in BGHZ 49, 50 zur Feststellung des Inhalts des syrischen Rechts auf das ägyptische und französische Recht zurückgegriffen, das OLG Bremen, MDR 1955, 427 für das luxemburgische auf das belgische und französische Recht.

2. Die Revisibilität ausländischen Rechts im inländischen Prozess

Die Rechtsprechung legt § 545 Abs. 1 (§ 549 a.F.) ZPO dahin aus, dass ausländisches Recht nicht revisibel ist[49]. Die Gerichte haben diese rechtspolitisch zweifelhafte Entscheidung des Gesetzgebers[50] aber durch eine teleologische Reduktion der Norm in zahlreichen Fällen erträglich gemacht.

– Seit RGZ 115, 103 haben Reichsgericht und Bundesgerichtshof in ständiger Rechtsprechung ein selbständiges Prüfungsrecht der Anwendung ausländischen Rechts im Rahmen der Gegenseitigkeitsverbürgung nach § 328 Abs. 1 Nr. 5 ZPO (Anerkennung ausländischer Urteile)[51] und § 110 Abs. 2 Nr. 1 a.F. ZPO[52] (cautio iudicatum solvi)[53] bejaht.

– Hängt die deutsche internationale Zuständigkeit von ausländischem Recht ab, so nimmt der BGH im Rahmen der Zuständigkeitsprüfung eine eigenständige Nachprüfungsbefugnis an[54].

– Hat der Tatsachenrichter einen ausländischen Rechtssatz nicht angewendet, sei es, weil ihm die Norm unbekannt war[55], sei es, weil sie

49 Vgl. RGZ 170, 199; BGHZ 48, 214; BGH WM 1971, 1094; 1986, 461; weitere Nachweise bei Zöller/Gummer, § 545, Rdn. 9

50 Vgl. Broggini, Die Maxime „iura novit curia“ und das ausländiche Recht, AcP 155 (1956), 469 ff.; Dölle, Betrachtungen zum ausländischen, internationalen und interzonalen Privatrecht im besetzten Deutschland, FS Raape, 1948, S. 149 ff. (154); Müller, Länderbericht Deutschland, in: Müller u.a., Die Anwendung ausländischen Rechts im internationalen Privatrecht, 1968, S. 66 ff. (74 ff.); Raape/Sturm, IPR, S. 312; Schack, IZVR, Rdn. 646; Schütze, DIZPR, Rdn. 273; im arbeitsgerichtlichen Verfahren ist die rechtspolitische Fehlentscheidung durch § 73 Abs. 1 ArbGG beseitigt. Hier ist ausländisches Recht revisibel.

51 Vgl. RGZ 145, 74; 150, 374; BGHZ 42, 194 (st. Rspr.)

52 Nach der Novellierung des § 110 ZPO und dem Übergang vom Staatsangehörigkeits- zum Aufenthaltsprinzip ist die verbürgte Gegenseitigkeit kein Befreiungsgrund für die Prozesskostensicherheit mehr.

53 Vgl. BGHZ 37, 264; BGH WM 1982, 194; vgl. zur Rechtsprechung im übrigen Schütze, Zur Verbürgung der Gegenseitigkeit bei der Ausländersicherheit (§ 110 Abs. 2 Nr. 1 ZPO), JZ 1983, 383 ff.

54 Vgl. z.B. RGZ 149, 232; 150, 293; BGH WM 1984, 277

55 Vgl. BGHZ 40, 197

erst nach Urteilserlass in Kraft trat[56], so hindert § 549 ZPO die Nachprüfung in der Revisionsinstanz nicht.

– Im Rahmen der Rückverweisung auf deutsches Recht nach Art. 4 EGBGB ist das Revisionsgericht befugt, die ausländischen Kollisions- und Sachnormen zu überprüfen[57], soweit die unrichtige Anwendung deutschen Rechts in Frage steht.

– Der Bundesgerichtshof hat in einer Entscheidung aus dem Jahre 1991[58] dann den Grundsatz der Nichtrevisibilität ausländischen Rechts überhaupt in Frage gestellt. Er hat die Qualifikation eines Gutachters für venezolanisches Recht verneint, obwohl dieser Referent am renommierten Max-Planck-Institut für ausländisches und internationales Privatrecht war. Der BGH hat so eine Überprüfung venezolanischen Rechts in der Revisionsinstanz ermöglicht[59]. Vielleicht bedeutet diese Entscheidung den Abschied von der Irrevisibilität ausländischen Rechts[60]. Das wäre die Korrektur einer rechtspolitischen Fehlentscheidung, bei der das Gericht Recht setzte.

IV. Fazit

Das deutsche Recht kennt zwar das Richterrecht nicht als Rechtsquelle in dem Sinne, dass der Richterspruch über den entschiedenen Fall hinaus bindende Wirkung und Allgemeingültigkeit beanspruchen könnte. Dennoch zeigt gerade das Beispiel des internationalen Zivilprozessrechts, dass die Rechtsprechung – in unterschiedlicher und abgestufter Weise – eine Rechtsquelle im weiteren Sinn ist.

Soweit das Bundesverfassungsgericht mit Gesetzeskraft entscheidet, ob eine Norm des Völkerrechts Bestandteil des deutschen Rechtes ist, erfüllt es eine Funktion, die dem Gesetzgeber entzogen ist. So hat das Bundesverfassungsgericht zwar nicht die eingeschränkte Immunität

[56] Vgl. BGHZ 36, 348

[57] Vgl. RGZ 136, 361; 145, 85; BGHZ 45, 351

[58] Vgl. BGH EWS 1991, 396

[59] Vgl. Schütze, Der Abschied von der Revisibilität ausländischen Rechts?, EWS 1991, 372 f.

[60] Der BGH prüft ausländisches Recht neuerdings auch dann nach, wenn ihm das Ergebnis nicht gefällt, so in BGH RIW 1997, 687 = DZWIR 1997, 329 mit Anm. Schütze

im Erkenntnis- und Vollstreckungsverfahren in das deutsche Recht eingeführt, durch die Feststellung des Inhalts des allgemeinen Völkerrechts hat es aber den Umfang der Gerichtsbarkeit im deutschen internationalen Zivilprozessrecht verbindlich geregelt. Eine ähnliche Funktion hat die Bundesrepublik Deutschland dem Europäischen Gerichtshof für die verbindliche Auslegung des Brüsseler Zuständigkeits- und Vollstreckungsübereinkommens[61] übertragen[62]. Der Inhalt des EuGVÜ, das ein Kernstück des deutschen internationalen Zivilprozessrechts darstellt, wird vom EuGH authentisch festgestellt, der mit der vertragsautonomen Auslegung[63] eine dem deutschen Recht fremde Interpretationsmethode anwendet.

Die richterliche Rechtsfortbildung durch Ausfüllung von Gesetzeslücken spielt im deutschen internationalen Zivilprozessrecht angesichts der fehlenden Kodifizierung dieses Rechtsgebiets eine besondere Rolle. Dies zeigt sich u.a. an den Beispielen der internationalen Zuständigkeit und internationalen Rechtshängigkeit. Die Rechtsprechung hier kann mit Grimm[64] mindestens dem Zwischenbereich zwischen Gesetzgebung und Rechtsanwendung zugeordnet werden.

Aber auch in den Bereichen, die gesetzlich geregelt sind, wie dem Nachweis und der Revisibilität ausländischen Rechts im inländischen

[61] Übereinkommen vom 27.9.1968 über die gerichtliche Zuständigkeit und die Vollstreckung gerichtlicher Entscheidungen in Zivil- und Handelssachen, BGBl. 1972 II, 773 (EuGVÜ)

[62] Vgl. Protokoll betreffend die Auslegung des Übereinkommens durch den Gerichtshof v. 3.6.1971, BGBl. 1972 II 846

[63] Vgl. erstmals EuGH Rs. 29/76 – LTU v. Eurocontrol – EuGHE 1976, 1541 = RIW/AWD 1977, 40, danach zahllose Entscheidungen; vgl. zur Methode Cieslik, Die Methode des Gerichtshofs der EG bei der Auslegung des Brüsseler Gerichtsstands- und Vollstreckungsübereinkommens, Diss. Bayreuth 1992; Geimer, Zur Auslegung des Brüsseler Zuständigkeits- und Vollstreckungsübereinkommen in Zivil- und Handelssachen vom 27. September 1968, EuR 12 (1977), 341ff.; Martiny, Autonome und einheitliche Auslegung im europäischen internationalen Zivilprozessrecht, RabelsZ 45 (1981), 427ff.; Pfeiffer, Grundlagen und Grenzen der autonomen Auslegung des EuGVÜ, Jahrbuch junger Zivilrechtswissenschaftler 1991 (1992), S. 71ff.; Schlosser, Vertragsautonome Auslegung, nationales Recht, Rechtsvergleichung und das EuGVÜ, GS Bruns, 1980, S. 45 ff.; kritisch Scholz, Das Problem der autonomen Auslegung des EuGVÜ, 1998

[64] Vgl. Grimm, Rechtsentstehung, in: Grimm (Herausg.), Einführung in das Recht, 2. Aufl., 1991, S. 75

Prozess, hat die Auslegung der Normen durch die Gerichte zu einer Rechtsfortbildung geführt.

Das deutsche internationale Zivilprozessrecht ist nicht nur geprägt durch die Rechtsprechung, es ist in Wahrheit Richterrecht – aufbauend auf den rudimentären und sporadischen gesetzlichen Regelungen in ZPO und GVG. Es gelten hier besonders die Worte, die Larenz an den Beginn des Kapitels Methoden der rechtlichen Rechtsfortbildung stellt[65]:

> *Gesetzesauslegung und richterliche Rechtsfortbildung dürfen nicht als wesensverschieden angesehen werden, sondern nur als voneinander verschiedene Stufen desselben gedanklichen Verfahrens. Das will sagen, dass schon die einfache Auslegung des Gesetzes durch ein Gericht, sofern sie erstmalig ist oder von einer früheren Auslegung abweicht, eine wenn auch dem Gericht selbst vielfach noch nicht bewusste Rechtsfortbildung darstellt, wie andererseits, dass richterliche Rechtsfortbildung über die Grenzen der Auslegung hinaus sich immer noch im weiteren Sinne interpretativer Methoden bedient.*

[65] Vgl. Larenz, Methodenlehre der Rechtswissenschaft, 6. Aufl., 1991, S. 366

3. Internationales Zivilprozessrecht und Politik[1]

Im Jahr 1959 ereignete sich in der jungen Bundesrepublik, die nach Jahren der Diktatur so stolz auf die verfassungsrechtlich im Grundgesetz garantierte Gewaltenteilung war, ein höchst befremdlicher Eingriff der Exekutive in die richterliche Gewalt. Was war geschehen? Das Justizministerium Nordrhein-Westphalen hatte ohne sachliche Notwendigkeit eine Erklärung abgegeben, dass die Gegenseitigkeit im Sinne von § 328 Abs. 1 Nr. 5 ZPO im Verhältnis zu Israel verbürgt sei[2], obwohl die Gegenseitigkeitsfeststellung allein den Gerichten obliegt[3]. Der Skandal lag nicht nur in dem politischen Eingriff in die richterliche Gewalt, sondern in dem Schweigen der juristischen Welt – insbesondere der Richterschaft – aus offenbaren Gründen der political correctness.

Dieser Fall zeigt, dass auch das an sich so unpolitische internationale Zivilprozessrecht Gegenstand politischer Einflussnahmen ist, nicht nur in Deutschland, sondern allenthalben, insbesondere auch in den USA.

I. Politische Gesetzgebung

Der Einfluss der Politik auf das internationale Zivilprozessrecht beginnt in der Gesetzgebung. Drei Beispiele aus den USA und Europa mögen das illustrieren.

1. Der Alien Tort Claims Act

Im Jahr 1789, dem Jahr der Verabschiedung der Bill of Rights, unternahmen die Amerikaner aus moralischen und politischen Gründen einem schwerwiegenden Eingriff in etablierte Grundsätze des inter-

1 Erstmals publiziert in: FS Georgiades, 2005, S. 577 ff.

2 JMBl. NRW 1959, 6, für weitere Bundesländer sind entsprechende Veröffentlichungen ergangen.

3 Vgl. Geimer/Schütze, EuZVR E1, Rdn. 71 ff. m.w.N.

nationalen Zivilprozessrechts. Der Alien Tort Claims Act[4] koppelte die internationale Zuständigkeit von einer Binnenbeziehung ab und schaffte eine Zuständigkeit US-amerikanischer Gerichte für „*any civil action by an alien for a tort only, commited in violation of the law of nations or a treaty of the United States*". Dieses Gesetz ist völkerrechtlich problematisch. Zwar ist jeder Staat in der Bestimmung der internationalen Zuständigkeit seiner Gerichte frei[5], diese Freiheit ist aber nicht schrankenlos. Völkerrechtlich ist der Staat gehalten, keine Zuständigkeiten für Streitigkeiten, die keinen Bezug zum Staat haben, zu usurpieren[6]. Das aber lässt der ATCA – wie die jüngste Vergangenheit zeigt – zu.

Der Alien Tort Claims Act, der ursprünglich die Rechtsverfolgung für Akte der Piraterie ermöglichen sollte, verfiel nach Verschwinden der Piraterie auf den Weltmeeren in einen zwei Jahrhunderte dauernden Dornröschenschlaf bis er von aktiven Menschenrechtsgruppen wieder entdeckt wurde. Aufgrund dieses Gesetzes[7] prozessierten die Gefolterten und Geknechteten von Diktaturen aus aller Welt gegen die Diktatoren vor den Bundesgerichten der USA. Beginnend mit Filartiga v. Pena-Irala[8] folgten in rascher Folge weitere Verfahren wegen behaupteter Menschenrechtsverletzungen[9], mit dem Ziel, An-

[4] Vgl. dazu Heidbrink, Der Alien Tort Claims Act, 1989; Mráz, Völkerrecht im Zivilprozess, 2004, S. 85ff.; Rau, Schadensersatzklagen wegen extraterritorial begangener Menschenrechtsverletzungen: der US-amerikanische Alien Tort Claims Act, IPRax 2000, 558ff.; Scheffler, Die Bewältigung hoheitlich begangenen Unrechts durch fremde Zivilgerichte, 1997; Steinhardt/d'Amato (Herausg.), The Alien Tort Claims Act: An Analytical Anthologiy, 1999

[5] Vgl. Geimer, IZPR, Rdn. 848, 126; Nagel/Gottwald, IZPR, Rdn. 351; Schack, IZVR, § 3, Rdn. 186 m.w.N.; ders., Internationale Zuständigkeit und Inlandsbeziehung, FS Nakamura, 1996, S. 491ff.

[6] Str. vgl. Hess, Staatenimmunität bei Distanzdelikten, 1992, S. 380 f.; Mann, The Doctrine of Jurisdiction in International Law, RdC 111 (1964-I), 1ff. (76ff.); Nagel, Die Begrenzung des internationalen Zivilprozessrechts durch das Völkerrecht, ZZP 75 (1962), 408ff. (420f.); Walchshöfer, Die deutsche internationale Zuständigkeit in der streitigen Gerichtsbarkeit, ZZP 80 (1967), 165 ff. (171)

[7] Alien Tort Claims Act (ATCA), 28, U.S.C. § 1350

[8] 630 F.2d 876, 887 & n. 21 (2d Cir. 1980)

[9] Vgl. z.B. Abebe-Jira v. Negewo, 72 F. 3d 844 (11th Cir. 1996) (behauptete Folterung äthiopischer Gefangener); Kadic v. Karadzic, 70 F. 3d 232 (2d Cir. 1995) (behauptete Folterung und Vergewaltigung, die dem serbischen Militär zugerechnet wurden); In re Estate of Ferdinand Marcos, 25 F. 3d 1467 (9 th Cir. 1994 (be-

sprüche geltend zu machen, für die kein sonstiges adaequates Forum zur Verfügung stand. Dies hätte man zuständigkeitsrechtlich noch wohlwollend mit einer Notzuständigkeit rechtfertigen können[10], da in allen diesen Fällen die Rechtsverfolgung am an sich gegebenen Forum zumindest unzumutbar gewesen sein mag.

Die wahre politische Dimension erhielt der ATCA aber dann, als Zwangsarbeiter und Holocaustüberlebende den ATCA für die Geltendmachung ihrer behaupteten Ansprüche aus der Zeit des dritten Reichs gegen die Bundesrepublik Deutschland und deutsche Firmen sowie die Republik Österreich und österreichische und Schweizer Banken entdeckten[11]. Obwohl in all diesen Fällen ein Forum in Deutschland, Österreich und der Schweiz bestand und die deutsche, österreichische und schweizerische Justiz ein rechtsstaatliches Verfahren zur Verfügung stellten – eine Rechtfertigung aus Gründen einer Notzuständigkeit deshalb entfiel – wurde eine Vielzahl von Verfahren durchgeführt, die gegen etablierte Prinzipien des internationalen Zivilprozessrechts verstießen.

Danach war kein Halten mehr. Schwarze Südafrikaner klagen gegen zahlreiche ausländische Banken und Unternehmen wegen Behauptung der Unterstützung der früheren Apartheidpolitik. Hereros nutzten die Gunst der Stunde, Ansprüche aus dem Hererokrieg geltend zu machen, der als Strafexpedition geführt wurde, nachdem die Hereros in einer Nacht der langen Messer über Hundert deutsche Siedler und deren Frauen und Kinder mit beispielloser Grausamkeit ermordet hatten. Diese Klage ist allerdings erfolglos geblieben.

hauptete Folterungen und andere Misshandlungen, die dem philippinischen Präsidenten zugerechnet wurden)

10 Vgl. dazu Schütze, Die Notzuständigkeit im deutschen Recht, FS Rechberger, 2005, S. 563ff.

11 Vgl. dazu Hess, Entschädigung für NS-Zwangsarbeit vor US-amerikanischen und deutschen Zivilgerichten, AG 1999, 145 ff.; ders., Kriegsentschädigungen aus kollisionsrechtlicher und rechtsvergleichender Sicht, in: Entschädigung nach bewaffneten Konflikten. Die Konstitutionalisierung der Welthandelsordnung, Berichte der Deutschen Gesellschaft für Völkerrecht, 2003, S. 107 ff. (184 ff.)

2. Die Holocaustgesetzgebung in Kalifornien

Ein Kapitel manifest politischer antideutscher Gesetzgebung findet sich in Kalifornien. Zur Erleichterung der Geltendmachung von Ansprüchen von ca. 6000 Juden[12] in Kalifornien aus Versicherungsverträgen und Ansprüchen von Zwangsarbeitern auf Entschädigung erließ Kalifornien spezielle Holocaust Gesetze[13]. In zwei Gesetzen, die als Abs. 5 und 6 in Sect. 354 des kalifornischen Code of Civil Procedure (CCP) eingefügt wurden, sind insbesondere die internationale Zuständigkeit für die Geltendmachung von Ansprüchen und deren Verjährung geregelt. Der Holocaust Victim Insurance Relief Act 1999 ordnete darüber hinaus die Offenlegung aller Informationen über Versicherungspolicen an, die in Europa in der Zeit von 1920 bis 1945 von Versicherungsgesellschaften und verbundenen Unternehmen abgeschlossen worden sind, soweit diese Gesellschaften eine Geschäftstätigkeit in Kalifornien ausüben.

Auch nach Abschluss des Foundation Agreement, durch das sich Deutschland Rechtsfrieden erkaufen wollte – und in dem von amerikanischer Seite Rechtsfrieden zugesichert wurde – beugte sich der kalifornische Gesetzgeber nicht. Der politische Druck von Interessengruppen war zu stark. Erst die Rechtsprechung brachte die Holocaustgesetzgebung zu einem – unrühmlichen – Ende[14].

3. Die Verbrauchergesetzgebung in der EU

Durch die Verbraucherschutzgesetzgebung in der EU ist eine Zweiklassengesellschaft im internationalen Zivilprozessrecht geschaffen worden. Etablierte Grundsätze des Zuständigkeitsrechts sind auf dem Altar der Verbraucherpolitik geopfert worden, so das Prinzip des *actor*

[12] Die Zahl stammt aus der dissenting opinon der Richterin Ginsburg in der Entscheidung American Insurance Association et al. v. Garamendi, Insurance Commissioner, State of California, No. 02-722; 296 F. 3d 832, rev. (at least 5600 documented Holocaust survivors in California)

[13] Vgl. dazu Gebauer/Schulze, Kalifornische Holocaust-Gesetze zugunsten von NS-Zwangsarbeitern und geschädigten Versicherungsnehmern und die Urteilsanerkennung in Deutschland, IPRax 1999, 478 ff.; Schütze, Das unrühmliche Ende der Holocaust-Gesetzgebung in Kalifornien, ZVglRWiss 102 (2003), 574 ff.

[14] Vgl. Schütze, ZVglRWiss 102 (2003), 574 ff.

sequitur forum rei, das – jedenfalls im kontinentaleuropäischen Recht – die Basis jeglicher Kompetenzordnung[15] darstellt[16].

Die politisch gewollte – sachlich ungerechtfertigte – Privilegierung des Verbrauchers im internationalen Zivilprozess ist mehrfach. Zuständigkeitsrechtlich haben VO (EG) Nr. 44/2001, EuGVÜ und LugÜ den Verbraucher zu fröhlichem forum shopping ermuntert. Er kann an seinem Wohnsitz oder dem allgemeinen Gerichtsstand des Schuldners klagen[17]. Gerichtsstandsvereinbarungen sind für ihn weithin unverbindlich[18]. Das alles mag rechtspolitisch noch hinnehmbar sein, obwohl die Waffengleichheit der Parteien – oberstes Gebot des Zivilprozesses – erheblich gefährdet erscheint. Unerträglich wird die Privilegierung des Verbrauchers bei der Wirkungserstreckung von Zivilurteilen. Das EuGVÜ und ihm in der Konzeption folgend das LugÜ und die VO (EG) Nr. 44/2001 gehen davon aus, dass die einheitliche europäische Zuständigkeitsordnung, die durch diese Regelwerke geschaffen worden ist, eine Nachprüfung der erststaatlichen Zuständigkeit im Rahmen der Anerkennung und Klauselerteilung unzulässig macht, da Grundlage der Zuständigkeitsordnung das wechselseitige Vertrauen in die Justiz der Mitgliedstaaten ist. Mit Verblüffung stellt man dann fest, dass dieses Vertrauen – das in der Präambel zur VO (EG) Nr. 44/2001 in Nr. 16 und 17 als Basis des europäischen Zivilprozessrechts apostrophiert wird – bei Verbrauchersachen endet. Es kehrt sich um in Misstrauen. Denn in Verbrauchersachen kann die Zuständigkeit im Exequaturverfahren voll nach-

[15] Ulrich Huber, De foro competente, § 38 fasst dies treffend zusammen: *„Summa regula fori est haec, quod actor forum sequitur…cuius ratio non tam est, quod reus sit actore favorabilior…sed quod necessitas vocandi et cogendi alium ad ius aequum, non nisi a superiore proficisci queat, superior autem cuiusque non est alienus, sed proprius rector"*. Vgl. zu Maxime, Motiven und Interessen der Regel actor sequitur forum rei Schröder, Internationale Zuständigkeit, 1971, S. 229 ff., dort auch weitere Nachweise.

[16] Milleker, Der negative internationale Kompetenzkonflikt, 1975, S. 21 geht von dem Wohnsitzgrundsatz als Universalprinzip aus und stellt treffend fest: *„Selbst wer den Gedanken von der Wohnsitzanknüpfung nicht als Universalprinzip gelten lässt, der wird doch zumeist geneigt sein, ihm zuzubilligen, dass er im Regelfall (von der Ebene des Rechtsstreits her gesehen) die zweckmäßigste und gerechteste Lösung abgibt"*. Zur überragenden Bedeutung des Wohnsitzgerichtsstandes vgl. auch Riezler, IZPR, S. 183 f.

[17] Vgl. Art. 16 VO (EG) Nr. 44/2001; Art. 14 EuGVÜ/LugÜ

[18] Vgl. Art. 17 VO (EG) Nr. 44/2001; Art. 15 EuGVÜ/LugÜ

geprüft werden. Den Parteien wird zugemutet, dass die Zuständigkeit im existenzbedrohenden Milliardenprozess nicht nach geprüft werden kann, das Urteil über den Restkaufpreis eines auf Raten gekauften Staubsaugers jedoch der vollen Nachprüfung unterliegt[19]. Vertrauen in die Justiz hier, Misstrauen dort. Die Entscheidung der Väter der Regelwerke ist nur politisch motiviert und wirft seit Diocletian und Maximian[20] etablierte Grundsätze als Relikte einer bürgerlichen Rechtsordnung auf den Müll der Rechtsgeschichte.

II. Politische Administration

1. Die Israel Erklärung des Landes Nordrhein-Westfalen

Die Feststellung der Verbürgung der Gegenseitigkeit bei der internationalen Urteilsanerkennung (§ 328 Abs. 1 Nr. 5 ZPO) liegt in Deutschland allein bei den Gerichten, die im Einzelfall über die Wirkungserstreckung einer ausländischen Entscheidung zu befinden haben. Das deutsche Recht hat sich gegen die Zuständigkeit der Verwaltung entschieden, wie sie beispielsweise in Österreich[21] und zahlreiche Länder des common law Rechtskreises[22] besteht, die die administrative Gegenseitigkeitsfeststellung kennen.

Die Erklärung der Justizverwaltung über die Verbürgung der Gegenseitigkeit im Verhältnis zu Israel[23] stellte deshalb einen schweren Eingriff in die Unabhängigkeit der Gerichte dar[24]. Selbst wenn sie nicht

[19] Vgl. dazu Schütze, Die Nachprüfung der internationalen Zuständigkeit nach dem EWG-Übereinkommen über die gerichtliche Zuständigkeit und die Vollstreckung gerichtlicher Entscheidungen, AWD 1974, 428 ff.

[20] Vgl. für die Verbescheidung eines Bittstellers in einem Rescriptprozess im Jahre 293 *„ut non actor rei forum, sed reus actoris sequatur"* Schröder, Internationale Zuständigkeit, S. 229

[21] Vgl. § 79 Abs. 2 EO

[22] Vgl. Geimer/Schütze, EuZVR, E.1, Rdn. 72 ff.

[23] AusfVO JM NRW v. 5.12.1958, JMBl. NRW 1959, 6

[24] Es sind später noch weitere Gegenseitigkeitserklärungen erfolgt, die aber regelmäßig dazu dienten, den Weg im entsprechenden ausländischen Staat frei zu machen für eine Bejahung der Gegenseitigkeitsfrage, wenn dessen Anerkennungsrecht ein solches Erfordernis vorsah. Das war z.B. der Fall für eine Gegenseitigkeitserklärung im deutsch-ungarischen Verhältnis, vgl. Erklärung des Bundesjustizministeriums BGBl. 1992 II 598; dazu Schütze, Die Anerkennung und Vollstreckbarerklärung deutscher Zivilurteile in Ungarn, RIW 1993, 416 ff. (418)

als bindend angesehen wird, war sie doch geeignet, die gerichtlichen Entscheidungen zu beeinflussen. Welcher Richter hätte sich wohl in dieser politisch brisanten Frage gegen die Justizverwaltung gestellt? Die Feststellung des Justizministeriums war im Übrigen materiell richtig. Die Gegenseitigkeit im Verhältnis zu Israel war tatsächlich verbürgt[25]. Das aber ist unerheblich. Wenn man die Wirkungserstreckung israelischer Urteile in Deutschland sicherstellen wollte, dann wäre der Abschluss eines Anerkennungs- und Vollstreckungsvertrages der richtige Weg gewesen. Ein solcher Staatsvertrag ist dann 1977 schließlich auch abgeschlossen worden[26].

2. Die Erklärung des US-Präsidenten im Zusammenhang mit dem Foundation Agreement

In den neunziger Jahren des vorigen Jahrhunderts wurden deutsche Unternehmen und Banken von einer Klagewelle ehemaliger Zwangsarbeiter in den USA überzogen. Diese Klagen wurden durch geschickte Medienkampagnen in erpresserischer Weise ausgenutzt, um Druck auszuüben. Diesem Druck gab Deutschland durch Gründung eines mit 10 Mrd. DM ausgestatteten Fonds[27] nach[28], um Rechtsfrieden zu erkaufen. In einem in diesem Zusammenhang geschlossenen Regierungsabkommen v. 17.7.2000 verpflichteten sich die USA eben diesen Rechtsfrieden zu schaffen. Aus politischen Gründen war die amerikanische Seite jedoch nicht bereit, einen Klagestop verbunden mit einer Überleitung der Verfahren auf die deutsche Stiftung anzuordnen, wählte vielmehr den „weichen" Weg über ein „statement of interest"[29]. Darin erklärte die US-Regierung, dass die Stiftung eine faire Lösung darstelle und eine Beendigung der Prozesse im Interesse

[25] Vgl. LG Berlin AWD 1971, 348 = NJW 1971, 331 mit Anm Joel ebenda S. 1529 f.; Schütze, Zur Verbürgung der Gegenseitigkeit, insbesondere im Verhältnis zu Israel, AWD 1972, 281 ff.

[26] Vertrag zwischen der Bundesrepublik Deutschland und dem Staat Israel über die gegenseitige Anerkennung und vollstreckungsgerichtlicher Entscheidungen in Zivil- und Handelssachen vom 20.7.1977, BGBl. 1980 II 925, 1531

[27] Vgl. dazu Hahn, Individualansprüche auf Wiedergutmachung von Zwangsarbeit im zweiten Weltkrieg, NJW 2000, 3521 ff.

[28] Vgl. Gesetz zur Errichtung einer Stiftung „Erinnerung, Verantwortung und Zukunft" v. 2.8.2000, BGBl. 2000 I 1263

[29] Vgl. Schütze, ZVglRWiss 102 (2003), 574 ff.

der amerikanischen Außenpolitik liege (Declaration of Stuart Eizenstat)[30].

Die Vereinbarungen von 2000 beinhalten implicite die Nichtanwendung von Gesetzen, die Klagen erlauben, die einem „statement of interest" zuwiderlaufen würden. Denn die USA haben sich nur verpflichtet, bestimmte Klagen zur Beendigung zu bringen, sondern Rechtsfrieden zu schaffen. Die Lösung, durch eine Erklärung des Präsidenten auf die Rechtsprechung einzuwirken, ist eine höchst politische, die im Übrigen von einigen Richtern mit anderer politischer Überzeugung (z.B. der streitbaren Richterin Kram[31]) nicht beachtet wurde.

III. Politische Rechtsprechung

1. Die Anwendung der ordre public Klausel

Die Wirkungserstreckung ausländischer Zivilurteile findet ihre Grenze am zweitstaatlichen ordre public. Dieses in § 328 Abs. 1 Nr. 4 ZPO in Deutschland manifestierte Prinzip ist einer der wenigen Weltrechtsgrundsätze. Kein Staat kann einem ausländischen Urteil Wirkung im Inland verleihen, seinen Arm zur Durchsetzung einer solchen Entscheidung leihen, wenn dies gegen grundlegende Prinzipien seiner Rechtsordnung verstoßen würde.

Der Inhalt des ordre public[32] wird dem Zeitgeist folgend stets neu definiert. Was gestern hinnehmbar war, ist es heute nicht mehr; was heute nicht hinnehmbar erscheint wird morgen als mit dem ordre public vereinbar angesehen. Ein Beispiel aus dem IPR mag das verdeutlichen. In BGHZ 28, 375 hielt der Bundesgerichtshof die Kranzgeldregelung noch zum deutschen ordre public gehörig. Das wäre heute in Zeiten der sexuellen Freizügigkeit völlig undenkbar.

[30] Vgl. im einzelnen Hess, Kriegsentschädigung aus kollisionsrechtlicher und rechtsvergleichender Sicht, Berichte der Deutschen Gesellschaft für Völkerrecht, 2003, S. 97

[31] Vgl. dazu Austrian and German Holocaust Litigation v. United States District Court for the Southern District of New York, 250 F. 3d 156 (2nd Cir. 2001)

[32] Vgl. dazu Völker, Zur Dogmatik des ordre public, 1998

Der Satz Bustamantes, den Roth seinem Werk voranstellt[33]:

> *No hay materia más confusa, ni menos meditada, ni tan discutida en nuestra ciencia*

gilt heute mehr denn je. Der ordre public ist das politische Instrument zur Durchsetzung von Ideen und Ideologien geworden. Dieses politische Denken macht auch vor dem IZPR nicht halt.

Als Beispiel mag die deutsch-amerikanische Urteilsanerkennung dienen. Das US-amerikanische Recht weist mancherlei prozessuale und materiellrechtliche Besonderheiten auf, die mit Grundprinzipien der deutschen Rechtsordnung nicht vereinbar sind[34]. Zu den prozessualen Divergenzen zählen insbesondere das jury trial, die Bestellung der Richter, die bei einzelstaatlichen Richtern wegen der Finanzierung des Wahlkampfes Zweifel an der Unparteilichkeit aufkommen lassen[35], die ausufernde pre trial discovery, die american rule of costs, die das Postulat der Waffengleichheit der Parteien wegen des möglichen „packing"[36] verletzt[37], und die Zuständigkeitsusurpierung, insbesondere in der Form der ausländerfeindlichen Anwendung der forum non conveniens Lehre[38]. Diese Unterschiede müssten – jedenfalls kumuliert – zur Überprüfung US-amerikanischer Urteils auf einen systemimmanenten Verstoß gegen den deutschen ordre public führen. Aus – insbesondere wohl wirtschaftspolitischen – Gründen

[33] Vgl. Roth, Der Vorbehalt des Ordre Public gegenüber fremden gerichtlichen Entscheidungen, 1967

[34] Vgl. dazu Herrmann, Die Anerkennung US-amerikanischer Urteile in Deutschland unter Berücksichtigung des ordre public, 2000; Schütze, Überlegungen zur Anerkennung und Vollstreckbarerklärung US-amerikanischer Zivilurteile in Deutschland – Zur Kumulierung von ordre public Verstößen, FS Geimer, 2002, S. 1025 ff.

[35] Vgl. dazu Schütze, Richterwahl-Sponsoring: Überlegungen zur ordre public-Widrigkeit von Urteilen US-amerikanischer Staatsgerichte, ZVglRWiss 100 (2001), 464 ff.

[36] Vgl. dazu Grossfeld, Probleme der Rechtsvergleichung im Verhältnis Vereinigte Staaten von Amerika – Deutschland, RabelsZ 39 (1975), 5ff.; Herrmann, Die Anerkennung US-amerikanischer Urteile in Deutschland unter Berücksichtigung des ordre public, 2000, S. 218

[37] Vgl. Schütze, Kostenerstattung und ordre public – Überlegungen zur deutsch-amerikanischen Urteilsanerkennung, FS Németh, 2003, S. 795 ff.

[38] Vgl. dazu Schütze, Forum non conveniens und Rechtschauvinismus, FS Jayme, 2004, S. 1021 ff.

wird diese Problematik nicht angerührt. Letztlich wird das Problem als „heißes Eisen“ betrachtet, das es zu einer politisch nicht gewollten Beschränkung der Anerkennung US-amerikanischer Urteile führen könnte. Deshalb wohl auch spricht sich Herrmann, der das Problem umfassend behandelt hat, gegen eine solche Kumulierung von ordre public Verstößen aus[39].

2. Die Anwendung des Erfordernisses der verbürgten Gegenseitigkeit

Das deutsche Erfordernis der verbürgten Gegenseitigkeit bei der internationalen Urteilsanerkennung (§ 328 Abs. 1 Nr. 5 ZPO) hat eine politische Dimension. Auf Antrag Struckmanns in § 661 CPO aufgenommen[40] galt es als „unantastbares Prinzip der nationalen Würde“[41]. Ausländische Staaten sollten gezwungen werden, deutsche Urteile anzuerkennen[42]. Rechtspolitisch steht das „*Wie Du mir, so ich Dir*“ hinter dem Gegenseitigkeitserfordernis.

Man mag darüber streiten, ob das Gegenseitigkeitserfordernis sinnvoll ist[43], hindert es doch die Anerkennung und Vollstreckbarerklärung von Urteilen aus Staaten mit rechtsstaatlicher Justiz, wie Liechtenstein[44], und stellt es kein Bollwerk gegen Urteile aus Staaten mit zweifelhaftem Rechtssystem dar[45].

[39] Vgl. Herrmann, Die Anerkennung US-amerikanischer Urteile in Deutschland unter Berücksichtigung des ordre public, 2000, S. 274 ff.

[40] Vgl. Hahn, Materialien zur deutschen ZPO I, S. 77, 804 ff. II, S. 887 ff.; Wittmaack, Kann ein Vollstreckungsurteil nach §§ 722 und 723 ZPO auf Grund eines nordamerikanischen, insbesondere kalifornischen Urteils erlassen werden?, ZIR 22 (1912), 1 ff. (9 f.)

[41] Vgl. Süss, Die Anerkennung ausländischer Urteile, FS Rosenberg, 1949, S. 229 ff. (241 f.)

[42] Vgl. Geimer/Schütze, Internationale Urteilsanerkennung, Bd. I/2, S. 1750 f.

[43] Vgl. zur Kritik am System der verbürgten Gegenseitigkeit insbes. Süss, Die Anerkennung ausländischer Urteile, FS Rosenberg, 1949, S. 229 ff.; Puttfarken, Zur Anerkennung und Vollstreckung ausländischer Urteile deutscher Kläger – verfassungswidrige Gegenseitigkeit, RIW/AWD 1976, 149ff.; im übrigen Geimer/Schütze, EuZVR, E.1, Rdn. 64 ff.

[44] Vgl. Schütze, Anerkennung und Vollstreckung ausländischer Zivilurteile in Liechtenstein, RIW/AWD 1976, 564 ff.

[45] Vgl. Schütze, Überlegungen zur Anerkennung und Vollstreckbarerklärung US-amerikanischer Zivilurteile in Deutschland, FS Geimer, 2002, S. 1025 ff.

Die Rechtsprechung ist in dieser Situation geprägt von politischen, insbesondere wirtschaftspolitischen Rücksichtnahmen. Das zeigt sich insbesondere bei der deutsch-amerikanischen Urteilsanerkennung. Das Vollstreckbarerklärungsverfahren in den USA ist wegen der american rule of costs[46] dem deutschen Exequaturverfahren nach §§ 722 f. ZPO nicht gleichwertig[47]. Es fehlt die vom BGH als ausreichend angesehene Äquivalenz[48]. Wegen der Nichterstattbarkeit von – in den USA regelmäßig sehr hohen Anwaltskosten – sind Titel mit kleinem und mittlerem Wert wirtschaftlich nicht durchsetzbar[49]. Andere Titel können nur mit erheblichen Abzügen geltend gemacht werden. Dennoch geht die Rechtsprechung unbeirrt von der Verbürgung der Gegenseitigkeit aus, ohne auf die Divergenz überhaupt einzugehen. Das frühere Reichsgericht war sehr viel strenger[50]. Der BGH und die übrige Rechtsprechung[51] wollen aber offensichtlich das transatlantische Verhältnis nicht gefährden. Vielleicht ist das gut, aber es ist politisch motiviert.

[46] Vgl. dazu Hommelsheim, Kostentragung und Kostenausgleichung im amerikanischen Zivilprozess, Diss. Bonn 1990; Jestaedt, Erstattung von Anwaltskosten im US-Prozess?, RIW 1986, 95 ff.; Schack, Einführung in das US-amerikanische Zivilprozessrecht, 3. Aufl., 2003, S. 101f.; Schütze, Kostenerstattung und ordre public – Überlegungen zur deutsch-amerikanischen Urteilsanerkennung, FS Németh, 2003, S. 795 ff.

[47] Vgl. Schütze, Zur Verbürgung der Gegenseitigkeit bei der deutsch-amerikanischen Urteilsanerkennung, ZVglRWiss 98 (1999), 131 ff.

[48] Vgl. BGHZ 42, 194; 49, 53; Schütze, Die Rechtsprechung des BGH zur Verbürgung der Gegenseitigkeit (§ 328 Abs. 1 Nr. 5 ZPO), NJW 1969, 293 ff.

[49] Schon 1973 hat Weinschenk das Problem der wirtschaftlichen Unmöglichkeit der gerichtlichen Durchsetzung kleiner Forderungen beleuchtet, vgl. Weinschenk, Die Eintreibung kleiner Forderungen in den USA, AWD 1973, 131 ff.

[50] Die 1907 im Zusammenhang mit den Prozessen gegen ausländische Versicherungsgesellschaften eingeführte Regelung des § 1915 der kalifornischen Zivilprozessordnung, die eingeführt wurde, um dem deutschen Gegenseitigkeitserfordernis Genüge zu tun, hat das Reichsgericht in RGZ 70, 434 als nicht ausreichend angesehen; vgl. dazu Kisskalt, Die Vollstreckbarkeit kalifornischer Urteile in Deutschland, LZ 1907, 689ff.; Wittmaack, Kann ein Vollstreckungsurteil nach §§ 722 und 723 ZPO auf Grund eines nordamerikanischen, insbesondere kalifornischen Urteils erlassen werden? NiemeyersZ 22 (1912), 1ff. Die Regelung ist nach Übernahme des Modellgesetzes durch Kalifornien heute überholt.

[51] Vgl. für Nachweise Schütze, ZVglRWiss 98 (1999), 131ff.

3. Der alien enemy

Das internationale Zivilprozessrecht der neueren Zeit geht von dem freien Zugang zu den Gerichten – unabhängig von der Staatsangehörigkeit – aus. Dieser Grundsatz ist Gegenstand zahlreicher Staatsverträge. Das régime national für Ausländer, zu dem der freie Zugang zu den Gerichten gehört, ist allgemein in Art. 14 des Internationalen Paktes vom 19.12.1966 über bürgerliche und politische Rechte[52] manifestiert. Danach genießen Ausländer in dem Staat, in dem sie wohnen oder sich aufhalten Inländerbehandlung im Hinblick auf Rechtsschutz und Rechtsverfolgung.

Der Grundsatz scheint in Zeiten des Friedens selbstverständlich. Er ist es doch nicht immer. So wird – insbesondere in der angloamerikanischen Praxis – in Kriegszeiten den Angehörigen feindlicher Staaten die Möglichkeit, die Gerichte anzurufen, versagt[53]. Der alien enemy kann dabei seine passive Prozessfähigkeit behalten[54]. Hier triumphiert die Politik über das Recht.

IV. Fazit

Die Politik bestimmt Gesetzgebung und Anwendung, auch im so unpolitischen Bereich des internationalen Zivilprozessrechts. Es gilt auch hier die Antwort, die der chinesische Gerichtspräsident Shi Jiuyong, in dem Verfahren über die Völkerrechtwidrigkeit des Mauerbaus in Israel auf den Einwand, es handele sich um eine nicht justiziable politische Frage, gegeben hat: „Eine juristische Frage hat auch politische Aspekte“[55].

[52] BGBl. 1973 II 1533; für Deutschland in Kraft seit dem 23.3.1976, BGBl. 1976 II 1068

[53] Vgl. dazu Berber, Lehrbuch des Völkerrechts, Bd. 2, 2. Aufl., 1969, S. 202ff. (§ 36)

[54] Vgl. dazu Riezler, IZPR S. 418 f.

[55] Vgl. Bachmann, Das Urteil ist eindeutig, Stuttgarter Zeitung v. 10.7.2004, S. 4

4. Zur Auslegung internationaler Übereinkommen[1]

I. Das Problem einheitlicher Anwendung internationaler Übereinkommen

Ziel eines internationalen Übereinkommens[2] ist die für die Vertragsstaaten verbindliche Regelung im zwei- oder mehrseitigen Verhältnis. Wenden die Vertragsstaaten das Übereinkommen unterschiedlich an, dann wird der Zweck verfehlt.

Eine unterschiedliche Praxis der Anwendung kann auf mehrfache Weise entstehen:

1. Unterschiedliche Bestimmung des Geltungsbereichs

Eine Schieflage bei der Anwendung eines Staatsvertrags kann sich ergeben, wenn ein Vertragsstaat dessen Regelung als ausschließlich ansieht, ein anderer jedoch von einer nicht ausschließlichen Anwendung ausgeht. Das ist beispielsweise die Situation im Geltungsbereich des Haager Übereinkommens über die Beweisaufnahme im Ausland in Zivil- und Handelssachen v. 18.3.1970[3]. Während Deutschland dieses Übereinkommen als ausschließlich ansieht[4], betrachten die USA die Konvention als nicht ausschließlich und nur eine weitere Möglichkeit zur Beweiserhebung über die Grenze eröffnend[5], worauf die Europäer mit dem Vorwurf des Vertragsbruchs reagiert haben[6]. Wer immer Recht hat; es kann nicht angehen, dass einem Übereinkommen von den Vertragspartnern ein unterschiedlicher Geltungsbereich beigemessen wird.

1 Erstmals publiziert in: FS von Maydell, 2002, S. 649 ff.

2 Die Beispiele sind überwiegend dem internationalen Zivilprozessrecht entnommen, gelten aber auch darüber hinaus.

3 BGBl. 1977 II 1453

4 Vgl. Junker, Discovery im deutsch-amerikanischen Rechtsverkehr, 1987, S. 369 f., 392

5 Vgl. Société Nationale Aerospatiale v. United States District Court of Iowa etc., 482 U.S. 522 (1987); Mössle, Extraterritoriale Beweisbeschaffung im internationalen Wirtschaftsrecht, 1990, S. 288 ff. m.w.N.

6 Vgl. Mössle, Internationale Beweisbeschaffung im internationalen Wirtschaftsrecht, 1990, S. 43

2. Unterschiedliche Qualifikation von Begriffen

Eine weitere Quelle unerwünschter unterschiedlicher Anwendung von Staatsverträgen ist die uneinheitliche Qualifikation von für die Anwendung wesentlichen Begriffen. Das ist beispielsweise bei der Bestimmung des Wohnsitzes der Fall. So hat es immerhin 7 langer Sektionen im Civil Jurisdiction and Judgments Act, 1982, bedurft, um den domicile Begriff des common law einigermaßen kompatibel mit dem Wohnsitzbegriff im EuGVÜ zu machen.

Ein Beispiel der unterschiedlichen Zuordnung eines Anspruch oder Rechtsinstituts zu einem Rechtsgebiet findet sich im deutsch-belgischen Anerkennungs- und Vollstreckungsabkommen.[7] Der Anwendungsbereich dieses Abkommens ist nach seinem Art. 1 auf Zivil- und Handelssachen beschränkt. Nun gehören gewisse Materien des Sozialversicherungsrechts nach belgischer Auffassung dem Zivilrecht an[8], die nach deutschem Verständnis dem öffentlichen Recht[9] zuzuordnen sind[10]. Die unterschiedliche Anwendung war damit vorprogrammiert.

3. Anwendungsverweigerung

Die größte Anwendungsdiskrepanz ergibt sich dann, wenn ein Vertragsstaat die Anwendung des Übereinkommens verweigert, sei es, weil ein notwendiger innerstaatlicher Transformationsakt fehlt, sei es, weil die Gerichte, Behörden und sonstige Amtsstellen das Übereinkommen in der Praxis einfach negieren.

Ein Beispiel für die erste Alternative findet sich im Rahmen des UN-Übereinkommens über die Anerkennung und Vollstreckung ausländischer Schiedssprüche v. 10.6.1958[11]. Diese Konvention wurde von Indonesien ratifiziert und trat am 5.1.1982 für Indonesien in Kraft[12]. Der Oberste Gerichtshof entschied aber, dass die Anwendung des

[7] BGBl. 1959 II 766

[8] Vgl. Bülow, Vereinheitlichtes internationales Zivilprozessrecht in der Europäischen Wirtschaftsgemeinschaft, RabelsZ 29 (1965), 477 f.

[9] Vgl. von Maydell, Sach- und Kollisionsnormen im internationalen Sozialversicherungsrecht, 1967, S. 15 ff.

[10] Vgl. dazu Geimer/Schütze, Internationale Urteilsanerkennung, Bd. II, S. 257 f.

[11] BGBl. 1961 II, 122

[12] BGBl. 1982 II, 205

Übereinkommens Ausführungsbestimmungen voraussetze, die der indonesische Gesetzgeber jahrelang nicht erließ. So wurde das Übereinkommen in Indonesien in völkerrechtlich bedenklicher Weise lange Zeit nach seinem Inkrafttreten für diesen Staat nicht angewendet, bis dann schließlich der Oberste Gerichtshof ein Machtwort sprach und 1990 mit der Verordnung Nr. 1/1990 den Weg für die Anwendung der Konvention acht Jahre nach ihrem Inkrafttreten frei machte[13].

Ein Beispiel für die zweite Alternative bringt die neuere türkische Rechtsgeschichte. Obwohl deutsche Kläger vor türkischen Gerichten nach Art. 17 des Haager Zivilprozessübereinkommens v. 1.3.1954[14] von der Leistung einer cautio iudicatum solvi befreit waren, verlangten die türkischen Gerichte weiterhin eine Prozesskostensicherheit auch von deutschen Parteien[15]. Die Gerichte verweigerten schlicht die Anwendung der Konvention[16], sei es, weil sie sie nicht kannten (das wäre nicht einmal so schlimm), sei es, weil sie ihnen nicht passte (das wäre außerordentlich bedenklich).

II. Lösungsmöglichkeiten

Leitgedanke für alle Lösungsansätze des Problems muss sein, die einheitliche Anwendung von internationalen Übereinkommen[17] zu erreichen und zu sichern. Dabei müssen abweichende Interpretationen durch die Gerichte der Vertragsstaaten möglichst vermieden werden:

[13] Vgl. im einzelnen Schütze, Die Anerkennung und Vollstreckbarerklärung ausländischer Schiedssprüche in Indonesien, RIW 1990, 936 ff.

[14] BGBl. 1958 II, 577, für die Türkei in Kraft getreten am 15.3.1966, BGBl. 1967 II, 2471

[15] Vgl. Krüger, Das türkische IPR-Gesetz von 1982, IPRax 1982, 252 ff. (257 FN 60)

[16] Das wird geleugnet von Cebecioglu, Stellung des Ausländers im Zivilprozess, 2000, S. 216 ff. Es kann – für das Beispiel – hier dahingestellt bleiben, ob die türkischen Gerichte Art. 17 HZPÜ konventionskonform anwenden oder nicht.

[17] Zur Auslegung völkerrechtlicher Verträge vgl. auch Ipsen/Heintschel von Heinegg, Völkerrecht, 3. Aufl., 1990, § 11

1. Definition von Begriffen in der Konvention

Je akribischer ein Staatsvertrag Begriffe definiert, umso geringer sind die Anwendungsdivergenzen[18]. Auslegungsprobleme sind zwar auch bei der ausgefeiltesten Vertragsredaktion nie zu vermeiden, sie können aber minimiert werden. Das ist beispielsweise im belgisch-britischen Anerkennungs- und Vollstreckungsvertrag v. 2.5.1934[19] versucht worden. Art. 1 dieses Übereinkommens enthält Begriffsbestimmungen, die eine einheitliche Anwendung sicherstellen sollen.

2. Doppelqualifikation

Bei der Anwendung von Staatsverträgen wird eine Qualifikation von relevanten Begriffen nach erst- oder zweitstaatlichem Recht favorisiert[20]. Das führt notwendigerweise zu unterschiedlicher Anwendung der Verträge in den Vertragsstaaten. Als Beispiel mag die Anwendung des deutsch-britischen Anerkennungs- und Vollstreckungsabkommens dienen[21]. Nach deutschem Recht sind auch klagabweisende Urteile anerkennungsfähig, nicht jedoch nach englischem Recht[22]. Bei Qualifikation nach erst- oder zweitstaatlichem Recht führt dies dazu, dass klagabweisende Urteile nach dem Übereinkommen in den Vertragsstaaten unterschiedlich behandelt werden. Noch unangemessener wird die Situation, wenn der eine Staat erststaatlich, der andere zweitstaatlich (oder umgekehrt) qualifiziert. Das deutsch-britische

[18] Jellinek, Die zweiseitigen Staatsverträge über Anerkennung ausländischer Zivilurteile, 1. Heft, 1953, S. 78 ff. hat nachgewiesen, dass die Verträge mit unbestimmter Jurisdiktionsformel zu gravierenden Auslegungsproblemen geführt haben.

[19] SdN. 173 (1936), 293

[20] Vgl. dazu Schütze, DIZPR, Rdn. 57 ff.; eingehend zu den bilateralen Anerkennungsverträgen Waehler, Anerkennung ausländischer Entscheidungen aufgrund bilateraler Staatsverträge, in: Handbuch des Internationalen Zivilverfahrensrechts, Bd. III/2, 1984, S. 213 ff. (239 ff.).

[21] Vgl. dazu Schütze, Zur Anwendung des deutsch-britischen Anerkennungs- und Vollstreckungsabkommens, RIW/AWD 1980, 170 f.

[22] So die Entscheidung des House of Lords in der Sache Black Clawson International Ltd. v. Papierwerke Waldhof Aschaffenburg AG (1975) 2 W.L.R. 513 (H.L.(E)); dazu Magnus, Fragen der Anerkennung und Vollstreckung ausländischer Urteile in England, RIW/AWD 1975, 465 ff.; Sonderkötter, Zur Anerkennung deutscher Urteile in Großbritannien, RIW/AWD 1975, 370 ff.

Anerkennungs- und Vollstreckungsabkommen ist überhaupt ein gutes Beispiel für die Problematik der Qualifikation nach erst- oder zweitstaatlichem Recht. Die rügelose Einlassung (Art. IV Abs. 1 lit. a Nr. 2) qualifizierte das OLG Stuttgart[23] erststaatlich mit dem Ergebnis, dass das englische Urteil für vollstreckbar erklärt wurde, obwohl die Einlassung des Beklagten im englischen Prozess aus deutscher Sicht keine rügelose war[24]. Dieselbe Entscheidung von einem deutschen Gericht erlassen, hätte in England nicht für vollstreckbar erklärt werden können.

Die Disharmonien der Anwendung internationale Übereinkommen können durch eine Doppel- (bei bilateralen Verträgen) oder Mehrfachqualifikation (bei multilateralen Verträgen) beseitigt werden[25]. Die Doppelqualifikation bedeutet, dass ein internationales Übereinkommen nur dann angewendet werden kann, wenn die Anwendungskriterien nach allen beteiligten Rechtsordnungen gegeben sind, also bei bilateralen Verträgen nach dem Recht beider Vertragsstaaten. Das hätte in den vorzitierten Beispielsfällen zum deutsch-britischen Anerkennungs- und Vollstreckungsabkommen dazu geführt, dass die Entscheidungen in beiden Staaten nicht anerkennungsfähig gewesen wären[26]. Das ist der Ansatzpunkt der Kritik der Gegner der Doppelqualifikation. Sie bemängeln, dass die Anwendung eines Übereinkommens „auf dem kleinsten gemeinsamen Nenner" erfolge[27]. Der Anwendungsbereich des Vertrages werde eingeengt. Das mag ja richtig sein, entspricht aber allein der ratio internationaler Verträge. Kann man sich einen Vertrag vorstellen, bei dem die Vertragsschließenden eine unterschiedliche Anwendung in den Vertragsstaaten wollen, nur um eine weitestgehende Anwendung zu erreichen?

23 5 U 124/1977, dazu Schütze RIW/AWD 1980, 170 f. (171)

24 Vgl. dazu auch Kratzer, Einrede des Schiedsvertrags als rügelose Einlassung nach deutsch-britischem Vollstreckungsabkommen?, RIW/AWD 1977, 720

25 Die Doppelqualifikation wird schon von Riezler, IZPR, S. 116f. favorisiert; für das deutsch-belgische Anerkennungs- und Vollstreckungsabkommen auch schon Harries, Das deutsch-belgische Anerkennungs- und Vollstreckungsabkommen, RabelsZ 26 (1961), 629 ff. (633 f.).

26 Vgl. dazu Schütze, DIZPR, Rdn. 61

27 Vgl. z.B. Schack, IZPR, Rdn. 51; vom „kleinsten gemeinsamen Nenner" spricht auch Linke, IZPR, Rdn. 57

3. Vertragsautonome Auslegung

Ein anderer Weg, zu einer einheitlichen Anwendung eines Staatsvertrages zu kommen, ist die Bestimmung einzelner Begriffe ohne Rekurs auf das Recht eines Vertragsstaates durch Interpretation aus dem Vertrag heraus. Diesen Weg ist der EuGH zur Bestimmung von Begriffen des EuGVÜ gegangen[28]. Ausgehend von der Überlegung, dass das EuGVÜ[29] ein geschlossenes Normengebilde darstellt, hat der EuGH eine Qualifikation nach nationalem Recht zur Bestimmung einzelner Begriffe verworfen und eine Interpretation aus der Konvention selbst heraus vorgenommen, so zur Bestimmung des Begriffs der Zivilsache in Art. 1[30], der Konkurssache in Art. 1 Abs. 2 Nr. 2[31], des Schadensortes in Art. 5 Nr. 3[32] und anderer mehr[33]. Der EuGH bedient sich dabei der Rechtsvergleichung, um zu einer den Interessen der Vertragsstaaten angemessenen Definition zu kommen[34].

[28] Vgl. dazu Bleckmann, Zu den Auslegungsmethoden des Europäischen Gerichtshofs, NJW 1982, 1177ff.; Cieslik, Die Methodik des Gerichtshofs der Europäischen Gemeinschaften bei der Auslegung des Europäischen Gerichtsstands- und Vollstreckungsübereinkommens, 1992; Geimer, Zur Auslegung des Brüsseler Zuständigkeits- und Vollstreckungsübereinkommens in Zivil- und Handelssachen, EuR 1977, 341ff.; Martiny, Autonome und einheitliche Auslegung im Europäischen Internationalen Zivilprozessrecht, RabelsZ 45 (1981), 427ff.; Schlosser, Vertragsautonome Auslegung, nationales Recht, Rechtsvergleichung und EuGVÜ, GS Bruns, 1980, S. 45ff.; Schmidt-Parzefall, Die Auslegung des Parallelübereinkommens von Lugano, 1995; Scholz, Das Problem der autonomen Auslegung des EuGVÜ, 1998

[29] Das EuGVÜ ist zwischenzeitlich durch die VO (EG) Nr. 44/2001 ersetzt worden und gilt zur Zeit nur noch im Verhältnis zu Dänemark. Die Grundsätze der Interpretation gelten auch in dem neuen Normengefüge – das kein Staatsvertrag ist – weiter. Vgl. dazu Geimer/Schütze, EuZVR, Einl., Rdn. 161ff.

[30] Vgl. EuGHE 1976, 1541 (LTU v. Eurocontrol)

[31] Vgl. EuGHE 1979, 733 (Gourdain v. Nadler)

[32] Vgl. EuGHE 1976, 1735 (Bier v. Mines de Potasse d'Alsace)

[33] Vgl. dazu die Übersicht bei Geimer/Schütze, Europäisches Zivilverfahrensrecht, Einl. Rdn. 125 ff.

[34] Vgl. dazu auch Schütze, Die Bedeutung der Rechtsprechung als Rechtsquelle im deutschen internationalen Zivilprozessrecht, ZvglRWiss. 92 (1993), 29 ff.; ders., Internationales Zivilprozessrecht und Rechtsvergleichung, FS Waseda Universität, 1988, S. 323 ff.

Durch die Ablösung des EuGVÜ durch die VO (EG) Nr. 44/2001 des Rates[35] ist das Problem unterschiedlicher Interpretation im Bereich der bisherigen Vertragsstaaten des EUGVÜ nur scheinbar gelöst. Mit dem Wegfall der Vertragsstaaten wird zwar jeder Sonderweg nationaler abweichender Interpretation ausgeschlossen. Es entscheiden aber weiterhin – und hier liegt die Problematik – die nationalen Gerichte über die Anwendung der Verordnung.

III. Die Durchsetzung einheitlicher Anwendung von internationalen Übereinkommen

Alle Lösungen über eine einheitliche Definition, Qualifikation oder Interpretation sind nur so gut wie ihre Durchsetzbarkeit in der Praxis. Was hilft es wenn die Gerichte des Staates A eben doch anders entscheiden als die des Staates B? Das gilt insbesondere dann, wenn in einem Vertragsstaat Laienrichter entscheiden, wie beim Jury Trial in den USA, wo die Jury auch in Zivilprozessen verfassungsrechtlich verankert ist. Juries sind emotional beeinflussbarer als Berufsrichter, und auch die juristische Belehrung durch Berufsrichter vermag daran nichts zu ändern. Das Problem ist nur in den Griff zu bekommen, wenn ein Gericht oder sonstiger Spruchkörper verbindlich für alle Vertragsstaaten über die Auslegung und Anwendung des Übereinkommens entscheidet.

1. Die unmittelbare Auslegung des EuGVÜ durch den EuGH

Durch das Protokoll vom 3. Juni 1971 betreffend die Auslegung des Übereinkommens vom 27. September 1968 über die gerichtliche Zuständigkeit und die Vollstreckung gerichtlicher Entscheidungen in Zivil- und Handelssachen durch den Gerichtshof[36] ist dem EuGH die Kompetenz zur authentischen Interpretation des Übereinkom-

[35] ABl. L 12 v. 16.1.2001

[36] BGBl. 1975 II 1138, später in den Beitrittsübereinkommen mehrfach angepasst

mens übertragen worden. Die Vertragsschließenden haben dabei ein Art. 177 EG-Vertrag nachgebildetes Vorlegungsverfahren gewählt[37].

Die Obersten Gerichtshöfe der Vertragsstaaten sind verpflichtet, dem EuGH eine Auslegungsfrage zur Vorabentscheidung vorzulegen, wenn diese entscheidungserheblich ist. Niedere Gerichte, nicht jedoch die erster Instanz, können in beschränktem Umfang vorlegen. Vorzulegen ist immer, wenn vernünftige Zweifel an der eigenen Auslegung bestehen[38], jedoch bleibt die Nichtvorlage regelmäßig sanktionslos. Die Parteien können die Vorlage nicht erzwingen und haben wegen der Verletzung der Vorlegungspflicht kein Rechtsmittel zum EuGH[39].

Nach anfänglichen Schwierigkeiten durch die unterschiedliche Bereitschaft der obersten Gerichte der Vertragsstaaten zur Vorlegung, ist heute eine vernünftige Vorlagepraxis festzustellen.

Die Entscheidung des EuGH wirkt nicht inter omnes, bindet aber das vorlegende nationale Gericht im konkreten Vorlageverfahren. Das ist immerhin etwas. Darüber hinaus ist die faktische Bindungswirkung viel weiter. Die Entscheidung über die Auslegung des Schadensortes in Bier v. Mines de Potasse d'Alsace band zwar nur das vorlegende Gericht. De facto gilt aber: *Luxemburg locuta causa finita* in umfassendem Sinn. Es ist kein Fall bekannt geworden, in dem ein nationales Gericht von der Entscheidung abgewichen wäre, und auch in der Kommentarliteratur gibt es keinen Widerspruch.

So ist für das EuGVÜ ein effizientes Verfahren zur Erzielung der Einheitlichkeit der Anwendung in den Vertragsstaaten geschaffen worden. Dasselbe gilt für den EU-Vertrag und das Vorabentscheidungsverfahren nach seinem Art. 177[40].

[37] Vgl. dazu Aull, Der Geltungsanspruch des EuGVÜ: „Binnensachverhalte" und IZVR in der EU, 1996, S. 30 ff.; Schmidt-Parzefall, Die Auslegung des Parallelübereinkommens von Lugano, 1995, S. 24 ff.

[38] Vgl. Geimer/Schütze, EuZVR, A. 1, Einl. Rdn. 162

[39] Vgl. Geimer/Schütze, EuZVR, A. 1, Einl. Rdn. 164

[40] Gündisch, Rechtsschutz in der Europäischen Gemeinschaft, 1994, S. 89 weist besonders eindringlich auf die Gefahr unterschiedlicher Anwendung des einheitlichen Rechts im Hinblick auf die unterschiedliche Stellung und unterschiedliche Rechtstradition der nationalen Gerichte der Vertragsstaaten hin. Vgl. auch Rengeling/Middeke/Gellermann, Rechtsschutz in der Europäischen Union, 1994, Rdn. 341 ff.

2. Die mittelbare Auslegung des LugÜ durch den EuGH

Zwar besteht keine Auslegungszuständigkeit des EuGH oder eines anderen völkerrechtlich installierten Gerichtshofs für das LugÜ[41], das 2. Protokoll zum LugÜ sieht aber – zeitlich begrenzt – eine mittelbare Auslegungszuständigkeit des EuGH vor. Denn die Gerichte der Vertragsstaaten müssen die bis zum 18.9.1988 ergangenen Entscheidungen des EuGH als authentische Interpretation des Übereinkommens hinnehmen[42]. So besteht eine – rückwirkende – mittelbare Interpretationszuständigkeit des EuGH auch für das LugÜ.

Für die Zeit nach dem 18.9.1988 sind die Gerichte auch weiterhin faktisch an die Präjudizien des EuGH gebunden[43]. Zwar verpflichtet das 2. Protokoll über die einheitliche Auslegung nur zur Beachtung der Rechtsprechung der anderen Vertragsstaaten zur Erreichung einer nicht divergierenden Anwendung der Konvention in den Vertragsstaaten; da aber die Mitgliedstaaten des EuGVÜ gleichzeitig Mitgliedstaaten des LugÜ sind und EuGVÜ und LugÜ praktisch wortgleich sind, besteht die mittelbare Bindung an Entscheidungen des EuGH – jedenfalls bis zum Inkrafttreten der VO (EG) 44/2001[44] (1.3.2002) fort.

3. Die Bindung an Präjudizien anderer Vertragsstaaten

Art. 1 des 2. Protokolls zum LugÜ sieht vor, dass die Gerichte der Vertragsstaaten bei der Anwendung und Auslegung der Konvention

[41] Vgl. hierzu Aull, Der Geltungsanspruch des EuGVÜ: „Binnensachverhalte" und IZVR in der EU, 1996, S. 42 ff.; Geimer/Schütze, EuZVR, A. 1, Einl., Rdn. 88 ff.; Killias, Die Gerichtsstandsvereinbarungen nach dem Lugano-Übereinkommen, 1995, S. 30 ff.; Schmidt-Parzefall, Die Auslegung des Parallelübereinkommens von Lugano, 1995, S. 60 ff.; Volz, Harmonisierung des Rechts der individuellen Rechtswahl, der Gerichtsstandsvereinbarung und der Schiedsvereinbarung im Europäischen Wirtschaftsraum (EWR), 1993, S. 35 ff.

[42] Vgl. dazu Donzallas, La Convention de Lugano, Bd. I, 1996, S. 293; Heerstrassen, Die künftige Rolle von Präjudizien des EuGH im Verfahren des Luganer Übereinkommens, RIW 1993, 179 ff.; Schmidt-Parzefall, Die Auslegung des Parallelübereinkommens von Lugano, S. 61 ff. m.w.N.

[43] A.A. Heerstrassen, RIW 1993, 179 ff. (181) mit recht formalistischer Betrachtungsweise

[44] ABl. L 12 v. 16.1.2001

den maßgeblichen Entscheidungen der Gerichte der anderen Vertragsstaaten „gebührend Rechnung tragen“ sollen. Um dies zu ermöglichen, ist ein Informationssystem eingerichtet worden (Art. 2). Weiterhin wurde ein ständiger Ausschuss geschaffen, der die Durchführung des Protokolls sicherstellen soll (Art. 3 Abs. 1). Jeder Mitgliedstaat entsendet einen Vertreter in dieses Gremium.

Ohne unmittelbare bindende Wirkung ist auf diese Weise ein konventionsumfassendes faktisches Präjudiensystem geschaffen worden, dessen Durchführung durch den Informationsmechanismus des Art. 2 ermöglicht wird. Denn wie sollen die Gerichte der Vertragsstaaten Entscheidungen aus anderen Vertragsstaaten berücksichtigen, die sie nicht kennen, deren Informationsquellen ihnen nicht zur Verfügung stehen, die ihnen aus sprachlichen Gründen nicht zur Verfügung stehen.

Die Lösung des LugÜ schafft zwar keine bindende Auslegung durch ein Gericht oder Schiedsgericht, verhindert aber weitgehend eine divergierende Auslegung des Übereinkommens durch die Vertragsstaaten. Damit ist viel erreicht.

3. Authentische Auslegung durch staatsvertragliche Klarstellung

Zahlreiche multi- und bilaterale Verträge sehen vor, dass Probleme bei der Auslegung und Anwendung des Staatsvertrages auf diplomatischem Wege geregelt werden sollen. So bestimmt Art. 54 des deutsch-tunesischen Rechtshilfe-, Anerkennungs- und Vollstreckungsvertrages v. 19.7.1966[45]:

> *Alle Schwierigkeiten, die bei der Anwendung dieses Vertrages entstehen, werden auf diplomatischem Wege geregelt.*

Eine ähnliche Regelung findet sich in Art. X des deutsch-britischen Anerkennungs- und Vollstreckungsabkommens v. 14.7.1960, jedoch mit dem wichtigen Zusatz, dass die Entscheidungen der beiderseitigen Gerichte weder aufgehoben noch abgeändert werden können[46].

[45] BGBl. 1969 II 890

[46] Vgl. dazu Geimer/Schütze, Internationale Urteilsanerkennung Bd. II, S. 412

Diplomatische Bemühungen haben zuweilen zum Erfolg geführt. So haben die Vertragsstaaten der revidierten Rheinschifffahrtsakte v. 17.10.1868[47] durch das 1. Zusatzprotokoll v. 25.10.1972 Anwendungs- und Auslegungsprobleme durch Klarstellungen beseitigt[48].

In einem Fall haben die Vertragsstaaten ein ad hoc Schiedsgericht zur Klärung von Auslegungsschwierigkeiten vereinbart. Als die peruanischen Gerichte ein italienisches Urteil wegen fehlender internationaler Zuständigkeit der italienischen Gerichte unter dem italienisch-peruanischen Vollstreckungsvertrag nicht anerkennen und für vollstreckbar erklären wollten, schlossen Italien und Peru am 22. November 1900 eine Schiedsvereinbarung zur Entscheidung, ob unter dem Staatsvertrag Urteile, bei denen eine Zuständigkeit des Erstgerichts nach erststaatlichem Recht entgegen einer Zuständigkeit der Gerichte des Zweitstaates nach zweitstaatlichem Recht gegeben war, anerkannt werden mussten[49]. Die Entscheidung der Frage erfolgte dann durch den Winkler Schiedsspruch[50].

Der Mangel der Lösung auf diplomatischem Wege, sei es in direkten Verhandlungen oder durch Schiedsspruch, liegt darin, dass Abhilfe nur für die Zukunft geschaffen wird. Die Parteien, in deren Fall das Problem auftritt, profitieren nicht von der Lösung, wie Art. X des deutsch-britischen Anerkennungs- und Vollstreckungsabkommens zeigt. Sie können allenfalls das gute Gefühl haben zur Rechtsentwicklung beigetragen zu haben. Aber welche Partei ist so altruistisch, dass ihr das genügt?

47 PrGS. 1869, 798, 836; BGBl. 1966 II 560

48 In der Präambel heißt es ausdrücklich, dass „in der Erwägung, dass im Zusammenhang mit der Anwendung und Auslegung einiger Artikel der Revidierten Rheinschifffahrtsakte vom 17. Oktober 1868 in der Fassung vom 20. November 1963 (im folgenden „Rheinschifffahrtsakte" bezeichnet) bestimmte Schwierigkeiten aufgetreten sind" … folgendes vereinbart worden ist: …

49 Vgl. im einzelnen Jellinek, Die zweiseitigen Staatsverträge über Anerkennung ausländischer Zivilurteile, 1. Heft, 1953, S. 78 f.

50 Vgl. dazu Descamps und Renault, Recueil international des traités du Xxe siècle (1903), S. 340 ff.

IV. Notwendigkeit der Schaffung von Spruchkörpern zur einheitlichen Auslegung internationaler Übereinkommen

Der EuGH hat sich bewährt, sowohl im Vorabentscheidungsverfahren nach Art. 177 EU Vertrag als auch im Rahmen seiner Kompetenzen zur authentischen Auslegung des EuGVÜ nach dem Auslegungsprotokoll zum EuGVÜ. Es wäre wünschenswert, dass die einheitliche Auslegung aller bi- und multilateralen Verträge durch einen Spruchkörper sichergestellt würde. Das gilt insbesondere für die Konventionen mit vielen Mitgliedstaaten wie dem UN-Übereinkommen über die Anerkennung und Vollstreckung ausländischer Schiedssprüche v. 10.6.1958[51]. Es gilt aber auch für Konventionen, die internationales Einheitsrecht geschaffen haben, wie das UN-Kaufrecht, wo es sich nicht in striktem Sinne um die einheitliche Auslegung einer Konvention, sondern identischen nationalen Rechts handelt[52].

Dabei kann es einen „Weltgerichtshof" nicht geben. Die spezifischen Probleme einzelnen Konventionen oder auch Einheitsrechts erfordern einen spezialisierten Spruchkörper.

1. Art des Spruchkörpers

Die Auslegung muss einem Spruchkörper übertragen werden, der mit bindender Wirkung über die Auslegung des Staatsvertrages entscheiden kann. Das kann ein Gericht sein, wie der EuGH für die Auslegung des EuGVÜ und sonstigen europäischen Rechts oder des Europäischen Gerichts zur Auslegung des Europäischen Übereinkommens über die Staatenimmunität[53] oder ein Schiedsgericht[54]. Die-

[51] BGBl. 1961 II 122

[52] Vgl. hierzu auch die Diskussion von Schlechtriem, Herber und Schütze auf den Berner Tagen für die juristische Praxis 1990, Bucher (Herausg.), Wiener Kaufrecht, 1991, S. 139 ff.

[53] Vgl. Zusatzprotokoll zum Europäischen Übereinkommen über die Staatenimmunität, abgedruckt bei Geimer/Schütze, Internationaler Rechtsverkehr, 951.59 ff.

[54] Im weiteren Sinne kann der Streitbeilegungsmechanismus der UN-Seerechtskonferenz 1982 als Beispiel dienen. Hier werden Streitfragen – auch über die Auslegung betreffend Streitfragen über Fischereifragen und den Schutz der Meereswelt einem besonderen Schiedsgericht übertragen.

ses Gericht oder Schiedsgericht könnte bei den großen multilateralen Konventionen bei der Organisation angesiedelt werden, unter deren Auspizien das Übereinkommen vereinbart worden ist, z.B. beim Generalsekretär der Vereinten Nationen für UN-Übereinkommen oder beim Generalsekretär des Europarats für das Europäische Rechtsauskunftsübereinkommen.[55]

2. Besetzung des Spruchkörpers

Der Spruchkörper muss in einer Weise besetzt sein, dass alle Vertragsstaaten das Gefühl haben, dass ihre Interessen gewahrt werden. Das ist bei wenigen Vertragsstaaten leicht – wie bei der revidierten Rheinschifffahrtsakte – schwer aber bei weltumspannenden Konventionen wie dem UN-Übereinkommen über die Anerkennung und Vollstreckung ausländischer Schiedssprüche, dem über 120 Vertragsstaaten angehören. Hier muss die Besetzung vorsehen, dass die Mitglieder der Vertragsstaaten aller Rechtsfamilien berücksichtigt (civil law, common law, fernöstliche Rechte pp.). So sind die Rechtsvergleicher gefordert.

3. Zuständigkeit und Kompetenzen

Die Zuständigkeit sollte Anwendung und Auslegung des Staatsvertrages oder des auf einem Staatsvertrag basierenden Einheitsrechts umfassen. Fraglich mag sein, ob man es bei einem Vorlegungsverfahren wie für das EuGVÜ belassen sollte oder ob man den Parteien das Recht einräumen muss, die Auslegung durch einen Rechtsbehelf zu dem Gericht oder Schiedsgericht zu erzwingen. Die Väter des EuGVÜ haben sich mit gutem Grund für das Vorlegungsverfahren entschieden, um den EuGH nicht zu einem Superrevisionsgericht

[55] Eine Möglichkeit bestünde auch darin, dass ähnlich wie beim IGH alle Mitglieder des entsprechenden internationalen Übereinkommens zugleich auch Mitgliedstaaten des entsprechenden Statuts des jeweiligen Gerichts werden. Das IGH-Statut sieht im übrigen auch die Möglichkeit vor, gutachterliche Stellungnahmen für Sicherheitsrat und Generalversammlung abzugeben und ggf. durch diese für andere UN-Organe tätig zu werden. Damit ist für eine einheitliche Auslegung auch eine Möglichkeit eröffnet.

werden zu lassen. Die Zahl der Verfassungsbeschwerden in Deutschland zeigt ja, wie hartnäckig Parteien sein können[56].

Dennoch erscheint es zweifelhaft, ob ein Vorlegungsverfahren bei Vielstaatenkonventionen geeignet ist, seinen Zweck zu erfüllen. Es besteht die Gefahr, dass die Gerichte der einzelnen Vertragsstaaten unterschiedlich vorlegungsfreundlich sind und damit wiederum eine abweichende Praxis entsteht. Trotz der unter Umständen größeren Arbeitsbelastung des Spruchkörpers erscheint es deshalb wünschenswert, einen direkten Rechtsbehelf der Parteien zuzulassen, beschränkt auf die Rechtsfrage, ob das nationale Gericht den Staatsvertrag richtig ausgelegt und angewendet hat. Diese Lösung verbietet sich aber wohl leider aus Souveränitätsgesichtspunkten.

[56] Auch der Europäische Menschenrechtsgerichtshof kann ein Lied von der Prozessfreudigkeit singen. Waren es 1981 nur 400 Beschwerden, stieg ihre Zahl 1993 bereits auf mehr als 2000 und 1994 auf 2700, vgl. Hailbronner, in: Graf Vitzthum, Völkerrecht, 1997, Rdn. 230

5. Zulässigkeit, Zustellung und Wirkungserstreckung von anti-suit injunctions in Deutschland[1]

Alle Rechtsordnungen versuchen unerwünschtes und als unzulässig angesehenes forum shopping zu verhindern oder jedenfalls einzuschränken[2]. Das führt notwendigerweise zu zwischenstaatlichen Kompetenzkollisionen, da es immer darum geht, die Durchführung eines Verfahrens in fremdem forum zu verhindern.

I. Die Zulässigkeit von anti-suit injunctions

Das englische, das US-amerikanische und Rechte des common law Rechtskreises gewähren Rechtsschutz gegen die als unzulässig angesehene Anrufung eines ausländischen Gerichts durch Untersagung der Prozessführung vor diesem Gericht[3]. Historisch gesehen ist das Institut der anti-suit injunction nicht zur Verhinderung ausländischer Prozessführung entstanden, vielmehr ging es urspünglich um die Lösung von Kompetenzkonflikten zwischen dem Court of Chancery und den Common Law Courts in England seit dem 15. Jahrhundert[4]. Erst viel später wurden anti-suit injunctions auch gegen außerhalb Englands klagende Parteien eingesetzt.

1 Erstmal publiziert in: FS Yessiou-Faltsi, 2006

2 Vgl. dazu Schütze, RV, Rdn. 71 ff.

3 Vgl. dazu Bermann, The Use of Anti-Suit Injunctions in International Litigation, Col.J.TransL 28 (1990), 589 ff.; Fellas/Warne, Choice of Forum under United States and English Law, in: Fellas (Herausg.), Transatlantic Commercial Litigation and Arbitration, 2004, S. 333 ff. (S. 358 ff., 388 ff.); Hartley, Common Law and the Use of Antisuit Injunctions in International Litigation, Am.J.Comp.L. 35 (1987), 487ff.; Hau, Positive Kompetenzkonflikte im Internationalen Zivilprozessrecht, 1996, S. 191ff.; Kurth, Inländischer Rechtsschutz gegen Verfahren vor ausländischen Gerichten, 1989; Graf von Praschma, Die Einwirkung auf ausländische Prozesse durch Unterlassungs- und Schadensersatzklagen, Diss. Saarbrücken, 1971; Schack, IZVR, Rdn. 769 ff.; Schröder, The Right not to be Sued Abroad, FS Kegel, 1987, S. 523 ff.; Smith, Antisuit Injunctions, Forum non Conveniens and International Comity, RIW 1993, 802 ff.

4 Vgl. Hau, Positive Kompetenzkonflikte im Internationalen Zivilprozessrecht, 1996, S. 190 ff.

Einer der spektakulärsten Fälle wechselseitiger antisuit injunctions findet sich in den Laker Verfahren. Im Anschluss an den Zusammenbruch der Billigfluggesellschaft Laker Airways entwickelte sich zwischen den Beteiligten ein Kampf um das Forum, der zu zalreichen antisuit injunctions in London und Washington DC führte[5]. Der Konkursverwalter von Laker versuchte, durch ein amerikanisches Gericht den betroffenen Fluggesellschaften und anderen Prozessbeteilgten die Klage vor englischen Gerichten, diese wiederum Laker die Prozessführung in den USA untersagen zu lassen[6].

Das deutsche Recht kennt die Klage auf Unterlassung ausländischer Prozessführung nur in Ausnahmefällen bei Zuständigkeitserschleichung[7]. Die Begründung hat die Rechtsprechung in § 826 BGB gesehen. Insbesondere ging es um Scheidungsklagen, bei dem die Kläger in das scheidungsfreudigere Ausland, insbesondere Lettland auswichen, und in denen die Gerichte deutschen Frauen helfen wollten. Bezeichnend ist die Begründung des Reichsgerichts in RGZ 157, 136:

> *„Dem Berufungsgericht ist darin beizutreten, dass es gegen die im deutschen Volke herrschenden sittlichen Anschauungen verstößt, wenn ein deutscher und in Deutschland wohnhafter Ehegatte unter Missachtung der deutschen Gesetze einen von ihm in einem ausländischen Staate nebenher begründeten Wohnsitz und eine ausländische Gesetzgebung, die anders als das deutsche Recht den Scheidungsausspruch ohne Rücksicht auf die Staatsangehörigkeit der Ehegatten lediglich nach dem am*

[5] Vgl. zu der Prozessgeschichte eingehend Lange, Der Justizkonflikt zwischen den USA und Europa, dargestellt am Beispiel des Falles „Laker", in, Habscheid (Herausg.), Der Justizkonflikt mit den Vereinigten Staaten von Amerika, 1986, S. 65 ff.

[6] Vgl. dazu 731 F.2d 916; auch British Airways Board v. Laker Airways Ltd. (1985) AC 58

[7] Vgl. RGZ 157, 136; OLG Königsberg StAZ 1937, 261; OLG Köln StAZ 1937, 435; dazu auch Reu, Die Scheidungsklage eines deutschen Ehegatten vor einem ausländischen Gericht als unzulässige Rechtsausübung (Gesetzesumgehung), ZAkDR 1938, 731 ff.; Riezler, IZPR, S. 338 ff.; zur Diskussion dieser höchst streitigen Frage vgl. auch Geimer, IZPR, Rdn. 1116 ff. (ablehnend); Kurth, Inländischer Rechtsschutz gegen Verfahren vor ausländischen Gerichten, 1989 (befürwortend); Schack, IZVR, Rdn. 772 f. (wohl ablehnend); im übrigen Hau, Positive Kompetenzkonflikte im Internationalen Zivilprozessrecht, 1996, S. 201 ff.; Graf von Praschma, Die Einwirkung auf ausländische Prozesse durch Unterlassungs- und Schadensersatzklagen, Diss. Saarbrücken 1971

ausländischen Wohnsitz des Scheidungsklägers geltenden Recht beurteilt, dazu ausnutzt, vor einem ausländischen Gericht zum Schaden des anderen Ehegatten eine Scheidung durchzuführen, die ihm nach den für ihn massgebenden deutschen Gesetzen versagt ist."

Bekannte Scheidungskläger in Lettland sind Max Reinhardt, der dort die Scheidung von Else Heims erreichte und den Weg für die Ehe mit Helene Thimig freimachte[8], Felix von Weingartner, Eugen d'Albert und andere Prominente.

Das aus § 826 BGB hergeleitete Klageverbot ist auch – wenn man es für zulässig halten will – wenig effektiv. Das ausländische Gericht beachtet es nicht, für die Nichtanerkennung des ausländischen Urteils bedarf es eines Klageverbots nicht. Das Klageverbot darf nur bei Unzuständigkeit des ausländischen Gerichts aus deutscher Sicht ausgesprochen werden. Das Urteil eines unzuständigen Gerichts kann aber nach § 328 Abs. 1 Nr. 1 ZPO ohnehin nicht anerkannt werden. Überdies greift in den Extremfällen der vorsätzlichen sittenwidrigen Schädigung § 328 Abs. 1 Nr. 4 ZPO. Letztlich kann § 826 BGB gegenüber der Wirkungserstreckung eins ausländischen Urteils unmittelbar eingewendet werden[9].

Im Geltungsbereich der VO (EG) Nr. 44/2001, EuGVÜ und LugÜ sind antisuit injunctions unzulässig. Der EuGH hat dies erst jüngst in der Sache Turner v. Grovit[10] et al. entschieden[11] und die bis dahin schon h.L.[12] bestätigt. Das europäische Recht kennt eine einheitliche

[8] Vgl. zu der verwickelten Prozessgeschichte die amüsante Darstellung bei Adler, ... aber vergessen Sie nicht die chinesischen Nachtigallen, 1980, S. 236 ff.

[9] Vgl. dazu Schütze, Die Geltendmachung von § 826 BGB gegenüber ausländischen Zivilurteilen, JR 1979, 184 ff.

[10] Vgl. EuGH Rs. C-159/02 – Gregory Paul Turner v. Felix Fareed Ismail Grovit et al., – IPRax 2004, 425; dazu Rauscher, Unzulässigkeit einer anti-suit injunction unter Brüssel I, IPRax 2004, 405 ff.

[11] Vgl. dazu auch Dutta/Heinze, Prozessführungsverbote im englischen und europäischen Zivilverfahrensrecht, ZEuP, 2005, 428 ff.

[12] Vgl. Geimer/Schütze, EuZVR, A1, Art. 27 Rdn. 57; Hau, Positive Kompetenzkonflikte im Internationalen Zivilprozessrecht, 1996, S. 216 ff.; Jayme/Kohler, Europäisches Kollisionsrecht 1994, IPRax 1994, 405 ff.; Schack, IZVR, Rdn. 773; ders., Die Versagung der deutschen internationalen Zuständigkeit wegen forum non conveniens und lis alibi pendes, RabelsZ 58 (1994), 40 ff. (56); Smith, RIW 1993, 802 ff. (808)

Zuständigkeit, die es dem Kläger erlaubt, unter mehreren Zuständigkeiten ein Forum zu wählen, nicht jedoch dem Beklagten das Recht gibt, den Kläger zur Prozessführung in einem ihm genehmen Forum zu zwingen.

II. Die Zustellung von anti-suit injunctions in Deutschland

Das OLG Düsseldorf hat die Zustellung eines ausländischen Klageverbots unter dem Gesichtspunkt des Art. 13 Abs. 1 HZÜ für unzulässig erklärt[13]. Die Entscheidung hat ein großes Echo im juristischen Schrifttum gefunden und die Diskussion über die anti-suit injunctions allgemein belebt[14].

Die anti-suit injunction ist geeignet, deutsche Hoheitsrechte zu verletzen. Sie wendet sich zwar direkt nicht an den deutschen Richter, vielmehr an den Kläger, verlangt aber von diesem, eine deutsche internationale Zuständigkeit nicht in Anspruch zu nehmen. Damit greift die anti-suit injunction zumindest indirekt in die deutsche Zuständigkeitsordnung ein, wobei es letztlich unerheblich ist, ob Völkergewohnheitsrecht verletzt wird oder nicht[15]. Die Zustellung kann nach Art. 13 Haager Zustellungsübereinkommen abgelehnt werden.

In diesem Zusammenhang mag noch ein anderer Gesichtspunkt bedeutsam sein. Art. 6 Abs. 1 EMRK sichert nicht nur ein faires Verfahren, sondern auch schon den Zugang zu den Gerichten zur Durchsetzung zivilrechtlicher Ansprüche[16]. Dieser Justizgewährungsanspruch

[13] Vgl. OLG Düsseldorf RIW 1996, 237 = IPRax 1997, 260 mit Besprechungsaufsatz Hau ebenda, 245 ff. = EuZW 1996, 351 mit Besprechungsaufsatz Mansel ebenda, 335 ff. = EwiR 1996, 321 mit Anmerkung Mankowski = ZZP 109 (1996), 221 mit kritischer Anmerkung Stürner

[14] Zustimmend Geimer, IZPR, Rdn. 2159; Nagel/Gottwald, IZPR, § 7 Rdn. 2159; kritisch Stürner, ZZP 109 (1996), 224 ff.

[15] Vgl. zu der Diskussion Hau, Positive Kompetenzkonflikte im Internationalen Zivilprozessrecht, 1996, S. 214 ff. m.w.N.

[16] Vgl. Matscher, Der Einfluss des EMRK auf den Zivilprozess, FS Henckel, 1995, S. 593 ff. (598 f.); Schumann, Menschenrechtskonvention und Zivilprozess, FS Schwab, 1990, S. 449 ff. (452 f.)

wird durch die strafbewehrte anti-suit injunction beschränkt, obwohl das gewählte Forum eine Zuständigkeit zur Verfügung stellt[17].

III. Die Anerkennung und Vollstreckbarerklärung von ausländischen Urteilen, die ein Klageverbot beinhalten, in Deutschland

Die Anerkennung einer ausländischen anti-suit injunction hat einen doppelten Aspekt: Einmal geht es um die Durchsetzung des Klageverbots in Deutschland, zum anderen um die Wirkungserstreckung der wegen Nichtbeachtung des Klageverbots vom Erstgericht verhängten Sanktionen.

1. Das Klageverbot

a. Keine Sachentscheidung

Die Anerkennung einer ausländischen Entscheidung nach § 328 ZPO erfordert eine Entscheidung in der Sache[18]. Reine Prozessentscheidungen sind nicht anerkennungsfähig. Bei der anti-suit injunction mag man zweifeln, ob es sich nicht um die Titulierung eines Unterlassungsanspruchs handelt, wie die Unterlassung einer Wettbewerbshandlung pp. Das gilt vor allem für die obligation-based injunctions, bei der das Klageverbot auf eine Vereinbarung der Parteien gestützt wird (Schiedsvereinbarung)[19]. Eindeutig als eine Prozessentscheidung ist dagegen die convenience-based injunction anzusehen. Hier handelt es sich letztlich um eine forum non conveniens Entscheidung.

Aber auch die obligation-based injunction ist nichts weiter als eine Zuständigkeitsentscheidung und damit keine Sachentscheidung. Ausländische Klageverbote werden zurecht von Geimer und Martiny

[17] Vgl. Hau, Positive Kompetenzkonflikte im Internationalen Zivilprozessrecht, 1996, S. 219 f.; Jayme/Kohler, Europäisches Kollisionsrecht 1994: Quellenpluralismus und offene Kontraste, IPRax 1994, 405 ff. (412)

[18] Vgl. Geimer IZPR, Rdn. 2788 m.w.N.

[19] Vgl. dazu Hau, Positive Kompetenzkonflikte im Internationalen Zivilprozessrecht, 1996, S. 197 ff.

schon deshalb als nicht anerkennungsfähig angesehen, weil die entsprechenden Entscheidungen nicht unter § 328 ZPO fallen[20].

b. Verstoß gegen den ordre public

Die ordre public Klausel in § 328 Abs. 1 Nr. 4 ZPO soll verhindern, dass die Wirkung eines ausländischen Urteils, das mit den Grundprinzipien der deutschen Rechtsordnung unvereinbar ist, auf das Inland erstreckt werden, sei es dass die Entscheidung auf anstößige Weise zustande gekommen ist (prozessualer ordre public[21]) oder weil ein gemissbilligtes Rechtsverhältnis zur Durchsetzung gebracht werden soll oder weil das ausländische Urteil zu etwas verurteilt, wozu nach den tragenden Grundsätzen deutschen Rechts nicht verurteilt werden darf (materiellrechtlicher ordre public). Ein Verstoß gegen den prozessualen ordre public scheidet bei ausländischen Klageverboten regelmässig aus, da das Verfahren, in denen sie ergehen durchaus mit den Grundsätzen eines fairen Verfahrens vereinbar sein mag.

In Betracht kommt nur ein Verstoß gegen den materiellrechtlichen ordre public. Dieser wird in der Tat von der h.L. bejaht[22]. Hier ergibt sich allerdings das Problem, dass das Reichsgericht[23] die Ehefrau Max Reinhardts durch ein Prozessführungsverbot vor der lettischen Scheidungsklage schützen wollte und auch die Oberlandesgerichte Königsberg[24] und Köln[25] nichts Anstößiges an einem Klageverbot nach § 826 BGB gefunden haben. Auch in der Literatur hat diese Rechtsprechung Befürworter gefunden[26]. Wie kann etwas gegen die Grundfesten deutcher Rechtsordnung verstoßen, das umgekehrt, wenngleich auf anderer Rechtsgrundlage, für zulässig gehalten wird?

[20] Vgl. Geimer, IZPR, Rdn. 1014; Martiny, Handbuch, S. 211; Zöller/Geimer, § 328, Rdn. 35

[21] Vgl. dazu Baur, Einige Bemerkungen zum verfahrensrechtlichen Ordre Public, FS Guldener, 1973, S. 1 ff.; Geimer, Nichtbeachtung ausländischer Urteile wegen nicht gehöriger Ladung im Erstprozess, NJW 1973, 2138 ff.; ders., Zur Nichtanerkennung ausländischer Urteile wegen nicht ordnungsgemässen erststaatlichen Verfahrens, JZ 1969, 12 ff.

[22] Vgl. Nagel/Gottwald, IZPR, § 11, Rd. 28; Kropholler, EuZPR, Art. 27 Rdn. 20; Rauscher, IPRax 2004, 405 ff. (alle zum europäischen Recht)

[23] RGZ 157, 136

[24] OLG Königsberg StAZ 1937, 261

[25] OLG Köln StAZ 1937, 435

[26] Vgl. Riezler IZPR, S. 33 8 ff., weitere Nachweise bei Hau, Positive Kompetenzkonflikte im Internationalen Zivilprozessrecht, 1996, S. 206

Bei der ordre public Prüfung wird man berücksichtigen müssen, dass die deutschen Gerichte immer schnell bei der Hand sind, Grundsätze zugunsten deutscher Frauen in Scheidungsverfahren zu durchbrechen. So hat der BGH die von ihm selbst aufgestellten Prinzipien zur Wirkung ausländischer Rechtshängigkeit im Prozess zugunsten einer deutschen Ehefrau aufgegeben[27]. In diesem Sinne ist auch der „Ausrutscher" des Reichsgerichts zu sehen, der Max Reinhardts Ehefrau vor der lettischen Scheidung schützen wollte. Es ist bezeichnend, dass Hau in seiner sorgfältigen Untersuchung seit 1937 kein deutsches Klageverbot mehr in der Rechtsprechung festgestellt hat[28]. Man wird nicht davon ausgehen können, dass einige Einzelfall bezogene frauenfreundliche Entscheidungen den deutschen ordre public definieren können – jedenfalls nicht für den außerhalb von Scheidungsverfahren liegenden Bereich. Überdies ist zu berücksichtigen, dass sich der Inhalt des ordre public ständig den Zeitläuften entsprechend ändert. Was heute ordre public widrig ist, ist es morgen nicht mehr, was gestern zulässig war ist es heute nicht mehr[29]. Es gilt der Satz Bustamantes, den Roth seiner Arbeit voranstellt[30]:

> *No hay materia más confusa, ni tan discutida en nuestra ciencia.*

In Zeiten der erleichterten Scheidung würde wohl kein Gericht mehr ein Klageverbot gegen ein ausländisches Scheidungsverfahren erlassen.

Auszugehen ist davon, dass der freie Zugang zu den Gerichten, soweit das deutsche Recht eine Zuständigkeit eröffnet in- und ausländischen Klägern offensteht. Jedenfalls ist das spätestens seit Inkrafttreten der EMRK für Deutschland der Fall. Der Justizgewährungsanspruch des Art. 6 Abs. 1 EMRK ist unmittelbar bindend. Unter diesen Umständen kann es nicht hingenommen werden, dass ein ausländisches Gericht diesen durch ein Klageverbot beschneidet oder erschwert.

[27] Vgl. BGH NJW 1983, 1269

[28] Vgl. Hau, Positive Kompetenzkonflikte im Internationalen Zivilprozessrecht, 1996, S. 206

[29] Der BGH hat in BGHZ 28, 375 den Kranzgeldanspruch noch dem deutschen ordre public zugerechnet. Bei der heutigen liberalen Auffassung von der Sexualität gilt das sicherlich nicht mehr, was der BGH in BGHZ 62, 282 dann auch als obiter dictum bestätigt hat.

[30] Vgl. Roth, Der Vorbehalt des Ordre Public gegenüber fremden gerichtlichen Entscheidungen, 1967.

Darüber hinaus greift das ausländische Klageverbot zumindest mittelbar in die deutsche Zuständigkeitsordnung und damit in eine aus der Souveränität fliessende autonome Regelung ein. Kein ausländisches Gericht kann vorschreiben, ob ein deutsches – nach deutschem Kompetenzrecht zuständiges – Gericht sich richterlicher Tätigkeit enthalten soll. Es gilt dasselbe wie für die Zustellung von Klageverboten.

2. Die wegen Verstoßes gegen das Klageverbots verhängten Sanktionen

Als Sanktion für die Nichtbefolgung einer anglo-amerikanischen anti-suit injunction kommen u.a. regelmäßig ein Bußgeld (fine) wegen contempt of court[31], in den USA u.U punitive damages in Betracht. Die Strafandrohung ist Teil des Klageverbots, mit diesem untrennbar verbunden. Die Sanktion für die Nichtbefolgung ist ohne das Klageverbot nicht denkbar, sie teilt ihr Schicksal. Ist die anti-suit injunction nicht anerkennungsfähig, dann ist es auch die Sanktion nicht.

Selbst wenn man aber eine Trennung für möglich hielte, stehen der Wirkungserstreckung einer wegen contempt of court verhängten fine oder von punitive damages zwei Anerkennungshindernisse entgegen.

a. Keine Zivilsache

Die Anerkennungsfähigkeit einer ausländischen Entscheidung setzt voraus, dass sie eine Zivilsache zum Gegenstand hat[32]. Verurteilungen zu Steuern und Strafen[33] fallen nicht unter § 328 ZPO. Die contempt of court Verurteilung hat Ordnungsgeldcharakter und fällt nicht unter den Begriff der Zivilsache[34].

[31] Vgl. Hau, Positive Kompetenzkonflikte im Internationalen Zivilprozessrecht, 1996, S. 200

[32] Unstr., vgl. für viele Geimer, Anerkennung, S. 100; ders., IZPR, Rdn. 2867; Martiny, Handbuch, S. 232ff.; Riezler, IZPR, S. 524ff.; Schütze, DIZPR, Rdn. 327

[33] Vgl. Geimer/Schütze, Internationale Urteilsanerkennung, Bd. II, S. 259

[34] Vgl. Geimer/Schütze, EuZVR, A.1, Art. 1 Rdn. 39 für die h.L., selbst zweifelnd

b. Verstoß gegen den ordre public

Soweit es sich bei der Sanktion um eine punitive damages Verurteilung handelt, verstößt diese gegen den deutschen ordre public[35]. Selbst der sonst so überaus anerkennungsfreundliche BGH[36] hat punitive damages als mit der deutschen Rechtsordnung unvereinbar gebrandmarkt. Die wesentliche Aussage findet sich im letzten Leitsatz der Entscheidung:

> *Ein US-amerikanisches Urteil auf Strafschadensersatz (punitive damages) von nicht unerheblichber Höhe, der neben der Zuerkennung von Ersatz für materielle und immaterielle Schäden pauschal zugesprochen wird, kann insoweit in Deutschland regelmäßig nicht für vollstreckbar erklärt werden.*

Karlsruhe locuta, causa finita.

IV. Fazit

1. Ausländische Entscheidungen, die die Prozessführung vor deutschen Gerichten verbieten (anti-suit injunctions) dürfen in Deutschland nicht zugestellt werden.

2. Ausländische Entscheidungen, die Klageverbote enthalten können nicht anerkannt werden, weil es sich nicht um Sachentscheidungen handelt, im Übrigen scheitert die Anerkennung am ordre public Vorbehalt.

[35] Vgl. aus der abundanten Literatur (für weitere Nachweise Herrmann, Die Anerkennung, S. 229ff.) Drolshammer/Schärrer, Die Verletzung des materiellen ordre public als Verweigerungsgrund bei der Vollstreckung eines US-amerikanischen „punitive-damages-Urteils", SJZ 1986, 309ff.; Lenz, Amerikanische Punitive Damages vor dem Schweizer Richter, 1992; Rosengarten, Punitive Damages und ihre Anerkennung und Vollstreckung in der Bundesrepublik Deutschland, 1994; Schütze, Die Anerkennung und Vollstreckbarerklärung US-amerikanischer Schadensersatzurteile in Produkthaftungssachen in der Bundesrepublik Deutschland, FS Nagel, 1987, S. 392 ff.; ders., The Recognition and Enforcement of American Civil Judgments containing Punitive Damages in the Federal Republic of Germany, 11 U.Pa. Int'l Bus.L. 581ff. (1990); ders., Die Anerkennung und Vollstreckbarerklärung US-amerikanischer Punitive-Damages-Urteile in Deutschland, RIW 1993, 139 ff. (Besprechung von BGHZ 118, 312)

[36] Vgl. BGHZ 118, 312 = RIW 1993, 132 = EuZW 1992, 705 = IPRax 1993, 310 = LM 2/93 zu § 328 ZPO, Bl. 334 ff. = NJW 1992, 3096 = WM 1992, 1451 = ZZP 106 (1993), 79 ff.

3. Verurteilungen zu Sanktionen wegen Nichtbeachtung von Klageverboten teilen das Schicksal des Klageverbots. Sie können im Übrigen nicht anerkannt werden, weil es sich nicht um Zivilsachen handelt und – soweit es punitve damages Verurteilungen sind diese gegen den ordre public verstoßen.

6. Übersetzungen im europäischen und internationalen Zivilprozessrecht – Probleme der Zustellung[1]

1 Mose 11 beginnt mit den Worten *„Es hatte aber alle Welt eine Zunge und Sprache"*. Aber dann kam der Turmbau von Babel und die Strafe für die Hybris des Menschen. *„Auf lasset uns hernieder fahren und ihre Sprache daselbst verwirren, dass keiner des anderen Sprache verstehe"* lehrt uns die Bibel wenig später.

Seit jeder Zeit verstehen die Franzosen die Engländer nicht, die Spanier nicht die Schweden und die Griechen nicht die Deutschen. Die Folgen des babylonischen Turmbaus wirken bis in die Gegenwart, wirken in das internationale Zivilprozessrecht, insbesondere im Hinblick auf Zustellungen.

Zustellungen dienen dazu sicherzustellen, dass der Zustellungsadressat Kenntnis von Schriftstücken erhält. Das ist insbesondere bei Klageschriften bedeutsam. Kenntnis ist aber nur möglich, wenn das Schriftstück in einer Sprache abgefasst ist, die der Zustellungsadressat beherrscht. Deshalb machen die autonomen Zustellungsrechte und die Staatsverträge deren Durchführung regelmäßig von der Beifügung einer Übersetzung abhängig. Auch das europäische Zustellungsrecht geht davon aus, macht aber eine Ausnahme für den Fall, dass der Zustellungsadressat die Sprache, in der das zuzustellende Schriftstück abgefasst ist, beherrscht.

Zwei neue Entscheidungen zeigen die Probleme auf, die sich daraus ergeben können.

In der Entscheidung des EuGH v. 8.11.2005 in der Sache Leffler v. Berlin Chemie[2] war in einem Verfahren auf Gewährung einstweiligen

[1] Erstmals publiziert in: RIW 2006, 352ff.

[2] Vgl. EuGH Rs. C-443/03 – Götz Leffler v. Berlin Chemie AG – EWS 2006, 41 = NJW 2006, 491; dazu Rösler/Siepmann, Zum Sprachenproblem im Europäischen Zustellungsrecht, NJW 2006, 475 ff.; Heidrich, Amts- und Parteizustellungen im internationalen Rahmen: Status quo und Reformbedarf, EuZW 2005, 743 ff. (747); Rauscher, Urteilsanmerkung, JZ 2006, 251ff.; Stadler, Ordnungsgemäße Zustellung im Wege der remise au parquet und Heilung von Zustellungsfehlern nach der Europäischen Zustellungsverordnung, IPRax 2006, 116 ff.

Rechtsschutzes in den Niederlanden die Ladung in Deutschland ohne Übersetzung zugestellt worden. Die Zustellungsadressatin – die Berlin AG – verweigerte die Annahme des Schriftstücks wegen der fehlenden Übersetzung. Die entscheidende Frage war, ob die Zustellung ohne Beifügung einer Übersetzung insgesamt unwirksam oder eine Heilung des Zustellungsmangels möglich war[3].

In einer wenige Monate vorher – am 15.2.2005 – vom OLG Nürnberg erlassenen Entscheidung[4] ging es um die Qualität der Übersetzung eines an die deutsche Schuldnerin zugestellten türkischen Mahnbescheides. Die Übersetzung stammte von einem vereidigten Dolmetscher, der den Schuldgrund des türkischen Originals mit

> *Durch Anweisung der schuldigen Gesellschaft an ihre Vertreter bzw. Mitglieder des Verwaltungsrates, dass sie ihre privaten Verpflichtungen nicht nachkommen, unserer Gesellschaft lastender Verlust*

übersetzt hat. Der Sinn kann allenfalls erahnt werden. Verständliches Deutsch ist es jedenfalls nicht.

Die beiden Entscheidungen, die sich mit der Notwendigkeit der und den Anforderungen an eine Übersetzung nach europäischem Zustellungsrecht und dem Haager Zustellungsübereinkommen beschäftigen zeigen eine bisher zuweilen vernachlässigte Problematik des europäischen und internationalen Zustellungsrechts auf.

I. Die Notwendigkeit der Übersetzung

Nach Art. 5 Abs. 1 lit. a HZÜ[5] erfolgt die Zustellung regelmäßig in der Form, die das Recht des ersuchten Staates vorsieht. In diesem

[3] In einem vom LG Trier, IPRax 2004, 249 entschiedenen deutsch-griechischen Rechtsstreit ging es auch um Heilungsmöglichkeiten der Zustellung nach der EuZVO, diese bezogen sich aber nicht auf die Übersetzung. Der Klageschrift des deutschen Gerichts war eine – offenbar richtige – griechische Übersetzung beigefügt. Vgl. dazu de Lind van Wijngaarden, Internationale Zustellung nach der EuZVO und internationale Zuständigkeit bei Klage auf Feststellung des Nichtbestehens eines Exklusivvertriebsvertrages, IPRax 2004, 212 ff.

[4] Vgl. OLG Nürnberg, IPRax 2006, 38 mit Besprechungsaufsatz Wilske/Krapfl, Zur Qualität von Übersetzungen bei Zustellung ausländischer gerichtlicher Schriftstücke, ebenda, 10 ff.

[5] Haager Zustellungsübereinkommen vom 15.11.1965, BGBl. 1977 II 1452; vgl.

Fall kann die Zentrale Behörde eine Übersetzung des zuzustellenden Schriftstücks in die Amtssprache des ersuchten Staates verlangen. In Deutschland ist die förmliche Zustellung nur zulässig wenn das Schriftstück in Deutsch abgefasst oder von einer deutschen Übersetzung begleitet ist[6].

Die Europäische Zustellungsverordnung[7] – in dem Bestreben, das Zustellungsverfahren zu vereinfachen und zu beschleunigen – ist bei der Übersetzung des zuzustellenden Schriftstücks großzügiger als das Haager Zustellungsübereinkommen. Die Zustellung kann auch ohne Übersetzung erfolgen. Der Zustellungsadressat kann die Annahme des Schriftstücks wegen fehlender Übersetzung nach Art. 8 Abs. 1 lit. b EuZO dann nicht verweigern, wenn sie in der Sprache des Übermitt-

dazu Arnold, Die Ergebnisse der Zehnten Tagung der Haager Konferenz für Internationales Privatrecht auf dem Gebiet des internationalen Zivilprozessrechts, AWD 1965, 205 ff.; Bischof, Die Zustellung im internationalen Rechtsverkehr in Zivil- und Handelssachen, 1997; Böckstiegel/Schlafen, Die Haager Reformübereinkommen über die Zustellung und die Beweisaufnahme im Ausland, NJW 1978, 1073 ff. m.w.N., insbesondere für das ausländische Schrifttum; Geimer/Schütze, Internationaler Rechtsverkehr, 350. 1 ff.; Deutsche Denkschrift zu dem Übereinkommen, BTDrucks. 8/217; Hohmann, Die Übermittlung von Schriftstücken in der Zivil-, Verwaltungs- und Finanzgerichtsbarkeit, 1977; Pfennig, Die internationale Zustellung in Zivil- und Handelssachen, 1988; Schütze, Die Haager Übereinkommen über die Zustellung und die Beweisaufnahme im Ausland, IWB F 10 (Int.), Gr. 4, S. 71 ff.

6 Vgl. Bekanntmachung über das Inkrafttreten des HZÜ, BGBl. 1979 II 779

7 VO (EG) Nr. 1348/2000 v. 29.5.2000, BGBl. 2001 I 1536; dazu Brenn, EZV – Europäische Zustellungsverordnung, 2002; Gottwald, Sicherheit vor Effizienz? – Auslandszustellung in der Europäischen Union in Zivil- und Handelssachen, FS Schütze, 1999, S. 225 ff.; Gsell, Direkte Postzustellung an Adressaten im EU-Ausland nach neuem Zustellungsrecht, EWS 2002, 115 ff.; Hess, Die Zustellung von Schriftstücken im europäischen Justizraum, NJW 2001, 15 ff.; Jastrow, Europäische Zustellungsverordnung, in: Gebauer/Wiedmann, Zivilrecht unter europäischem Einfluss, 2005, S. 1269 ff.; ders., Auslandszustellungen im Zivilverfahren – Erste Praxiserfahrungen mit der EG-Zustellungsverordnung, NJW 2002, 3382 ff.; Lindacher, Europäisches Zustellungsrecht – Die VO (EG) Nr. 1348/2000: Vorschrift, Auslegungsbedarf, Problemausblendung –, ZZP 114 (2001), 179 ff.; Meyer, Europäisches Übereinkommen über die Zustellung gerichtlicher und außergerichtlicher Schriftstücke in Zivil- und Handelssachen in den Mitgliedstaaten der Europäischen Union, IPRax 1997, 401 ff.; Sharma, Zustellungen im Europäischen Binnenmarkt, Diss. Tübingen 2002; Stadler, Neues Europäisches Zustellungsrecht, IPRax 2001, 514 ff.

lungsstaates abgefasst ist und er diese versteht[8]. Das klingt gut, stellt aber eine unglückliche Regelung dar[9] und bringt ein doppeltes Problem[10].

1. Anforderungen an die Sprachkenntnisse des Adressaten

Da ist zunächst die Frage, wie gut der Zustellungsadressat die Sprache, in der Schriftstück abgefasst ist, beherrschen muss.

Wenn in dem vom EuGH entschiedenen Fall der Zustellungsadressat Niederländer gewesen wäre, hätte es sicherlich ausgereicht, das holländische Schriftstück ohne Übersetzung zuzustellen. Aber wie steht es mit dem Französischlehrer, der Corneille und Racine übersetzen kann, nicht aber die juristische Terminologie beherrscht? Soll man seine Sprachkenntnis als ausreichend für die Entgegennahme einer Assignation eines französischen Gerichts ohne deutsche Übersetzung ansehen? Meyer[11] meint, über die ausreichende Sprachkenntnis müsse das Prozessgericht – im Beispielsfall also das französische Gericht – entscheiden. Aber wie soll das geschehen? Soll das Gericht eine Sprachprüfung veranstalten? Abgesehen davon, dass das praktisch unmöglich ist, würde es das Verfahren nicht beschleunigen, sondern verlangsamen. Im Übrigen schwebte über der Zustellung immer das Damoklesschwert der Unwirksamkeit bis das ausländische Gericht bei Streit über die Sprachkundigkeit hierüber entschieden hätte.

Der einzige Ausweg aus dem Problemknäuel ist es wohl, den Zustellungsadressaten selbst entscheiden zu lassen, ob er sich für hin-

[8] Die Unzulänglichkeiten der Regelung des Art. 8 Abs. 1 lit. b EuZVO sind zwischenzeitlich offensichtlich geworden und sollen durch eine Reform beseitigt werden, vgl. dazu Sujecki, Verordnungsvorschlag zur Änderung der Europäischen Zustellungsverordnung – Ein Schritt in die richtige Richtung, EuZW 2006, 1 (Gastkommentar); zum Reformbedarf vgl. auch Heidrich, Amts- und Parteizustellungen im internationalen Rahmen: Status quo und Reformbedarf, EuZW 2005, 743 ff.

[9] Vgl. Stadler, IPRax 2001, 514 ff. (517 f.); Schütze, DIZPR, Rdn. 204

[10] Vgl. dazu schon Gottwald, FS Schütze, S. 225 ff. (232 f.)

[11] Vgl. Meyer, IPRax 1998, 401 ff. (403); ebenso Jastrow, EuZVO, in: Gebauer/Wiedmann, Zivilrecht unter europäischem Einfluss, 2005, Rdn. 144; Nagel/Gottwald, IZPR, § 7 Rdn. 51; Schlosser, EuZPR, Art. 8 EuZVO, Rdn. 1, 5

reichend sprachkundig hält[12]. Er selbst muss entscheiden, ob er in der Lage ist, das zuzustellende Schriftstück zu verstehen. Das setzt aber voraus, dass der Zustellungsempfänger darüber zu belehren ist[13], dass er die Zustellung ohne Übersetzung nicht entgegenzunehmen braucht, wenn er sich nicht für genügend sprachkundig hält. Damit – das ist zuzugeben – wird einer Vereitelung der Zustellung nicht übersetzter Schriftstücke Tür und Tor geöffnet, weil der Zustellungsadressat sich immer auf seine mangelnde Sprachkenntnis berufen kann. Aber nur so können lange prozessuale Streitigkeiten über die Wirksamkeit der Zustellung vermieden werden.

2. Sprachkenntnis juristischer Personen

Ein schwieriges Problem stellt sich bei der Sprachkenntnis juristischer Personen oder sonstiger Personengesamtheiten. Man ist zunächst geneigt, auf die Sprachkenntnis des Organs abzustellen, bei der Aktiengesellschaft also auf die des Vorstandes, bei der GmbH auf die der Geschäftsführer usw. Aber hier ergibt sich schon die erste Schwierigkeit. Müssen alle Mitglieder des Organs die ausländische Sprache beherrschen oder genügt es, dass ein Vorstandsmitglied oder Geschäftsführer der Sprache kundig ist? Wenn man das letztere annimmt, dann müsste man wohl die Kenntnis des für Recht zuständigen Vorstandsmitglieds oder Geschäftsführers fordern. Denn es kann wohl kaum genügen, dass das für Entwicklung zuständige Vorstandsmitglied eines Großunternehmens wie DaimlerChrysler oder BWM der fremden Sprache kundig ist. Er hat mit der Prozessführung nichts zu tun und bekommt auch regelmäßig keine Kenntnis von schwebenden Rechtsstreitigkeiten.

Nun werden juristische Personen zwar durch ihre Organe vertreten. Bei großen Unternehmen ist es aber die Rechtsabteilung, der die Prozessführung obliegt. Genügt es dann vielleicht, dass der Syndikus von Volkswagen der griechischen Sprache mächtig ist, wenn eine Klage in einem griechischen Produkthaftungsverfahren ohne Übersetzung zugestellt wird?

12 So Schütze, DIZPR, Rdn. 204; ders., RV, Rdn. 169a

13 Vgl. zum Umfang der Belehrung Schütze, Formlose Zustellung im internationalen Rechtsverkehr, RIW 2000, 20 ff.

Würde man auf die Sprachkenntnis sämtliche Organmitglieder abstellen und die Beherrschung der Sprache des zuzustellenden Schriftstücks durch einen zuständigen Mitarbeiter nicht genügen lassen, dann wäre die Zustellung ohne Übersetzung an juristische Personen faktisch unmöglich. Nach der Ratio des Art. 8 Abs. 1 lit. b EuZVO wird man die Sprachkenntnis des nach der Organisation des Zustellungsadressaten zuständigen Mitarbeiters genügen lassen müssen. Das ist auch die Ratio eines – unveröffentlichten – Beschlusses des Bundesverfassungsgerichts[14], das bei einem internationalen Großunternehmen Kenntnisse der englischen Sprache voraussetzt, ohne allerdings zu konkretisieren, auf wessen Sprachkenntnisse es ankommt[15].

Bei der Entscheidung, auf wessen Sprachkenntnisse im Unternehmen abzustellen ist gilt dasselbe wie für die Beurteilung der Sprachkenntnisse selbst. Der Zustellungsadressat entscheidet allein, wer in seinem Unternehmen zuständig ist.

II. Die Qualität der Übersetzung

Die Übersetzung juristischer Texte ist nach der Übertragung von Lyrik wohl das schwierigste Unterfangen[16]. Wie bei der Lyrik ist nur eine „Nachdichtung" möglich. Denn juristische Termini wurzeln in einer Rechtsordnung und können nicht in die Sprache einer anderen Rechtsordnung übertragen werden, wenn diese keine Entsprechung kennt[17]. So kennt die deutsche Sprache kein Wort für die *consideration* des Common Law. Es sind nur Umschreibungen wie *angemessene Gegenleistung*[18] oder *Gegenopfer*[19] möglich. Vernay[20] schreibt treffend:

[14] 2 BvR 893/00

[15] Ebenso Schlosser, EuZPR, Art. 8 EuZVO, Rdn. 2

[16] Vgl. dazu Schütze, Probleme der Übersetzung im Zivilprozessrecht, FS Sandrock, 2000, S. 871 ff.

[17] Vgl. dazu Luttermann, Übersetzen juristischer Texte als Arbeitsfeld der Rechtslinguistik, in: de Groot/Schulze, Recht und Übersetzen, 1999, S. 47 ff. (53 ff.)

[18] So Dietl/Lorenz, Wörterbuch für Recht, Wirtschaft und Politik, 6. Aufl., 2000, S. 159

[19] So Zweigert/Kötz, Einführung in die Rechtsvergleichung, 3. Aufl., 1996, S. 384

[20] Vgl. Vernay, Elemente der Übersetzungswissenschaft, in: Kapp (Herausg.), Übersetzer und Dolmetscher, 2. Aufl., 1984, S. 26 ff. (30 f.)

Rechtstradition und Rechtsauffassung in verschiedenen Ländern können oft recht unterschiedlich sein. So kommt es durchaus vor, dass wir bei einer juristischen Fachübersetzung nicht nur vor einem Wechsel der Sprache, sondern auch vor einem Wechsel der Kommunikationsgemeinschaft stehen.

Probleme der Unübersetzbarkeit von Termini, die der Sprache des Zustellungsstaates unbekannt sind, kommen aber erheblich seltener vor als fehlerhafte Übersetzungen wegen mangelnder Qualifikation des Übersetzers. Der Antrag auf Erlass des Mahnbescheides in dem vom OLG Nürnberg entschiedenen Fall hätte durchaus in verständliches Deutsch übersetzt werden können.

Welche Qualität muss die Übersetzung haben, um ihre Funktion im internationalen Zustellungsrecht zu erfüllen[21]?

Zunächst kann man ausschließen, dass die Übersetzung orthographisch richtig und sprachlich gelungen sein muss. Eine Übersetzung ist kein Abitursaufsatz und soll nur Kenntnis vom Inhalt des übersetzten Textes vermitteln. Sprachliche Holprigkeiten und orthographische Fehler sind deshalb unschädlich[22].

Die Wahl eines falschen Terminus kann die ganze Übersetzung unbrauchbar machen. Ist jedoch aus dem Kontext für den im common law so oft bemühten „reasonable man“ noch erkennbar, und zwar unschwer erkennbar, was gemeint ist, dann kann es sich noch um eine ausreichende Übersetzung im Sinne des internationalen Zustellungsrechtes handeln. Das hat das OLG Nürnberg in der eingangs zitierten Entscheidung angenommen, was bedenklich ist. Jedenfalls war es ein Grenzfall.

Sinnentstellende Fehler dagegen machen die Übersetzung unbrauchbar. Ist aus einer Klageschrift nicht mehr erkennbar, dass es sich um die gerichtliche Geltendmachung eines Anspruchs handelt und was das Klagebegehren ist, dann liegt keine Übersetzung mehr vor. Eine solche Sinnentstellung wäre beispielsweise bei Übersetzung von „de-

21 Vgl. dazu im einzelnen Schütze, FS Sandrock, 2000, S. 871 ff. (873 f.)

22 Wilske/Krapfl, IPRax 2006, 10 ff. (12) weisen darauf hin, dass die Forderung einer fehlerfreien Übersetzung so weit führen könnte, dass die Nichtbeachtung der deutschen Rechtschreibreform (welchen Stadiums?) zu einer fehlerhaften Zustellung führen könne, was offenbar nicht der Fall sein kann.

mande en garantie" mit „Streitverkündung" gegeben. Beide Rechtsinstitute erfüllen zwar denselben Zweck, bei der „demande en garantie" kann aber ein Urteil gegen den Garantiebeklagten ergehen, bei der Streitverkündung nicht. Der deutsche Beklagte wird durch diesen Übersetzungsfehler irregeleitet. Er mag meinen, ein Urteil könne nicht gegen ihn ergehen. Er brauche sich nicht zu verteidigen. In einem deutsch/niederländischen Fall war die „einstweilige Verfügung" zum „Eilgesetz" geworden. Auch das ist – soweit der Kontext nicht eindeutig ist – eine Nichtübersetzung.

III. Rechtsfolgen von Übersetzungsfehlern

Sinnentstellende Fehler führen zur Unwirksamkeit der Zustellung. Denn das zuzustellende Schriftstück ist nicht von einer Übersetzung im Rechtssinne begleitet. Die Zustellung ist so zu behandeln wie eine Zustellung ohne Übersetzung. Dabei ist es unerheblich, ob die Übersetzung von einem vereidigten Dolmetscher stammt oder von ihm beglaubigt ist. Die Richtigkeit der Übersetzung ist eine Tatfrage. Die Vereidigung des Übersetzers oder die Beglaubigung der Übersetzung können allenfalls eine – widerlegbare – Vermutung für die Richtigkeit der Übersetzung begründen[23].

Sinnentstellende Übersetzungen sind viel problematischer als fehlende Übersetzungen. Bei sinnentstellenden Übersetzungen hat der Zustellungsadressat weder ein Recht noch eine Pflicht zur Zurückweisung. Stellt es sich später heraus, dass die Zustellung wegen sinnentstellender Übersetzung unwirksam war, dann ist es für eine Heilung regelmäßig zu spät.

Beispiel: *In einem Rechtsstreit vor einem Gericht in Utah wird die Klageschrift dem deutschen Beklagten in Stuttgart mit sinnentstellender Übersetzung nach dem Haager Zustellungsübereinkommen zugestellt. Der Beklagte lässt sich in dem Verfahren nicht ein. Es ergeht Versäumnisurteil. In dem Vollstreckbarerklärungsverfahren nach §§ 328, 722 f.*

[23] Vgl. Schütze, FS Sandrock, 2000, S. 871ff. (874); a.A. offenbar Stein/Jonas/Peters, ZPO, 21. Aufl., § 142, Rdn. 8, die meinen, die Übersetzung gelte als richtig und vollständig, wenn dies von einem Übersetzer bescheinigt wird, der nach den Richtlinien der Landesjustizverwaltung hierzu ermächtigt ist.

ZPO in Deutschland macht der Beklagte dann den Zustellungsmangel – mit Erfolg – geltend. Dem Kläger bleibt – u. U. – nur ein Schadensersatzanspruch gegen den Übersetzer, der bei hohen Streitwerten kaum realisierbar ist.

IV. Die Heilung von Zustellungsmängeln

Wird die Annahme der Zustellung verweigert, weil eine Übersetzung fehlt oder die Übersetzung so fehlerhaft ist, dass Unverständlichkeit vorliegt, entsteht das Problem der Zulässigkeit einer Heilung des Zustellungsmangels. Mit der ersten Alternative hat sich der EuGH in der Entscheidung Leffler beschäftigt, die zweite Alternative ist – soweit ersichtlich – noch nicht entschieden.

1. Zulässigkeit des „Nachschiebens" der Übersetzung

Wird die Zustellung zunächst ohne Übersetzung in der Annahme entsprechender Sprachkenntnis des Zustellungsadressaten versucht, verweigert dieser aber die Annahme nach Art. 8 Abs. 1 lit. b EuZO so ist die Zustellung zunächst unwirksam. Der EuGH baut aber eine goldene Brücke und lässt eine Heilung durch Nachschieben einer Übersetzung zu[24]. Das ist die Ratio der Leffler-Entscheidung. In dem entschiedenen Fall war ein Antrag auf Erlass einer einstweiligen Verfügung bei der Rechtsbank Arnhem gestellt worden. Die Annahme der in niederländischer Sprache abgefassten Schriftstücke wurde von der Antragsgegnerin in Deutschland verweigert. Die daraufhin erfolgte spätere Übermittlung einer Übersetzung hielt der EuGH für ausreichend, um den Zustellungsmangel zu heilen.

Das ist sachgerecht[25]. Würde man eine Heilung durch Nachschieben einer Übersetzung nicht zulassen, dann liefe Art. 8 Abs. 1 lit. b EuZVO ins Leere. Da kaum abzuschätzen ist, ob die Sprachkennt-

[24] Zunächst war umstritten, ob eine Heilung im Rahmen des Anwendungsbereichs des europäischen Zustellungsrechts möglich ist, vgl. de Lind van Wijngaarden-Maack, Internationale Zustellung nach EuZVO und internationale Zuständigkeit bei Klage auf Feststellung des Nichtbestehens eines Exklusivvertriebsvertrages, IPRax 2004, 212 ff. (215); Stadler, IPRax 2001, 514 ff. (520)

[25] Vgl. Rauscher, JZ 2006, 251 ff. (252)

nisse des Zustellungsadressaten ausreichen und ob er die Annahme der Zustellung verweigern wird, wäre das Risiko viel zu groß, um eine Zustellung ohne Übersetzung zu versuchen. Das Damoklesschwert der Unwirksamkeit der Zustellung hinge an einem sehr dünnen Faden.

2. Rückwirkung der Heilung

Mit der Zulässigkeit der Heilung von Zustellungsmängeln wegen fehlender oder unzulänglicher Übersetzung ist aber noch nichts über den Zeitpunkt der Heilung gesagt. Soll man auf den Zeitpunkt der Zustellung der „heilenden" Übersetzung oder den Zeitpunkt der ursprünglichen – zunächst unwirksamen – Zustellung abstellen?

Der EuGH will eine Rückwirkung der Zustellung zulassen, wenn die Heilung „so schnell wie möglich" erfolgt. Das bedeutet nichts anders, als ein unverzügliches Nachschieben der Zustellung, d.h. eine übersetzungsbegleitete Zustellung „ohne schuldhaftes Zögern". Der EuGH hält, den Stellungsnahmen der portugiesischen und niederländischen Regierung folgend, eine Frist von einem Monat offenbar immer für genügend, gibt den nationalen Gerichten aber einen Ermessenspielraum in der Fristbemessung.

Eine andere Frage ist die nach dem Zeitpunkt, auf den die Heilung wirkt. Zwei Lösungen sind möglich. Entweder man kann auf den Zeitpunkt der unwirksamen Zustellung abstellen oder den Zeitpunkt, an dem die den Zustellungsmangel heilende Übersetzung dem Zustellungsadressaten zugestellt wird. Die Leffler-Entscheidung will allen Beteiligten Gutes tun. Wenn der Zustellungstermin für den Antragsteller – etwa wegen drohender Verjährung – bedeutsam ist, so soll die Heilung auf den Zeitpunkt der ursprünglichen unwirksamen Zustellung zurückwirken[26], wenn jedoch der Zeitpunkt der Zustellung für den Antragsgegner bedeutsam ist – etwa wegen prozessualer Einlassungsfristen – so soll auf den Zeitpunkt der tatsachlichen Kenntnisnahme – also der Zustellung der Übersetzung – abzustellen sein[27]. Diese Lösung ist geradezu naiv, wie folgendes Beispiel zeigen mag:

[26] Nr. 66 der Entscheidung

[27] Nr. 67 der Entscheidung

Der Kläger erhebt am 1.Juni Klage vor einem litauischen Gericht gegen den deutschen Beklagten in Stuttgart, um eine drohende Verjährung zu unterbrechen. Da er Verzögerungen durch die notwendige Übersetzung befürchtet, trägt er vor, dass der Beklagte der litauischen Sprache mächtig und eine Übersetzung unnötig sei. Die Klage wird mit einer Terminsladung zum 1. September am 1. Juli zugestellt. Der Beklagte verweigert die Annahme der Zustellung und macht geltend, dass er der litauischen Sprache nicht mächtig sei. Die Übersetzung wird ihm am 15. September zugestellt.

Wendet man die Grundsätze der Leffler-Entscheidung an, dann wirkt die Zustellung für den Kläger zurück auf den 1. Juli, das Zustellungsdatum für den Beklagten ist der 15. September.

Die Entscheidung des EuGH ist in mehrfacher Hinsicht bedenklich. Sie ermuntert den Kläger geradezu, zur Vermeidung von Rechtsnachteilen – etwa bei drohender Verjährung – einfach die Zustellung ohne Übersetzung versuchen, selbst wenn er weiß, dass der Beklagte die Sprache nicht versteht und dann die Übersetzung nachzuschieben[28]. So konnte Leffler wohl kaum davon ausgehen, dass ein deutsches Unternehmen wie die Berlin Chemie AG der niederländischen Sprache mächtig war. Zum anderen kann es doch wohl nicht angehen, dem nationalen Gericht ein – nicht überprüfbares – Ermessen in der Fristbestimmung zu geben[29]. Das eröffnet eine neue Unsicherheit über die Wirksamkeit der Heilung. Die Parteien müssen aber wissen, ob die Zustellung letztlich wirksam ist oder nicht, und von welchem Zeitpunkt an. Nur so können sie ihr prozessuales Verhalten entsprechend einstellen und planen.

Schließlich dient es nicht der notwendigen Klarheit, wenn der Zustellungszeitpunkt bei Heilung der wegen fehlender Übersetzung unwirksamen Zustellung je nach der Interessenlage der Beteiligten auf unterschiedliche Termine fingiert wird.

Die Leffler Entscheidung ist zu Art. 8 Abs. 1 lit. b EuZVO ergangen und hat keine Bindungswirkung für Zustellungen außerhalb der Geltungsbereichs der EuZVO. Die ratio decidendi ist nicht übertragbar auf Zustellungen nach dem Haager Zustellungsübereinkommen oder

28 Auf diese Gefahr weist Stadler, IPRax 2006, 116 ff. (123) hin.
29 Vgl. Rauscher, JZ 2006, 251 ff. (252)

autonomem Recht, die für die förmliche Zustellung eine Übersetzung vorsehen, wovon die EuZVO gerade teilweise befreit. Außerhalb der EuZVO tritt eine Rückwirkung der Heilung nicht ein. Denn die – ordnungmäßige – Übersetzung ist eine Essentiale der Zustellung überhaupt.

Die Zustellung ist ein staatlicher Hoheitsakt[30]. Deshalb hat der BGH früher eine Heilung von Auslandszustellungen überhaupt nicht zugelassen[31]. Das war zu rigide[32]. Aber jedenfalls eine rückwirkende Heilung kann es nicht geben. Denn auch die Heilung eines Zustellungsmangels durch Kenntnisnahme des zuzustellenden Schriftstücks setzt erst mit dem Zeitpunkt der Kenntnisnahme ein. Viel besser als das „Sowohl als Auch" des EuGH ist die Lösung von Art. 16 HZÜ[33], die eine erleichterte Wiedereinsetzung in den vorigen Stand bei Verweigerung des rechtlichen Gehörs durch fehlgeschlagene Auslandszustellung ermöglicht und damit eine „saubere" und eindeutige Regelung bringt.

V. Fazit

1. Sinn der Zustellung ist es, die Kenntnis des Zustellungsadressaten vom Inhalt eines Schriftstücks im Interesse der Gewährung rechtlichen Gehörs sicherzustellen. Das setzt voraus, dass er das Schriftstück verstehen können muss. Er darf nicht auf Ratespiele angewiesen sein, was wohl gemeint sein könnte. Der internationale Rechtsverkehr ist keine Quizveranstaltung. Da es keine lingua franca mehr

30 Vgl. BVerfGE 91, 335; Schmitz, Fiktive Auslandszustellung, 1980, S. 12; zweifelnd Schack, IZVR, Rdn. 589; Wiehe, Zustellungen, Zustellungsmängel und Urteilsanerkennung am Beispiel fiktiver Inlandszustellungen in Deutschland, Frankreich und den USA, 1993, S. 96 ff.

31 Vgl. BGHZ 58, 177; 98, 263; ebenso OLG Hamm RIW 1996, 156 zu § 187 a.F. ZPO (jetzt § 189 ZPO)

32 Inzwischen wendet die h.L. § 189 ZPO auch auf Auslandszustellungen an; vgl. Geimer, IZPR, Rdn. 2103; ders., Urteilsanmerkung, NJW 1972, 1624ff.; Kondring, Die Heilung von Zustellungsfehlern im internationalen Zivilrechtsverkehr, 1995, S. 184 ff.; ders., Die „konsularische Zustellung durch die Post", RIW 1996, 722ff. (724); Linke, IZPR, Rdn. 238; Mössle, Internationale Forderungspfändung, 1991, S. 145; Schack, IZVR, Rdn. 618

33 Vgl. dazu Geimer, IZPR, Rdn. 291 ff.; auch Geimer (Gregor), Neuordnung des internationalen Zustellungsrechts, 1999, S. 44 ff.

gibt, muss einer formellen Zustellung eine Übersetzung beigefügt werden, die dem Zustellungsadressaten die notwendige Kenntnis vom Inhalt des zuzustellenden Schriftstücks vermittelt. Gerichte dürfen nicht unzulängliche Übersetzungen zu Lasten des Zustellungsadressaten als ausreichend ansehen wie es das OLG Nürnberg getan hat. Es ist nicht Aufgabe der Gerichte, unfähige Übersetzer zu entlasten. Bei der gegenwärtigen Rechtsprechung deutscher Gerichte werden wir nie zu ordentlichen Übersetzungen türkischer oder US-amerikanischer Klageschriften – um nur zwei häufige Beispiele zu nennen – kommen. Würden die deutschen Gerichte strenger urteilen, dann würde die Qualität von Übersetzungen sicherlich schnell besser.

2. Der Zustellungsadressat kann auf den ihm für die förmliche Zustellung zugestandenen Schutzes verzichten und bei der formlosen Zustellung diese ohne Übersetzung bewirken lassen, etwa weil er die Sprache des zuzustellenden Schriftstücks beherrscht oder selbst eine Übersetzung fertigen lassen will. Hieran knüpft die EuZVO an, ausgehend von dem Ideal des einheitlichen europäischen Justizraums. Dabei wird aber das Kind mit dem Bade ausgeschüttet. Denn das Recht zur Zurückweisung der Zustellung wird von den Sprachkenntnissen des Zustellungsadressaten abhängig gemacht. Nur wenn dieser hierüber selbst entscheiden kann und damit die Zustellung nach Art. 8 Abs. 1 lit. b EuZVO wie die formlose Zustellung des deutschen Rechts behandelt wird, ist der Verzicht auf die Übersetzung erträglich. Die Entscheidung eines Gerichts über die Sprachkenntnisse eines Zustellungsadressaten ist praktisch unmöglich, verlängert den Rechtsstreit und trägt ein Unsicherheitselement in das Zustellungsrecht.

3. Die Heilung von Zustellungsmängeln wegen fehlerhafter, sinnentstellender oder fehlender Übersetzung ist möglich. Problematisch ist die Rückwirkung. Für den Bereich des europäischen Zustellungsrecht müssen wir nach der Leffler-Entscheidung müssen wir mit unterschiedlichen Heilungszeitpunkten leben. Luxemburg locuta, causa finita. Außerhalb des Geltungsbereichs der EuZVO gilt dies jedoch nicht. Heilung tritt in dem Zeitpunkt ein, in dem die Übersetzung zugestellt wird. Das entspricht auch § 189 ZPO im deutschen Recht, wo Kenntnis des Inhalts des zuzustellenden Schriftstücks heilt, aber erst vom Zeitpunkt der Kenntnis an.

7. Die Ausländersicherheit im internationalen Zivilprozessrecht[1]

Das Postulat des freien Zugangs zu den Gerichten hat sich heute universell durchgesetzt. Es ist häufig staatsvertraglich manifestiert, so etwa in Art. 1 Abs. 2 des deutsch-türkischen Rechtshilfeabkommens[2]:

> *„Demgemäß haben sie freien Zutritt zu den Gerichten und können vor Gericht unter denselben Bedingungen und in derselben Weise wie die eigenen Staatsangehörigen auftreten".*

und in Art. VI des deutsch-amerikanischen Freundschafts-, Handels- und Schifffahrtsvertrages[3]:

> *„Den Staatsangehörigen und Gesellschaften des einen Vertragsteils wird im Gebiet des anderen Vertragsteils hinsichtlich des Zutritts zu den Gerichten und Verwaltungsgerichten sowie Amtsstellen aller Instanzen für die Verfolgung wie auch die Verteidigung ihrer Rechte Inländerbehandlung gewährt".*

Aber auch dort, wo eine staatsvertragliche Grundlage fehlt, ist das Prinzip regelmäßig Inhalt des autonomen Rechts. So ist es im deutschen internationalen Zivilprozessrecht unstreitig, dass Ausländer freien Zugang zu den Gerichten genießen[4].

So begrüßenswert dieser Grundsatz für den internationalen Rechtsverkehr ist, so darf doch nicht verkannt werden, dass der freie Zugang von Ausländern oder im Ausland Domizilierten zu inländischen

[1] Erstmals publiziert in FS zum 50. Bestehen des Institute of Comparative Law in Japan der Chuo University, 1998, S. 737 ff. (FS Chuo)

[2] Deutsch-türkisches Abkommen über den Rechtsverkehr in Zivil- und Handelssachen vom 28. Mai 1929, RGBl. 1930 II 6

[3] Deutsch-amerikanischer Freundschafts-, Handels- und Schiffahrtsvertrag vom 29. Oktober 1954, BGBl. 1956 II 48

[4] Vgl. Geimer, IZPR, Rdn. 129 ff., der einen allgemeinen völkerrechtlichen Grundsatz annimmt; Gottwald, Die Stellung des Ausländers im Prozess, in: Habscheid/Beys (Herausg.), Grundfragen des Zivilprozessrechts – Die internationale Dimension, 1991, S. 9 ff.; Schack, IZVR, Rdn. 527; Schütze, DIZPR, Rdn. 183; Stalev, Der Fremde im Zivilprozess. Der Grundsatz der lex fori und seine Durchbrechung, Zeitgenössische Fragen des internationalen Zivilverfahrensrechts, 1972, S. 31 ff. (33)

Gerichten Gefahren für den inländischen Beklagten birgt. Die Durchsetzung seines Kostenerstattungsanspruchs – wenn die lex fori einen solchen gewährt wie §§ 91 ff. ZPO im deutschen Recht – ist zumindest konzeptionell besonders gefährdet. Der Kostentitel muss regelmäßig im Ausland vollstreckt werden, was rechtlich – etwa weil der Staat, in dem der Kläger Wohnsitz oder Vermögen besitzt die Anerkennung und Vollstreckbarerklärung nicht zulässt – oder tatsächlich – etwa weil die Durchsetzung des Kostentitels wirtschaftlich sinnlos ist[5] – unmöglich sein kann.

Deshalb suchen viele Rechtsordnungen einen Weg zwischen Scylla und Charybdis, den Interessen des ausländischen Klägers am freien Zugang zu den Gerichten und den Interessen des inländischen Beklagten an der Sicherung seines Kostenerstattungsanspruchs im Falle seines Obsiegens. Zwar ist auch der Kostenerstattungsanspruch des Beklagten gegen einen inländischen Kläger im Falle von dessen Armut gelegentlich gefährdet[6], konzeptionell ist die Gefährdung aber bei einem im Ausland domizilierten Kläger größer.

I. Ratio der Ausländersicherheit

Der gesetzgeberische Zweck der cautio iudicatum solvi ist mehrfach:

1. Sicherung des Prozesskostenerstattungsanspruchs des siegreichen Beklagten

Der zuweilen einzige Zweck der Ausländersicherheit ist die Sicherung der Durchsetzung des Prozesskostenerstattungsanpruchs des siegreichen Beklagten. Er soll nicht darauf angewiesen sein, seinen An-

[5] Das ist beispielsweise regelmäßig im US-amerikanischen Recht der Fall, wo die – nicht erstattbaren – Kosten des Exequaturverfahrens die Durchsetzung von Kostentiteln regelmäßig wirtschaftlich sinnlos macht, vgl. Schütze, Urteilsanmerkung DZWir 1996, 324 ff. (326). Schon 1973 hat Weinschenk, Die Eintreibung kleiner Forderungen in den USA, AWD 1973, 131 ff. auf die wirtschaftliche Undurchsetzbarkeit von kleinen Forderungen – und hierum handelt es sich bei Kostentiteln in der Regel – wegen der american rule of costs hingewiesen. Vgl. dazu auch Schütze, Kostenerstattung und ordre public-Überlegungen zur deutsch-amerikanischen Urteilsanerkennung, FS Németh, 2003, S. 795 ff.

[6] Vgl. dazu Schütze, Cave pauperos, JZ 1995, 238

spruch gegen den Kläger möglicherweise im Ausland geltend machen zu müssen, was mit rechtlichen und tatsächlichen Schwierigkeiten verbunden ist. Diese Ratio herrscht vor in den Rechtsordnungen, die auf Wohnsitz oder gewöhnlichen Aufenthalt des Klägers außerhalb des Forumstaats abstellen[7] oder die Vermögen des Klägers im Forumstaat zur Befreiung von der Sicherheitsverpflichtung genügen lassen[8]. Denn dann, wenn der Kläger ausreichendes Vermögen im Forumstaat besitzt, ist der Kostenerstattungsanspruch des Beklagten nicht gefährdet. Er ist im Gegenteil sicherer als im Verfahren eines mittellosen inländischen Klägers.

2. Ausübung von Druck auf ausländische Staaten, inländische Staatsangehörige von der cautio iudicatum solvi zu befreien

Ein anderer gesetzgeberischer Zweck steht – zumindest auch – hinter der Ausländerkautionspflicht der Staaten, die auf die Staatsangehörigkeit abstellen, wie es das deutsche Recht bis zur Reform 1998 tat[9]. Wenn die Prozesskostensicherheit unabhängig von Wohnsitz und

[7] Das ist die Regel in den Rechtsordnungen des common law, z.B. Antigua und Barbuda (Rule 23 RSC), Bangla Desh (Order 25 CPC), Indien (Order 25 First Schedule zum CPC), Malaysia (Order 23 High Court Rules), Neuselland (Sect. 60 High Court Rules), Pakistan (Order 25 r. 1 (1) CPC), Singapur (Order 23 Rules of the Supreme Court). Auch das deutsche Recht ist seit der Reform 1998 vom Staatsangehörigkeits- zum Aufenthaltsprinzip übergegangen, vgl. Schütze, Zur Neuregelung der cautio iudicatum solvi in Deutschland, RIW 1999, 10 ff.

[8] Das ist beispielsweise der Fall in den französisch beeinflussten Rechtsordnungen wie Benin, Burkina Faso, Elfenbeinküste, Gabun, Guinea, Haiti, Kongo (Volksrepublik), Mali, Niger, Senegal, Togo; Nachweise bei Wieczorek/Schütze, ZPO, 3. Aufl., § 110, Rdn. 51; auch das deutsche Recht kennt seit der Reform 1998 nunmehr den Befreiungsgrund des ausreichenden Grundvermögens in § 110 Abs. 2 Nr. 3 ZPO.

[9] Vgl. dazu Bork/Schmidt-Parzefall, Zur Reformbedürftigkeit des § 110 ZPO. JZ 1994, 18 ff.; Danelzik, Sicherheitsleistung für die Prozesskosten, Diss. Bonn 1976; Heun, Ausländersicherheit für Prozesskosten, NJW 1969, 1374 ff.; Schneider, Die Sicherheitsleistung ausländischer Kläger für die Prozesskosten des Beklagten, JurBüro 1966, 447 ff.; Schütze, Zur Verbürgung der Gegenseitigkeit bei der Ausländersicherheit (§ 110 Abs. 2 Nr. 1 ZPO), JZ 1983, 383 ff.; ders., Die verkannte Funktion der Ausländersicherheit, IPRax 1990, 87 f.; ders., Die deutsche Rechtsprechung zu Verbürgung der Gegenseitigkeit bei der Ausländersicherheit (§ 110 Abs. 2 Nr. 1 ZPO), RIW 1992, 1026 ff.; Wolf, Rechtswidrigkeit der Ausländersicherheit nach EG- und Verfassungsrecht, RIW 1993, 797 ff.

Vermögen allein von der Staatsangehörigkeit abhängig gemacht wird, dann kann die Sicherung der Durchsetzung des Prozesskostenerstattungsanspruchs des Beklagten nicht der wesentliche Zweck der cautio iudicatum solvi sein. Der Erstattungsanspruch eines Beklagten in einem deutschen Zivilprozess gegen einen deutschen Kläger mit Wohnsitz in Argentinien ist sicherlich gefährdeter als der gegen die deutsche Niederlassung einer kalifornischen Bank. Nach deutschem Recht war vor 1998 im ersteren Fall aber keine Sicherheit zu leisten, dagegen war im zweiten Fall der Kläger sicherheitsverpflichtet, ohne dass irgendein Risiko für den Beklagten bestand[10].

Der Sinn des Instituts der Ausländerkaution ist es, Druck auf den ausländischen Staat auszuüben, inländische Staatsangehörige von der Ausländerkaution zu befreien[11]. Diesem System liegt der Gedanke der Gegenseitigkeit – der im internationalen Zivilprozessrecht noch immer einen hohen Stellenwert hat[12] – zugrunde.

II. Die Systeme der Ausländersicherheit

1. Freier Zugang zu den Gerichten

Zahlreiche Rechtsordnungen verzichten auf jede Art von Ausländersicherheit oder Sicherheitsleistung nicht im Forumstaat Domizilierter[13]. Es sind dies u.a. Ägypten, Afghanistan, Bhutan, Bolivien, Bulgarien, Chile, Costa Rica, Ecuador, Finnland, Frankreich, GUS-Staaten (ehemalige Sowjetunion); Honduras, Italien, Jemen, Kolumbien, Kuwait, Libanon, Liberia, Libyen, Marokko, Mexiko, Monaco, Panama, Peru, Portugal, Qatar, Saudi-Arabien, Tunesien, USA (nur Verfahren vor Bundesgerichten sowie Alabama, Idaho, Kansas, Kentucky, Maryland, Minnesota, Nebraska, New Hampshire, North Carolina, North Dakota, Oklahoma, Oregon), Vatikan, Zaire, Zentralafrikanische Republik.

[10] Vgl. OLG Frankfurt/Main, MDR 1973, 232

[11] Vgl. Bork/Schmidt-Parzefall, JZ 1994, 18 ff. (18 f.)

[12] Vgl. dazu Hepting, Die Gegenseitigkeit im internationalen Privatrecht und internationalen Zivilprozessrecht, Diss. München 1973; Schwantag, Gegenseitigkeit und „loi uniforme" in Abkommen zum internationalen Privat- und Prozessrecht, Diss. Freiburg/Brsg. 1976

[13] Vgl. für Nachweise, Wieczorek/Schütze (Schütze), § 110, Rdn. 51

Die Abwägung des Beklagtenschutzes und des freien Zugangs zu den Gerichten erfolgt zugunsten des letzteren. Die Anschauungen haben sich hier offenbar im Sinne dieser Interessenabwägung gewandelt. Das jedenfalls zeigt der internationale Trend. Rechtsordnungen, die früher die Ausländersicherheit kannten, haben sie beseitigt[14], teils aus verfassungsrechtlichen Gründen[15]. So hat der italienische Verfassungsgerichtshof die Ausländerkautionsregelung des italienischen Rechts für verfassungswidrig erklärt[16]. Auch in Deutschland sind teilweise verfassungsrechtliche Bedenken geltend gemacht worden[17].

Diesem System ähnlich ist die Regelung in den Rechtsordnungen, die keine allgemeine Prozesskostenerstattungspflicht kennen, wie dies in den USA nach der american rule of costs[18] der Fall ist. Das US-amerikanische Zivilprozessrecht kennt – von Ausnahmen abgesehen[19] – keine Verpflichtung zur Erstattung außergerichtlicher Kosten. Deshalb sehen die Bundesstaaten, die überhaupt eine Prozesskostensicherheit kennen, nur eine solche in Höhe der regelmäßig geringen Gerichtskosten und Auslagen vor. Vor den Bundesgerichten besteht ohnehin keine Verpflichtung zur Stellung einer Sicherheit[20]. Das

[14] So ist die früher in Frankreich bestehende Verpflichtung zur Stellung einer Ausländersicherheit im Rahmen einer Zivilprozessreform abgeschafft worden.

[15] Bis zur Entscheidung des italienischen Verfassungsgerichts sah Art. 97 cpc 1940 eine Verpflichtung des Klägers zur Stellung einer Sicherheit für den Fall vor, dass aufgrund der allgemeinen Vermögensverhältniss des Klägers zu befürchten war, dass die Durchsetzung des Kostenerstattungsanspruchs des Beklagten gefährdet war; vgl. Danelzik, Sicherheitsleistung für die Prozesskosten, S. 134 m.w.N.

[16] Vgl. Corte Costituzionale, Riv. Dir. Proc. 1961, 285. Das Reformgesetz vom 31. Mai 1995, das auch eine Regelung des internationalen Zivilprozessrechts enthält – dazu de Meo, Reform des italienischen internationalen Privatrechts, ZfRV 1996, 46 ff. – erwähnt die Ausländersicherheit nicht.

[17] So von Wolf, RIW 1993, 797 ff. mit der Begründung, dass das vor der Reform 1998 in § 110 ZPO enthaltene Gegenseitigkeitsrfordernis nicht mit dem Schutzzweck der Norm übereinstimmte.

[18] Vgl. dazu Hommelsheim, Kostentragung und -ausgleichung im amerikanischen Zivilprozess, Diss. Bonn 1990; Jestaedt, Erstattung von Anwaltskosten im US-Prozess?, RIW 1986, 95 ff.; Kerr/Kimmelmarm/Squires, Länderbericht USA, in: Piano, Economic Consequences of Litigation Worldwide, 1998, S. 385 ff. (401); Neufang, Kostenverteilung im US-amerikanischen Zivilprozess und Urteilsanerkennung in Deutschland, 2002, S. 31 ff.; Schack, Einführung in das US-amerikanische Zivilprozessrecht, 3. Aufl., 2003, S. 10 f.

[19] Vgl. dazu Jestaedt, RIW 1986, 95 ff.

[20] Vgl. Schütze, Zur Verbürgung der Gegenseitigkeit bei der Prozesskostensicherheit im deutsch-amerikanischen Verhältnis, RIW 1996, 479 f.

OLG Hamburg hat deshalb zu Recht die Verbürgung der Gegenseitigkeit i.S. von § 110 Abs. 2 Nr. 1 a.F. ZPO für die außergerichtlichen Kosten partiell bejaht[21].

2. Staatsangehörigkeitsprinzip

Das deutsche Recht stellte bis zur Reform 1998 auf die Staatsangehörigkeit ab, ohne auf die Beklagteninteressen Rücksicht zu nehmen. Der Grundsatz, dass deutsche Kläger nie, ausländische dagegen – soweit nicht ein Befreiungstatbestand vorliegt – immer Sicherheit zu leisten haben, war ein Relikt vergangener Zeit, das zunächst alle Zivilprozessreformen aus politischen Gründen überdauert hatte und über dessen Reformbedürftigkeit seit langem Einigkeit bestand[22]. Aber erst die Rechtsprechung des EuGH zur cautio iudicatum solvi[23] hat dann schliesslich 1998 zur Aufgabe des Staatsangehörigkeitsprinzips geführt.[24]

Das reine Staatsangehörigkeitsprinzip ist u.a. Gegenstand des algerischen[25], iranischen[26] und isländischen[27] Rechts.

3. Wohnsitzprinzip

Das Domizilprinzip stellt allein auf den Wohnsitz oder gewöhnlichen Aufenthalt des Klägers außerhalb des Forumstaates ab. Die Regelungen, denen dieser systematische Ansatz zugrunde liegt, tragen der konzeptionellen Gefährdung des Erstattungsanspruchs des Beklagten

[21] Vgl. OLG Hamburg DZWir 1996, 323 mit Anm. Schütze, ebenda 324 ff.

[22] Vgl. z.B. Bork/Schmidt-Parzefall, JZ 1994, 18 ff.; Schack, Internationales Zivilverfahrensrecht, 2. Aufl., 1996, S. 563; Schütze, Deutsches Internationales Zivilprozessrecht, 1. Aufl., 1985, S. 85

[23] Vgl. dazu Schütze, Die Rechtsprechung des EuGH zur Ausländerkaution – Luxemburg locuta causa finita, RIW 1998, 285 ff. m.w.N.

[24] Vgl. Schütze, RIW 1999, 10 ff.

[25] Vgl. Dilger, Die Sicherheitsleistung für die Prozesskosten in den arabischen Staaten, ZZP 85 (1972), 408 ff. (414 f.)

[26] Vgl. dazu BGH NJW 1981, 2645; WM 1982, 458; OLG Bremen NJW 1982, 2737

[27] Vgl. Stefánsson, Länderbericht Island, in: Geimer/Schütze, Internationaler Rechtsverkehr 1053.3

durch eine möglicherweise notwendige Vollstreckung im Ausland Rechnung. Dieses Prinzip wird insbesondere in den Rechtsordnungen des common law Prozesses favorisiert, u.a. in Antigua und Barbuda, Bangladesh, England, Indien, Malaysia, Neuseeland, Pakistan und Singapur und ist Gegenstand des deutschen Rechts seit der Reform 1998.

Das Domizilprinzip findet einen optimalen Ausgleich zwischen den Kläger- und den Beklagteninteressen. Es stellt den ausländischen Kläger dem inländischen gleich, verwirklicht also das Postulat des freien Zugangs zu den Gerichten. Es sichert aber den durch die möglicherweise notwendige Vollstreckung des Kostentitels im Ausland konzeptionell gefährdeten Erstattungsanspruch des Beklagten angemessen.

4. Reines Gefährdungsprinzip

Nur wenige Rechtsordnungen machen die Prozesskostensicherheit nicht von der ausländischen Staatsangehörigkeit oder dem ausländischen Wohnsitz oder gewöhnlichen Aufenthalt des Klägers, sondern allein von der Gefährdung des Erstattungsanspruchs des Beklagten abhängig. Dem reinen Gefährdungsprinzip folgen u.a. die Rechte Griechenlands[28] und Neuseelands[29].

Dieses System ist das wohl gerechteste. Es bringt den besten Ausgleich der Interessen der Parteien. Der Kläger hat freien Zugang zu den Gerichten. Er muss sich jedoch des Risikos erfolgloser Prozessführung bewusst sein. Der Kläger zahlt seinem eigenen Anwalt Vor-

[28] Die früher bestehende Verpflichtung zur Stellung einer Ausländersicherheit ist durch eine von der Staatsangehörigkeit unabhängige Prozesskostensicherheitsverpflichtung des Klägers bei Besorgnis der Fruchtlosigkeit der Durchsetzung eines etwaigen Prozesskostenerstattunganspruchs des siegreichen Beklagten ersetzt worden, vgl. Kerameus, Länderbericht Griechenland, in: Geimer/Schütze, Internationaler Rechtsverkehr, 1043. 7. Bei der Beurteilung können auch Wohnsitz oder Sitz des Klägers im Ausland als ein Kriterium berücksichtigt werden, vgl. Kollegialgericht 1. Instanz Thessaloniki, 16/1985, NoB 1985, 851

[29] Die Prozesskostensicherheitsverpflichtung in Rule 60 (1) lit. b der High Court Rules, 2nd Schedule zu Judicature Act 1908 ist unabhängig von Wohnsitz und Aufenthalt. Der ausländische gewöhnliche Aufenthalt des Klägers ist nur ein Indiz für die Gefährdung, vgl. Beck, Principles of Civil Procedure, 1992, S. 161ff.

schüsse. Er schießt die Gerichtskosten vor. Warum soll er eigentlich nicht einen Vorschuss für den Prozesskostenerstattungsanspruch des Beklagten, den er ja letztlich mit einem Prozess überzieht, leisten? Es erscheint unerträglich, dass der zu Unrecht verklagte Beklagte auch noch mit seinem Prozesskostenerstattungsanspruch ausfällt.

III. Befreiungen

Die Verpflichtung zur Stellung einer Prozesskostensicherheit wird durch zahlreiche Befreiungen durchbrochen.

1. Staatsvertragliche Befreiungen

a. Multilaterale und bilaterale Staatsverträge

Zahlreiche multilaterale und bilaterale Staatsverträge sehen eine Befreiung von der Prozesskostensicherheitspflicht vor. Von den multilateralen Staatsverträgen sind besonders bedeutsam:

Art. 17 *Haager Abkommen über den Zivilprozess* v. 17.7.1905
Art. 17 *Haager Übereinkommen über den Zivilprozess* v. 1.3.1954
Art. 9 *Abs. 2 Haager Übereinkommen über die Anerkennung und Vollstreckung von Entscheidungen auf dem Gebiet der Unterhaltspflicht gegenüber Kindern* v. 15.4.1958
Art. 16 *Haager Übereinkommen über die Anerkennung und Vollstreckung von Unterhaltsentscheidungen* v. 2.10.1973
Art. 9 *Abs. 2 UN-Übereinkommen über die Geltendmachung von Unterhaltsansprüchen im Ausland* v. 20.6.1956
Art. 9 *Abs. 2 Europäisches Niederlassungsübereinkommen* v. 13.12.1955

Grund und Korrelat für die Befreiung in den Haager Zivilprozessübereinkommen von 1905 und 1954 ist die Möglichkeit der Wirkungserstreckung von Kostentiteln des Beklagten gegen den unterlegenen Kläger im Ausland[30]. Die Regelungen in internationalen Unterhaltsübereinkommen bezwecken allein den Schutz des Unter-

[30] Vgl. Art. 18 der Übereinkommen

haltsgläubigers unter sträflicher Vernachlässigung der Interessen des Unterhaltsverpflichteten.

Bilaterale Staatsverträge Deutschlands mit Griechenland, Marokko, der Türkei, Großbritannien und den USA sichern auf der Basis der Gegenseitigkeit Freiheit von der Prozesskostensicherheitsverpflichtung[31].

b. Europäisches Zivilprozessrecht

Die Ausländerkaution ist mit dem EU-Vertrag unvereinbar[32]. Der EuGH hat zunächst entschieden, dass die Prozesskostensicherheitspflicht insoweit gegen Artt. 59, 60 EU-Vertrag verstößt, als ein ausländischer EU-Angehöriger einen Prozess als Dienstleistung führt[33]. Nachdem das OLG München die Ausländerkaution dann generell als einen Verstoß gegen Art. 7 EU-Vertrag angesehen hat[34], hat dann auch der EuGH allgemein die Ansicht vertreten, im Bereich der EU sei jegliche Verpflichtung zur Leistung einer Prozesskostensicherheit für EU-Kläger unzulässig[35].

Luxemburg locuta, causa finita!

[31] Vgl. im einzelnen Schütze, RIW 1999, 10 ff. (13)

[32] Vgl. zu der Problematik insbesondere Bork/Schmidt-Parzefall, JZ 1994, 18 ff.; Bungert, Sicherheitsleistung durch Ausländer und europäische Dienstleistungsfreiheit, iStR 1993, 481 ff.; ders., Prozesskostensicherheit durch ausländische Kapitalgesellschaften und die Diskriminierungsverbote des EWG-Vertrages, EWS 1993, 315 ff.; Kampf, Sicherheitsleistung für britische Staatsangehörige – Ein Beitrag zur Anwendbarkeit des § 110 ZPO, NJW 1990, 3054 ff.; Schütze Urteilsanmerkung, DZWir 1994, 22 f.; Wolf, Rechtswidrigkeit der Ausländersicherheit nach EG- und Verfassungsrecht, RIW 1993, 797 ff.; Zimmermann, Die Ausländersicherheit nach § 110 ZPO auf dem Prüfstand des Europäischen Gemeinschaftsrechts, RIW 1992, 707 ff.

[33] Vgl. EuGH Rs. C-20/92 – Anthony Hubbard v. Peter Hamburger, DZWir 1994, 21 mit Anm. Schütze RIW 1993, 855 und Besprechungsaufsatz Wolf, RIW 1993, 797 ff.; weiter Bungert, iStR 1993, 481 ff.

[34] Vgl. OLG München EuZW 1993, 199 = RIW 1993, 150; ebenso LG Münster RIW 1996, 965 für juristische Personen

[35] Vgl. für Nachweis Schütze, Die Rechtsprechung des EuGH zur Ausländerkaution – Luxemburg locuta causa finita, RIW 1998, 285 ff.

2. Befreiung für besondere Verfahrensarten

Zahlreiche Rechtsordnungen nehmen Verfahrensarten von der Ausländerkaution aus, bei denen ein Obsiegen des Klägers aufgrund der für diese Verfahrensart notwendigen Beweismittel wahrscheinlich ist. Dies sind im deutschen Recht z.B. Verfahren, die infolge einer öffentlichen Aufforderung angestellt werden (§ 110 Abs. 2 Nr. 5 ZPO).

Andere Rechte halten Kaufleute für nicht schutzwürdig. Wer sich am internationalen Handelsverkehr beteiligt muss damit rechnen, auch von ausländischen Geschäftspartnern verklagt zu werden. Deshalb nehmen die Rechte der Dominikanischen Republik[36] und Venezuelas[37] handelsrechtliche Klagen von der Prozesskostensicherheitsverpflichtung aus.

Das irakische[38] und das philippinische Recht[39] nehmen die 1. Instanz von der Sicherheitsverpflichtung aus. Der Kläger soll für eine Instanz uneingeschränkt freien Zugang zu den Gerichten haben. Für weitere Instanzen werden dann die Beklagteninteressen berücksichtigt.

In Jordanien ist nur für Verfahren vor den religiösen Gerichten Sicherheit zu leisten (Art. 95 SPG), nicht jedoch im Prozess vor den ordentlichen Gerichten[40].

In den USA ist in Verfahren vor den Bundesgerichten keine Ausländerkaution zu leisten[41], während in Verfahren vor den Staatsgerichten teilweise Sicherheit gefordert wird, die aber nur gering ist, da außergerichtliche Kosten nicht erstattungsfähig sind und deshalb nicht in den Betrag der Sicherheitsleistung einbezogen werden[42].

[36] Vgl. Langendorf, Prozessführung im Ausland und Mängelrüge im ausländischen Recht, Dominikanische Republik, S. 3 f.

[37] Vgl. IPG 1976 Nr. 45 (Hamburg); Rau, Zur Sicherheitsleistung für Prozesskosten nach venezolanischem Recht, RIW/AWD 1977, 339 ff.

[38] Vgl. Dilger, ZZP 85 (1972), 408 ff. (417 f.)

[39] Vgl. Rule 40 sect. 3 Rules of Court

[40] Vgl. Dilger, ZZP 85 (1972), 408 ff. (417 ff.)

[41] Vgl. Schack, Prozesskostensicherheit im Verhältnis Deutschland – USA, FS Schütze, 1999, S. 745ff. (748); Schütze, Zur Verbürgung der Gegenseitigkeit bei der Prozesskostensicherheit im deutsch-amerikanischen Verhältnis, RIW 1996, 479 f.

[42] Vgl. zu der Problematik Schütze, JZ 1983, 383 ff. (384 f.)

Eine Sonderstellung nimmt die Widerklage ein. Der Widerkläger hat das Forum nicht gewählt. Der Widerbeklagte hat ihn an seinem eigenen Forum verklagt. Deshalb ist es angemessen, den Widerkläger nicht mit der Prozesskostensicherheit zu belasten. Das ist die Regelung u.a im deutschen[43], polnischen[44] und argentinischen Recht[45].

3. Befreiung aus sozialen Gesichtspunkten

Nach deutschem Recht ist der arme Kläger, dem Prozesskostenhilfe (Armenrecht) bewilligt worden ist, von der Verpflichtung zur Stellung einer Prozesskostensicherheit befreit (§ 122 Abs. 1 Nr. 2 ZPO). Die Befreiung erfolgt in erster Linie aus sozialen Gesichtspunkten, aber auch um die Staatskasse zu schonen. Wäre der zur Prozesskostenhilfe Berechtigte prozesskostensicherheitspflichtig, dann müsste die Staatskasse die Sicherheitsleistung erbringen, um die Prozessführung der armen Partei zu ermöglichen. Welch besseren Grund könnte es für den Gesetzgeber geben?

Für die Befreiung sprechen neben der Entlastung der Staatskasse zwei praktische Gesichtspunkte. Einmal erfolgt im Verfahren der Gewährung von Prozesskostenhilfe eine Prüfung der Erfolgsaussichten der Klage (§ 114 ZPO), so dass jedenfalls mutwillige Klagen ausgeschlossen werden. Zum anderen ist der Prozesskostenerstattungsanspruch des obsiegenden Beklagten ohnehin gefährdet. Warum sollte der Gegner eines armen ausländischen Klägers besser stehen als der eines armen inländischen Klägers?

Aus sozialen Gründen erfolgt auch in einigen Rechtsordnungen, so der von El Salvador[46], eine Befreiung für arbeitrechtliche Klagen. Hier wird der Arbeitnehmer als der konzeptionell Schwächere und damit Schutzwürdige angesehen.

[43] § 110 Abs. 2 Nr. 4 ZPO

[44] Vgl. Gralla, Länderbericht Polen, in: Geimer/Schütze, Internationaler Rechtsverkehr, 1113. 7

[45] Vgl. Piltz, Länderbericht Argentinien, in: Geimer/Schütze, Internationaler Rechtsverkehr, 1009. 7

[46] Vgl. Langendorf, Prozessführung im Ausland und Mängelrüge im ausländischen Recht, El Salvador, S. 2 f.

4. Befreiung wegen mangelnder Gefährdung des Prozesskostenerstattungsanspruchs

Die Rechtsordnungen, die die Gefährdung des Prozesskostenerstattungsanspruchs des obsiegenden Beklagten als gesetzgeberischen Zweck der cautio iudicatum solvi ansehen, kennen regelmäßig den Befreiungstatbestand der mangelnden Gefährdung des Prozesskostenerstattungsanspruchs.

Konzeptionell gilt der Prozesskostenerstattungsanspruch in folgenden Fällen als gesichert:

a. Unbestrittenheit eines dem Kostenerstattungsanspruch entsprechenden Teils des Klaganspruchs

Das koreanische[47] und taiwanesische[48] Recht befreien den ausländischen Kläger von seiner Prozesskostensicherheitspflicht, wenn ein dem Kostenerstattungsanspruch entsprechender Teil der Klagforderung unbestritten ist. Hier ist jedenfalls eine Aufrechnungslage gegeben, die den Beklagten voll absichert.

b. Hinreichendes inländisches Grundvermögen

Immobilien lassen sich nicht außer Landes schaffen. Auch das Versilbern braucht Zeit. Grundvermögen zeigt eine gewisse Bindung an den Belegenheitsstaat. Deshalb lassen zahlreiche Rechtsordnungen Grundvermögen, dessen Wert den Kostenerstattungsanspruch deckt, als Befreiungstatbestand genügen. Das ist z.B. der Fall in den Rechten[49] von Äthiopien, Algerien, Argentinien, Benin, Brasilien, Burkina Faso, Dominikanische Republik, Elfenbeinküste, El Salvador, Gabun, Guinea, Kongo (Volksrepublik), Luxemburg, Madagaskar, Mali, Niger, Ruanda, Senegal, Togo und Uruguay. Auch das deutsche Recht befreit von der Verpflichtung zur Stellung einer Prozesskostensicherheit bei hinreichendem inländischen Grundvermögen oder dinglich gesicherten Forderungen[50].

[47] Art. 117 Abs. 2 koreanisches ZPG
[48] Art. 96 taiwan. ZPO
[49] Vgl. für Nachweise Wieczorek/Schütze (Schütze), § 110, Rdn. 51
[50] § 110 Abs. 2 Nr. 3 ZPO

c. Ausreichendes inländisches Vermögen

Zur Deckung des Kostenerstattungsanspruchs ausreichendes inländisches Vermögen – ohne Begrenzung auf Immobilien – lassen als Befreiungstatbestand genügen[51]: Andorra, Burma (bei weiblichen Klägern), Haiti, Liechtenstein, Polen und Venezuela.

5. Befreiung bei verbürgter Gegenseitigkeit

Ohne Rücksicht auf die Beklagteninteressen lassen zahlreiche Rechtsordnungen die verbürgte Gegenseitigkeit als Befreiungsgrund ausreichen. Diese Rechte verfolgen das Ziel, dass eigene Staatsangehörige vor ausländischen Gerichten von der Ausländerkaution befreit werden. Das Gegenseitigkeitsprinzip findet sich u.a. in Dänemark[52], Guatemala[53], Island[54], Polen[55], Tschechien[56] und Ungarn[57]. Auch das deutsche Recht kannte bis zur Reform 1998 die verbürgte Gegenseitigkeit als Befreiungsgrund in § 110 Abs. 2 Nr. 1 a.F. ZPO.

Mit Retorsionscharakter ist das Gegenseitigkeitserfordernis im Recht der VR China ausgestaltet[58]. Grundsätzlich wird keine Ausländerkaution gefordert. Diese kann aber auferlegt werden, wenn der ausländische Staat Sicherheit von chinesischen Klägern fordert.

[51] Vgl. für Nachweise Wieczorek/Schütze (Schütze), § 110, Rdn. 51

[52] Vgl. Jaspers, Länderbericht Dänemark, in: Geimer/Schütze, Internationaler Rechtsverkehr, 1031. 11

[53] Vgl. Aguirre Godoy, Länderbericht Guatemala, in: Kos-Rabcewicz-Zubkowski, Cooperación Interamericana en los Procedimientos Civiles y Mercantiles, 1982, S. 439

[54] Vgl. Stefánsson, Länderbericht Island, in: Geimer/Schütze, Internationaler Rechtsverkehr, 1053. 3

[55] Vgl. Gralla, Länderbericht Polen, in: Geimer/Schütze, Internationaler Rechtsverkehr, 1113. 7

[56] Vgl. Wünsch, Länderbericht Tschechische Republik, in: Geimer/Schütze, Internationaler Rechtsverkehr, 1145. 4f.

[57] Vgl. Kengyel, Länderbericht Ungarn, in: Geimer/Schütze, Internationaler Rechtsverkehr, 1151. 5

[58] Vgl. Schütze, in: Horn/Schütze, Wirtschaftsrechgt und Aussenwirtschaftsverkehr der Volksrepublik China, 1987, S. 322; von Senger, Internationales Privat- und Zivilverfahrensrecht der Volksrepublik China, 1994, S. 496

Ähnliche Regelungen der abgestuften Gegenseitigkeit findet sich im Recht Cubas[59] und – fand sich bis 2000 auch in Spanien[60].

6. Befreiung bei Durchsetzbarkeit des Kostentitels im Staat des Klägers

Das Korrelat für die Befreiung von der Ausländerkaution in Art. 17 der Haager Zivilprozessübereinkommen ist die in Art. 18 dieser Konventionen statuierte Verpflichtung der Vertragsstaaten, Kostentitel gegen den von der Sicherheitsleistung befreiten Kläger oder Intervenienten anzuerkennen und für vollstreckbar zu erklären. Dieses System entspricht auch dem deutschen Recht seit der Reform 1998, allerdings mit der Beschränkung, dass nur die Durchsetzbarkeit des Kostentitels aufgrund völkerrechtlicher Verträge befreiend wirkt[61].

IV. Fazit

1. Rechtfertigung der Prozesskostensicherheitspflicht

Die cautio iudicatum solvi ist rechtssystematisch mit dem Kostenerstattungsanspruch des obsiegenden Beklagten verknüpft. Rechtsordnungen, die dem Kläger eine vom Prozesskostenrisiko unabhängige Klageerhebung ermöglichen, das Interesse des zu Unrecht mit einer Klage überzogenen Beklagten gering achten und mutwillige Klagen in Kauf nehmen – wie das im US-amerikanischen Recht der Fall ist – kennen keine umfassende Prozesskostensicherheitsverpflichtung. Mangels Kostenerstattungspflicht fehlt hierfür die Grundlage.

Auch die Rechtsordnungen, die dem freien Zugang zu den Gerichten einen so hohen Stellenwert beimessen, dass sie die Beklagteninteressen dahinter zurücktreten lassen, kennen die Ausländerkaution nicht.

59 Vgl. Art. 533 LEC

60 Vgl. Aguilar, La cutio iudicatum solvi en derecho espanol, REDI 1971, 353ff.; Schütze/Karl, Länderbericht Spanien, in: Geimer/Schütze, Internationaler Rechtsverkehr, 1130. 12f.

61 § 110 Abs. 2 Nr. 2 ZPO; dazu Schütze, Zur Befreiung ausländischer Kläger von der Prozesskostensicherheitspflicht nach § 110 Abs. 2 Nr. 2 ZPO, RIW 2002, 299 ff.

Alle anderen Rechte fordern eine Prozesskostensicherheit des ausländischen, im Ausland domizilierten oder vermögenslosen Klägers in der einen oder der anderen Form. Es ist ein Postulat der prozessualen Gerechtigkeit, dass der obsiegende Beklagte nicht nur einen Prozesskostenerstattungsanspruch gegen den Kläger, der ihn zu Unrecht mit einer Klage überzogen hat, erhält, sondern, dass dieser Anspruch auch durchsetzbar ist. Die Verpflichtung zur Stellung einer Prozesskostensicherheit rechtfertigt sich aus diesem notwendigen Schutz der Beklagteninteressen.

Unzulänglich ist das System, das allein auf die Staatsangehörigkeit abstellt. Es sichert den Beklagten nur rein zufällig, bevorzugt im Übrigen in chauvinistischer Weise Inländer.

Brauchbarer sind die Systeme – wie der common law Prozess und die deutsche Regelung seit der Reform 1998 –, die auf den Wohnsitz oder gewöhnlichen Aufenthalt des Klägers außerhalb des Forumstaates abstellen. Sie tragen jedenfalls der konzeptionellen Gefährdung des Kostenerstattungsanspruchs des Beklagten Rechnung.

Das optimale System ist das griechische, das die Sicherheitsleistung allein von der Besorgnis der Durchsetzbarkeit des Kostenerstattungsanspruchs abhängig macht. Allein dieses System trägt dem Gerechtigkeitspostulat Rechnung. Der Beklagte, der schon die Bürde eines zu Unrecht gegen ihn geführten Prozesses zu tragen hat, darf nicht noch auf seinen Kosten „sitzen bleiben“.

2. Rechtfertigung der Befreiung von der Prozesskostensicherheitspflicht

Ungeeignet sind Befreiungen, die nicht an das Interesse des Beklagten anknüpfen, wie das der Gegenseitigkeit im deutschen und zahlreichen anderen Rechten. Denn für den Beklagten ist es völlig unerheblich, ob die Gegenseitigkeit zu dem Staat verbürgt ist dem der Kläger angehört. Der Prozesskostenerstattungsanspruch ist nicht deshalb besser durchzusetzen, weil die Gegenseitigkeit verbürgt ist.

Ungeeignet ist auch das Abstellen auf die Möglichkeit der Anerkennung und Vollstreckbarerklärung des Kostentitels im Klägerstaat, auch wenn die Durchsetzbarkeit aufgrund staatsvertraglicher Vereinbarungen gesichert ist wie nach § 110 Abs. 2 Nr. 2 ZPO im deutschen Recht. Da die Kostentitel häufig nicht über hohe Beträge lauten, sind die Aufwendungen für die Durchsetzung derartiger Titel regelmäßig unangemessen hoch. So kann ein deutscher Kostentitel zwar in den meisten US-Staaten anerkannt und für vollstreckbar erklärt werden. Da aber im Verfahren der action upon the foreign judgment keine Kostenerstattung stattfindet, muss der Gläubiger eines österreichischen Kostentitels u.U. mehr für das Vollstreckbarerklärungsverfahren aufwenden als er günstigstenfalls aus der Vollstreckung erhält[62].

Geeignet erscheinen alle Befreiungen, die auf die Sicherung des Kostenerstattungsanspruchs abstellen, also hinreichendes Vermögen – insbesondere Immobilien – im Inland oder die Unbestrittenheit eines dem Kostenerstattungsanspruch entsprechenden Teils der Klagforderung fordern.

Auch die Ausnehmung bestimmter Klagarten, bei denen ein Obsiegen wahrscheinlich erscheint (z.B. Wechsel- und Scheckprozess) oder bei denen der Kläger das Forum nicht gewählt hat (z.B. Klagen aufgrund öffentlicher Aufforderung) erscheinen angemessen. Dagegen ist die Befreiung handelsrechtlicher Klagen nicht gerechtfertigt. Kaufleute sind genau so schutzwürdig wie Privatpersonen.

Auch die Befreiungen aus sozialen Gründen erscheinen zweifelhaft. Warum soll der Beklagte eigentlich darunter leiden, von einer armen Partei verklagt zu werden? Wenn der Staat mit guten Gründen auch der armen Partei die Prozessführung ermöglichen will (und aus rechtsstaatlichen Gründen muss), dann aber nicht auf Kosten des Beklagten. Der Staat muss konsequent sein und auch den Kostenerstattungsanspruch des Beklagten sichern.

Rechtsvergleichend zeigt die cautio iudicatum solvi ein diffuses Bild. Die Tendenz scheint immer mehr zu einer Vernachlässigung der Interessen des Beklagten zu gehen. Rechtsordnungen, die eine gerechte Interessenabwägung vornehmen – wie die griechische – sind leider die Ausnahme.

62 Vgl. Schütze, FS Németh, S. 795 ff.

8. Zur Neuregelung der cautio iudicatum solvi in Deutschland[1]

I. Einleitung

Ein Strich des Gesetzgebers und ganze Bibliotheken werden zu Makulatur. Diese Feststellung Kirchmanns in seinem Vortrag von der Wertlosigkeit der Jurisprudenz als Wissenschaft[2] scheint durch das Dritte Gesetz zur Änderung des Rechtspflegergesetzes und anderer Gesetze vom 6.8.1998[3] wieder einmal bestätigt zu werden.

Im Anschluss[4] an die Rechtsprechung des EuGH[5] zur Ausländersicherheit im Bereich der EU[6] hat der deutsche Gesetzgeber die Prozesskostensicherheit für Kläger mit gewöhnlichem Aufenthalt in der EU und dem EWR abgeschafft. Das wäre allein nicht weiter bemerkenswert. Aber darüber hinaus hat die Novellierung des § 110 ZPO einen grundlegenden Wandel in der Konzeption der Sicherheitsleistung nach § 110 ZPO gebracht: die Abkehr vom Staatsangehörigkeitsgrundsatz und die Einführung des Aufenthaltsprinzips. Damit ist das Ärgernis der chauvinistischen Bevorzugung deutscher Kläger endlich beseitigt[7].

[1] Erstmals publiziert in: RIW 1999, 10 ff.

[2] Das vollständige Zitat lautet: *„Drei berichtigende Worte des Gesetzgebers und ganze Bibliotheken werden zu Makulatur"*.

[3] BGBl. 1998 I 2030

[4] Vgl. für diese gesetzgeberische Motivation BTDrucks. 13/10871, 13 ff.

[5] Vgl. EuGH Rs., C-20/92 – Antony Hubbard v. Peter Hamburger, DZWir 1994, 21 mit Anm. Schütze = RIW 1983, 855 mit Besprechungsaufsatz Wolf, Rechtswidrigkeit der Ausländersicherheit nach § 110 ZPO nach EG- und Verfassungsrecht, RIW 1993, 797 ff.; weiter Bungert, Sicherheitsleistung durch Ausländer und europäische Dienstleistungsfreiheit – zum Urteil des EuGH v. 1.7.1993, IstR 1993, 481; EuGH Rs. C-43/95 – Data Delecta Aktiebolag u. Ronny Forsberg v. MSL Dynamics Ltd. – EWS 1996, 399 mit Anm. Mankowski, EwiR § 110 1/96, 1151 ff.; EuGH Rs. C323/95 – Hayes v. Kronenberger GmbH i.L. – RIW 1997, 419; EuGH Rs. C-122/96 – Stephen Austin Saldanha u. MTS Securities Corporation v. Hiross Holding AG, EuZW 1997, 689

[6] Vgl. Schütze, Die Rechtsprechung des EuGH zur Ausländerkaution – Luxemburg locuta causa finita, RIW 1998, 285 ff.

[7] Vgl. schon von Bar, Theorie und Praxis des internationalen Privatrechts, Bd. II, 1889, S. 394; in neuerer Zeit insbes. Gottwald, Der Ausländer im Prozess,

Die Verbürgung der Gegenseitigkeit, die ganze Bibliotheken füllte[8], hat keine Bedeutung mehr. Die reiche Rechtsprechung und Literatur, die sich hierzu entwickelt haben, sind zu Rechtsgeschichte geworden.

II. Das Aufenthaltsprinzip

Mit dem Wechsel vom Staatsangehörigkeits- zum Aufenthaltsprinzip ist eine rechtspolitische Fehlentscheidung beseitigt. Die wesentliche Funktion der Prozesskostensicherheit, die Durchsetzung des Kostenerstattungsanspruchs des obsiegenden Beklagten gegen den Kläger zu sichern, ist durch das Aufenthaltsprinzip besser gewährleistet als durch das Staatsangehörigkeitsprinzip, das auch deutsche Kläger aus dem sicheren Ausland fröhlich und risikolos im Inland prozessieren ließ[9]. Das Aufenthaltsprinzip entspricht der Lösung in den Common-law-Rechtsordnungen[10].

1. Bestimmung des Aufenthaltsortes

Der gewöhnliche Aufenthaltsort ist nach deutschem Recht nach dem Prinzip der lex fori zu bestimmen. Es gelten die zu § 606 ZPO und anderen deutschen Gesetzen entwickelten Grundsätze[11]. Verlegt der Kläger nach Klageerhebung seinen gewöhnlichen Aufenthalt in einen Staat außerhalb des Territoriums der EU oder des EWR, so wird die Verpflichtung zur Leistung einer Prozesssicherheitsleistung – und zwar auch für die bereits abgeschlossene und die laufende Instanz –

in: Habscheid/Beys (Herausg.), 1991, S. 3ff. (43ff.); Nagel/Gottwald, IZPR, § 4, Rdn. 62; Schütze, DIZPR, Rdn. 244

8 Vgl. für Nachweise Schütze, Zur Verbürgung der Gegenseitigkeit bei der Ausländersicherheit (§ 110 Abs. 2 Nr. 1 ZPO), JZ 1983, 383 ff.

9 Vgl. für einige krasse Beispiele Schütze, Deutsches Internationales Zivilprozessrecht, 1. Aufl., 1985, S. 85

10 Vgl. z.B. die Regelungen in Antigua und Barbuda (Rule 23 RSC); Bangla Desh (Rule 25 CPC), Indien (Order 25 First Schedule zum CPC), Malaysia (Order 23 High Court Rules), Pakistan (Order 25 r. 1 (1) CPC) und Singapur (Order 25 RSC)

11 Vgl. zu den verschiedenen Regelungen und der Notwendigkeit einer einheitlichen Bestimmung des gewöhnlichen Aufenthalts Wieczorek/Schütze (Becker-Eberhardt), ZPO, 3. Aufl., § 606, Rdn. 44

zu diesem Zeitpunkt ausgelöst. Bei juristischen Personen ist auf den Verwaltungssitz abzustellen.

2. Das ausgenommene Gebiet

Nicht prozesskostensicherheitspflichtig sind Kläger mit gewöhnlichem Aufenthalt in einem EU- oder EWR-Staat. Das sind:

Belgien	EU und EWR
Dänemark	EU und EWR
Deutschland	EU und EWR
Estland	EU und EWR
Finnland	EU und EWR
Frankreich	EU und EWR
Griechenland	EU und EWR
Irland	EU und EWR
Island	EWR
Italien	EU und EWR
Lettland	EU und EWR
Liechtenstein	EWR
Litauen	EU und EWR
Luxemburg	EU und EWR
Malta	EU und EWR
Niederlande	EU und EWR
Norwegen	EWR
Österreich	EU und EWR
Polen	EU und EWR
Portugal	EU und EWR
Schweden	EU und EWR
Slowakei	EU und EWR
Slowenien	EU und EWR
Spanien	EU und EWR
Tschechische Republik	EU und EWR
Ungarn	EU und EWR
Vereinigtes Königreich	EU und EWR
Zypern	EU und EWR

Keine Sonderstellung nimmt Andorra (mehr) ein. 1993 ist der Status als Kondominium des Bischofs von Urgel und des französischen

Staatspräsidenten beendet worden. Andorra ist unabhängig[12] und nicht Mitgliedstaat der EU oder des EWR. Es besteht insoweit keine Befreiung von der Sicherheitsleistung.

3. Bedeutungslosigkeit der Staatsangehörigkeit

Auf die Staatsangehörigkeit der Parteien kommt es nicht an. Auch der deutsche Kläger mit Wohnsitz in Chicago ist prozesskostensicherheitspflichtig. Die unglückliche Regelung für Staatenlose in § 110 Abs. 1 Satz 2 ZPO a.F. konnte deshalb wegfallen.

III. Die Befreiungstatbestände des § 110 Abs. 2 ZPO

Mit der Aufgabe des Staatsangehörigkeitsprinzips ist auch der Katalog der Befreiungstatbestände in § 110 Abs. 2 ZPO völlig neu gefasst worden. Geblieben sind die bisher in § 110 ZPO nicht besonders geregelten originären Befreiungen aufgrund staatsvertraglicher Vereinbarung (jetzt Abs. 2 Nr. 1). Diese Selbstverständlichkeit ist nur zur Klarheit in § 110 ZPO aufgenommen worden[13]. Daneben sind geblieben die Befreiungen für Widerkläger und solche, die Klagen aufgrund öffentlicher Aufforderung erheben.

Neu sind die Befreiungen für Kläger aus Staaten, die deutsche Kostentitel anerkennen und für vollstreckbar erklären (jetzt Abs. 2 Nr. 2), und für Kläger mit zur Deckung der Prozesskosten ausreichendem inländischen Grundvermögen (jetzt Abs. 2 Nr. 3).

Weggefallen sind die Befreiung für Urkunds- und Wechselkläger und für Kläger aus Rechten, die im Grundbuch eingetragen sind. Die Begründung für die Regelungen der bisherigen Nr. 2 und 5 des Abs. 2 – nämlich die Wahrscheinlichkeit des Obsiegens – wurde als nicht überzeugend angesehen.

Unberührt von der Neuregelung ist die Befreiung nach § 122 Abs. 1 Nr. 2 ZPO für die Kläger, denen Prozesskostenhilfe gewährt worden

12 Andorra ist am 28.7.1993 als 184. Mitglied in den UNO aufgenommen worden.

13 Vgl. Begründung BTDrucks. 13/10871, 13 ff. (13)

ist. Das ist bedauerlich. Denn die Regelung ist verfassungsrechtlich bedenklich. Sie stellt den Beklagten einer armen, außerhalb der EU oder des EWR gewöhnlich sich aufhaltenden Partei schlechter als den Beklagten in einem sonstigen Prozess, obwohl § 123 ZPO anordnet, dass der Kostenerstattungsanspruch unberührt bleibt[14]. Die Gewährung von Armenrecht im Ausland löst die Rechtsfolge des § 122 Abs. 1 Nr. 2 ZPO nicht aus, soweit nicht Staatsverträge etwas anderes anordnen[15].

1. Die staatsvertragliche Befreiung (§ 110 Abs. 2 Nr. 1 ZPO)

Zahlreiche Rechtshilfeverträge sehen die Befreiung des Klägers oder Intervenienten von der Verpflichtung zur Prozesskostensicherheit vor, wobei teils auf die Staatsangehörigkeit, teils zusätzlich auf Wohnsitz und Aufenthalt abgestellt wird. Da die Befreiungen unterschiedliche Voraussetzungen haben und sich teilweise überschneiden, müssen sie kumulativ geprüft werden. Eine Ausnahme bilden das deutsch-britische Rechtshilfeabkommen von 1928[16] und der deutsch-amerikanische Freundschafts-, Handels- und Schifffahrtsvertrag vom 29.10.1954[17], die ihre Bedeutung für die Sicherheitsleistung verloren haben[18].

a. Art. 17 Haager Zivilprozessabkommen vom 17.7.1905[19]

„Keine Sicherheitsleistung oder Hinterlegung, unter welcher Benennung es auch sei, darf den Angehörigen eines der Vertragsstaaten, die in einem dieser Staaten ihren Wohnsitz haben und vor den Gerichten eines anderen dieser Staaten als Kläger oder Intervenienten auftreten, wegen ihrer Eigenschaft als Ausländer oder wegen Mangels eines inländischen Wohnsitzes oder Aufenthalts auferlegt werden.

[14] Vgl. dazu Schütze, Cave pauperos, JZ 1985, 238; Wieczorek/Schütze (Schütze), § 110. Rdn. 45

[15] Vgl. Wieczorek/Schütze (Schütze), § 110, Rdn. 45

[16] Deutsch-britischen Abkommen über den Rechtsverkehr v. 20.3.1928, RGBl. 1928 II, 623; dazu Geimer/Schütze (Bülow), Internationaler Rechtsverkehr, 520. 1 ff.

[17] BGBl. 1956 II 487

[18] Vgl. dazu unten sub III (1) lit. j und k

[19] RGBl. 1909, 409

Die gleiche Regel findet Anwendung auf die Vorauszahlung, die von den Klägern oder Intervenienten zur Deckung der Gerichtskosten einzufordern wäre.

Die Abkommen, wodurch etwa Vertragsstaaten für ihre Angehörigen ohne Rücksicht auf den Wohnsitz Befreiung von der Sicherheitsleistung für die Prozesskosten oder von der Vorauszahlung der Gerichtskosen vereinbart haben, finden auch weiter Anwendung".

Das Haager Zivilprozessabkommen gilt im Verhältnis zu Estland und Island.

b. Art. 17 Haager Zivilprozessübereinkommen vom 1.3.1954[20]

„Den Angehörigen eines der Vertragsstaaten, die in einem dieser Staaten ihren Wohnsitz haben und vor den Gerichten eines anderen dieser Staaten als Kläger oder Intervenienten auftreten, darf wegen ihrer Eigenschaft als Ausländer oder wegen Fehlens eines inländischen Wohnsitzes oder Aufenthalts eine Sicherheitsleistung oder Hinterlegung, unter welcher Bezeichnung es auch sei, nicht auferlegt werden.

Das gleiche gilt für Vorschüsse, die zur Deckung der Gerichtskosten von den Klägern oder Intervenienten einzufordern wären.

Die Abkommen, durch die Vertragsstaaten für ihre Angehörigen ohne Rücksicht auf den Wohnsitz Befreiung von der Sicherheitsleistung für die Prozesskosten oder von der Zahlung von Vorschüssen zur Deckung der Gerichtskosten vereinbart haben, sind weiter anzuwenden".

Das Haager Zivilprozessübereinkommen gilt im Verhältnis[21] zu Ägypten, Argentinien, Armenien, Belarus, Belgien, Bosnien-Herzegowina, Dänemark, Finnland, Frankreich, Georgien, Israel, Italien, Japan, Jugoslawien (ehemaliges), Kasachstan, Kirgistan, Kroatien, Lettland, Libanon, Luxemburg, Marokko, Mazedonien (ehemalige jugoslawische Republik), Moldau, Niederlande, Norwegen, Österreich, Polen, Portugal, Rumänien, Russische Föderation, Schweden,

[20] BGBl. 1958 II 576, abgedruckt und kommentiert bei Geimer/Schütze, Internationaler Rechtsverkehr, 100. 1 ff.

[21] Vgl. für Nachweise Schütze, RV, Rdn. 163 ff.

Schweiz, Serbien-Montenegro, Slowakei, Slowenien, Sowjetunion (ehemalige), Spanien, Surinam, Tschechische Republik, Tschechoslowakei (ehemalige), Türkei, Ukraine, Ungarn, Usbekistan, Vatikanstadt.

c. Art. 9 Abs. 2 Haager Unterhaltsvollstreckungsübereinkommen vom 15.4.1958[22]

„Ist einer Partei in dem Staat, in dem die Entscheidung ergangen ist, das Armenrecht gewährt worden, so genießt sie es auch in dem Verfahren, durch das die Vollstreckung der Entscheidung erwirkt werden soll.

In den in diesem Übereinkommen vorgesehenen Verfahren braucht für die Prozesskosten keine Sicherheit geleistet zu werden ..."

Das Übereinkommen gilt im Verhältnis zu Belgien, Dänemark, Finnland, Frankreich, Italien, Liechtenstein, Niederlande, Norwegen, Österreich, Portugal, Schweden, Schweiz, Slowakei, Spanien, Surinam, Tschechische Republik, Tschechoslowakei (ehemalige), Türkei, Ungarn.

d. Art. 16 Haager Unterhaltsvollstreckungsübereinkommen vom 2.10.1973[23]

„In den durch das Übereinkommen erfassten Verfahren braucht für die Zahlung der Verfahrenskosten keine Sicherheit oder Hinterlegung, unter welcher Bezeichnung auch immer, geleistet zu werden."

Das Übereinkommen eilt im Verhältnis zu[24] Dänemark, Finnland, Frankreich, Italien, Luxemburg, Niederlande, Norwegen, Polen, Portugal, Schweden, Schweiz, Slowakei, Spanien, Tschechische Republik, Tschechoslowakei (ehemalige), Türkei, Vereinigtes Königreich.

[22] BGBl. 1961 II 1005

[23] BGBl. 1986 II 825

[24] Vgl. zum Geltungsbereich auch Geimer/Schütze, Internationaler Rechtsverkehr, 795. 189

e. Art. 9 Abs. 2 UN-Übereinkommen über die Geltendmachung von Unterhaltsansprüchen im Ausland vom 20.6.1956[25]

„Die Berechtigten sind nicht verpflichtet, wegen ihrer Eigenschaft als Ausländer oder wegen Fehlens eines inländischen Aufenthalts als Sicherheit für die Prozesskosten oder andere Zwecke eine Garantieerklärung beizubringen oder Zahlungen oder Hinterlegungen vorzunehmen.“

Das Übereinkommen gilt im Verhältnis zu Algerien, Argentinien, Australien, Barbados, Belarus, Belgien, Bosnien-Herzegowina, Brasilien, Burkina Faso, Chile, China (Taiwan), Dänemark, Ecuador, Estland, Finnland, Frankreich, Griechenland, Guatemala, Haiti, Heiliger Stuhl, Irland, Israel, Italien, Jugoslawien (ehemaliges), Kap Verde, Kroatien, Luxemburg, Marokko, Mazedonien, Mexiko, Monaco, Neuseeland, Niederlande, Niger, Norwegen, Osterreich, Pakistan, Philippinen, Polen, Portugal, Rumänien, Schweden, Slowakei, Slowenien, Spanien, Sri Lanka, Surinam, Tschechische Republik, Tschechoslowakei (ehemalige), Tunesien, Türkei, Ungarn, Uruguay, Vereinigtes Königreich, Zentralafrikanische Republik, Zypern.

f. Art. 9 Abs. 1 Europäisches Niederlassungsübereinkommen[26]

„Staatsangehörigen eines Vertragsstaates, die ihren Wohnsitz oder gewöhnlichen Aufenthalt im Gebiet eines der anderen Vertragsstaaten haben und die vor den Gerichten eines der Vertragsstaaten als Kläger oder sonstige Verfahrensbeteiligte auftreten, darf keine Sicherheitsleistung oder Hinterlegung, wie auch immer sie bezeichnet sein mag, deshalb auferlegt werden, weil sie Ausländer sind oder keinen Wohnsitz oder Aufenthalt im Inland haben.“

Das Übereinkommen gilt im Verhältnis zu Belgien, Dänemark, Griechenland, Irland, Italien, Luxemburg, Niederlande, Norwegen, Schweden, Türkei, Vereinigtes Königreich.

[25] BGBl. 1959 II 149
[26] BGBl. 1959 II 997

g. Art. 15 Deutsch-griechisches Rechtshilfeabkommen vom 11.5.1938[27]

„1. Den Angehörigen des einen Staates, die vor den Gerichten des anderen Staates als Kläger oder Intervenienten auftreten, darf wegen ihrer Eigenschaft als Ausländer oder wegen Mangels eines inländischen Wohnsitzes oder Aufenthalts keine Sicherheitsleistung oder Hinterlegung, unter welcher Benennung es auch sei, auferlegt werden.

2. Das gleiche gilt für die Vorauszahlung, die von den Klägern oder Intervenienten zur Deckung der Gerichtskosten anzufordern wäre."

h. Art. 14 Deutsch-marokkanischer Rechtshilfe- und Rechtsauskunftsvertrag vom 29.10.1985[28]

„Die Staatsangehörigen eines der beiden Staaten, die vor den Gerichten in Zivil- und Handelssachen des anderen Staates als Kläger oder Intervenienten auftreten, sind von der Sicherheitsleistung für die Prozesskosten auch dann befreit, wenn sie ihren Wohnsitz oder gewöhnlichen Aufenthalt nicht in einem der beiden Staaten haben".

i. Art. 2 Deutsch-türkisches Abkommen über den Rechtsverkehr vom 28.5.1929[29]

„1. Keine Sicherheitsleistung oder Hinterlegung, unter welcher Benennung es auch sei, darf den in einem der beiden Länder ansässigen Angehörigen des einen Staates, die vor den Gerichten des anderen Staates als Kläger oder Intervenienten auftreten, wegen ihrer Eigenschaft als Ausländer oder mangels eines inländischen Wohnsitzes oder Aufenthalts auferlegt werden.

2. Das gleiche gilt für die Vorauszahlung, die von den Klägern oder Intervenienten zur Deckung der Gerichtskosten einzufordern wäre."

[27] RGBl. 1939 II 848
[28] BGBl. 1988 II 1054
[29] RGBl. 1930 II 6

j. Art. 14 Deutsch-britisches Abkommen über den Rechtsverkehr vom 20.3.1928[30]

„Die Angehörigen des einen vertragsschließenden Teiles sollen in dem Gebiete des anderen Teiles, auf das das Abkommen Anwendung findet, völlig gleiche Behandlung hinsichtlich des Armenrechts und der Schuldhaft genießen und sollen, sofern sie in dem genannten Gebiet ihren Wohnsitz haben, nicht verpflichtet sein, Sicherheit für Kosten irgendwelcher Art in denjenigen Fällen zu leisten, wo ein Angehöriger des anderen vertragsschließenden Teiles davon befreit ist."

Das Abkommen galt zunächst für England und Wales und wurde später auf eine Vielzahl von Staaten und Gebieten ausgedehnt. Da Befreiung von der Verpflichtung einer Prozesskostensicherheit Wohnsitz in Deutschland voraussetzt, geht die Befreiung ins Leere, da Kläger mit Wohnsitz in Deutschland ohnehin nach der Neufassung von § 110 Abs. 1 ZPO nicht prozesskostensicherheitspflichtig sind.

k. Art. VI, Prot. Nr. 6 Deutsch-amerikanischer Freundschafts-, Handels- und Schifffahrtsvertrag vom 29.10.1954[31]

„Mit Bezug auf Artikel VI Abs. 1 darf Staatsangehörigen und Gesellschaften des einen Vertragsteils in der Eigenschaft als Kläger oder Intervenienten vor den Gerichten des anderen Vertragsteils eine Sicherheitsleistung für die Prozesskosten in denjenigen Fällen nicht auferlegt werden, in denen ein Staatsangehöriger oder eine Gesellschaft des anderen Vertragsteils davon befreit ist; die Befreiung tritt jedoch nur ein,

a) wenn der Staatsangehörige oder die Gesellschaft den ständigen Aufenthalt bzw. die Niederlassung (Haupt- oder Zweigniederlassung) im Bezirk des Gerichts hat, vor dem das Verfahren anhängig ist, oder

b) wenn der Staatsangehörige oder die Gesellschaft in diesem Bezirk ausreichendes Immobiliarvermögen zur Deckung der Kosten besitzt."

[30] RGBl. 1928 II 627; zum Geltungsbereich des Abkommens, der weit über das Vereinigte Königreich hinausgeht vgl. Geimer/Schütze, Internationaler Rechtsverkehr, 520

[31] BGBl. 1956 II 487; vgl. dazu Schwenk, Der neue Freundschafts-, Handels- und Schiffahrtsvertrag zwischen der Bundesrepublik Deutschland und den Vereinigten Staaten von Amerika, JZ 1957, 197 ff.

Die Befreiung geht nicht über § 110 Abs. 1 ZPO hinaus. Es gilt dasselbe wie zum deutsch-britischen Rechtshilfeabkommen.

2. Die Befreiung wegen staatsvertraglich gesicherter Geltendmachung deutscher Kostentitel (§ 110 Abs. 2 Nr. 2 ZPO)

Wenn man von der nunmehr alleinigen Ratio des neu gefassten § 110 ZPO ausgeht, ausschließlich die Durchsetzung des Prozesskostenerstattungsanspruchs des obsiegenden Beklagten zu sichern, so ist es nur folgerichtig, die Durchsetzbarkeit deutscher Kostentitel als Befreiungsgrund anzusehen. Dabei ist nicht zu verkennen, dass die Vollstreckung im Ausland immer größere Schwierigkeiten als im Inland bietet. Immerhin ist der deutsche Beklagte aber auch bei inländischen Klägern nicht immer gesichert. Der vermögenslose Kläger ist stets eine Gefahr[32].

Bei der Durchsetzung deutscher Kostentitel ist auch zweierlei zu bedenken. Einmal ist die Prognose der Möglichkeiten der Wirkungserstreckung deutscher Titel im Ausland nicht immer sicher durchzuführen. Zum anderen gibt es Staaten, in denen deutsche Titel zwar rechtlich, nicht aber faktisch durchsetzbar sind. Das ist z.B. in den USA der Fall, wo wegen der mangelnden Kostenerstattung[33] die Durchsetzung von Kostentiteln mit geringen Beträgen wirtschaftlich sinnlos ist. Weinschenk hat schon 1972 die Durchsetzung von Ansprüchen unter $ 10 000 für wirtschaftlich unmöglich gehalten. Die Höhe ist heute viel beträchtlicher. Wenn man von 20 000–30 000 $ ausgeht, so fällt die Mehrzahl deutscher Kostentitel darunter[34].

Der Gesetzgeber war deswegen gut beraten, nur die staatsvertragliche Möglichkeit der Durchsetzung deutscher Kostentitel als ausreichend für die Befreiung von der Prozesskostensicherheitsverpflichtung anzusehen. Der Gesetzeswortlaut ist jedoch auslegungsbedürftig. Wo

[32] Vgl. Schütze, JZ 1985, 238

[33] Vgl. dazu Hommelsheim, Kostentragung und -ausgleichung im amerikanischen Zivilprozess, Diss. Bonn, 1990; Jestaedt, Erstattung von Anwaltskosten im US-Prozess?, RIW 1986. 95 ff.; Neufang, Kostenverteilung im US-amerikanischen Zivilprozess und Urteilsanerkennung in Deutschland, 2002, S. 31 ff.; Schack, Einführung in das US-amerikanische Zivilprozessrecht, 3. Aufl., 2003, S. 10 f.

[34] Vgl. Weinschenk, Die Eintreibung kleiner Forderungen in den USA, AWD 1973, 131 ff.

muss die Vollstreckung gesichert sein? In dem Staat, in dem der Kläger Vermögen besitzt, in dem Staat, dem er angehört, oder in dem Staat, in dem er seinen Wohnsitz oder gewöhnlichen Aufenthalt hat? Der dritten Lösung ist der Vorzug zu geben. Der Aufenthaltsstaat ist konzeptionell der, in dem regelmäßig Vermögen belegen ist, in dem der Kostenschuldner seiner gewerblichen Tätigkeit nachgeht und wo er seine Einkünfte erzielt.

Bei der Betrachtung können Kläger mit gewöhnlichem Aufenthalt in der EU oder dem EWR außer Betracht bleiben. Sie sind ohnehin nach § 110 Abs. 1 ZPO befreit. Das EuGVÜ – und die VO (EG) Nr. 44/2001 (obwohl kein Staatsvertrag) – sind im Rahmen des Abs. 2 Nr. 2 deshalb ohne Relevanz.

a. Art. 25 LugÜ vom 16.9.1988[35]

„Unter ‚Entscheidung' im Sinne dieses Übereinkommens ist jede von einem Gericht eines Vertragsstaats erlassene Entscheidung zu verstehen ohne Rücksicht auf ihre Bezeichnung wie Urteil, Beschluss oder Vollstreckungsbefehl einschließlich des Kostenfestsetzungsbeschlusses eines Urkundsbeamten".

Das Übereinkommen sichert auch die Wirkungserstreckung von Kostentiteln. Das LugÜ hat im Rahmen des § 110 ZPO nur Bedeutung für Kläger mit gewöhnlichem Aufenthalt in der Schweiz, da die Schweiz weder Mitgliedstaat der EU noch des EWR ist.

b. Art. 27 Abs. 3 Deutsch-tunesischer Anerkennungs-, Vollstreckungs- und Rechtshilfevertrag vom 19.7.1966[36]

„Als gerichtliche Entscheidungen gelten auch die Beschlüsse der Urkundsbeamten, durch die der Betrag der Kosten des Prozesses später festgesetzt wird."

[35] BGBl. 1994 II 2658; dazu Geimer/Schütze, EuZVR m.w.N.

[36] BGBl. 1969 II 890; dazu Arnold, Die Problematik von Rechtshilfeabkommen – der Deutsch-Tunesische Rechtshilfe- und Vollstreckungsvertrag, NJW 1970, 1478 ff.; Ganske, der deutsch-tunesische Rechtsschutz-, Rechtshilfe- und Vollstreckungsvertrag in Zivil- und Handelssachen v. 19.7.1966, AWD 1970, 145 ff.

c. Art. 2 Deutsch-israelischer Anerkennungs- und Vollstreckungsvertrag vom 20.7.1977[37]

„a) Unter Entscheidungen im Sinne dieses Vertrages sind alle gerichtlichen Entscheidungen ohne Rücksicht auf ihre Benennung (Urteile, Beschlüsse, Vollstreckungsbefehle) und ohne Rücksicht darauf zu verstehen, ob sie in einem Verfahren der streitigen oder der freiwilligen Gerichtsbarkeit ergangen sind; hierzu zählen auch die gerichtlichen Vergleiche. Ausgenommen sind jedoch diejenigen Entscheidungen der freiwilligen Gerichtsbarkeit, die in einem einseitigen Verfahren erlassen sind.

b) Gerichtliche Entscheidungen sind insbesondere auch
1. die Beschlüsse eines Rechtspflegers, durch die der Betrag des für ein Kind zu leistenden Unterhalts festgesetzt wird, die Beschlüsse eines Urkundsbeamten oder eines Rechtspflegers, durch die der Betrag der Kosten des Verfahrens später festgesetzt wird, und Vollstreckungsbefehle;

2. Entscheidungen des Registrars im Versäumnisverfahren, im Urkundenprozess, in Kostensachen und in arbeitsrechtlichen Angelegenheiten.“

d. *Art. 18 Haager Zivilprozessabkommen 1905, Art. 18 Haager Zivilprozessübereinkommen 1954, Art. 16 deutsch-griechisches Rechtshilfeabkommen und Art. 3 deutsch – türkisches Abkommen* sind ohne Bedeutung, da Kläger mit Wohnsitz in Vertragsstaaten ohnehin nicht zur Stellung einer Prozesskostensicherheit verpflichtet sind.

3. Befreiung für Widerklagen aus § 110 Abs. 2 Nr. 4 ZPO

Dieser Befreiungstatbestand ist geblieben. Er rechtfertigt sich daraus, dass der Kläger bei Widerklagen das Forum nicht gewählt hat. Die Befreiung gilt nur für die Widerklage. Erhebt der Kläger eine selbständige Klage, obwohl er Widerklage erheben könnte, so kommt ihm der Befreiungsgrund der Nr. 4 nicht zugute[38].

[37] BGBl. 1980 II 925, 1531; dazu Pirrung, Zu den Anerkennungs- und Vollstreckungsverträgen der Bundesrepublik Deutschland mit Israel und Norwegen, IPRax 1982, 130 ff.

[38] Vgl. Wieczorek/Schütze (Schütze), § 110 Rdn. 17

4. Befreiung von Klagen, die auf Grund öffentlicher Aufforderung angebracht werden (§ 110 Abs. 2 Nr. 5 ZPO)

Wie bisher entfällt die Verpflichtung zur Sicherheitsleistung bei Aufgebotsverfahren. Auch hier ist gesetzgeberischer Grund, dass der Kläger sich das Forum nicht ausgesucht hat[39].

5. Befreiung wegen hinreichenden Grundvermögens oder dinglich gesicherter Forderungen (§ 110 Abs. 2 Nr. 3 ZPO)

Dem Recht im französischen Rechtskreis folgend[40], statuiert Nr. 3 den Befreiungsgrund des Grundvermögens oder dinglich gesicherter Forderungen. Darlegungs- und beweispflichtig für Immobilienvermögen und Forderungen und ihre Werthaltigkeit ist der Kläger. Er muss – notfalls durch Sachverständigengutachten – den Wert dartun und beweisen. Dieser muss der Höhe der an sich anzuordnenden Sicherheitsleistung entsprechen. Das Gericht kann über die Höhe Beweis erheben.

IV. Länderübersicht

Kläger mit Wohnsitz oder gewöhnlichem Aufenthalt in oder Staatsangehörigkeit von folgenden Staaten sind nach § 110 Abs. 2 Nr. 1 und 2 von der Stellung einer cautio iudicatum solvi ganz oder partiell befreit[41].

---

[39] Vgl. Wieczorek/Schütze (Schütze), § 110 Rdn. 43

[40] Die Regelung findet sich heute noch in den Rechten von Benin, Burkina Faso, der Elfenbeinküste, Gabun, Guinea, Haiti, Kongo (Volksrepublik), Mali, Niger, Senegal, Togo; vgl. für Nacheise, Wieczorek/Schütze (Schütze), § 110 Rdn. 51

[41] Es werden in nachfolgender Übersicht abgekürzt:

HZPA 1905	Haager Zivilprozessabkommen v. 17.7.1905
HZPÜ	Haager Zivilprozessübereinkommen v. 1.3.1954
HUVÜ	Haager Unterhaltsvollstreckungsübereinkommen v. 15.4.1958
HUVÜ 1973	Haager Unterhaltsvollstreckungsübereinkommen v. 2.10.1973
UNUVÜ	UN-Übereinkommen über die Geltendmachung von Unterhaltsansprüchen im Ausland v. 20.6.1956
EUNÜ	Europäisches Niederlassungsübereinkommen v. 13.12.1955

Ägypten (HZPÜ)
Algerien (UNUVÜ)
Andorra (EUGVU)
Argentinien (HZPÜ, UNUVU)
Armenien (HZPÜ)
Australien (UNUVÜ)
Barbados (UNUVÜ)
Belarus (HZPÜ, UNUVÜ)
Belgien (EU, HZPÜ, UNUVÜ, EUNÜ, HUVÜ)
Bosnien-Herzegowina (HZPÜ, UNUVÜ)
Brasilien (UNUVÜ)
Burkina Faso (UNUVÜ)
Chile (UNUVÜ)
China (Taiwan) (UNUVÜ)
Dänemark (EU, HZPÜ, UNUVÜ, EUNÜ, HUVÜ 73, HUVÜ 58)
Ecuador (UNUVÜ)
Estland (HZPA 1905, UNUVÜ)
Finnland (EU, HZPÜ, UNUVÜ, HUVÜ 58, HUVÜ 73)
Frankreich (EU, HZPÜ, UNUVÜ, HUVÜ 73, HUVÜ 58)
Georgien (HZPÜ)
Griechenland (EU, Art. 15 Deutsch-griechisches Rechtshilfeabkommen, EUNÜ, UNUVÜ)
Guatemala (UNUVÜ)
Irland (EU, UNUVÜ, EUNÜ)
Island (EWR, HZPA)
Israel (HZPU, UNUVU, Deutsch-israelischer Anerkennungs- und Vollstreckungsvertrag)
Italien (EU, HZPÜ, UNUVÜ, HUVÜ 73, HUVÜ 58, EUNO)
Japan (HZPÜ)
Jugoslawien (ehemaliges) (HZPÜ, UNUVÜ)
Kap Verde (UNUVU)
Kasachstan (HZPÜ)
Kirgistan (HZPÜ)
Kroatien (HZPÜ, UNUVÜ)
Lettland (HZPU)
Libanon (HZPÜ)
Liechtenstein (EWR, HUVÜ 58)
Luxemburg (EU, HZPÜ, UNUVÜ, HUVÜ 73, EUNÜ)
Marokko (HZPÜ, UNUVÜ, Deutsch-marokkanischer Rechtshilfevertrag)

Mazedonien (HZPÜ, UNUVÜ)
Mexiko (UNUVÜ)
Moldau (HZPÜ)
Monaco (UNUVÜ)
Neuseeland (UNUVÜ)
Niederlande (EU, HZPÜ NUVÜ, HUVÜ 58, HUVÜ 73, EUNÜ)
Niger (UNUVÜ)
Norwegen (EWR, HZPÜ, UNUVÜ, HUVÜ 58, HUVÜ 73, EUNÜ)
Österreich (EU, HZPÜ, UNUVÜ, HUVÜ 58)
Pakistan (UNUVÜ)
Philippinen (UNUVÜ)
Polen (HZPÜ, UNUVÜ, HUVÜ 73)
Portugal (EU, HZPÜ, UNUVÜ, HUVÜ 58, HUVÜ 73)
Rumänien (HZPÜ, UNUVÜ)
Russische Föderation (HZPÜ)
Schweden (EU, HZPÜ, UNUVÜ, HUVÜ 58, HUVÜ 73, EUNÜ)
Schweiz (LugÜ, HZPÜ, UNUVÜ, HUVÜ 58, HUVÜ 73)
Serbien-Montenegro (HZPÜ, UNUVÜ)
Slowakei (HZPÜ, UNUVÜ, HUVÜ 73, HUVÜ 58)
Slowenien (HZPÜ, UNUVÜ)
Sowjetunion (ehemalige) (HZPÜ) Spanien (EU, HZPÜ, UNUVÜ, HUVÜ 58, HUVÜ 73)
Sri Lanka (UNUVÜ)
Surinam (HZPÜ, UNUVÜ, HUVÜ 58)
Tschechien (HZPÜ, UNUVÜ, HUVÜ 73, HUVÜ 58)
Tschechoslowakei (ehemalige) (HZPÜ, UNUVÜ, HUVÜ 58, HUVÜ 73)
Türkei (HZPÜ, EUNÜ, UNUVÜ, HUVÜ 58, HUVÜ 73, deutsch-türkischer Rechtshilfevertrag)
Tunesien (UNUVÜ, deutsch-tunesischer Rechtshilfe-, Anerkennungs- und Vollstreckungsvertrag)
Ukraine (HZPÜ)
Ungarn (HZPÜ, UNUVÜ, HUVÜ 58)
Uruguay (UNUVÜ)
Usbekistan (HZPÜ)
Vatikan (HZPÜ, UNUVÜ)
Vereinigtes Königreich (EU, UNUVÜ, HUVÜ 73, EUNÜ)
Zentralafrikanische Republik (UNUVÜ)
Zypern (UNUVÜ)

9. Die Bedeutung des Wiener Kaufrechtsübereinkommens für das internationale Zivilprozessrecht[1]

Das Wiener Kaufrechtsübereinkommen von 1980 (Convention on the International Sale of Goods)[2], das am 1.1.1989 für Österreich und am 1.1.1991 für Deutschland[3] in Kraft getreten ist, regelt zwar in erster Linie das materielle Kaufrecht und das Kollisionsrecht des Warenkaufs[4], hat aber auch Bedeutung für einzelne Bereiche des internationalen Zivilprozessrechts.[5]

I. Die internationale Zuständigkeit

Nach deutschem internationalen Zivilprozessrecht indiziert die örtliche die internationale Zuständigkeit[6] bei grundsätzlicher Unterscheidung beider Zuständigkeitsformen[7]. Jeder inländische Gerichts-

[1] Erstmals publiziert in: FS Matscher, 1993, S. 423 ff.

[2] BGBl. 1989 II 588

[3] Das WKÜ ist für die ehemalige DDR bereits am 1.3.1990 in Kraft getreten. Vgl. zu den Besonderheiten, die sich daraus ergeben haben, dass zwei deutsche Staaten das WKÜ ratifiziert haben Reinhart, Zum Inkrafttreten des UN-Kaufrechts für die Bundesrepublik Deutschland. Erste Entscheidungen deutscher Gerichte, IPRax 1990. 289 ff.

[4] Vgl. z.B. Art. 1 Abs. 1 lit. b WKÜ; im einzelnen Herrmann, Anwendungsbereich des Wiener Kaufrechts – Kollisionsrechtliche Probleme, in: Bucher (Herausg.), Wiener Kaufrecht. Der Schweizerische Aussenhandel unter dem UN-Übereinkommen über den internationalen Warenkauf, 1991, S. 83 ff.; Cerwenka, Rechtsanwendungsprobleme im internationalen Kaufrecht, 1988

[5] Dieser Beitrag behandelt in erster Linie die Auswirkungen des WKÜ auf und die Bedeutung für das deutsche internationale Zivilprozessrecht.

[6] Vgl. BGHZ 44, 46; Geimer, IZPR, Rdn. 946 (mit umfangreichen Nachweisen für die Rechtsprechung in FN 120); Linke, IZPR, Rdn. 115; Schack, IZVR, Rdn. 236; Schütze, DIZPR, Rdn. 154; vgl. im übrigen für die ältere Rechtsprechung Müller-Gindullis, Das internationale Privatrecht in der Rechtsprechung des Bundesgerichtshofs, 1971, S. 83 ff.

[7] Seit BGHZ 44, 46 = AWD 1965, 275 = LM Nr. 4 zu § 5112a ZPO mit Anm. Schneider = JZ 1966, 237 mit Anm. Neuhaus = JuS 1965, 458 mit Anm Bähr nunmehr unstreitig. Vgl. zu der Entscheidung im übrigen Cohn, Zur internationalen Zuständigkeit deutscher Gerichte, AWD 1966, 211ff.; ders., Nachprüfung der internationalen Zuständigkeit durch die Rechtsmittelinstanz, NJW 1966,

stand ist im Prinzip geeignet, internationale Zuständigkeit zu begründen[8]. Das WKÜ regelt einige zuständigkeitsbegründende Anknüpfungen für die Geltendmachung von Ansprüchen nach dem WKÜ.

1. Der Gerichtsstand des Erfüllungsortes[9]

Der Erfüllungsort wirkt nach deutschem autonomen Recht[10] und dem EuGVÜ/LugÜ[11] zuständigkeitsbegründend. Er ist auch in die VO (EG) Nr. 44/2001 übernommen worden[12] und hat – nachdem er in den Reformarbeiten umstritten war[13] – trotz der damit verbundenen Probleme[14] – überlebt. Für das österreichische autonome Recht ist die zuständigkeitsbegründende Wirkung in § 88 Abs. 1 JN auf den vereinbarten Erfüllungsort beschränkt[15]. Nach Art. 31 lit. c und Art. 57 Abs. 1 lit. a WKÜ bestimmt – von Ausnahmen abgesehen – die Niederlassung des Verkäufers den Erfüllungsort. Diese gesetzliche Erfüllungsortsbestimmung hat Auswirkungen auf die internationale Zuständigkeit nach deutschem und europäischem Zivilprozessrecht.

287 ff., Maier, Nachprüfung der internationalen Zuständigkeit durch die Rechtsmittelinstanz, NJW 1965, 1650 ff.; Schütze, Örtliche und internationale Zuständigkeit, AWD 1966, 94 ff.

8 Vgl. BGH MDR 1979, 658

9 Vgl. dazu Hackenberg, Der Erfüllungsort von Leistungspflichten unter Berücksichtigung des Wirkungsortes von Erklärungen im UN-Kaufrecht und der Gerichtsstand des Erfüllungsortes im deutschen und europäischen Zivilprozessrecht, 2000; Lüderitz, Fremdbestimmte internationale Zuständigkeit? Versuch einer Neubestimmung von § 29 ZPO, Art. 5 Nr. 1 GVÜ, FS Zweigert, 1981, S. 233 ff.; Schack, Der Erfüllungsort im deutschen, ausländischen und internationalen Privat- und Zivilprozessrecht, 1985; Graf von Wrangel, Der Gerichtsstand des Erfüllungsortes im deutschen, italienischen und europäischen Recht, 1988

10 Vgl. § 29 ZPO

11 Art. 5 Nr. 1 EuGVÜ/LugÜ

12 Art. 5 Nr. 1 VO (EG) Nr. 44/2001

13 Vgl. dazu Hausmann, Die Revision des Brüsseler Übereinkommens von 1968, The European Legal Forum 2000, 40 ff. (44 f.)

14 Vgl. dazu Rauscher, Verpflichtung und Erfüllungsort in Art. 5 Nr. 1 EuGVÜ unter besonderer Berücksichtigung des Vertragshändlergerichtsstandes, 1984; Spellenberg, Der Gerichtsstand des Erfüllungsortes im EuGVÜ, ZZP 91 (1978), 38 ff.

15 Vgl. zur Notwendigkeit ausdrücklicher Vereinbarung OGH EvBl 1956, 370 m.w.N.; JBl 1976, 378, 379

a. Zum deutschen autonomen Recht

Nach § *29* Abs. 1 ZPO ist für Streitigkeiten aus einem Vertragsverhältnis oder über dessen Bestehen das Gericht des Ortes zuständig, an dem die streitige Verpflichtung zu erfüllen ist. Das forum contractus mildert die Bevorzugung des Beklagten durch die Grundregel des actor sequitur forum rei in § 13 ZPO ab[16].

Der Gesetzgeber ist allerdings gegen eine derartige Abweichung vom Privileg des Beklagten, an seinem Wohnsitz verklagt zu werden, misstrauisch. In § 29 Abs. 2 ZPO ist deshalb die zuständigkeitsbegründende Wirkung von Erfüllungsortvereinbarungen drastisch eingeschränkt worden. Nur Vollkaufleute oder ihnen gleichgestellte juristische Personen des öffentlichen Rechts oder öffentlich-rechtliche Sondervermögen können eine zuständigkeitsbegründende Erfüllungsortvereinbarung treffen. Die Fesseln des § 29 Abs. 2 ZPO gelten aber nicht für den Erfüllungsort nach Art. 31 lit. c, 57 Abs. 1 lit. a WKÜ. Denn hier handelt es sich nicht um einen vereinbarten, sondern um einen gesetzlichen Erfüllungsort.

Einige Autoren versuchen, dem ihnen unerwünschten Ergebnis, dass der Käufer am Ort der Niederlassung des Verkäufers auf Zahlung des Kaufpreises verklagt werden kann, durch eine Differenzierung von Erfüllungsort und Zahlungsort in Art. 57 Abs. 1 lit. a WKÜ zu entgehen[17]. In der Tat hatte Deutschland auf der Wiener Abschlusskonferenz den Antrag gestellt, in das WKÜ aufzunehmen, dass der Zahlungsort keinen Gerichtsstand begründet[18]. Sie ist hiermit aber nicht durchgedrungen. Hager[19], der die Differenzierung von Erfül-

[16] Vgl. Schack, Der Erfüllungsort im deutschen, ausländischen und internationalen Privat- und Zivilprozessrecht, 1985, Rdn. 141; Spellenberg, Die Vereinbarung des Erfüllungsortes und Art. 5 Nr. 1 des Europäischen Gerichtsstands- und Vollstreckungsübereinkommens, IPRax 1981, 75 ff. (76)

[17] Vgl. von Caemmerer/Schlechtriem/Hager, Kommentar zum Einheitlichen UN-Kaufrecht – CISG, 1991, Art. 57, Rdn. 10; Hackenberg, Der Erfüllungsort von Leistungspflichten unter Berücksichtigung des Wirkungsortes von Erklärungen im UN-Kaufrecht und der Gerichtsstand des Erfüllungsortes im deutschen und europäischen Zivilprozessrecht, 2000, S. 229 f.

[18] Vgl. Official Records, United Nations Conference on Contracts for the International Sale of Goods, Vienna 10 March – 11 April 1980, 1981, S. 122, 368, 369, vgl. dazu Herber, Wiener UNCITRAL-Übereinkommen über den internationalen Kauf beweglicher Sachen, 3. Aufl., 1988, 334

[19] Vgl. von Caemmerer/Schlechtriem/Hager, CISG, 1991, Art. 57, Rdn. 10

lungsort und Zahlungsort dezidiert vertritt, bleibt die Antwort schuldig, welche Bedeutung der Erfüllungsort für die Zahlung eigentlich haben soll, wenn er nicht für sie gilt. Rechtsprechung[20] und überwiegendes Schrifttum[21] haben zu Recht zur inhaltlich gleichen Regelung in Art. 59 Abs. 1 EKG aus dem Zahlungsort einen Gerichtsstand im Verkäuferland abgeleitet.

Fazit: Die Erfüllungsortbestimmungen in Artt. 31 lit. c, 57 Abs. 1 lit. a WKÜ wirken zuständigkeitsbegründend i.S. von § 29 ZPO[22].

b. Zum europäischen Recht

Art. 5 Nr. 1 EuGVÜ/LugÜ statuiert eine besondere Zuständigkeit für Vertragsklagen am Erfüllungsort, die auch in die VO (EG) Nr. 44/2001 übernommen worden ist (Art. 5 Nr. 1). Der Erfüllungsort ist nach der lex causae zu bestimmen[23]. Soweit Einheitsrecht zur Anwendung kommt, ist der Erfüllungsort hiernach zu bestimmen. Das gilt für den Geltungsbereich des WKÜ ebenso wie für den des EKG. Das hat der EuGH nunmehr endgültig auf Vorlage des BGH bejaht[24]. Luxemburg locuta, causa finita. Die Problematik ist dieselbe wie im Rahmen des § 29 ZPO und sollte im Rahmen einer einheitlichen Anwendung auch dort berücksichtigt werden.

[20] Vgl. BGHZ 74, 136; OLG Bamberg NJW 1977, 505; OLG Hamm IPRax 1986, 104; OLG Zweibrücken, IPRspr. 1983 Nr. 142; OLG Düsseldorf RIW 1993, 845

[21] Vgl. Geimer, IZPR, Rdn. 1489; Mezger, Urteilsanmerkung RIW/AWD 1978, 334ff. (335); Nagel/Gottwald, IZPR, § 3, Rdn. 242; Graf von Wrangel, Der Gerichtsstand des Erfüllungsortes, S. 150; kritisch von Caemmerer, Zahlungsort, FS Mann, 1977, S. 2ff. (19); Hackenberg, der Erfüllungsort, S. 213 ff.; Schlechtriem, Auslegung und Lückenfüllung im Internationalen Einheitsrecht: „Erfüllungsort" für Rückabwicklungspflichten im EuGVÜ und EKG, IPRax 1981, 113 ff.

[22] Vgl. Reinhart, UN-Kaufrecht, 1991, Art. 57, Rdn. 4

[23] Vgl. EuGH Rs. 12/76 – Tessili v. Dunlop – EuGHE 1976, 1473 = NJW 1977, 491 mit Anm. Geimer = RIW/AWD 1977, 40 mit Anm. Linke; dazu Schlosser; Vertragsautonome Auslegung, nationales Recht, Rechtsvergleichung und das EuGVÜ, GS Bruns, 1980, S. 45ff.; Lüderitz, FS Zweigert, S. 233, Geimer/Schütze, Internationale Urteilsanerkennung, Bd. I/1, S. 560; dies., EuZVR, Art. 5 Rdn. 76 ff. Die Tessili Regel ist im Bereich der VO (EG) Nr. 44/2001 durch Art. 5 Nr. 1 lit. b modifiziert, gilt aber im übrigen weiter; vgl. Geimer/Schütze, EuZVR, A.1, Art. 5 Rdn. 83 ff.

[24] Vgl. EuGH Rs. C-288/92 – Custom Made Commercial v. Stawa Metallbau – EuGHE 1994 I 2913 = NJW 1995, 183 = RIW 1994, 676 0 JZ 1995, 244 mit Anm. Geimer = ZZPInt 1 (1996), 167 mit Anm. Huber

Fazit: Die Erfüllungsortbestimmungen in Art. 31 lit. c, 57 Abs. 1 lit. a WKÜ wirken auch zuständigkeitsbegründend i.S. von Art. 5 Nr. 1 EuGVÜ/LugÜ und Vo (EG) Nr. 44/2001.

2. Der Vermögensgerichtsstand

Nach § 23 ZPO – dem am heftigsten umstrittenen Gerichtsstand des deutschen Rechts[25] – begründet inländisches Vermögen einer im Inland nicht domizilierten Person internationale Zuständigkeit, wobei das OLG Stuttgart[26] und der Bundesgerichtshof[27] neuerdings zusätzlich noch einen Inlandsbezug des Rechtsstreits fordern. Bei Forderungen wird an den Schuldnerwohnsitz angeknüpft[28]. Diese Regelung korrespondiert mit der Erfüllungsortbestimmung nach materiellem deutschen Recht[29]. Angesichts der offenbaren Verknüpfung der prozessualen Belegenheitsbestimmung mit der materiellrechtlichen Leistungsortsregelung könnte man geneigt sein, § 23 ZPO da-

[25] Vgl. dazu Geimer, Zur Rechtfertigung des Vermögensgerichtsstandes, JZ 1984, 979 ff.; Kropholler, Möglichkeiten einer Reform des Vermögensgerichtsstandes, ZfRV 23 (1982), 1 ff.; Rammos, Der Gerichtsstand des Vermögens und das Ausländer-Forum nach vergleichendem Recht, 1930; Schack, Die Vermögensbelegenheit als Zuständigkeitsgrund – Exorbitant oder sinnvoll?, ZZP 97 (1984), 46 ff.; ders., Deutsche internationale Zuständigkeit made in Hongkong und der VR China, FS Kegel, 1987, S. 505 ff.; Schröder, Internationale Zuständigkeit, S. 374 ff.; Schütze, Das Vermögen als Anknüpfungspunkt für die internationale Zuständigkeit, FS Ishikawa, 2001, S. 493 ff., Schumann, Aktuelle Fragen und Probleme des Gerichtsstands des Vermögens (§ 23 ZPO) – zugleich ein Beitrag über Gerichtsverfahren gegen ausländische Staaten, ZZP 93 (1980), 408 ff.; ders., Der internationale Gerichtsstand des Vermögens und seine Einschränkungen, FS Liebmann, Bd. II, 1979, S. 839 ff.

[26] Vgl. OLG Stuttgart RIW 1990, 829 mit Besprechungsaufsatz Fischer, Zur internationalen Zuständigkeit deutscher Gerichte nach § 23 ZPO, RIW 1990, 794 ff. = IPRax 1991, 179 mit Besprechungsaufsatz Fricke, Der Gerichtssstand des Vermögens – eine unendliche Geschichte, ebenda, 159 ff.

[27] Vgl. BGHZ 115, 90 = NJW 1991, 3092 mit Bespr. Geimer NJW 1992, 3072 = MDR 1991, 988 = RIW 1991, 856 mit Anm. Fischer RIW 1992, 57 ff. = JZ 1992, 51 mit Anm. Schack = DZWir 1991, 245 mit Besprechungsaufsatz Schütze, Zum Vermögensgerichtsstand des § 23 ZPO, ebenda, 239 ff.

[28] Vgl. § 23 Abs. 2 ZPO: *Bei Forderungen gilt als der Ort, wo das Vermögen sich befindet, der Wohnsitz des Schuldners und, wenn für die Forderungen eine Sache als Sicherheit haftet, auch der Ort, wo die Sache sich befindet.*

[29] Vgl. § 269 BGB

hin auszulegen, dass Forderungen, die dem WKÜ unterliegen, am Ort der Niederlassung des Verkäufers belegen sind. Eine solche Interpretation entspricht vielleicht dem Telos der Norm, scheitert aber am unzweideutigen Wortlaut des § 23 ZPO. Dabei ist zu berücksichtigen, daß auch nach § 269 BGB der Erfüllungsort nur im Zweifel – d.h. wenn er sich nicht anderweit aus den Umständen oder einer Parteivereinbarung entnehmen lässt – am Wohnsitz des Schuldners ist. Bei der Bestimmung des materiellrechtlichen Erfüllungsortes ist immer eine Beurteilung des Schuldverhältnisses und der Parteivereinbarung vorzunehmen. Das kann dazu führen, dass die notwendige Eindeutigkeit fehlt, die für die Zuständigkeitsbestimmung notwendig ist. Wenn man die Belegenheit der Forderung in § 23 ZPO mit dem Erfüllungsort gleichsetzen wollte, dann wären Zuständigkeitsstreitigkeiten vorprogrammiert. Es war aber der Wille des Gesetzgebers, Zuständigkeitsstreitigkeiten so gering wie möglich zu halten, damit die Entscheidung eines Rechtsstreites nicht unangemessen verzögert wird[30].

Fazit: Die Bestimmung der Belegenheit einer Forderung in § 23 ZPO ist durch Art 57 Abs. 1 lit. a WKÜ nicht berührt worden.

3. Die Zuständigkeitsvereinbarung

Internationale Gerichtsstandsvereinbarungen[31] bedürfen nach § 38 Abs. 2 S. 2 ZPO – soweit sie nicht zwischen Vollkaufleuten abgeschlossen werden – und nach Artt. 23 VO (EG) Nr. 44/2001, 17 EuGVÜ/LugÜ mindestens der halben Schriftform. Art. 11 WKÜ statuiert nun für internationale Kaufverträge das Prinzip der Formfreiheit. Man könnte geneigt sein, hieraus die Formfreiheit für Gerichtsstandsvereinbarungen im Zusammenhang mit internationalen Kaufverträgen abzuleiten. Der Grundsatz der Formfreiheit gilt aber nur für den Vertragsabschluss im Hinblick auf den kaufrechtlichen Teil. Er erfasst nicht in einem Kaufvertrag enthaltene oder im Zu-

[30] Deshalb schließt das Gesetz auch die Berufung und die Revision gegen ein Urteil aus, soweit der Rechtsmittelführer nur die unrichtige Entscheidung über die örtliche Zuständigkeit geltend macht, §§ 513 Abs. 2, 545 Abs. 2 ZPO

[31] Vgl. grundlegend Matscher, Zuständigkeitsvereinbarungen im österreichischen und internationalen Zivilprozessrecht, 1967; für Lieteratur vgl. Schütze, DIZPR, Rdn. 164 f.

sammenhang hiermit geschlossene Gerichtsstandsvereinbarungen[32]. Art. 11 WKÜ ist auch nicht als „internationaler Handelsbrauch" i.S. von Artt. 23 VO (EG) Nr. 44/2001, 17 EuGVÜ/LugÜ anzusehen. Denn die Formfreiheit betrifft ja gerade nicht den nicht kaufrechtlichen Teil eines Vertrages.

Fazit: Die Formbedürftigkeit von Zuständigkeitsvereinbarungen wird durch Art. 11 WKÜ nicht berührt.

II. Die Durchführung von Verfahren mit Auslandsberührung (Durchsetzung von Ansprüchen aus internationalen Kaufverträgen)

1. Die Rechtsschutzform

Eine unmittelbare Regelung der Rechtsschutzform im internationalen Zivilprozessrecht enthält Art. 28 WKÜ. Diese Norm eröffnet dem autonomen Recht die Möglichkeit, die prozessuale Geltendmachung des Erfüllungsanspruchs auszuschließen. Sie beinhaltet eine Rücksichtnahme auf die Rechtstradition des common law, das – von Ausnahmen abgesehen – die Klage auf specific performance nicht zulässt. Da die Zulässigkeit der Rechtsschutzform von der lex fori bestimmt wird[33] und das deutsche Zivilprozessrecht die Erfüllungsklage zulässt, ist Art. 28 WKÜ für das deutsche internationale Zivilprozessrecht ohne Bedeutung. Die Parteien können sich gegen den Ausschluss der Erfüllungsklage in common law Staaten schützen, indem sie ein Forum wählen – wie das deutsche –, das eine Erfüllungsklage nicht ausschließt.

Fazit: Art. 28 WKÜ berührt das deutsche Zivilprozessrecht nicht.

[32] Vgl. Schlechtriem, Kommentar zum Einheitlichen UN-Kaufrecht, 3. Aufl., 2000, Art. 11 Rdn. 7

[33] Vgl. Schütze, DIZPR, Rdn. 51 ff.

2. Der Beweis

Die Zulässigkeit von Beweismitteln beurteilt sich nach der lex fori[34]. Die Normen über die Zulässigkeit von Beweismitteln gehören zu den zwingenden Vorschriften der lex fori[35].

Art. 11 WKÜ lässt Beweismittelbeschränkungen für den Nachweis des Abschlusses eines Kaufvertrages und eines Inhalts nicht zu, und zwar auch dann nicht, wenn es sich um verkappte Formvorschriften handelt, die nach der lex causae zu beurteilen sind[36]. Diese Regelung hat in erster Linie Bedeutung für die Beschränkung des Zeugenbeweises, die sich beispielsweise im französischen Recht[37] oder in den anglo-amerikanischen Rechten[38] findet. Auch das deutsche Recht kennt zwar Beschränkungen des Zeugenbeweises, nicht aber deren Ausschluss.

Der Zeugenbeweis ist zunächst beschränkt durch den Kreis der als Zeuge in Betracht kommenden Personen. Zeuge kann nur eine am Verfahren nicht selbst als Partei oder gesetzlicher Vertreter einer Partei unmittelbar beteiligte Auskunftsperson sein. Die Vernehmung der Partei als Zeuge ist – anders als beispielsweise im anglo-amerikanischen Recht – unzulässig. Für die Parteivernehmung gelten die Regeln der §§ 445 ff. ZPO. Nur in den Grenzen dieser Bestimmungen können Aussagen einer Partei als Beweismittel dienen. Art. 11 WKÜ will aber nun nicht das nationale Beweisrecht aus den Angeln heben und im Rahmen seines Geltungsbereichs auch einer Rechtsordnung

[34] Vgl. Riezler, IZPR S. 468; Schack, IZVR Rdn. 679ff.; Schütze, DIZPR, Rdn. 224

[35] Vgl. Riezler, IZPR S. 468; Schack, IZVR Rdn. 679 ff.; einschränkend Geimer, IZPR, Rdn. 2302 ff.

[36] Um eine derartige verkappte Formvorschrift handelt es sich bei Art. 1341 cc; dazu Nagel/Bajons (Rouhette), Grundzüge des zivilprozessualen Beweisrechts in Europa, 2000, S. 184ff.; Neuner, Der Sinn der international-privatrechtlichen Norm. Eine Kritik der Qualifikationstheorie, 1932, S. 116ff.; Schoch, Klagbarkeit, Prozessanspruch und Beweis im Licht des internationalen Rechts, 1934, S. 147 ff.

[37] Vgl. dazu Coester-Waltjen, Internationales Beweisrecht, 1983, Rdn. 446; Marschall von Bieberstein, Prozessuale Schranken der Formfreiheit im internationalen Schuldrecht, FS Beitzke, 1979, S. 625

[38] Vgl. Coester-Waltjen, Internationales Beweisrecht, 1983, Rdn. 446; Rheinstein, Die Bedeutung der Formvorschriften in den Kaufgesetzen Englands und der Vereinigten Staaten, RabelsZ 4 (1930), 69 ff.

unbekannte oder so nicht zulässige Beweismittel einführen. Das widerspräche der Grundregel der Anwendbarkeit der lex fori. Art. 11 WKÜ erfordert nur, dass ein Beweismittel überhaupt zulässig sein muss. Die Beschränkung des Zeugenbeweises im deutschen Recht auf Personen, die nicht Partei oder gesetzliche Vertreter einer Partei sind, verstößt deshalb nicht gegen Art. 11 WKÜ.

Einen Ausschluss des Zeugenbeweises kennt das deutsche Recht im Urkundenprozess. Nach § 592 S. 1 ZPO müssen sämtliche zur Begründung des Anspruchs erforderlichen Tatsachen durch Urkunden bewiesen werden, §§ 592 ff. ZPO schließen andere Beweismittel als die Urkunde jedoch nicht generell für die Geltendmachung von Ansprüchen aus, vielmehr nur für eine bestimmte Verfahrensart. Der Gläubiger kann sich zum Beweis seines Anspruchs aus dem Kaufvertrag im ordentlichen Zivilprozess aller Beweismittel bedienen. Er kann – wenn ihm die im Urkundenprozess erforderlichen Beweismittel nicht zur Verfügung stehen – von dieser Prozessart nach § 596 ZPO jederzeit Abstand nehmen und den Rechtsstreit im ordentlichen Verfahren fortsetzen. Art. 11 WKÜ erfordert nur, dass ein Beweis „auf jede Weise" in irgendeiner Verfahrensart möglich sein muss, schließt jedoch nicht Beweisbeschränkungen für bestimmte – insbesondere summarische – Verfahren aus.

Fazit: Die Beschränkung des Zeugenbeweises auf parteifremde Auskunftspersonen und der Ausschluss von Beweismitteln im Urkundenprozess im deutschen Recht werden durch Art. 11 WKÜ nicht berührt[39].

3. Die Anwendung des WKÜ im Zivilprozess

Art. 7 WKÜ stellt Regeln über die Anwendung und Auslegung des Übereinkommens auf, die vage und – jedenfalls aus der Sicht des deutschen Juristen – nicht übermäßig hilfreich sind.

[39] Vgl. Schlechtriem, Kommentar zum Einheitlichen UN-Kaufrecht, 3. Aufl., 2000, Art. 11, Rdn. 12

a. Das WKÜ inländisches oder ausländisches Recht?

Dölle[40] hat ausländisches Recht im deutschen Prozess als Tertium neben inländischen Rechtssätzen und Tatsachen qualifiziert. Offenbar stellt Einheitsrecht – ebenso wie Gemeinschaftsrecht[41] – ein Quartum dar. Sonst wäre Art. 7 WKÜ sinnlos. Er setzt voraus, dass das Übereinkommen nicht wie ein beliebiger inländischer Rechtssatz ausgelegt und angewendet werden soll.

Die Abgrenzung von in- und ausländischem Recht ist bei Rechtssätzen, die aufgrund internationaler Übereinkommen anzuwenden sind, nicht immer leicht. Für die Abgrenzung wird man im Rahmen von § 293 ZPO als Kriterium auf die Art des Rechtsanwendungsbefehls zurückgreifen müssen. Gilt eine Norm unmittelbar – sei es als vom inländischen Gesetzgeber erlassen, sei es als Völkerrecht[42], sei es als Teil eines Staatsvertrages – so ist § 293 ZPO unanwendbar. Gilt der Rechtssatz jedoch, weil eine Norm des Kollisionsrechts auf ihn verweist, so ist er ein ausländischer[43].

Ist das WKÜ in einem Rechtsstreit, bei dem das Rechtsverhältnis deutschem Recht unterliegt, anwendbar, so ist es kein ausländisches Recht. § 293 ZPO ist unanwendbar. Wird das WKÜ jedoch in einem deutschen Zivilprozess angewendet, in dem kollisionsrechtlich ein fremdes Recht zur Anwendung berufen ist, zu dessen Inhalt das WKÜ zählt, so wird das WKÜ als ausländisches Recht angewendet. Denn die Tatsache, dass eine ausländische Norm einen identischen Inhalt wie ein inländischer Rechtssatz hat, macht sie nicht zu einer inländischen. Das hat die Rechtsprechung mehrfach zum einheitlichen Wechselrecht entschieden[44].

Fazit: Die Normen des WKÜ sind je nach der Art des Rechtsanwendungsbefehls als in- oder ausländisch zu qualifizieren.

[40] Vgl. Dölle, Über die Anwendung ausländischen Rechts, GRUR 1957, 56ff. (57)
[41] Vgl. dazu Schütze, EG-Recht im deutschen Zivilprozess, EWS 1990, 49 ff.
[42] Vgl. Art. 25 GG
[43] Vgl. Schütze, EWS 1990, 49 ff.
[44] Vgl. BGH AWD 1960, 101; BGH RIW/AWD 1978, 618

b. Feststellung des Inhalts des WKÜ

Art. 7 Abs. 1 WKÜ gibt Auslegungsregeln für den Inhalt des WKÜ, die eher verwirrend denn hilfreich sind. Die Väter des Übereinkommens haben wohl erkannt, dass eine einheitliche Anwendung des WKÜ eines besonderen Instrumentariums bedarf. Sie haben sich aber gescheut, die Auslegung einem einzigen Gericht zu übertragen, wie dies für das EuGVÜ erfolgreich geschehen ist[45]. Statt dessen haben sie den unbrauchbaren Weg gewählt, dem Richter als Leitlinie an die Hand zu geben, den „internationalen Charakter" des Übereinkommens zu berücksichtigen und bei der Interpretation „die Wahrung des guten Glaubens im internationalen Handel zu fördern". Das Problem der einheitlichen Auslegung des WKÜ war Gegenstand einer Diskussion auf den Berner Tagen für die Juristische Praxis 1990[46]. Dort meinten Schlechtriem und Herber, dass die einheitliche Anwendung durch eine umfassende Information sichergestellt werden könne. Das erscheint zu optimistisch[47].

Da es also keine einheitliche Anwendung des WKÜ geben wird, ist bei der Feststellung des Inhalts einer Norm zu differenzieren, ob das WKÜ als inländisches oder ausländisches Recht angewendet wird. Im ersteren Fall bestehen keine Besonderheiten gegenüber der Anwendung inländischer Rechtssätze. Wird das WKÜ jedoch als ausländisches Recht angewendet, weil das Rechtsverhältnis ausländischem Recht unterliegt, dann gilt die Regelung des § 293 ZPO. Der inländische Richter muss das WKÜ so anwenden, wie es die Gerichte in dem Staat praktizieren, dessen Recht an sich kollisionsrechtlich zur Anwendung berufen ist. Denn das ausländische Recht muss in der

[45] Vgl. das Protokoll betreffend die Auslegung des Übereinkommens vom 27. September 1968 über die gerichtliche Zuständigkeit und die Vollstreckung gerichtlicher Entscheidungen in Zivil- und Handelssachen durch den Gerichtshof, das die Zuständigkeit zur authentischen Auslegung des EiGVÜ dem EuGH überträgt.

[46] Vgl. die Diskussionsbeiträge von Schlechtriem, Herber und Schütze im Anschluss an das Referat von Schlechtriem, Die Pflichten des Verkäufers und die Folgen ihrer Verletzung, insbesondere bezüglich der Beschaffenheit der Ware, in: Bucher (Herausg.), Wiener Kaufrecht. Der Schweizerische Aussenhandel unter dem UN-Übereinkommen über den internationalen Warenkauf, 1991, S. 103 ff. (139)

[47] Vgl. den Diskussionsbeitrag von Schütze, ebenda, S. 139

Gestalt angewendet werden, in der es im Ausland tatsächlich gilt[48]. Wird das WKÜ im Rahmen eines Rechtsstreits, der an sich österreichischem Recht unterliegt, vom OLG Stuttgart angewendet, so hat das Gericht die Auslegung zugrunde zu legen, die sich aus der Rechtsprechung des OGH und der österreichischen Gerichte im Übrigen ergibt, selbst wenn diese von der Rechtsprechung des BGH abweicht. Ein für ein Einheitsrecht unerfreuliches aber leider unausweichliches Ergebnis.

Fazit: Wird das WKÜ im Rahmen eines Rechtsstreits angewendet, der ein Rechtsverhältnis zum Gegenstand hat, das ausländischem Recht unterliegt, so gilt für die Feststellung seines Inhalts § 293 ZPO.

c. Lückenfüllung

Ein non liquet kann es bei der Anwendung des WKÜ als ausländischem Recht nicht geben. Jedoch können Fragen auftauchen, die im WKÜ nicht ausdrücklich geregelt sind. Für diesen Fall sieht Art. 7 Abs. *2* WKÜ vor, dass „nach allgemeinen Grundsätzen, die diesem Übereinkommen zugrunde liegen"[49] entschieden werden, hilfsweise auf das kollisionsrechtlich zur Anwendung berufene Recht zurückgegriffen werden soll. Hier handelt es sich rechtstechnisch nicht um eine Lückenausfüllung. Auszugehen ist davon, dass auf ein Rechtsverhältnis deutsches, österreichisches oder ein anderes nationales Recht anwendbar ist, das im Rahmen des Geltungs- und Regelungsbereichs des WKÜ – wie der Verjährungsfrage – nicht eine Lücke gefüllt, sondern das an sich anwendbare Recht angewendet.

Fazit: Das kollisionsrechtlich zur Anwendung berufene Recht bleibt für alle im WKÜ nicht geregelte Fragen anwendbar.

[48] Vgl. BGH IPRax 2002, 302; BGH IPRspr. 2001 Nr. 2; BGH RIW 2003, 961; Geimer, IZPR, Rdn. 2596; Schack, IZVR, Rdn. 628

[49] Die Formulierung erinnert an die Favorisierung allgemeiner Rechtsgrundsätze als Ersatzrecht durch einige Autoren; vgl. z.B. Broggini, die Maxime „iura novit curia" und das ausländische Recht, AcP 155 (1956), 469ff.; Kötz, Allgemeine Rechtsgrundsätze als Ersatzrecht, RabelsZ 34 (1970), 663ff.; Neuhaus, Die Grundbegriffe des internationalen Privatrechts, 2. Aufl., 1976, S. 391f.

d. Anwendung des WKÜ aufgrund Parteivereinbarung

Ein ausländischer Rechtssatz verliert seinen Charakter als Rechtsnorm dann, wenn er nicht aufgrund kollisionsrechtlicher, sondern materiellrechtlicher Verweisung angewendet wird[50]. Denn es kann keinen Unterschied machen, ob die Parteien die Verkäuferhaftung im einzelnen regeln oder aus Gründen der Vereinfachung diese Frage einem bestimmten, ihren Intentionen entsprechenden, Recht unterstellen. In diesen Fällen ist die vereinbarte Rechtsnorm als Tatsache im Prozess zu werten.

Fazit: In allen Fällen, in denen das WKÜ nicht gemäß seinem Art. 1, sondern aufgrund Parteivereinbarung angewendet wird, ist sein Inhalt als Tatsache im Prozess festzustellen und zu beweisen.

e. Die Revisibilität von Normen des WKÜ

Ausländisches Recht ist im deutschen Recht nicht revisibel[51]. Diese rechtspolitische Fehlentscheidung[52] wird durch die neuere Rechtsprechung des BGH zwar gemildert[53], der Grundsatz bleibt aber bestehen. Für die Revisibilität des WKÜ bedeutet das: Wird das WKÜ als deutsches Recht angewendet, ist es revisibel, wird es als ausländisches Recht angewendet, so schließt § 545 Abs. 1 ZPO die Nachprüfung aus. Wendet das OLG Stuttgart im Rahmen eines Rechtsstreits, der österreichischem Recht unterliegt, das WKÜ so an, wie es – nach Ansicht des OLG Stuttgart – durch den OGH angewendet wird, dann ist der BGH gehindert, diese Rechtsanwendung nachzuprüfen,

[50] Vgl. Schütze, ausländisches Recht als beweisbedürftige Tatsache, NJW 1969, 1652 f.; ders. DIZPR, Rdn. 270

[51] Vgl. § 545 Abs. 1 ZPO, unstreitig, vgl. für Nachweise Zöller/Gummer, § 545, Rdn. 9

[52] Vgl. Broggini, AcP 156 (1956), 469 ff.; Dölle, Betrachtungen zum ausländischen, internationalen und interzonalen Privatrecht im besetzten Deutschland, FS Raape, 1948, S. 149 ff. (154); Frankenstein, Internationales Privatrecht (Grenzrecht), Bd. I, 1926, S. 193; Müller, Länderbericht Deutschland, in: Müller u.a., Die Anwendung ausländischen Rechts im internationalen Privatrecht, 1968, S. 66 ff. (78); Riezler, IZPR, S. 502; Schack, IZVR, Rdn. 646

[53] Vgl. BGH EWS 1991, 396; dazu Samtleben, Der unfähige Gutachter und die ausländische Rechtspraxis, NJW 1992, 3057 ff.; Schütze, Der Abschied von der Nichtrevisibilität ausländischen Rechts?, EWS 1991, 372 f.; Sommerlad, Grundsätze für die Ermittlung ausländischen Rechts im Zivilprozess, RIW 1991, 856; weiter BGH RIW 1997, 687 = DZWIR 1997, 329 mit Anm. Schütze

selbst wenn er der Ansicht ist, dass das OLG Stuttgart die Rechtsprechung der österreichischen Gerichte falsch interpretiert hat.

Wird das WKÜ aufgrund von einer Parteivereinbarung angewendet, so gilt dasselbe wie bei materiellrechtlicher Verweisung[54]. Das WKÜ wird hinsichtlich der Revisibilität wie eine Vertragsklausel behandelt.

Fazit: Hat das WKÜ im Einzelfall den Charakter eines ausländischen Rechtssatzes, so ist es nicht revisibel.

III. Die Verjährung

Das WKÜ regelt die Verjährung nicht. Die Frage, wann eine Forderung verjährt und wie die Verjährung gehemmt oder unterbrochen wird, ist den nationalen Rechten überlassen. Wegen der unterschiedlichen Qualifikation der Verjährung als materiellrechtlich oder prozessrechtlich in den einzelnen Rechtsordnungen ist eine Differenzierung erforderlich.

Ist die Verjährung nach der lex fori als prozessrechtlich zu qualifizieren wie in den USA[55], dann wendet das befasste Gericht die Verjährungsvorschriften der lex fori an. Ist die Verjährung nach der lex fori jedoch als materiellrechtlich zu qualifizieren – wie nach deutschem Recht[56] –, dann ist die Verjährung nach dem kollisionsrechtlich zur Anwendung berufenen Recht zu beurteilen. Schwierigkeiten können auch hier auftreten, wenn lex causae ein Recht ist, das die Verjährung als Institut des Prozessrechts ansieht[57].

54 Vgl. Schütze, Zur Revisibilität ausländischen Rechts, NJW 1970, 1584; ders., DIZPR, Rdn. 282

55 Vgl. Mitscherlich/Jander, Verjährungsprobleme im internationalen Privatrecht der Vereinigten Staaten, RIW/AWD 1978, 358 ff; Schlink, Die international-privatrechtliche Behandlung der Verjährung in den Vereinigten Staaten, RabelsZ 9 (1935), 418 ff.

56 Vgl. Art. 32 Abs. 1 Nr. 4 EGBGB; dazu auch RGZ 145, 121; BGH NJW 1960, 1720; BGH IPRspr. 1964/65 Nr. 257; BGH NJW 1965, 1914; Kegel/Schurig, IPR, S. 636; Reithmann/Martiny/Martiny, Internationales Vertragsrecht, Rdn. 316, Schütze, Die Unterbrechung und Inlaufsetzung der Verjährung von Wechselansprüchen durch ausländische Klageerhebung, WM 1967, 246 ff.

57 Nach h.L. wird in diesen Fällen die lex causae angewendet; vgl. RG JW 1911, 148; RGZ 145, 121, BGH AWD 1960, 183; Kegel/Schurig, IPR, S. 351 f.; Reithmann/Martiny/Martiny, Internationales Vertragsrecht, Rdn. 316; Riezler, IZPR, 1949, S. 105

Fazit: Der deutsche Richter beurteilt die Verjährung eines Anspruchs nach dem WKÜ nach der lex causae, selbst wenn diese die Verjährung als prozessrechtliches Institut ansieht.

IV. Die Anerkennung und Vollstreckbarerklärung ausländischer Zivilurteile und Schiedssprüche

Das deutsche Recht lässt bei grundsätzlichem Verbot der revision au fond – ebenso wie andere Rechtsordnungen – die Überprüfung ausländischer Zivilurteile und Schiedssprüche auf ihre Vereinbarkeit mit dem deutschen ordre public zu[58].

Im Rahmen des prozessualen ordre public mag problematisch sein, ob Art. 11 WKÜ zum deutschen ordre public zu rechnen ist mit der Folge, dass ein ausländisches Urteil oder ein ausländischer Schiedsspruch, der aufgrund eines Verfahrens ergangen ist, in dem entgegen Art. 11 WKÜ der Zeugenbeweis nicht zugelassen wurde, nicht anerkannt und für vollstreckbar erklärt werden könnte. Das würde eine Überbewertung des WKÜ bedeuten.

Die Beweisvorschriften des französischen Rechts beispielsweise werden ohnehin als verkappte Formvorschriften angesehen und nach der lex causae beurteilt. Eine Verletzung des Art. 11 WKÜ mag zu einem mängelbehafteten Verfahren führen. Der deutsche ordre public ist jedoch nicht verletzt.

Hat das ausländische Gericht oder Schiedsgericht das WKÜ angewendet, so ist eine Berufung auf einen Verstoß gegen den materiellrechtlichen ordre public immer ausgeschlossen. Selbst wenn das ausländische Gericht oder Schiedsgericht das WKÜ falsch angewendet hat, führt das lediglich zu einer unrichtigen, nicht aber ordre public widrigen Entscheidung. Die Normen des WKÜ sind mit dem deutschen ordre public vereinbar, sind sie doch Teil der deutschen Rechtsordnung. Die Überprüfung der Richtigkeit der Anwendung des WKÜ ist durch das Verbot der revision au fond ausgeschlossen.

[58] Vgl. § 328 Abs. 1 Nr. 4 ZPO; § 1061 ZPO in Verb. M. Art. V Abs. 2 lit. b UN-Übereinkommen 1958

Fazit: Die prozessrechtlich relevanten Bestimmungen des WKÜ insbesondere Art. 11, zählen nicht zum deutschen prozessualen ordre public. Die Anwendung des WKÜ durch ein ausländisches Gericht oder Schiedsgericht verletzt – selbst wenn sie unrichtig ist – nicht den deutschen materiellrechtlichen ordre public.

10. Die Berücksichtigung der Rechtshängigkeit eines ausländischen Verfahrens[1]

I. Ausgangssituation

Während die Prozessgesetze nahezu aller Staaten Bestimmungen über die Erstreckung der Rechtskraft ausländischer Erkenntnisse enthalten, regeln nur wenige Prozessordnungen die Wirkung der Rechtshängigkeit ausländischer Verfahren[2]. In Staatsverträgen über die Urteilsvollstreckung findet sich dagegen häufiger eine ausdrückliche Regelung über die Erstreckung ausländischer Litispendenz[3]. Im Übrigen ist das Problem der Klärung durch Rechtsprechung und Lehre überlassen. In der deutschen Rechtslehre war die Frage zunächst nur am Rande behandelt worden bevor sie in der jüngeren Zeit größere Beachtung gefunden hat. Es soll im folgenden versucht werden, rechtsvergleichend Ansatzpunkte zu einer sachgerechten Lösung des Problems zu finden.

Die Einrede der Rechtshängigkeit muss dabei immer in Verbindung mit der Anerkennung einer ausländischen Entscheidung, die zur Berücksichtigung der Rechtskraft führt, gesehen werden. Die Rechtshängigkeit ist eine Vorstufe der Rechtskraft. Die Wirkungen von Rechtshängigkeit und Rechtskraft sind wesensähnlich. Beide bewirken die Unzulässigkeit eines neuen Verfahrens über denselben Streit-

[1] Erstmals publiziert in: RabelsZ 31 (1967) 233 ff.

[2] Nach Schauwecker, Die Einrede der Litispendenz im eigenössischen und zürcherischen internationalen Zivilprozessrecht, 1943, S. 14 ist die Erstreckung der Rechtshängigkeit in keiner Prozessordnung geregelt. Das war schon damals nicht richtig. In Italien war bereits durch Art. 3 cpc von 1940 die Frage der Wirkungen ausländischer Rechtshängigkeit positivrechtlich beantwortet. Zur gegenwärtigen Situation in ausländischen Rechten vgl. Bäumer, Die ausländische Rechtshängigkeit und ihre Auswirkungen auf das internationale Zivilverfahrensrecht, 1999; Kerameus, Rechtsvergleichende Bemerkungen zur internationalen Rechtshängigkeit, FS Schwab, 1990, S. 257 ff.; Málaga, La Litispendencia, 1999; Pålsson, Institutet Litispendens i den Internationella Civilprocessrätten, Tidsskrift for Rettsvitenskap 80 (1967), 537ff.; ders., The institute of lis pendens in international civil procedure, Scandinavian Studies of Law 1970, 61 ff.; Schütze, Die Wirkungen ausländischer Rechtshängigkeit in inländischen Verfahren, ZZP 104 (1991), 136 ff.

[3] Vgl. dazu insbes. Jellinek, Die zweiseitigen Staatsverträge über Anerkennung ausländischer Staatsverträge, 1. Heft, 1953, S. 201 ff.

gegenstand, sei es unbegrenzt oder zeitlich durch das Schweben des Verfahrens begrenzt. Die – zumindest teilweise – Ähnlichkeit der Wirkungen von Rechtshängigkeit und Rechtskraft hat in der deutschen Rechtsprechung und Lehre dazu geführt, die Wirkungen der Rechtshängigkeit ausländischer Verfahren nach den Regeln der Anerkennung ausländischer Zivilurteile zu beurteilen[4].

Es wird zu zeigen sein, dass trotz des unleugbaren Zusammenhangs zwischen der Erstreckung der Rechtskraft und der Erstreckung der Rechtshängigkeit aus der Möglichkeit der Anerkennung eines ausländischen Urteils noch nicht die Erstreckung der Wirkungen des Verfahrens folgt, das dem Urteil vorangeht.

II. Die Regelung in einigen ausländischen Rechten

1. Frankreich

Die französische Rechtsprechung[5] und Doktrin[6] haben herkömmlicherweise verhältnismäßig einhellig die Möglichkeit verneint, die Rechtshängigkeit eines ausländischen Verfahrens im inländischen Prozess

[4] Über Einzelheiten herrscht Streit. Zum Stand der Meinungen vgl. Schneider, Wann ist die Rechtshängigkeit ausländischer Verfahren zu berücksichtigen?, NJW 1959, 88 ff. Auf den Zusammenhang zwischen Erstreckung der Rechtskraft und der Rechtshängigkeit stellt besonders Schauwecker ab.

[5] Vgl. Cass.Civ. Rev. Crit. 40 (1951), 666; Paris Gaz. Pal. 1958.2.27; Cass.Civ., Journal Clunet 97 (1970), 707 mit Anm. Huet; weitere Nachweise bei Arminjon, Répertoire de droit international IX (1931) sub litispendence et connexité, Nr. 6; Huet, Urteilsanmerkung, Journal Clunet 102 (1974), 104 ff.; Niboyet, Traité de droit international privé, Bd. VI, 1949, No. 1844 bezeichnet die Rechtsprechung als absolut konstant.

[6] Vgl. Dalloz, Nouveau Répertoire de Droit, 2. Aufl., 1963, sub Exceptions et fins de non recevoir, No. 88; Niboyet, Traité de droit international privé, Bd. VI, 1949, No. 1844; Pillet/Niboyet, Manuel de droit international privé, 1924, No. 567. Vgl. Jedoch auch Yseux, La litispendence dans les relations internationales, Journal Clunet 19 (1892), 862 ff., der für das artverwandte belgische Recht mit grosser Beredsamkeit die Möglichkeit der Geltendmachung ausländischer Rechtshängigkeit eines ausländischen Verfahrens für den Fall verficht, dass das ausländische Urteil anerkannt werden kann

geltend zu machen. Die Begründungen lassen sich kurz folgendermaßen zusammenfassen[7]:

– Die Wirkungen der Rechtshängigkeit sind territorial begrenzt. Die Möglichkeit der Einrede der Rechtshängigkeit ist nur geschaffen worden, um widersprechende Urteile nationaler Gerichte zu verhindern. Während die Erstreckung der Wirkungen ausländischer Urteile gesetzlich vorgesehen ist, fehlt eine solche Bestimmung für die Erstreckung der ausländischen Rechtshängigkeit[8].

– Eng hiermit zusammen hängt die zweite Begründung. Da im Prinzip jede Wirkungserstreckung eines ausländischen Erkenntnisses eines gerichtlichen Exequaturs bedarf und eine formlose Anerkennung nur in Ausnahmefällen möglich ist[9], können die Wirkungen eines französischen und eines ausländischen Urteils keine Konfliktsituation herbeiführen, wie dies bei sich widersprechenden inländischen Erkenntnissen der Fall ist. Dieser Grund für die Einrede der Rechtshängigkeit ist deshalb bei konkurrierenden in- und ausländischen Prozessen nicht gegeben[10], so dass auch eine analoge Anwendung der Regeln über die Anerkennung ausländischer Urteile nicht in Betracht kommt.

– Der dritte Einwand gegen die Beachtlichkeit der Rechtshängigkeit aus einem ausländischen Prozess hängt ebenfalls eng mit der Ausgestaltung des Exequaturs im französischen Recht zusammen. Lange Zeit hielt man das Exequaturgericht für befugt, das ausländische

[7] Vgl. auch Bäumer, Die ausländische Rechtshängigkeit und ihre Auswirkungen auf das internationale Zivilverfahrensrecht, 1999, S. 35 ff.; Isenburg-Epple, Die Berücksichtigung ausländischer Rechtshängigkeit nach dem Europäischen Gerichtsstands- und Vollstreckungsübereinkommen vom 27.9.1968, Diss. Heidelberg, 1992, S. 53 f.

[8] Vgl. z.B. Niboyet/Pillet, Manuel de droit international privé, 1924, No. 567: *« L'exception ne peut jouer qu'entre tribunaux français; car on conçoit difficilement comment le souverain français pourrait ordonner à l'un de ses tribunaux de se dessoir au profit d'une juridiction étrangère. Ce serait aussi grave que le renvoi puisqu'on marquerait l'abdiction de système français de conflits de lois devant celui de pays étranger ».*

[9] Vgl. Geimer/Schütze, EuZVR, E.5, Rdn. 18 m.w.N.; Perroud, Les jugements étrangers, 1929, No. 47 ff.

[10] Vgl. Arminjon, Répertoire de droit international, Bd. IX, 1931, sub Litispendance et connexité, No. 8; Niboyet, Traité de droit international privé, Bd. VI, 1949, No. 1844

Urteil einer révision au fond zu unterziehen[11]. Wenn das ausländische Urteil aber nicht tale quale übernommen, dagegen einer rechtlichen und tatsächlichen Nachprüfung unterzogen wird – was sich praktisch nur wenig von einem neuen Prozess über denselben Streitgegenstand unterscheidet –, so kann man folgerichtig die Wirkungen der Rechtshängigkeit aus einem ausländischen Prozess nicht erstrecken. Das hieße, dem ausländischen Verfahren größere Wirkung beizumessen als dem zu erwartenden Urteil[12]. Diese Begründung kann heute jedoch nicht mehr aufrechterhalten werden, nachdem die Rechtsprechung zur sachlichen Nachprüfung sich grundlegend gewandelt hat. Nach der durch die Entscheidung Charr vom 21.10.1955[13] eingeleiteten Entwicklung, die durch das Erkenntnis der Cour de Cassation in Sachen Munzer vom 7.1.1964[14] einen Abschluss gefunden hat, ist von einer Unzulässigkeit der révision au fond – von der Doktrin schon früher verfochten – auszugehen[15].

– Schließlich wird geltend gemacht, dass die internationale Zuständigkeit letztlich von einem Zufall abhinge, nämlich davon, ob der Prozess zuerst vor einem französischen oder einem ausländischen Gericht eingeleitet würde, wenn man den Einwand der Rechtshängigkeit zuließe[16].

[11] Vgl. Bülow/Arnold, Der internationale Rechtsverkehr in Zivil- und Handelssachen, 1. Aufl., 1954 ff., E. 929. 24 f.; Perroud, Les jugements étrangers, 1929, No. 157 ff.; eingehend Alexandre, Les pouvoirs du juge de l'exequatur, 1970

[12] Vgl. Arminjon, Répertoire de droit international, Bd. IX, 1931, sub litispendance et connexité, No. 8

[13] Journal Clunet 83 (1956), 164 mit Anm. Sialelli = RabelsZ 22 (1957), 533 mit Anm. Mezger; dazu ferner Schlachter, Neue Aspekte zur Frage der Vollstreckbarkeitserklärung ausländicher Urteile in Frankreich, AcP 156 (1957), 507 ff.

[14] J.C.P. 1964.II.13590 mit Anm. Ancel = Rev. Crit. 53 (1964), 344 mit Anm. Batiffol = FamRZ 1965, 46 mit Anm. Sonnenberger; vgl. auch RabelsZ 29 (1965), 405

[15] Mezger, Urteilsanmerkung, RabelsZ 22 (1957), 545 hielt es schon für fraglich, ob man nach der Entscheidung Charr noch die Wirkungen ausländischer Rechtshängigkeit leugnen konnte.

[16] Vgl. Arminjon, Répertoire de droit international, Bd. IX, 1931, sub litispendance et connexité, No. 9 ff.

Die Doktrin ließ jedoch Ausnahmen vom Grundsatz der Nichtberücksichtigung einer ausländischen Rechtshängigkeit zu[17]; insbesondere sind hier zu erwähnen:

– Wenn die ausländische Entscheidung auf Grund eines Staatsvertrages anerkannt werden muss, ist auch die ausländische Rechtshängigkeit zu berücksichtigen, selbst wenn die Erstreckung der Litispendenz nicht ausdrücklich festgelegt ist[18]. Es wird geltend gemacht, dass es ein Gebot der Logik sei, die ausländische Litispendenz zu berücksichtigen, wenn man dem ausländischen Gericht staatsvertraglich internationale Zuständigkeit zur Entscheidung eines Rechtstreits zubillige und den Urteilsspruch ohne sachliche Nachprüfung und Exequatur anerkenne. Arminjon bemerkt hierzu:

> „*Et, comme cette sorte de communauté juridictionelle facilite grandement les conflits qui naissent de la contrairité des jugements, la litispendance permet de prévenir de telles difficultés.*“[19]

– Wenn ein Franzose vor einem ausländischen Gericht Klage erhebt und damit auf das Privileg aus Artt. 14, 15 cc verzichtet, kann nach verbreiteter Meinung der Klage vor einem französischen Gericht die Einrede der Litispendenz entgegengehalten werden[20]. Dass die Klage vor dem französischen Gericht unzulässig ist, ergibt sich hierbei jedoch wohl nicht aus der Litispendenz, sondern aus der Unzuständigkeit des Gerichts.

[17] Eingehend Arminjon, Répertoire de droit international, Bd. IX, 1931, sub litispendance et connexité, No. 12 ff.

[18] Vgl. Arminjon, Répertoire de droit international, Bd. IX, 1931, sub litispendance et connexité, No. 112ff.; Moreau, Effets internationaux des jugements civils, 1884, S. 1123 f.; ferner die bei Schauwecker, Die Einrede der Litipendenz im eidgenössischen und zürcherischen internationalen Zivilprozessrecht, 1943, S. 39, FN 49 zitierten Autoren. Anders Niboyet, Traité de droit international privé, Bd. VI, 1949, No. 1844, der die Litispendenzeinrede nur zulassen will, wenn der Staatsvertrag eine entsprechende Bestimmung enthält: „*... car il ne faut pas confonder la (l'exeption de la litispendance) avec l'exeption de chose jugée.*“

[19] Vgl. Arminjon, Répertoire de droit international, Bd. IX, 1931, sub litispendance et connexité, No. 53

[20] Vgl. Arminjon, Répertoire de droit international, Bd. IX, 1931, sub litispendance et connexité, No. 31 ff.; Schauwecker, Die Einrede der Litispendenz im eidgenössichen und zürcherischen internationalen Zivilprozessrecht, 1943, S. 39

Die ablehnende Haltung gegenüber der Einrede der Rechtshängigkeit beruht somit sowohl auf den Besonderheiten des französischen Exequaturverfahrens als auf der Erwägung, dass dem französischen Kläger die französische Gerichtsbarkeit nicht verschlossen werden soll.

Die Rechtsprechung ist gegenüber ausländischer Rechtsprechung nunmehr anerkennungsfreundlicher geworden[21], ohne allerdings – auch bei vermutlicher Anerkennungsfähigkeit der zu erwartenden ausländischen Entscheidung – eine Verpflichtung des französischen Gerichts zur Berücksichtigung der ausländischen Rechtshängigkeit anzunehmen[22].

2. Italien

Unter dem alten Recht war die Doktrin in Italien gespalten[23]. Überwiegend wurde die Einrede der Litispendenz nicht zugelassen, weil ein ausländisches Urteil vor der Deliberation keine Wirkungen entfaltet. Nach der Novelle von 1919 zu Art. 941 cpc setzt die Deliberation nämlich voraus, dass im Inland kein Prozess über den Gegenstand des ausländischen Urteils anhängig ist; die italienische Klage ist also in jedem Fall vorrangig. Andere Autoren wollten die Einrede der Rechtshängigkeit zulassen, wenn das zu erwartende Urteil anzuerkennen sein würde.

Diesem Streit ist durch Art. 3 cpc von 1940 ein Ende gesetzt worden[24], der die Berücksichtigung der ausländischen Rechtshängigkeit ausschließt. Die Aufnahme der Bestimmung in das Gesetz ist aus der

[21] Vgl. Cass. civ. Journal Clunet 102 (1975), 102 mit Anm. Huet; Cass. civ. Journal Clunet 102 (1975), 108 mit Anm. Ponsard; zustimmend nunmehr Mayer/Heuzé, Droit International Privé, 7. Aufl., 2001, Rdn. 443; Batiffol/Lagarde, Droit International Privé, Bd. II, 7. Aufl., Nr. 676, die allerdings bemerken: *„Dans la pratique judiciaire, cependant, l'acceil de la exception demeure rare"*.

[22] Vgl. Mayer/Heuzé, Droit International Privé, 7. Aufl., 2001, Rdn. 446 und die ebenda FN 149 zitierte Entscheidung

[23] Vgl. Anzilotti, Corso di lezioni di diritto internazionale, 1916, S. 997 ff.; Brunelli, Litispendenza dinanzi a tribunali di stati diversi, FS d'Amelio, 1933, Bd. II, S. 186 ff.; Ghirardini, La litispendenza del diritto processuale civile internazionale, Riv. Dir. Int. 1907, 229 ff.

[24] Art. 3: *„La giurisdizione italiana non è esclusa dalla pendenza davanti a un giurice straniero della medesima causa o di altra con questa connessa"*.

überragenden Bedeutung des Delibationsverfahrens zu erklären. Dem ausländischen Urteil wird vor der Delibation keine Wirkung beigemessen und die Prioritätsfrage dahin entschieden, dass *„alles, was zeitlich vor dem Delibationsurteil liegt, nicht zählt"*[25]. So ist vom italienischen Kassationshof einem italienischen Urteil, das zwischen dem Erlass eines ausländischen Urteils und dem Delibationsurteil erging, die Priorität vor der ausländischen Entscheidung zuerkannt worden[26]. Wenn schon dem ausländischen Urteil vor Delibation keine Wirkung zukommt, dann ist es nur logisch, auch der Rechtshängigkeit im Ausland keine Bedeutung beizumessen.

Das Gesetz Nr. 218 v. 31. Mai 1995 (IPRG) hat eine grundlegende Änderung der Rechtslage gebracht. Nach Art. 7 IPRG ist nunmehr die ausländische Rechtshängigkeit zu beachten, wenn das im ausländischen Prozess zu erwartende Urteil voraussichtlich in Italien anerkennungsfähig sein wird[27].

3. Schweiz

In der schweizerischen Rechtswissenschaft wird seit langem überwiegend angenommen, dass die Einrede aus einem ausländischen Prozess zulässig ist, wenn das zu erwartende Urteil anzuerkennen wäre[28]. Kallmann spricht von einem *„allgemein anerkannten Satz"*. Als Begründung wird angeführt, dass die Anerkennung und Vollstreckbarerklärung eines ausländischen Urteils auch die Anerkennung der

[25] Vgl. Jellinek, Die zweiseitigen Staatsverträge über Anerkennung ausländischer Zivilurteile, Heft 1, 1953, S. 200; vgl. auch Riezler, Das internationale Zivilprozessrecht in der italienischen Zivilprozessordnung von 1940, RabelsZ 15 (1949/50), 43, der rechtspolitische Bedenken gegen die Lösung in Art. 3 cpc geltend macht.

[26] Entscheidung v. 16.1.1931, RabelsZ 7 (1933), 155

[27] Vgl. Pfeifer, Länderbericht Italien in: Geimer/Schütze, Internationaler Rechtsverkehr, 1056. 9 f.

[28] Vgl. Kallmann, Anerkennung und Vollstreckung ausländischer Zivilurteile und gerichtlicher Vergleiche, 1946, S. 36, FN 38, 175; Schauwecker, Die Einrede der Litispendenz im eidgenössischen und zürcherischen internationalen Zivilprozessrecht, 1943, S. 47 ff.; Schnitzer, Handbuch des Internationalen Privatrechts, 4. Aufl., Bd. II, 1958, S. 862 ff.; Guldener, Das internationale und interkantonale Zivilprozessrecht der Schweiz, 1951, S. 175, der allerdings zugesteht, dass die Anerkennung nie mit Bestimmtheit vorausgesagt werden kann, da zumindest der Verstoß gegen den ordre public erst nach Erlass des Urteils erkennbar wird.

Rechtshängigkeit des zu der Entscheidung führenden Verfahrens notwendig mache. Die Möglichkeit der Urteilsanerkennung schließe die Erstreckung der Wirkungen der Rechtshängigkeit als das Mindere ein[29]. Darüber hinaus werden prozessökonomische Gesichtspunkte und die Gefahr divergierender Entscheidungen vorgebracht; ferner, dass eine Partei, die den ungünstigen Ausgang eines ausländischen Prozesses fürchte, nur eine inländische Klage einzuleiten und den ausländischen Prozess zu verschleppen brauche, um die Anerkennung des ausländischen Urteils zu verhindern[30]. Schließlich wird der Respekt vor der ausländischen Rechtsprechung ins Feld geführt[31].

Die Praxis des Bundesgerichts war zögernd und unklar. Eine grundsätzliche Stellungnahme für oder wider die Zulassung der Einrede der Rechtshängigkeit fehlte[32]. Die Entscheidung wurde immer wieder umgangen, das Problem dahingestellt gelassen, weil es an einer Voraussetzung der Rechtshängigkeit fehlte. Lediglich eine Entscheidung spricht sich klar für die Berücksichtigung der ausländischen Rechtshängigkeit aus[33]. Ihre Begründung kommt der französischen Lehre zum Verzicht auf den französischen Gerichtsstand aus Artt. 14, 15 cc

[29] Vgl. Guldener, Das internationale und interkantonale Zivilprozessrecht der Schweiz, 1951, S. 176; ähnlich Schauwecker, Die Einrede der Litispendenz im eidgenössischen und zürcherischen internationalen Zivilprozessrecht, 1943, S. 25f., 47 ff.

[30] Vgl. Schauwecker, Die Einrede der Litispendenz im eidgenössischen und zürcherischen internationalen Zivilprozessrecht, 1943, S. 47 ff.

[31] Vgl. Schauwecker, Die Einrede der Litispendenz im eidgenössischen und zürcherischen internationalen Zivilprozessrecht, 1943, S. 47 ff.; Schnitzer, Handbuch des Internationalen Privatrechts, 4. Aufl., Bd. II, 1958, S. 862 gibt allerdings zu bedenken, dass die Integrität, Qualität und Schnelligkeit der Rechtspflege in den Ländern nicht gleichmäßig entwickelt sind. *„Verschiedenheit des Verfahrens und der Rechtsanwendung können in verschiedenen Ländern zu abweichenden Ergebnissen führen."*

[32] Insbesondere ist sie den Entscheidungen BGE 38 I 536, 56 II 335, 64 II 71 und 65 II 177 nicht zu entnehmen

[33] Vgl. BGE 80 II 97: *„Diese zunächst für die Lösung von Konflikten zwischen inländischen Gerichtsständen aufgestellten Grundsätze sind entsprechend anzuwenden, wenn von einem schweizerischen Ehepaar der eine Teil im Ausland, der andere in der Schweiz bei einem nach der lex fori zuständigen Gericht auf Scheidung oder Trennung geklagt hat. Der ausländische Gerichtsstand ist in einem solchen Falle als ausschliesslicher zu betrachten, wenn er vor dem schweizerischen in Anspruch genommen wurde und erwartet werden darf, dass das ausländische Urteil in der Schweiz anerkannt werden kann." (S. 100)*

sehr nahe, unterscheidet sich hiervon jedoch in einem ganz wesentlichen Punkt. Während die französische Doktrin in dem geschilderten Ausnahmefall Klägergleichheit im in- und ausländischen Prozess fordert, um den Verzicht auf den französischen Gerichtsstand zu begründen, geht das schweizerische Bundesgericht gerade davon aus, dass keine Klägergleichheit in beiden Prozessen besteht. Die Begründung erfolgt deshalb auch nicht aus dem Verzicht, sondern aus der analogen Anwendung der inländischen Rechtshängigkeitsnormen.

In der kantonalen, insbesondere der zürcherischen Judikatur, wurde die Einrede der Rechtshängigkeit aus einem ausländischen Verfahren überwiegend zugelassen[34].

Als Voraussetzung für die Zulassung der Litispendenzeinrede wurde überwiegend als ausreichend angesehen, dass die ausländische Entscheidung anzuerkennen sein wird (hypothetische Anerkennungsprüfung)[35]. Manchmal wurde darüber hinaus verlangt, dass die Gegenseitigkeit im Hinblick auf die Erstreckung der Wirkungen der Rechtshängigkeit – nicht allein der Anerkennung von Entscheidungen – verbürgt ist[36].

Die Frage ist nunmehr positivgesetzlich geregelt. Nach Art. 9 Abs. 1 IPRG 1987 ist die ausländische Rechtshängigkeit bei positiver Anerkennungsprognose des im ausländischen Prozess zu erwartenden Urteils zu beachten[37].

[34] Vgl. Schauwecker, Die Einrede der Litispendenz im eidgenössischen und zürcherischen internationalen Zivilprozessrecht, 1943, S. 77 mit Nachweisen; Schnitzer, Handbuch des Internationalen Privatrechts, 4. Aufl., Bd. II, 1958, S. 863

[35] Vgl. Kallmann, Anerkennung und Vollstreckung ausländischer Zivilurteile und gerichtlicher Vergleiche, 1946, S. 36, FN 38; BGE 80 II 100

[36] So BGE 56 II 340 (als obiter dictum)

[37] Vgl. Bäumer, Die ausländische Rechtshängigkeit und ihre Auswirkungen auf das internationale Zivilverfahrensrecht, 1999, S. 54 f.; Jegher, Abwehrmassnahmen gegen ausländische Prozesse, 2003; Schwander, Ausländische Rechtshängigkeit nach IPR-Gesetz und Lugano Übereinkommen, FS Vogel, 1991, S. 395 ff.; Vogel, Rechtshängigkeit und materielle Rechtskraft im internationalen Verhältnis, SJZ 1990, 77 ff.; Wittibschlager, Die Rechtshängigkeit in internationalen Verhältnissen, Diss. Basel, 1994

4. England[38]

Auch das englische Recht kennt die Einrede der Rechtshängigkeit, jedoch grundsätzlich nur bei zwei Prozessen vor nationalen Gerichten. Nach englischer Rechtsauffassung kann die Doppelprozessführung vor einem ausländischen und einem inländischen Gericht durchaus gerechtfertigt sein[39]. Die englischen Gerichte haben jedoch die Möglichkeit, die Einrede der Litispendenz zuzulassen, wenn dies angemessen erscheint. Als Kriterium gilt dabei, ob die zweite Klage „vexatious and oppressive"[40] ist. Darüber hinaus muss der Beklagte dartun, dass der zweite Prozess ihm ernsten, nicht wieder gut zu machenden Schaden zufügen würde[41].

Hinsichtlich der Beweislast kam es früher darauf an, ob die konkurrierenden Prozesse vor Gerichten des Commonwealth schwebten oder der erste Prozess in einem Nicht-Commonwealth-Staat eingeleitet worden war. Im ersten Fall wurde prima facie vermutet, dass das zweite Verfahren „vexatious and oppressive" sein würde. Im zweiten Fall musste der Beklagte dafür besondere Gründe dartun. Darüber hinaus wurde noch unterschieden, ob in den Prozessen Klägeridentität bestand oder die Parteirollen im zweiten Prozess umgekehrt

[38] Vgl. dazu Bäumer, Die ausländische Rechtshängigkeit und ihre Auswirkungen auf das internationale Zivilprozessrecht, 1999, S. 45 ff.; Isenburg-Epple, Die Berücksichtigung ausländischer Rechtshängigkeit nach dem Europäischen Gerichtsstands- und Vollstreckungsübereinkommen, 1992, S. 58 ff.; Pålsson, The Institute of Lis Pendens in International Civil Procedure, Scandinavian Studies in Law XIV (1970), S. 61 ff. (74 ff.)

[39] So sagt Graveson, The Conflict of Laws, 4. Aufl., 1960, S. 370: *„There is nothing objectionable in itself in a plaintiff starting action against the same defendant in more than one country. He may do so in the hope of obtaining an earlier decision in one country than another, or of availing himself of more effective remedies; and English courts will not interfere merely on the ground that concurrent proceedings have been begun."* Ähnlich Cheshire, Private International Law, 5. Aufl., 1957, S. 122 ff.; Phear, De l'exception de litispendance à raison d'une instance pendante devant un tribunal étranger, d'après la jurisprudence anglaise, Journal Clunet 18 (1891), 459 ff.

[40] Vgl. Collier, Recognition and Enforcement of Foreign Judgments: England, in: Walter/Baumgartner (Herausg.), Anerkennung und Vollstreckung ausländischer Entscheidungen außerhalb der Übereinkommen von Brüssel und Lugano, 2000, S. 131 ff. (158)

[41] Vgl. Orr-Lewis v. Orr-Lewis (1949) P. 347

waren. Bei Klägeridentität wurden schärfere Maßstäbe angelegt, denn der Kläger hatte es in der Hand, sofort vor einem englischen Gericht Recht zu suchen, was nicht der Fall ist, wenn er im ausländischen Prozess Beklagter ist.

Seit einer Entscheidung des House of Lords aus dem Jahre 1973[42] ist eine Entwicklung[43] eingeleitet worden[44], die einen gewissen Abschluss in der Entscheidung Abidin Daver[45] gefunden hat. Hier findet sich eine Hinwendung zur Lösung des Problems konkurrierender in- und ausländischer Verfahren über die forum non conveniens Lehre. Danach ist die ausländische Rechtshängigkeit ein Grund für die Einstellung des inländischen Verfahrens, wenn das ausländische Forum das convenient forum ist, was angenommen wird, wenn die Klage vor dem ausländischen Gericht mit erheblich weniger Mühen, Kosten und Belastungen für die Parteien als in England entschieden werden kann – voausgesetzt, dass das ausländische Gericht „*the natural and appropriate forum*" ist und ein rechtsstaatliches Verfahren gewährleistet.

III. Die Rechtslage in Deutschland

1. Staatsvertragliches Recht

Das Problem ist in den Vollstreckungsverträgen, die die Bundesrepublik mit der Schweiz, Italien, Belgien, Österreich, Großbritannien, Griechenland, den Niederlanden, Tunesien, Spanien, Norwegen und Israel abgeschlossen hat, unterschiedlich geregelt[46]. Das deutsch-schweizerische Abkommen und der deutsch-britische Vertrag enthal-

[42] Vgl. The Atlantic Star (1974) A.C. 436

[43] Vgl. auch MacShannon v. Rockware Glass Ltd. (1978) A.C. 795, kurz wiedergegeben auch bei Magnus, Englische Rechtsprechung zum Handels- und Gesellschaftsrecht, RIW/AWD 1978, 751 ff. (757) und Amin Rasheed Shipping Corp. v. Kuwait Insurance Co. The Al Wahab (1983) 3 W.L.R. 241 (H.L.), kurz wiedergegeben auch bei Magnus, Englische Rechtsprechung zum Handels- und Wirtschaftsrecht, RIW 1984, 321 ff. (326 f.)

[44] Vgl. dazu Magnus, Englische Rechtsprechung zum Handels- und Wirtschaftsrecht, RIW 1985, 244 ff. (247 f.)

[45] (1984) 1 All E.R. 470) (H. L.)

[46] Vgl. dazu Schütze, Die Wirkungen ausländischer Rechtshängigkeit in inländischen Verfahren, ZZP 104 (1991), 136 ff., abgedruckt auch sub Nr. 10

ten keine Litispendenzklausel. Die Verträge mit Österreich (Art. 17), Belgien (Art. 15), Griechenland (Art. 18), den Niederlanden (Art. 18), Tunesien (Art. 44), Norwegen (Art. 21), Spanien (Art. 21) und Israel (Art. 22) sehen vor, dass die Rechtshängigkeit in einem der Vertragsstaaten von den Gerichten des anderen Vertragsstaates berücksichtigt werden muss, wenn die Entscheidung, die in dem Verfahren ergehen wird, anzuerkennen sein wird. Aus der Formulierung geht hervor, dass das Zweitgericht die Rechtshängigkeit von Amts wegen zu berücksichtigen hat, wenn eine hypothetische Prüfung der erwarteten Entscheidung deren Anerkennungsfähigkeit ergibt. Eine grundsätzlich andere Regelung findet sich in dem deutsch-italienischen Abkommen, nach dessen Art. 11 die Rechtshängigkeit im anderen Vertragsstaat nur auf Antrag zu berücksichtigen ist und der über die Einrede entscheidende Richter keine Prüfung der erwarteten Entscheidung auf ihre Anerkennungsfähigkeit vorzunehmen hat, sondern sich auf die Prüfung der Zuständigkeit des zuerst angerufenen Gerichts zu beschränken hat.

Diese Regelungen erscheinen teils überraschend. Während die Litispendenzklausel im deutsch-italienischen Abkommen notwendig war, da in Italien im Zeitpunkt des Abschlusses des deutsch-italienischen Abkommens die Litispendenzeinrede aus einem ausländischen Verfahren überwiegend nicht zugelassen wurde, erscheint die Vorschrift des deutsch-österreichischen Vertrages überflüssig, da in Deutschland und Österreich die Einrede der Rechtshängigkeit aus einem ausländischen Prozess bei Anerkennungsfähigkeit des erwarteten Urteils für zulässig angesehen wird. Im deutsch-schweizerischen Abkommen ist eine Litispendenzklausel nicht enthalten, obwohl – wie dargelegt – ziemlich sicher ist, dass die schweizerischen und deutschen Gerichte die Einrede der Rechtshängigkeit zulassen werden.

Die wortgleichen Artt. 21 EuGVÜ und LugÜ sehen vor, dass sich das später angerufene Gericht für unzuständig erklären, zumindest aber die Entscheidung aussetzen muss, wobei die h.L. – ebenso wie im europäischen Recht nach Art. 27 VO (EG) Nr. 44/2001 – eine Anerkennungsprognose für unzulässig hält[47].

[47] Vgl. für Nachweise Geimer/Schütze, EuZVR, A.1, Art. 27, Rdn. 16

Aus den Staatsverträgen wird man Schlüsse auf das allgemeine Prozessrecht kaum ziehen können. Die Aufnahme der Litispendenzklausel kann entweder erfolgen, weil ein Vertragsstaat die Einrede nach allgemeinem Recht nicht zulassen würde (so im deutsch-italienischen Abkommen) oder zur Klarstellung (so offenbar im deutsch-österreichischen Vertrag). Umgekehrt kann aus dem Fehlen einer solchen Klausel nicht geschlossen werden, dass die Einrede nicht zugelassen wird. Entscheidend hängt – leider alles von den Redaktoren der Verträge ab.

2. Autonomes Recht

Eine positivgesetzliche Regelung der internationalen Rechtshängigkeit findet sich nicht[48]. § 328 ZPO regelt nur die Anerkennung ausländischer Urteile, §§ 722 f. ZPO deren Vollstreckbarerklärung. Dabei ist die Anerkennung nach herrschender Meinung auf rechtskräftige ausländische Entscheidungen beschränkt[49]. Für die Vollstreckbarerklärung ist die Rechtskraft des ausländischen Erkenntnisses gesetzlich vorgeschrieben. Auch aus § 261 Abs. 3 Nr. 1 ZPO ist für die internationale Rechtshängigkeit nichts zu entnehmen. Diese Bestimmung bezieht sich nach dem Aufbau des Gesetzes auf § 253 ZPO, eine Vorschrift, die die inländische Klageerhebung zum Gegenstand hat[50]. Eine andere Auslegung ist auch kaum möglich, da sonst ohne Rücksicht auf die Anerkennungsfähigkeit der erwarteten Entscheidung jede ausländische Rechtshängigkeit berücksichtigt werden müsste, denn § 261 Abs. 3 Nr. 1 ZPO beinhaltet eine solche Beschränkung nicht.

Trotz der gesetzlichen Beschränkung der Anerkennung auf rechtskräftige ausländische Entscheidungen lässt die herrschende Meinung die Einrede der Rechtshängigkeit aus einem ausländischen Verfahren

[48] Eine Ausnahme stellt § 738 a Abs. 1 HGB dar. Die Regelung für die Litispendenz in Schadensersatzprozessen bei seerechtlichen Streitigkeiten ist aus Art. 1 Abs. 3 des Brüsseler Übereinkommens vom 10.5.1952 in das deutsche Recht übernommen worden; vgl. Herber, Seehandelsrecht, 1999, S. 439

[49] Vgl. RGZ 36, 384; BayObLG FamRZ 1990, 898; Reu, Anwendung fremden Rechts, 1938, S. 85; Riezler, IZPR, S. 531; Schack, IZVR, Rdn. 821; Schütze, DIZPR, Rdn. 328

[50] Vgl. Schütze, NJW 1964, 337; a.A. Schweickert, ebenda, 336

unter gewissen – an § 328 ZPO orientierten – Voraussetzungen zu[51]. 261 Abs. 3 Nr. 1 ZPO soll bei ausländischer Rechtshängigkeit dann analog angewendet werden, wenn die erwartete Entscheidung anzuerkennen ist. Teils wird es schon als genügend angesehen, wenn gegen die Anerkennung keine ernsthaften Bedenken bestehen[52]. Die Begründung basiert im Wesentlichen auf drei Gesichtspunkten: Der Bundesgerichtshof beruft sich auf einen „für das internationale Recht gültigen Rechtsgrundsatz[53]. Wieczorek operiert damit, dass die Anerkennungsfähigkeit einer ausländischen Entscheidung logischerweise die Anerkennung des zu dem Urteil führenden Verfahrens erfordere[54]. Riezler[55] hält die Konfliktlage zwischen in- und ausländischem Prozess für gleichwertig der Konfliktsituation bei inländischer Doppelprozessführung und meint, die Gründe, die zur Einrede der Rechtshängigkeit bei konkurrierenden inländischen Verfahren geführt hätten, rechtfertigten auch die Zulassung der Einrede aus einem ausländischen Verfahren. Im Wesentlichen sind es also prozessökonomische Gründe und das Bestreben, divergierende Entscheidungen zu verhindern, die ins Feld geführt werden. Auch soll die Führung eines zweiten Prozesses im Inland ein „mit dem Gebote ehrlicher Prozessführung unvereinbares schikanöses Verhalten“ darstellen.

Gegen diese Meinung sind in der deutschen Literatur nur ganz vereinzelt Einwände erhoben worden[56]. Es soll im Folgenden versucht

[51] Vgl. RGZ 49, 344; BGH NJW 1958, 103 (obiter dictum); BGH NJW 1983, 1269 = IPRax 1984, 152 = Dir.Fam. 1983, 527 mit abl. Anm. Tortorici; BGH NJW 1986, 2195; OLG Hamburg LZ 1926, 551; OLG München NJW 1972, 110, OLG Frankfurt/Main RIW/AWD 1980, 874; BayObLG FamRZ 1983, 501; für die Literatur vgl. die Übersicht bei Schütze, Zur internationalen Rechtshängigkeit im deutschen Recht, FS Beys, 2003, S. 1501 ff.; abgedruckt auch sub 12

[52] Vgl. Schneider, Wann ist die Rechtshängigkeit ausländischer Verfahren zu beachten?, NJW 1959, 88; Seuffert/Walsmann, ZPO, 12. Aufl., 1932, § 263, Anm. I 2 d; Wieczorek, ZPO, 1. Aufl., 1956 ff., § 274 Anm. D IV a; § 328 Anm. A I

[53] Vgl. BGH NJW 1958, 103

[54] Vgl. Wieczorek, ZPO, 1. Aufl., 1956 ff.; § 328 Anm. A I. Offenbar ist ihm entgangen, dass dann aber erst recht ein noch nicht rechtskräftiges ausländisches Urteil anerkennungsfähig sein müsste. Das aber lehnt er wenig später ab, § 328 Anm. B I.

[55] Vgl. Riezler, IZPR, S. 452 f.; ähnlich RGZ 49, 344; BGH NJW 1961, 124; Jellinek, Die zweiseitigen Staatsverträge über Anerkennung ausländischer Zivilurteile, 1. Heft, 1953, S. 201 f.; Nikisch, Zivilprozessrecht, 2. Aufl., 1952, S. 178

[56] Vgl. Hellwig, Lehrbuch des Deutschen Civilprozessrechts, Bd. I, 1903, S. 178 N. 20; Schütze, NJW 1963, 1486 ff.

werden, auf rechtsvergleichender Grundlage zu einer Lösung zu gelangen und die vorgebrachten Argumente zu überprüfen.

III. Rechtsvergleichende Lösung

Das Problem stellt sich in allen behandelten Rechtsordnungen gleich: Die doppelte Prozessführung im Inland wird als unzulässig angesehen, damit sich widersprechende Urteile in derselben Sache verhindert, die Gerichte nicht unnötig belastet und den Parteien Kosten erspart werden. Die inländischen Gerichte wenden dasselbe Recht an und sind grundsätzlich gleichwertig, so dass es unsinnig wäre, Parallelprozesse zuzulassen.

Bei konkurrierenden in- und ausländischen Verfahren *kann* die Situation dieselbe sein, sicher ist das jedoch nicht. Die Qualität des ausländischen Gerichts *kann* der eines inländischen gleich sein, eine Konfliktsituation durch einander widersprechende Urteile *kann* entstehen, wenn das ausländische Urteil anerkannt wird, und die Gerichte *können* unnötig belastet werden. Die entscheidende Frage ist nun, ob der Eintritt der unerwünschten Folgen bei einer internationalen Prozesskonkurrenz so wahrscheinlich ist, dass die Normen über die inländische Rechtshängigkeit auch auf die internationale Litispendenz angewendet werden können.

1. Widersprechende Urteile

Sich widersprechende Urteile in derselben Sache sind nur dann problematisch, wenn sie örtlich und zeitlich gleiche Wirkungen haben. Da die Urteilswirkungen im Prinzip auf das Territorium des Urteilsstaates begrenzt sind, entsteht eine Konfliktsituation grundsätzlich nicht. Sie kann jedoch dann gegeben sein, wenn die ausländische Entscheidung anerkannt wird, die Urteilswirkungen also territorial erstreckt werden.

Die Möglichkeit eines Konflikts widersprechender Urteile wird aber nur dann zu einer die Analogie rechtfertigenden Wahrscheinlichkeit, wenn die Anerkennung der ausländischen Entscheidung mit Sicherheit vorauszusehen ist. Das ist dann nicht der Fall, wenn die Entscheidung einer révision au fond unterzogen werden würde. Die sachliche Nachprüfung eines Urteils macht die Voraussehbarkeit der Anerkennung zunichte. Deshalb hat in Frankreich die herrschende Lehre nicht zuletzt wegen der lange Zeit praktizierten révision au fond die Berücksichtigung der ausländischen Rechtshängigkeit abgelehnt. Da die Schweiz, England und Deutschland eine sachliche Nachprüfung im Prinzip nicht kennen, kann hieraus für diese Rechtsordnungen nichts hergeleitet werden.

Aber auch wenn eine sachliche Nachprüfung allgemein ausgeschlossen ist, ist damit die Anerkennung noch nicht voraussehbar. Kein Staat übernimmt ein ausländisches Urteil tale quale. Alle Prozessordnungen stellen gewisse Voraussetzungen für die Anerkennung auf, deren Vorliegen nachgeprüft wird. Wir wollen als Beispiel zwei Voraussetzungen herausgreifen, die sich in allen Prozessordnungen finden: internationale Zuständigkeit des Erstgerichts und kein Verstoß gegen den zweitstaatlichen ordre public. Die internationale Zuständigkeit liegt bei Einleitung eines Prozesses vor oder nicht. Insoweit kann die hypothetische Anerkennungsprüfung schon bei Begründung der Rechtshängigkeit erfolgen. Ob das Urteil jedoch gegen den ordre public verstoßen wird, lässt sich vor Urteilsfällung nicht prüfen. Der Richter müsste hellseherische Fähigkeiten besitzen, um vor Beendigung des ausländischen Verfahrens sagen zu können, ob den Parteien rechtliches Gehör gewährt werden wird oder ob Rechtssätze zur Anwendung gelangen werden, die gegen die Grundlagen seiner Rechtsordnung verstoßen. Die schweizerische und die deutsche Lehre halten diese Bedenken nicht für so schwerwiegend, dass sie die Möglichkeit der Voraussage verneinten. Auch die deutschen Staatsverträge mit Österreich, Belgien und den Niederlanden gehen von der Möglichkeit einer Voraussage aus. Die englische Judikatur und Rechtslehre stellen dagegen – wohl nicht zuletzt wegen der Schwierigkeit einer einigermaßen sicheren Voraussage – nicht auf die Anerkennungsfähigkeit, sondern allein darauf ab, ob der zweite Prozess „vexatious“ eingeleitet wurde.

Wir meinen, dass schon die Tatsache, dass das ausländische Urteil auf den Verstoß gegen den ordre public nachgeprüft wird, es unmöglich macht, über die Anerkennung etwas sicher vorauszusagen. Das bedeutet, dass ein Konflikt zwischen einem in- und einem ausländischen Urteil nicht mit genügender Sicherheit zu erwarten ist. Hinzu kam früher, dass nach deutschem Recht (§ 328 Abs. 1 Nr. 3 a.F. ZPO) die Beachtung gewisser deutscher Rechtsnormen Anerkennungserfordernis war. Es erschien schlechthin unmöglich, dass der Zweitrichter hinsichtlich der Beachtung dieser Vorschriften durch den Erstrichter eine einigermaßen sichere Voraussage treffen konnte.

Es ist nun zwar zuzugeben, dass dem deutschen Richter in § 606b a.F. ZPO ebenfalls eine hypothetische Anerkennungsprüfung aufgebürdet wurde und er die offensichtliche Nichtanerkennbarkeit in § 606a Abs. 1 Nr. 4 ZPO feststellen muss. Diese Anerkennungsprognose ist jedoch nicht vergleichbar mit der für die Berücksichtigung einer ausländischen Rechtshängigkeit geforderten. Der deutsche Richter stellte nach § 606b a.F. ZPO eine Prognose für sein eigenes, nicht ein fremdes Urteil auf. Dasselbe gilt heute für die Prognose nach § 606 a Abs. 1 Nr. 4 ZPO. Er weiß, wie er entscheiden wird; es liegt in seiner Hand, ob er die Anerkennungserfordernisse der ausländischen Rechtsordnung erfüllt. Er kann sich an der ausländischen Rechtsprechung orientieren und seine Zuständigkeit verneinen, wenn er sich nicht in der Lage sieht, dem ausländischen Recht zu folgen, soweit dies für die Anerkennung seiner Entscheidung im Ausland erforderlich ist.

Aber nicht nur aus den Voraussetzungen der Anerkennung, sondern auch wegen des Verfahrens, durch das die Urteilswirkungen erstreckt werden, ergeben sich Bedenken. In der Schweiz ist die Anerkennung grundsätzlich formlos. Die Wirkungserstreckung erfolgt automatisch. Hier kann verfahrensrechtlich kein Einwand gegen eine Erstreckung der Rechtshängigkeit erhoben werden. Nach französischem Recht jedoch bedarf auch die Anerkennung – von Ausnahmen abgesehen – einer konstitutiven Gerichtsentscheidung, damit eine Erstreckung der Rechtskraft herbeigeführt wird. Das nicht exequierte ausländische Urteil zeitigt keine Rechtskraftwirkung im Inland. Folgerichtig nahm die französische Lehre deshalb an, dass auch die Rechtshängigkeit nicht ipso iure erstreckt wird. Es wäre in der Tat ein unsinniges Ergebnis, wollte man vor Rechtskraft des Urteils die Einrede der Rechtshängigkeit zulassen, wenn nach rechtskräftiger Entscheidung die Parteien erneut im Inland klagen können, solange keine Anerkennung ausgesprochen worden ist.

Nach deutschem Recht ist die Anerkennung grundsätzlich formlos. In Ehesachen jedoch bedarf es zur Rechtskrafterstreckung eines vorgängigen Exequaturs, das konstitutiv ausgestaltet ist[57]. Zumindest bei Verfahren, die zu einer Entscheidung führen, die nach Art. 7 § 1 FamRÄndG der förmlichen Anerkennung durch die Landesjustizverwaltung bedarf, verbietet sich die Erstreckung der Rechtshängigkeit aus den Gründen, aus denen früher in Italien und Frankreich die ausländische Rechtshängigkeit als unbeachtlich angesehen wurde.

2. Prozessökonomie

In der deutschen und schweizerischen Lehre wird die Zulassung der Einrede der Rechtshängigkeit auch mit prozessökonomischen Gesichtspunkten begründet. Eine Doppelbelastung der Gerichte durch eine Doppelprozessführung soll vermieden werden[58]. Die englische Lehre lässt prozessökonomische Gesichtspunkte nur anklingen, stellt es aber im wesentlichen darauf ab, ob es dem Beklagten des zweiten Prozesses zuzumuten ist, erneut einen Prozess zu führen. Das Interesse der Parteien steht also im Vordergrund, nicht ein allgemeines Interesse. In der französischen Lehre werden recht zögernd prozessökonomische Gründe für eine begrenzte Zulassung der Einrede der Rechtshängigkeit aus einem ausländischen Verfahren geltend gemacht[59].

Es erscheint zweifelhaft, ob man die Doppelbelastung überhaupt gegen die Konkurrenz zwischen einem in- und einem ausländischen Verfahren ins Feld führen kann. Der inländische Richter braucht sich nicht darum zu kümmern, ob und in welcher Weise ausländische Ge-

[57] Vgl. Schütze, Die Anerkennung und Vollstreckung ausländischer Zivilurteile in der Bundesrepublik Deutschland als verfahrensrechtliches Problem, Diss. Bonn, 1960, S. 37 ff. mit einer Darstellung des Standes von Rechtsprechung und Lehre zu § 24 der 4. DVO zum EheG; weiter Kleinrahm/Partikel, Die Anerkennung ausländischer Entscheidungen in Ehesachen, 2. Aufl., 1970, S. 38; aA die wohl h.L., die eine nur deklaratorische Wirkung der Entscheidung der Landesjustizbehörde annimmt, vgl. Beitzke, Zur Anerkennung ausländischer Ehescheidungsurteile, DRZ 1946, 172 ff.; Hausmann, Kollisionsrechtliche Schranken von Scheidungsurteilen, 1980, S. 157; Martiny, Handbuch, S. 720; Reinl, Die Anerkennung ausländischer Eheauflösungen, Diss. Würzburg 1966, S. 82 f.

[58] Vgl. z.B. Riezler, IZPR, S. 452 f.; Schauwecker, Die Einrede der Litispendenz im eidgenössischen und zücherischen internationalen Zivilprozessrecht, 1943, S. 50

[59] Vgl. Arminjon, Répertoire de droit international, Bd. IX, 1931, sub litispendance et connexité, No. 14

richte belastet sind. Die Gerichtsbarkeit ist territorial begrenzt, und die Prozessökonomie hat ihren Platz nur innerhalb dieser Grenzen.

Überdies ist zu bedenken, dass bei Leistungsurteilen in allen hier behandelten Rechtsordnungen zur Vollstreckbarerklärung ein gerichtliches Verfahren erforderlich ist. Zumindest bei dieser Kategorie Urteile vermeidet man keinen neuen Prozess, wenn man die Einrede der Rechtshängigkeit zulässt. Obsiegt der Kläger im Ausland, muss er ohnehin ein Exequaturverfahren im Inland anstrengen, um das Urteil durchsetzen zu können. Wie soll da eine Doppelbelastung der Gerichte vermieden werden? Die Belastung wird durch die Zulassung der Rechtshängigkeitseinrede allenfalls vergrößert: Nehmen wir an, A klagt gegen B in Libyen auf Rückzahlung eines Darlehns. Der Prozess wird durch B verschleppt, so dass A in Deutschland erneut klagt, da B hier inzwischen zu Vermögen gelangt ist. Das deutsche Gericht müsste nunmehr erst über die Einrede der Rechtshängigkeit entscheiden, was Schwierigkeiten bereitet, weil hinsichtlich der Verbürgung der Gegenseitigkeit die Rechtslage unklar ist[60]. Der Prozess läuft durch mehrere Instanzen, obwohl die Darlehensforderung unbestritten ist. Schließlich wird die Verbürgung der Gegenseitigkeit bejaht und die Einrede der Rechtshängigkeit zugelassen. Die Klage zur Hauptsache wird damit abgewiesen. Inzwischen hat A in Libyen ein obsiegendes Urteil erstritten. Er muss nunmehr Klage auf Vollstreckbarerklärung dieses Urteils erheben. Hätte man die Einrede der Rechtshängigkeit nicht zugelassen, wie viel Arbeit wäre den verschiedenen Gerichten erspart geblieben!

3. Schikanöses Verhalten des Klägers

In Deutschland und der Schweiz wird die Berücksichtigung der ausländischen Rechtshängigkeit ferner auch damit begründet, dass die Führung eines zweiten Prozesses ein schikanöses Verhalten des Klägers darstelle, der – wenn seine Chancen im ausländischen Verfahren schlecht stünden – das Verfahren verschleppen und einen neuen Prozess beginnen könne. Auch in England stellt man auf das Schikaneverbot ab, indem der zweite Prozess nicht zugelassen wird, soweit

[60] Aus der Sicht der Erstveröffentlichung des Beitrags 1967 bejahte Schütze, AWD 1964, 11 die Verbürgung der Gegenseitigkeit; verneint wurde sie von Bülow/Arnold, Internationaler Rechtsverkehr, 1. Aufl., 1954 ff., E. 955a. 16

der Kläger „vexatious" handelt. Im Gegensatz zum deutschen und schweizerischen Recht wird jedoch danach differenziert, ob der Kläger in beiden Prozessen der gleiche ist und wie die Umstände im Einzelfall liegen.

Das Schikaneverbot ist sicherlich richtig. Der arglistig einen zweiten Prozess einleitende Kläger verdient keinen Schutz. Die Verallgemeinerung, jede Doppelprozessführung sei schikanös, ist aber falsch.

Zunächst muss man unterscheiden, ob in beiden Verfahren der Kläger der gleiche ist oder nicht[61]. Erhebt der Beklagte eines ausländischen Prozesses im Inland Klage, weil er der Rechtsprechung des ausländischen Staates misstraut oder schneller zu einem Urteil kommen will, dann ist nicht einzusehen, warum er schikanös handelt, wenn er sein Recht bei den heimischen Gerichten sucht. Die Initiative zu dem ausländischen Prozess ging ja nicht von ihm aus. Man kann in der Regel nicht von einem schikanösen Verhalten des Klägers im inländischen Prozess sprechen, wenn er im ausländischen Verfahren Beklagter ist.

Besteht Klägergleichheit, so liegt es nahe, ohne weitere Prüfung ein schikanöses Verhalten anzunehmen. Aber auch dann können durchaus billigenswerte Motive für eine Doppelprozessführung vorliegen. Wird beispielsweise nur deshalb im Ausland geklagt, weil der Beklagte im Inland kein Vermögen besitzt, erwirbt er jedoch im Verlauf des jahrelangen ausländischen Prozesses Vermögen im Inland, wer möchte es dem Kläger verdenken, wenn er im Inland erneut klagt? Das umso weniger, wenn er im Ausland eine hohe Sicherheit für die Prozesskosten leisten muss. Hinzu kommt in den meisten Fällen die Ungewissheit, ob das ausländische Urteil im Inland anerkannt werden wird. Welcher Anwalt wird den Kläger beispielsweise über die Verbürgung der Gegenseitigkeit im Verhältnis zu Libyen zuverlässig informieren können? Der Kläger müsste unter Umständen ein teures Rechtsgutachten einholen, dessen Kosten in keinem Verhältnis zum Streitgegenstand stehen.

Wer einen zweiten Prozess anstrengt, wird regelmäßig ein begründetes Interesse hierfür haben, bringt die Doppelprozessführung ihm

[61] Vgl. dazu ausführlich Schütze, Die Wirkungen ausländischer Verfahren in inländischen Verfahren, ZZP 104 (1991), 136 ff., abgedruckt auch sub 11

doch erhebliche Mehrkosten. In dem Augenblick nämlich, indem einer der Prozesse rechtskräftig abgeschlossen ist, kann der Beklagte im anderen Prozess die Einrede der Rechtskraft geltend machen und Klageabweisung erreichen. Sofern die ausländische Prozessordnung eine Prozesskostenerstattungspflicht kennt, treffen die Kostennachteile aus der Doppelprozessführung also allein den Kläger. Diese Kostenfolge wird eine leichtfertige Doppelprozessführung schon weitgehend ausschließen. Deshalb wird in England die doppelte Prozessführung vor einem inländischen und einem ausländischen Gericht zu Recht nicht von vornherein als „vexatious" angesehen (wenn das ausländische Gericht kein Gericht eines Commonwealth-Staates ist)[62]. „Vexatious" wird die Prozessführung erst durch weitere Umstände, z.B. dadurch dass der Beklagte im ausländischen Prozess bereits Sicherheit geleistet hat.

Das englische System ist sachgerecht. Es begnügt sich nicht mit der – in dieser Verallgemeinerung sicher falschen – Behauptung, die Doppelprozessführung sei schikanös. Man klassifiziert je nach den Umständen des Einzelfalles. Diese Grundsätze sind auch mit dem deutschen Recht vereinbar. Auch hier kann man – wenn man grundsätzlich die Unbeachtlichkeit einer ausländischen Rechtshängigkeit annimmt – die Doppelprozessführung im Einzelfall als unzulässig ansehen, denn der das deutsche Prozessrecht beherrschende Grundsatz von Treu und Glauben ermöglicht es, bei schikanösem Verhalten über das Verbot des Rechtsmissbrauchs eine angemessene Lösung zu finden.

4. Zuständigkeit

Betrachtet man die internen Zuständigkeitsregeln für die Anerkennung und Vollstreckung ausländischer Urteile im englischen, schweizerischen und französischen Recht, so ergeben sich aus ihnen jedenfalls keine Schwierigkeiten für die Berücksichtigung einer ausländischen Rechtshängigkeit. Die Anerkennung und Vollstreckbarerklärung obliegen in diesen Ländern regelmäßig den ordentlichen Gerichten. Nach deutschem Recht ist hingegen für die Anerkennung ausländi-

[62] Man wird vielleicht einwenden, der Kläger könne die ausländische Klage ja zurücknehmen, wenn er im Inland erneut klagen wolle. Das ist jedoch häufig nicht möglich, wenn die Rücknahme der Zustimmung des Beklagten bedarf.

scher Entscheidungen in Ehesachen nicht das ordentliche Gericht zuständig, sondern die Landesjustizverwaltung. Wenn man nun aus der Möglichkeit der Anerkennung ausländischer Entscheidungen die Zulässigkeit der Berücksichtigung des hierzu führenden Verfahrens folgert, dann kann doch, wenn über die Anerkennung ausschließlich eine Verwaltungsbehörde entscheidet, die Entscheidung über die Beachtlichkeit der Rechtshängigkeit nicht von einem Gericht getroffen werden[63]. Die Anerkennung wird in Ehesachen überdies nur auf Antrag ausgesprochen, die Rechtshängigkeit aber müsste von Amts wegen berücksichtigt werden. Beim Schweben eines ausländischen Verfahrens müsste also eine neue Klage als unzulässig abgewiesen werden. Ist das ausländische Verfahren jedoch rechtskräftig abgeschlossen, dann könnten die Parteien erneut Klage erheben, solange nicht die Anerkennung durch die Landesjustizverwaltung ausgesprochen worden ist[64]. Das ist unlogisch.

V. Fazit

Die gewonnenen Erkenntnisse lassen sich wie folgt zusammenfassen:

1. Ein für das „internationale Recht gültiger Rechtsgrundsatz" lässt sich nicht feststellen. Die einzelnen Rechtsordnungen lösen das Problem unterschiedlich.

2. Die Berücksichtigung der ausländischen Rechtshängigkeit kann nicht mit der Möglichkeit sich widersprechender Urteile begründet werden. Da die Anerkennung eines Urteils nie mit hinreichender Sicherheit vorauszusehen ist, kann auch nicht vorausgesagt werden, ob eine echte – im Inland wirksame – Urteilskollision zu erwarten ist.

3. Prozessökonomische Gründe sprechen nicht dafür, die Einrede der Rechtshängigkeit zuzulassen. Die Entscheidung über die Rechtshängigkeit und die spätere Entscheidung über die Vollstreckbarerklärung belasten die Gerichte regelmäßig mehr als die Entscheidung in der Sache selbst.

[63] So Schütze, NJW 1963, 1486 ff. (1487); dagegen Schweickert, NJW 1964, 337
[64] Vgl. Schütze, NJW 1963, 1486 ff. (1487)

4. Der Kläger handelt prima facie nicht schikanös, wenn er trotz Schwebens eines ausländischen Verfahrens eine neue Klage im Inland erhebt.

5. In Ehesachen verbietet sich nach deutschem Recht die Berücksichtigung der ausländischen Rechtshängigkeit aus Kompetenzgesichtspunkten.

6. Da die Berücksichtigung einer ausländischen Rechtshängigkeit gesetzlich nicht vorgeschrieben ist und keine Gründe für eine analoge Anwendung der Vorschriften über die inländische Rechtshängigkeit sprechen, ist die ausländische Rechtshängigkeit im inländischen Prozess grundsätzlich unbeachtlich. Bei schikanöser Doppelprozessführung liegt unter Umständen ein Verstoß gegen Treu und Glauben vor, der zu einer Unzulässigkeit der inländischen Klage führt.

Summary

Pendency of Action in a Foreign Court: A Bar to Domestic Proceedings?

According to German case law and the weight of opinion in German legal literature, an objection to the initiation of domestic proceedings on the ground that a foreign proceeding is pending is admissible if the expected foreign decision would be entitled to recognition. The German Code of Civil Procedure, as the codes of civil procedure in most other countries, contains no provisions for international lis pendens. In some cases, an analogy is drawn to the rules on lis pendens in domestic law, in others, the consideration of foreign proceedings has been regarded as a necessary consequence of the recognition accorded to the decisions resulting from them.

Swiss doctrine reaches a similar conclusion. The weight of French case law and literature rejected consideration of international lis pendens. In Italy, such consideration was precluded by law. English law considers foreign lis pendens only if the second proceeding is "vexatious and oppressive".

Comparative examination leads to the following conclusions: multiple litigation is considered impermissible in domestic law in order to prevent contradictory decisions in the same matter, not to burden the courts unnecessarily, and in order to save the parties expense. Therefore, the rules governing domestic lis pendens can be applied to the international setting only if there is sufficient probability of such undesirable consequences in this field.

1. Consideration of foreign lis pendens cannot be supported on the basis of the possibility of contradictory decisions. Because foreign decisions may be examined for their compliance with certain prerequisites for recognition, notably that they do not violate public policy (ordre public), recognition of a foreign decision can never be predicted with certainty. Therefore, it is also not possible to predict whether a genuine, i.e., domestically effective, conflict of judgments may be expected to result.

2. Likewise, the desire of keeping domestic courts free from unnecessary litigation does not support the admissibility of the objection of lis pendens. Because the execution of a foreign judgment for specific performance or damages requires a domestic judicial fiat in any case, the admissibility of the objection of lis pendens does not prevent burdening of the courts, but indeed will often bring it about. Instead of deciding on the merits, the courts must first rule on the admissibility of the objection and subsequently consider the recognition and grant execution of the foreign judgment.

3. Prima facie, the plaintiff does not act vexatiously by bringing a domestic action while a foreign proceeding is pending: There may be a number of good reasons for the second action, for instance, where the defendant has acquired property domestically during the pendency of the foreign proceeding.

4. Under German law, the ministries of justice in the Länder, not the ordinary courts, possess exclusive jurisdiction for the recognition of foreign matrimonial decrees; jurisdictional reasons therefore preclude the consideration of foreign lis pendens in these cases.

5. Because the consideration of the foreign lis pendens is not required by statute nor by the analogous application of the rules governing domestic lis pendens, the fact of foreign lis pendens should, as a rule, be immaterial for purposes of domestic litigation. Multiple litigation which is vexatious may, in appropriate cases, constitute a violation of the requirement of good faith which would render the domestic action inadmissible.

11. Die Wirkungen ausländischer Rechtshängigkeit in inländischen Verfahren[1]

Eine Entscheidung des Bundesgerichtshofs aus dem Jahre 1983[2] hat die Problematik der Berücksichtigung der Wirkungen ausländischer Rechtshängigkeit im inländischen Prozess in einem fast alltäglichen Fall aufgezeigt und die Brüchigkeit der herrschenden Lehre deutlich gemacht.

Es ist zwar im Grundsatz richtig, dass die Doppelprozessführung vor in- und ausländischen Gerichten aus mancherlei Gründen unerwünscht ist. Sie kann zu sich widersprechenden Urteilen führen und dadurch den Rechtsfrieden, der durch die gerichtliche Entscheidung eines Rechtsstreits angestrebt wird, erheblich stören. Sie verursacht höhere Kosten – sowohl für die Parteien als auch für den Staat, der seine Rechtsprechungsaufgaben regelmäßig nicht kostendeckend wahrnimmt. Schließlich kann die Doppelprozessführung dem Gebot des fairen Verfahrens widersprechen, wenn eine Partei durch Parallelprozesse versucht, sich eine „Rückversicherung" für den Fall des Unterliegens in einem Rechtsstreit zu verschaffen. Es kann aber durchaus Gründe geben, in denen die Parteien ein anerkennenswertes Interesse haben – wie in dem vom BGH entschiedenen Fall –, trotz Schwebens eines ausländischen Verfahrens vor inländischen Gerichten Klage zu erheben. Das Problem, das in allen Rechtsordnungen in gleicher Weise auftritt, ist rechtsvergleichend insbesondere von Pålsson[3], Kerameus[4] und Szászy[5] untersucht worden[6].

1 Erstmals publiziert in: ZZP 104 (1991), 136 ff.

2 Vgl. BGH NJW 1983, 1269 = IPRax 1984, 152 = Dir. fam. 1983, 527 mit abl. Anm. Tortorici; dazu auch Geimer, Beachtung ausländischer Rechtshängigkeit und Justizgewährungsanspruch, NJW 1984, 527 ff.; Luther, Die Grenzen der Sperrwirkung ausländischer Rechtshängigkeit, IPRax 1984, 141 ff.

3 Vgl. Pålsson, Institutet Litispendens i den Internationaleea Civilprocessrätten, Tidsskrift for Rettsvitenskap 80 (1967), 537 ff.; ders., The institute of lis pendens in international civil procedure, Scandinavian Studies in Law, 1970, S. 61 ff.; ders., Svensk Rättspraxis i Internationell Processrätt, 1989, S. 162 ff.

4 Vgl. Kerameus, Rechtsvergleichende Bemerkungen zur internationalen Rechtshängigkeit, FS Schwab, 1990, S. 257 ff.

5 Vgl. Szászy, Recognition of the Legal Effects of Foreign Civil Procedure, FS Guldener, 1973, S. 309 ff.

Die Doppelprozessführung tritt in zwei Formen auf: Entweder sind die Parteirollen identisch, oder der Beklagte in einem Verfahren ist Kläger in dem Parallelprozess. Die Interessenlage ist in beiden Fällen unterschiedlich, was zu einer Differenzierung Anlass geben mag.

I. Die Regelung in einigen Rechtsordnungen

1. Deutschland

Nach herrschender Lehre in Rechtsprechung[7] und Schrifttum[8] ist die Rechtshängigkeit vor einem ausländischen Gericht im Inland dann zu berücksichtigen, wenn zu erwarten ist, dass das im ausländischen Verfahren ergehende Urteil in Deutschland anzuerkennen sein wird[9].

[6] Vgl. auch Bäumer, Die ausländische Rechtshängigkeit und ihre Auswirkungen auf das internationale Zivilverfahrensrecht, 1999; Buschmann, Rechtshängigkeit im Ausland als Verfahrenshindernis, 1996; Dohm, Die Einrede ausländischer Rechtshängigkeit im deutschen internationalen Zivilverfahrensrecht, 1996; Habscheid, Zur Berücksichtigung der Rechtshängigkeit eines ausländischen Verfahrens, RabelsZ 31 (1967), 254 ff.; Schütze, Die Berücksichtigung der Rechtshängigkeit eines ausländischen Verfahrens, RabelsZ 31 (1967), 233 ff.; ders., DIZPR, Rdn. 383 ff.

[7] Vgl. RGZ 49, 344; 158, 147; BGH NJW 1958, 103 (obiter dictum); BGH NJW 1983, 1269; BGH NJW 1986, 2195; BGH IPRax 2001, 457; OLG Hamburg LZ 1926, 551; OLG München NJW 1972, 110; OLG Frankfurt/Main RIW/AWD 1980, 874; BayObLG FamRZ 1983, 501

[8] Vgl. Geimer, Beachtung ausländischer Rechtshängigkeit und Justizgewährungsanspruch, NJW 1984, 527 ff.; ders. IZPR, Rdn. 2685 ff.; Habscheid, Zur Berücksichtigung der Rechtshängigkeit eines ausländischen Verfahrens, RabelsZ 31 (1967), 254 ff.; ders., Non-licet bei ausländischer Rechtshängigkeit, FS Lange, 1970, S. 429 ff.; Hausmann, Zur Prüfung der Gerichtsbarkeit der New Yorker Gerichte über ein iranisches Staatsunternehmen im inländischen Arrestverfahren, IPRax 1982, 51 ff. (52, FN 10); Kaiser/Prager, Rechtshängigkeit im Ausland nach ausländischem Prozessrecht?, RIW 1983, 667 ff.; Linke, IZPR, Rdn. 201; Mitzgus, Internationale Zuständigkeit im Vormundschafts-, Pflegschafts- und Sorgerecht, 1982, S. 376; Nagel/Gottwald, IZPR, § 5, Rdn. 74 ff.; Riezler, IZPR, S. 451 f.; Schack, IZVR, Rdn. 747 ff.; Schneider, Wann ist die Rechtshängigkeit ausländischer Verfahren zu berücksichtigen?, NJW 1969, 88; Schumann, Internationale Rechtshängigkeit (Streitanhängigkeit), FS Kralik, 1986, S. 301 ff. (305 ff.); Wieczorek, ZPO, 2. Aufl., § 263, Anm. A IV b 2; Zöller/Greger, § 261, Rdn. 3

[9] AA Hellwig, Lehrbuch des Deutschen Civilprozessrechts I, 1903, S. 127, 178; Schütze, DIZPR, Rdn. 394 ff.; ders., Die Berücksichtigung der Rechtshängigkeit eines ausländischen Verfahrens, RabelsZ 31 (1967), 233 ff.; ders., Die Berücksich-

Es ist also auf eine positive Anerkennungsprognose abzustellen, wobei im einzelnen zweifelhaft ist, welche Anforderungen an die Vorhersage der Anerkennungsfähigkeit zu stellen sind. Der Bundesgerichtshof hat in jüngerer Zeit eine Ausnahme von diesem Prinzip für den Fall gemacht, dass das ausländische Verfahren unzumutbar lange dauert[10].

2. Frankreich

Während Rechtsprechung[11] und Schrifttum[12] herkömmlicherweise die Berücksichtigung ausländischer Rechtshängigkeit im inländischen Verfahren ablehnte, weil eine gesetzliche Regelung für die Erstreckung ausländischer Litispendenz im französischen Zivilprozessrecht fehlt und das französische Exequaturverfahren die Beachtung ausländischer Urteilswirkungen nur nach vorheriger formeller Sanktionierung zulässt[13], ist die Rechtsprechung nunmehr offenbar anerkennungsfreundlicher geworden[14]. Der Trend in Frankreich geht zur Zulassung des Einwandes der Rechtshängigkeit aus einem ausländischen Verfahren[15]. Der ausländischen Rechtshängigkeit werden aber

tigung der Rechtshängigkeit eines ausländischen Verfahrens, NJW 1963, 1486f.; ders., Die Berücksichtigung der Rechtshängigkeit eines ausländischen Verfahrens, MDR 1973, 905f.; ders., Zur internationalen Rechtshängigkeit im deutchen Recht, FS Beys, 2003, S. 1501 ff.

[10] Vgl. BGH NJW 1983, 1269 = IPRax 1984, 152

[11] Vgl. Cass. Civ. Rev. crit. 40 (1951), 666; Paris Gaz. Pal. 1958.2.27; Cass. Civ. Journal Clunet 97 (1970), 707 mit Anm. Huet; weitere Nachweise bei Arminjon, Répertoire de droit international IX (1931) sub litispendence et commexité Nr. 6; Huet, Urteilsanmerkung, Journal Clunet 102 (1974), 104 ff.

[12] Vgl. Dalloz, Nouveau Répertoire de Droit, 2. Aufl., 1963, sub Exceptions et fins de non recevoir, Nr. 88; Niboyet, Traité de droit international privé, Bd. VI, 1949, Nr. 1844; Pillet/Niboyet, Manuel de droit international privé, 1924, Nr. 567

[13] Vgl. auch Bäumer, Die ausländische Rechtshängigkeit und ihre Auswirkungen auf das internationale Zivilverfahrensrecht, 1999, S. 35ff.; Isenburg-Epple, Die Berücksichtigung ausländischer Rechtshängigkeit nach dem Europäischen Gerichtsstands- und Vollstreckungsübereinkommen vom 27.9.1968, Diss. Heidelberg 1992, S. 53 f.

[14] Vgl. Cass. Civ. Journal Clunet 102 (1975), 102 mit Anm. Huet; Cass. Civ. Journal Clunet 102 (1975), 108 mit Anm. Ponsard

[15] Zustimmend Mayer/Heuzé, Droit International Privé, 7. Aufl., 2001, Rdn. 443; Batiffol/Lagard, Droit International Privé, Bd. II, 7. Aufl., 1983, Nr. 676, die allerdings bemerken: „*Dans la pratique judiciaire, cependant, l'acceil de l'exception demeure rare.*“

Wirkungen im inländischen Prozess nur beigemessen, wenn das im ausländischen Verfahren zu erwartende Urteil anerkennungsfähig sein wird[16]. Rechtsprechung und Schrifttum, nehmen aber keine absolute Verpflichtung des französischen Gerichts zur Berücksichtigung ausländischer Rechtshängigkeit an, wollen dies vielmehr in das Ermessen des Gerichts stellen[17].

3. England

Nach englischem Recht steht die Berücksichtigung ausländischer Rechtshängigkeit im inländischen Verfahren im Ermessen des Gerichts. Der Einwand der Litispendenz wurde herkömmlicherweise nur in den Fällen zugelassen, in denen die Doppelprozessführung im In- und Ausland „vexatious and oppressive" wäre[18]. Der Beklagte musste dartun, dass der zweite (inländische) Prozess ihm einen ernsten, nicht wieder gut zu machenden Schaden zufügen würde. Dabei kam es bisher darauf an, ob die konkurrierenden Prozesse vor Gerichten von Commonwealth-Staaten oder Drittstaaten schwebten. Im ersteren Fall wurde prima facie vermutet, dass die Doppelprozessführung »vexatious and oppressive« ist. Darüber hinaus wurde eine Differenzierung dahin gemacht, ob die Parteirollen in beiden Verfahren gleich oder vertauscht sind. Das Gericht konnte einen „stay of proceedings" anordnen wenn das Verfahren „frivolous, vexatious, or otherwise an abuse of the process of the court" wäre[19].

16 Vgl. Mayer/Heuzé, Droit International Privé, 7. Aufl., 2001, Rdn. 445

17 Vgl. Mayer Heuzé, Droit International Privé, 7. Aufl., 2001, Rdn. 446 und die ebenda FN 149 zitierte Entscheidung

18 Vgl. schon Phear, De l'exception de litispendance à raison d'une instance pendante devant un tribunal étranger d'après la jurisprudence anglaise, Journal Clunet 18 (1891), 459ff.; vgl. zur Definition Graveson, The Conflict of Laws, 4. Aufl., 1960, S. 372 : „*... that is, that the second set of proceedings has been institutet merely with the purpose of embarrassing him in the first set of proceedings, or that the double proceedings place upon him a burden which he cannot fairly be expected to bear ...*".

19 Vgl. Collier, Recognition and Enforcement of Foreign Judgments: England, in: Walter/Baumgartner (Herausg.), Anerkennung und Vollstreckung ausländischer Entscheidungen ausserhalb der Übereinkommen von Brüssel und Lugano, 2000, S. 131 ff. (158)

Seit einer Entscheidung des House of Lords aus dem Jahre 1973[20] ist eine neue Entwicklung[21] eingeleitet worden[22], die einen gewissen Abschluss in der Entscheidung The Abidin Daver[23] gefunden hat. Danach ist die ausländische Rechtshängigkeit schon dann ein Grund für die Einstellung des inländischen Verfahrens, wenn die Klage im ausländischen Forum mit erheblich weniger Mühen, Kosten und Belastungen für die Parteien als in England entschieden werden kann – vorausgesetzt, dass das ausländische Gericht „the natural and appropriate forum" ist und ein rechtsstaatliches Verfahren gewährleistet.

In Schottland wird das Problem über die forum non conveniens-Lehre gelöst[24]. Dasselbe scheint die Regel in Australien zu sein[25]. Kanada folgt weitgehend der früheren englischen Rechtsprechung und Lehre[26]. McLeod definiert[27]:

> *"The Court has jurisdiction to interfere in proceedings whenever those proceedings are vexatious, oppressive, or an abuse of process, by staying or dismissing local proceedings or by enjoining a party from continuing with foreign proceedings".*

[20] Vgl. The Atlantic Star (1974) A.C. 436

[21] Vgl. Auch Mac Shannon v. Rockware Glass Ltd. (1978) A.C. 795; kurz wiedergegeben auch bei Magnus, Englische Rechtsprechung zum Handels- und Wirtschaftsrecht, RIW/AWD 1978, 751 ff. (757) und Amin Rasheed Shipping Corp., v. Kuweit Insurance Co. The Al Wahab (1983) 3 W.L.R. 241 (HL), kurz wiedergegeben bei Magnus, Englische Rechtsprechung zum Handels- und Wirtschaftsrecht, RIW 1984, 321 ff. (326 f.), wobei es im letzteren Fall in erster Linie um die forum non conveniens Lehre ging.

[22] Vgl. Dicey/Morris, The Conflict of Laws, 11. Aufl., Bd. 1, 1987, S. 389 ff.; Magnus, Englische Rechtsprechung zum Handels- und Wirtschaftsrecht, RIW 1985, 244 ff.

[23] (1984) 1 All E.R. 470 (HL), kurz berichtet auch bei Magnus, RIW 1985, 244 ff. (247 f.)

[24] Vgl. dazu Anton, Private International Law, 1967, S. 152 ff.

[25] Vgl. The Courageous Coloctronics, Supreme Court of Western Australia (1979) WAR 19, teilweise wiedergegeben bei Sykes/Pryles, International and Interstate Conflict of Laws, 2. Aufl., 1981, Nr. 722

[26] Vgl. Bachmann, Länderbericht Kanada, in: Geimer/Schütze, Internationaler Rechtsverkehr, 1065. 19 f.; Castel/Walker, Canadian Conflict of Laws, 5. Aufl., 2003, Nr. 13.6

[27] Vgl. McLeod, The Conflict of Laws, 1983, Rule 11 (S. 119)

4. Italien

Nach Art. 3 cpc war die ausländische Rechtshängigkeit nicht zu beachten[28]. Diese Regelung – die einen langen Streit in der italienischen Literatur beseitigt hatte[29] – war aus der überragenden Bedeutung des Delibationsverfahrens für die Wirkungserstreckung ausländischer Zivilurteile zu erklären. Das Gesetz Nr. 218 vom 31. Mai 1995 (IPRG) hat eine grundlegende Änderung der Rechtslage gebracht. Nach Art. 7 IPRG ist nunmehr die ausländische Rechtshängigkeit zu beachten, wenn das im ausländischen Prozess zu erwartende Urteil voraussichtlich in Italien anerkennungsfähig sein wird[30].

5. Schweiz

Nach Art. 9 Abs. 1 IPR-Gesetz 1987 ist die ausländische Rechtshängigkeit bei positiver Anerkennungsprognose des zu erwartenden ausländischen Urteils im inländischen Prozess zu berücksichtigen[31]. Das entspricht der bisher schon in der schweizerischen Rechtswissenschaft herrschenden Lehre[32].

[28] Vgl. dazu Morelli, Diritto Processuale Civile, 2. Aufl., 1954, S. 167ff.; Vitta, Corso di Diritto Internazionale Privato e Processuale, 2. Aufl., 1982, S. 21 f.

[29] Vgl. dazu Anzilotti, Corso di lezioni di diritto internazionale, 1916, S. 997ff.; Brunetti, Litispendenza dinanzi a tribunali di stati diversi, FS d'Amelio, 1933 II, S. 186ff.; Ghirardini, La litispendenza del diritto processuale civile internzionale, Riv. Dir.int. 1907, S. 229 ff.

[30] Vgl. Pfeifer, Länderbericht Italien, in: Geimer/Schütze, Internationaler Rechtsverkehr, 1056. 9 f.

[31] Vgl. Bäumer, Die ausländische Rechtshängigkeit und ihre Auswirkungen auf das internationale Zivilverfahrensrecht, 1999, S. 54f.; Jegher, Abwehrmassnahmen gegen ausländische Prozesse, 2003; Schwander, Ausländische Rechtshängigkeit nach IPR-, Gesetz und Lugano-Übereinkommen, FS Vogel, 1991, S. 395ff.; Vogel, Rechtshängigkeit und materielle Rechtskraft im internationalen Verhältnis, SJZ 1990, 77 ff.; Wittibschlager, Die Rechtshängigkeit in internationalen Verhältnissen, Diss. Basel 1994

[32] Vgl. Habscheid, Bemerkungen zur Rechtshängigkeitsproblematik im Verhältnis Bundesrepublik Deutschland und der Schweiz einerseits und den USA andererseits, FS Zweigert, 1981, S. 109ff. (117f.; Kallmann, Anerkennung und Vollstreckung ausländischer Zivilurteile und gerichtlicher Vergleiche, 1946, S. 36 (FN 38), 114; Guldener, Das internationale und interkantonale Zivilprozessrecht der Schweiz, 1951, S. 175; Schnitzer, Handbuch des internationalen Privatrechts, Bd. II, 4. Aufl., 1958, S. 852 f.; Schauwecker, Die Einrede der Litispendenz im eidgenössischen und zürcherischen internationalen Zivilprozessrecht, 1943, S. 47ff.; Walder-Bohner, Zivilprozessrecht, 3. Aufl., 1983, S. 321, FN 14c

6. Österreich

Ebenso wie im deutschen und schweizerischen Recht lässt die herrschende Lehre in Österreich die Berücksichtigung ausländischer Rechtshängigkeit bei positiver Anerkennungsprognose des zu erwartenden ausländischen Urteils zu[33]. Da Österreich das System der administrativen Gegenseitigkeitsverbürgung praktiziert, ist ausländische Rechtshängigkeit allenfalls in den wenigen Fällen zu beachten, in denen die verbürgte Gegenseitigkeit festgestellt ist.

7. Griechenland

Im griechischen Recht war früher streitig, ob die Einrede der Rechtshängigkeit nur für die Instanz wirkt (System der autorité de la chose jugée). Nach heutigem Recht wird man annehmen müssen, dass die Wirkung der Litispendenz bis zum rechtskräftigen Abschluss eines Rechtsstreits andauert[34]. Streitig ist, ob die Rechtshängigkeit eines ausländischen Prozesses im griechischen Zivilverfahren zu berücksichtigen ist, soweit nicht Staatsverträge eine entsprechende Wirkung vorschreiben. Nachdem die Rechtsprechung zunächst einer Berücksich-

[33] Vgl. OLG Wien, EvBl. 1946 Nr. 493; 1947 Nr. 256; Hoyer, Zur Streitanhängigkeit im österreichischen internationalen Zivilprozessrecht, ZfRV 20 (1969), 241 ff.; Rechberger/Frauenberger-Pfeiler, Anerkennung und Vollstreckung ausländischer Titel ausserhalb des Anwendungsbereichs des Brüsseler und Lugano Übereinkommens: Österreich, in: Walter/Baumgartner (Herausg.), Anerkennung und Vollstreckung ausländischer Entscheidungen ausserhalb der Übereinkommen von Brüssel und Lugano, 2000, S. 47ff. (69); Schumann, Internationale Rechtshängigkeit (Streitanhängigkeit), FS Kralik, 1986, S. 301ff. (306). Die anerkennungsfeindliche Regelung in §§ 79ff. EO macht die Berücksichtigung ausländischer Rechtshängigkeit in Ehesachen zu einem praktischen Problem. Vgl. dazu Köhler, Wirkt gleichzeitiges Vorliegen eines Verfahrens in Ehesachen vor einem ausländischen Gericht Streitanhängigkeit im Sinne des § 232 ZPO?, öJZ 1951, 559ff.; ders., Internationales Privatrecht, 3. Aufl., 1966, S. 69. Köhler will die Möglichkeit der Anerkennung nicht genügen lassen, vielmehr die ausländische Rechtshängigkeit nur beachten, wenn die zu erwartende Entscheidung ohne weitere Anerkennung Wirkung in Österreich hat. Vgl. auch Bajons, Ehescheidung im österreichisch-italienischen Rechtsverkehr, ZfRV 1979, 246 ff. (252)

[34] Vgl. für Nachweise Pouliades, Die Bedeutung des deutsch-griechischen Vertrages vom 4.11.1961 für die Anerkennung und Vollstreckung deutscher Entscheidungen in der griechischen Praxis, IPRax 1985, 356 ff. (365 FN 125)

tigung ausländischer Rechtshängigkeit ablehnend gegenüber stand[35], hat sich dies seit einer Entscheidung des Oberlandesgerichts Athen aus dem Jahre 1988 geändert[36]. Man wird davon ausgehen müssen, dass die ausländische Rechtshängigkeit im griechischen Prozess als Einrede dienen kann[37].

8. Spanien[38]

Eine Entscheidung des Obersten Gerichtshofs vom 31.1.1921[39] verneint – jedenfalls im Prinzip – die Berücksichtigung ausländischer Rechtshängigkeit. Das Schrifttum zieht aus dieser Entscheidung den Schluss, dass eine ausländische Rechtshängigkeit jedenfalls nur dann im spanischen Prozess zu beachten ist[40], wenn das ausländische Urteil aufgrund eines Staatsvertrages anerkennungsfähig sein wird[41]. Im Übrigen wird von der Nichtberücksichtigung ausländischer Rechtshängigkeit ausgegangen. Die h.L. scheint allerdings nach der Reform des LO ins Wanken zu geraten[42].

35 Vgl. für Nachweise Pouliades, IPRax 1985, 356 ff. (365, FN 122)

36 Vgl. Kerameus, FS Schwab, S. 260 m.w.N.

37 Vgl. Bäumer, Die ausländische Rechtshängigkeit und ihre Auswirkungen auf das internationale Zivilverfahrensrecht, 1999, S. 48 f.; Yessiou-Faltsi, Länderbericht Hellas, in: Lemmens (Herausg.), International Encyclopedia of Laws of Civil Procedure, Hellas, Rdn. 214

38 Vgl. Málaga, La litispendencia, 1999 (umfassende Darstellung)

39 *„La excepción de litipendencia del número 5 del artículo 533 de la ley adjectiva civil sólo es admisible cuando se litiga con otro juzgado o tribunal que se estime competente, a fin de evitar gastos inútiles e impedir que la resolución recaida en uno de los pleitos produzca exceción de la cosa juzgada en el otro; cicunstancia que nunca puede darse en el caso de referirse a tribunales de nacionalidad extranjera con la que non hay tratado y donde no se dá cumplimiento a las ejecutorias de los tribunales españoles, por lo que tampoco estos estarán obligados a dar cumplimiento a las de aquelle nación“.*

40 Vgl. Cremades/Cabiedes, Litigating in Spain, 1989, S. 225; Ramos Mendez, Derecho Procesal Civil, Bd. 1, 5. Aufl., 1992, S. 492; Weigand, Der Beitritt Spaniens und Portugals zum EuGVÜ, RIW 1991, 717 ff. (721)

41 Vgl. Bäumer, Die ausländische Rechtshängigkeit und ihre Auswirkungen auf das internationale Zivilprozessrecht, 1999, S. 43 f.; Gonzáles Campos/Recondo Porrúa, Lecciones de Derecho procesal civil internacional, 1979, S. 73 ff.; Cortez Dominguez, Dereche Procesal Civil Internacional (Ordanimiento Español), 1981, S. 253 ff.

42 Vgl. Ditandy, Internationale Zuständigkeit, 2003, S. 47 ff. m.w.N.

9. USA

Die ausländische Rechtshängigkeit ist nur in Ausnahmefällen zu berücksichtigen[43]. Nur wenn die Doppelprozessführung »vexatious and oppressive« ist, kann sich das angerufene Gericht zum »forum non conveniens« erklären. Dem Beklagten bleibt bei Doppelprozessführung die Möglichkeit, einen »stay of proceedings« wegen unangemessener Doppelprozessführung zu erreichen oder sich auf die Lehre vom »forum non conveniens« zu berufen.

II. Die Regelung im europäischen Recht[44]

Nach Art. 27 VO (EG) Nr. 44/2001 hat das später angerufene Gericht das Verfahren auszusetzen, bis die Zuständigkeit des zuerst angerufenen Gerichts feststeht. Sobald dies der Fall ist, erklärt sich das später angerufene Gericht zugunsten dieses Gerichts für unzuständig. Eine positive Anerkennungsprognose ist weder erforderlich, noch kann sie gefordert werden. Die Rechtslage entspricht der nach Art. 21 EuGVÜ/LugÜ.

[43] Vgl. Habscheid, Bemerkungen zur Rechtshängigkeitsproblematik im Verhältnis der Bundesrepublik Deutschland und der Schweiz einerseits und den USA andererseits, FS Zweigert, 1981, S. 109 ff. (117 f.); Krause-Ablass/Bastuck, Deutsche Klagen zur Abwehr amerikanischer Prozesse?, FS Stiefel, 1987, S. 445 ff. (455 ff.); Schack, Einführung in das US-amerikanische Zivilprozessrecht, 3. Aufl., 2003, S. 42; Schulte, Die anderweitige (ausländische) Rechtshängigkeit im US-amerikanischen Zivilprozessrecht, 2001, S. 150 ff.; § 86 Restatement 2nd Conflict of Laws sagt lapidar: *„A State may entertain an action even though an action on the same claim is pending in another state."*

[44] Vgl. dazu Hess, Lis Pendens and Related Actions, European Journal of Law Reform 4 (2202), 57 ff.; Goebel, Europäische Rechtshängigkeit und zivilprozessuales Rechtsmittelrecht nach der ZPO-Reform, ZZPInt 7 (2002), 39 ff.; Lupoi, Lis Pendens Provisions in the Brussels I and II Regulations, ZZPInt 7 (2002), 149 ff.; Makridou, The Institutions of Lis Pendens and Related Actions according to Regulation 44/2001 (Brussels I), FS Beys, 2003, S. 941 ff.; Schilling, Internationale Rechtshängigkeit vs. Entscheidung binnen angemessener Frist – zum Zusammenspiel von Art. 6 I EMRK, Art. 307 EGV und Art. 27 EuGVÜ, IPRax 2004, 294 ff; Schütze, Lis Pendens and Related Actions, European Journal of Law Reform 4 (2002), 57 ff.; Walter, Lis Alibi Pendens and Forum non Conveniens: From Confrontation via Coordination to Collaboration, European Journal of Law Reform 4 (2002), 69 ff.

III. Die Regelung in einigen Staatsverträgen über die internationale Urteilsanerkennung und -vollstreckung

Die Staatsverträge über die internationale Urteilsanerkennung und -vollstreckung machen die Berücksichtigung ausländischer Rechtshängigkeit regelmäßig von einer positiven Anerkennungsprognose für das im ausländischen Prozess zu erwartende Urteil abhängig[45]. Die Staatsverträge, die Deutschland über diese Materie abgeschlossen hat, sind ein gutes Beispiel hierfür.

1. EuGVÜ

Nach Art. 21 hat sich das später angerufene Gericht bei Doppelprozessführung für unzuständig zu erklären, zumindest aber die Entscheidung auszusetzen[46]. Die ausländische Rechtshängigkeit ist nur – nach allerdings bestrittener Ansicht – bei positiver Anerkennungsprognose des zu erwartenden Urteils zu berücksichtigen.

[45] Vgl. Geimer/Schütze, Internationale Urteilsanerkennung, Bd. I/2, S. 1648 ff.

[46] Vgl. dazu Albrecht, Artikel 21 EuGVÜ und die Entwicklung des einstweiligen Rechtsschutzes in England seit 1988, IPRax 1992, 184 ff.; Blackburn, Lis alibi pendens and forum non conveniens in collision actions after the Civil Jurisdiction and Judgments Act 1982, Lloyd's Maritime and Commercial Law Quarterly 1988, 81 ff.; di Blase, Connessione e litispendenza nella Convenzione de Bruxelles, 1993; Cano Bazaga, La litispendenzia comunitaria, 1997; Isenburg-Epple, Die Berücksichtigung ausländischer Rechtshängigkeit nach dem Europäischen Gerichtsstands- und Vollstreckungsübereinkommen vom 27.9.1968, Diss. Heidelberg 1991; Leipold, Internationale Rechtshängigkeit, Streitgegenstand und Rechtsschutzinteresse – Europäisches und Deutsches Zivilprozessrecht im Vergleich, GS Arens, 1993, S. 227 ff.; Rauscher, Rechtshängigkeit nach dem EuGVÜ, IPRax 1985, 317 ff.; Rauscher/Gutknecht, Teleologische Grenzen des Art. 21 EUGVÜ, IPRax 1993, 21 ff.; Schütze, Die Berücksichtigung der Rechtshängigkeit eines ausländischen Verfahrens nach dem EWG-Übereinkommen über die gerichtliche Zuständigkeit und die Vollstreckung gerichtlicher Entscheidungen, RIW/AWD 1975, 78 ff.; Stafyla, Die Rechtshängigkeit des EuGVÜ nach der Rechtsprechung des EuGH und der englischen, französischen und deutschen Gerichte, 1998; Wolf, Rechtshängigkeit und Verfahrenskonnexität nach EuGVÜ, EuZW 1995, 365 ff.; Zeuner, Zum Verhältnis zwischen internationaler Rechtshängigkeit nach Art. 21 EuGVÜ und Rechtshängigkeit nach den Regeln der ZPO, FS Lüke, 1997, S. 1003 ff.

2. LugÜ

Art. 21 LuGÜ entspricht der Regelung im EuGVÜ. Der Text ist wortgleich, die Interpretation einheitlich[47].

3. Deutsch-italienisches Anerkennungs- und Vollstreckungsabkommen

Nach Art. 11 ist die ausländische Rechtshängigkeit bei positiver Anerkennungsprognose zu berücksichtigen[48].

4. Deutsch-österreichischer Anerkennungs- und Vollstreckungsvertrag

Art. 17 stellt auf eine positive Anerkennungsprognose für die Berücksichtigung ausländischer Rechtshängigkeit ab[49].

5. Deutsch-belgisches Anerkennungs- und Vollstreckungsabkommen

Nach Art. 15 ist die ausländische Rechtshängigkeit dann zu berücksichtigen, wenn das zu erwartende Urteil anerkennungsfähig ist[50].

[47] Vgl. dazu Bernheim, Rechtshängigkeit und in Zusammenhang stehende Verfahren nach dem Lugano-Übereinkommen, SJZ 1994, 133 ff.; Berti, Gedanken zur Klageerhebung vor schweizerischen Gerichten nach Artikel 21–23 des Lugano-Übereinkommens, FS Walder, 1994, S. 307 ff.; Gaedke, Konkurrenz inländischer und ausländischer Verfahren – Tatbestand und Rechtsfolgen der internationalen Streitanhängigkeit nach dem LGVÜ, öJZ 1997, 286 ff.; Schwander, Ausländische Rechtshängigkeit nach IPR-Gesetz und Lugano-Übereinkommen, FS Vogel, 1991, S. 395 ff.; Tiefenthaler, Die Streitanhängigkeit nach Art. 21 Lugano-Übereinkommen, ZfRV 1997, 67 ff.; Walter, Ausländische Rechtshängigkeit und Konnexität nach altem und neuen Lugano-Übereinkommen, in: Spühler (Herausg.), Internationales Zivilprozess- und Verfahrensrecht II, 2003, S. 127 ff.

[48] Vgl. Geimer/Schütze, Internationale Urteilsanerkennung, Bd. I/2, S. 1648 ff.

[49] Vgl. Deutsche Denkschrift, BTDrucks. III Nr. 1419, S. 15; Geimer/Schütze, Internationale Urteilsankennung, Bd. II, S. 176 f.

[50] Vgl. Geimer/Schütze, Internationale Urteilsanerkennung, Bd. II, S. 321

6. Deutsch-griechischer Anerkennungs- und Vollstreckungsvertrag

Art. 18 schreibt die Berücksichtigung ausländischer Rechtshängigkeit bei positiver Anerkennungsprognose vor[51].

7. Deutsch-niederländischer Anerkennungs- und Vollstreckungsvertrag

Ausländische Rechtshängigkeit ist bei positiver Anerkennungsprognose zu berücksichtigen[52].

8. Deutsch-tunesischer Rechtshilfe-, Anerkennungs- und Vollstreckungsvertrag

Art. 44 stellt auf eine positive Anerkennungsprognose ab[53].

9. Deutsch-norwegischer Anerkennungs- und Vollstreckungsvertrag

Art. 21 stellt auf eine positive Anerkennungsprognose ab[54].

10. Deutsch-israelischer Anerkennungs- und Vollstreckungsvertrag

Art. 22 entspricht Art. 21 des deutsch-norwegischen Anerkennungs- und Vollstreckungsvertrages[55].

[51] Vgl. dazu Pouliades, IPRax 1985, 356 ff.
[52] Vgl. dazu Ganske, Der deutsch-niederländische Vollstreckungsvertrag in Zivil- und Handelssachen vom 30.8.1962, AWD 1964, 348 ff. (349, FN 25, 352)
[53] Vgl. dazu Ganske, Der deutsch-tunesische Rechtshilfe- und Vollstreckungsvertrag in Zivil- und Handelssachen vom 19.7.1966, AWD 1970, 145 ff. (154)
[54] Vgl. dazu Pirrung, Zu den Anerkennungs- und Vollstreckungsverträgen der Bundesrepublik Deutschland mit Israel und Norwegen, IPRax 1982, 130 ff.
[55] Vgl. dazu Pirrung, IPRax 1982, 130 ff.

11. Deutsch-spanischer Anerkennungs- und Vollstreckungsvertrag

Art. 21 stellt auf eine positive Anerkennungsprognose ab[56].

IV. Die Interessenlage bei der Doppelprozessführung vor in- und ausländischen Gerichten

Es mag auf den ersten Blick scheinen, als ob es ein Gebot der Logik sei[57], die Doppelprozessführung vor einem in- und ausländischen Gericht denselben Regeln zu unterstellen, die für die Rechtshängigkeit vor inländischen Gerichten gelten. Es bestehen aber tiefgreifende Unterschiede zwischen in- und ausländischer Litispendenz, die eine abweichende Beurteilung rechtfertigen und erfordern.

1. Qualität der Gerichte

Bei mehreren inländischen Gerichten kann man – jedenfalls im Grundsatz – von gleicher Qualität ausgehen. Die Richter haben gleiche Ausbildung und gleiche Qualifikationen in fachlicher Hinsicht. Sie sind in gleicher Weise unabhängig oder in ihrer Unabhängigkeit beschränkt. Sie haben in der Regel auch gleiche moralische Eigenschaften (Unbestechlichkeit, Gleichbehandlung von Rechtsuchenden ohne Ansehen der Person pp.). Im Prinzip ist es deshalb unerheblich, ob das eine oder das andere Gericht desselben Staates entscheidet. Das ist auch der Grund dafür, dass im deutschen Recht die Berufung und die Revision nicht auf die Rüge der örtlichen Unzuständigkeit gestützt werden können[58].

Die gleiche Qualität der Gerichte ist bei der Rechtsprechungsorganisation in verschiedenen Ländern nicht gegeben, ohne dass damit schon ein Werturteil verbunden wäre. Es kann durchaus einen erheblichen Unterschied bedeuten, ob eine Jury in einem US-amerikani-

[56] Vgl. Karl, Kommentar zum deutsch-spanischen Anerkennungs- und Vollstreckungsvertrag, in: Geimer/Schütze, Internationaler Rechtsverkehr, 663. 211 ff
[57] So Wieczorek, ZPO, 2. Aufl., § 328 Anm. A V
[58] Vgl. §§ 513 Abs. 2, 545 Abs. 2 ZPO

schen Zivilprozess über einen Schadensersatzanspruch entscheidet oder ein Berufsrichter in Deutschland, Griechenland oder Frankreich. So kann man füglich daran zweifeln, ob eine Entscheidung, wie sie die Jury im Ford Pinto-Fall gefällt hat[59], von einem europäischen Berufsrichter erlassen worden wäre.

Die deutsche Rechtsprechung[60] differenziert deshalb auch mit gutem Grund bei internationaler und örtlicher Zuständigkeit. Während Berufung und Revision nicht auf die Rüge mangelnder örtlicher Zuständigkeit gestützt werden können, lässt man beides im Hinblick auf den Mangel internationaler Zuständigkeit zu.

2. Verfahrensrecht

Die Prozessführung im In- und Ausland ist regelmäßig von bedeutenden konzeptionellen Unterschieden gekennzeichnet. Die Probleme, die für die Parteien hierdurch entstehen, sind oft größer als die durch die Anwendung ausländischen materiellen Rechts[61]. Das gilt insbesondere für das Beweisrecht. Es ist schon ein Unterschied für eine Partei, ob sie vor einem deutschen oder einem US-amerikanischen Gericht prozessiert. Während das deutsche Recht den Ausforschungsbeweis verbietet[62], führt die extensive pre trial-discovery[63] des

[59] Dem Kläger wurde neben einem Schadensersatz von US $ 3.5 Mio. Strafschadensersatz (punitive damages) in Höhe von US $ 125 Mio. zugesprochen. Vgl. Keeton/Owen/Montgomery, Products Liability and Safety, 1988, S. 422; Heesch, Amerikanisches Gericht verhängt 125 Mio. $ Strafschadensersatz, JZ 1978, 247

[60] Vgl. grundlegend BGHZ 44,46 = NJW 1965, 1665 = JZ 1966, 237 mit Anm. Neuhaus

[61] Vgl. Schütze, RV, Rdn. 1ff.; ders., Konzeptionelle Unterschiede der Prozessführung vor US-amerikanischen und deutschen Gerichten, WM 1983, 1078ff. (1078)

[62] Vgl. BGH NJW 1964, 1414; 1968, 1233; BGH MDR 1973, 233; Arens, Zur Aufklärungspflicht der nicht beweisbelasteten Partei im Zivilprozess, ZZP 96 (1983), 1ff. (unter dem Blickwinkel der Substatiierungslast); Coester-Waltjen, Internationales Beweisrecht, 1983, S. 234 (Rdn. 296); Lüderitz, Ausforschungsbeweis und Auskunftsanspruch bei Verfolgung privater Rechte, 1966; Nikisch, Zivilprozessrecht, 1950, S. 333; Stürner, Die Aufklärungspflicht der Parteien im Zivilprozess, 1976, S. 112 ff.; Zöller/Greger, Vor § 284, Rdn. 5 ff.

[63] Vgl. aus der deutschsprachigen Literatur Jacoby, Das Erforschungsverfahren im amerikanischen Zivilprozess, ZZP 74 (1961), 145ff.; Junker, Discovery im deutsch-amerikanischen Rechtsverkehr, 1987, S. 39ff.; Mentz, Das „Pre-Trial-Dis-

US-amerikanischen Prozessrechts neben einer Verlängerung und Verteuerung des Verfahrens dazu, dass eine Partei der anderen die Waffen in die Hand geben muss, die letztlich gegen sie selbst verwendet werden[64]. Das US-amerikanische Beweiserhebungsverfahren bei Auslandssachverhalten hat geradezu zu einem europäisch-amerikanischen Justizkonflikt[65] geführt, und zwei bekannte amerikanische Juristen sprechen davon, dass sich das deutsche und das amerikanische Prozessrecht auf einem sich verschärfenden Kollisionskurs befinden[66]. Das unterschiedliche englische und französische Beweisrecht hat in dem Fall der Maharanee of Baroda v. Wildenstein[67] dazu geführt, dass die Maharanee of Baroda, um den strengen französischen Beweisvorschriften zu entgehen, in einem kühnen Akt des forum shopping dem Galeristen Wildenstein eine Klage auf dem Rennplatz in Ascot zustellen ließ, um ihren Prozess durch englische Gerichte entscheiden zu lassen[68].

Während der Prozess vor zwei inländischen Gerichten in gleicher Weise abläuft, weist das Verfahren vor in- und ausländischen Gerichten häufig sehr große Unterschiede auf, die zu einem abweichenden Prozessausgang führen können.

3. Kosten und Kostenerstattung

Während Kosten und Kostenerstattung bei Prozessen vor inländischen Gerichten gleich sind, differieren sie in in- und ausländischen

covery"-Verfahren im US-amerikanischen Zivilprozess, RIW/AWD 1981, 73 ff.; Pfeil-Kammerer, Deutsch-amerikanischer Rechtsverkehr in Zivilsachen, 1987, S. 171 ff.; Schack, Einführung in das US-amerikanische Zivilprozessrecht, 3. Aufl., 2003, S. 44 ff. m.w.N.

64 Vgl. Schütze, Zur Verteidigung im Beweiserhebungsverfahren in US-amerikanischen Zivilprozessen, WM 1986, 633 ff. (635)

65 Vgl. dazu Habscheid (Herausg.), Der Justizkonflikt mit den Vereinigten Staaten von Amerika, 1986; Schlosser, Der Justizkonflikt zwischen den USA und Europa, 1985; Schütze, Zum Stand des deutsch-amerikanischen Justizkonflikts, RIW 2004, 162 ff.

66 Vgl. Stiefel/Petzinger, Deutsche Parallelprozesse zur Abwehr amerikanischer Beweiserhebungsverfahren?, RIW 1983, 242 ff. (242)

67 (1972) 2 Q.B. 283, 293 (CA) = (1972) 2 W.L.R. 1077

68 Vgl. dazu Siehr, „Forum Shopping" im internationalen Rechtsverkehr, ZfRV 25 (1984), 124 ff. (128 f.)

Verfahren erheblich[69]. Teilweise erfolgt keine Kostenerstattung, einige Rechte sehen vor, dass der Unterliegende den Obsiegenden für die aufgewandten Prozesskosten voll entschädigen muss. Die mangelnde Kostenerstattungspflicht in einem Verfahren kann ein Obsiegen zu einem Pyrrhussieg machen. Wer kann es einer Partei verdenken, dass sie bei einem risikoreichen Prozess lieber vor Gerichten eines Staates prozessiert, in dem keine Prozesskostenerstattungspflicht besteht, während man einen risikolosen Prozess lieber vor Gerichten eines Staates führt, in dem eine umfassende Prozesskostenerstattungspflicht praktiziert wird.

4. Das Problem des forum shopping

Während bei der Prozessführung im Inland für die Parteien eine gleiche Situation vor allen Gerichten besteht (wenn man von einigen Unbequemlichkeiten absieht), herrschen verfahrensmäßig unterschiedliche Verhältnisse bei der Prozessführung vor Gerichten in verschiedenen Staaten. Dies ist einer der wesentlichen Gründe für das forum shopping, bei dem eine Partei unter mehreren gegebenen internationalen Zuständigkeiten diejenige wählt, die ihr die größten Erfolgsaussichten für die Durchsetzung ihres Begehrens zu bieten scheint[70]. Wenn man die Wirkung der Rechtshängigkeit über die Grenze zulässt, dann muss man in Kauf nehmen, dass die Partei, die schneller Klage erhebt, endgültig das Forum bestimmt.

[69] Vgl. Schütze, RV, Rdn. 207 ff.; ders., Kostenerstattung und ordre public-Überlegungen zur deutsch-amerikanischen Urteilsanerkennung, FS Németh, 2003, S. 795 ff.

[70] Vgl. Juenger/Samtleben, Der Kampf ums Forum, RabelsZ 46 (1982), 708 ff. (mit Beiträgen von Juenger, Forum Shopping (S. 708 ff.) und Samtleben, Forum Fixing (S. 726 ff.); Schütze, DIZPR, Rdn. 114 ff. m.w.N.; Siehr, ZfRV 25 (1984), 124 ff.

V. Die Erstreckung der Wirkungen der Rechtshängigkeit über die Grenze

1. Die Wirkungen der Rechtshängigkeit als Ausfluss staatlicher Gerichtsbarkeit

Die Rechtshängigkeit ist eine Vorstufe der Rechtskraft. Ihre Wirkung ist ein Ausfluss staatlicher Gerichtsbarkeit. Die Wirkung der Litispendenz ist deshalb auf das Territorium beschränkt, in dem die Gerichtsbarkeit ausgeübt wird. *„Extra territorium ius impune non paretur“*[71]. Dieser für die territoriale Beschränkung der Urteilswirkungen geltende Grundsatz gilt auch für die Verfahrenswirkungen. Das folgt aus dem Souveränitätsgedanken. Die Erstreckung von Litispendenz und anderen Verfahrenswirkungen über die Grenze bedarf einer besonderen Sanktionierung durch den Zweitstaat.

2. Notwendigkeit gesetzlicher Regelung

Während die Anerkennung ausländischer Zivilurteile in vielen Staaten positivrechtlich geregelt ist, fehlt häufig eine gesetzliche Regelung der Wirkungen ausländischer Rechtshängigkeit. Der deutsche Gesetzgeber hat – im Gegensatz zum schweizerischen – die Chance nicht genutzt, im Rahmen der Neuregelung von Teilen des IPR und des IZPR durch das IPRG 1986 auch die Wirkungen internationaler Rechtshängigkeit zu bestimmen[72].

3. Die Anerkennungsfähigkeit der ergehenden Entscheidung als ungeeignetes Kriterium

Soweit die Wirkungen ausländischer Rechtshängigkeit im inländischen Prozess zugelassen werden, wird von der h.L. als Kriterium für die Berücksichtigung auf die Anerkennungsfähigkeit der im ausländischen Prozess zu erwartenden Entscheidung abgestellt. Dasselbe gilt

[71] Dig. II, 1, 20

[72] Lediglich in § 738 a HGB findet sich eine Regelung für seerechtliche Klagen auf Schadensersatz, die aber – leider – regelmäßig leerläuft, vgl. Schütze, Zur internationalen Rechtshängigkeit im deutschen Recht, FS Beys, 2003, S. 1501 ff.

für die Staatsverträge, soweit diese die internationale Rechtshängigkeit regeln. Dieses Kriterium ist aber offensichtlich ungeeignet. Eine Anerkennungsprognose ist regelmäßig unmöglich[73]. Der Richter müsste hellseherische Fähigkeiten haben, wenn er die Anerkennung des ausländischen Urteils bereits im Stadium der ausländischen Klageerhebung voraussehen könnte. Lassen sich noch einigermaßen zuverlässige Prognosen für die internationale Zuständigkeit oder die Verbürgung der Gegenseitigkeit treffen – obwohl auch hier schon zwischen der Klageeinreichung und der Anerkennung des ausländischen Urteils Änderungen eintreten können – so ist die Vorhersage hinsichtlich des Verfahrens und des Inhalts des zu erwartenden Urteils, insbesondere im Hinblick auf die Vereinbarkeit mit dem verfahrensrechtlichen oder materiellrechtlichen zweistaatlichen ordre public, schlechthin unmöglich.

4. Differenzierung nach der Parteistellung

Wenn man der ausländischen Rechtshängigkeit im inländischen Verfahren Bedeutung beimessen will, dann ist jedenfalls nach der Parteistellung in beiden Verfahren zu differenzieren.

a. Gleiche Parteistellung im in- und ausländischen Prozess

Der Kläger bestimmt durch die Wahl des Forums, wo der Prozess durchgeführt wird. Dieses Wahlrecht ist im Prinzip unbegrenzt, wenngleich einige Rechtsordnungen eine Einschränkung des forum shopping durch die Lehre vom forum non conveniens machen. Es ist das Recht des Klägers, unter mehreren zuständigen Gerichten dasjenige anzurufen, das ihm die größten Chancen für die Durchsetzung seines Anspruchs gibt. Hat er aber einmal gewählt, dann ist es ihm regelmäßig zuzumuten, den Prozess vor dem gewählten Gericht zu Ende zu führen und den Beklagten nicht mit Parallelprozessen in anderen Staaten zu überziehen. Wenn die Prozessführung vor dem gewählten Gericht nicht mehr sinnvoll erscheint, etwa weil sie sich als zu langsam herausstellt, der Beklagte sein Vermögen zwischenzeitlich

[73] Vgl. Hellwig, Lehrbuch des Deutschen Civilprozessrechts I, 1903, S. 127, 178; Schütze, DIZPR, Rdn. 396; ders., RabelsZ 31 (1967), 233 ff.

in einen anderen Staat verbracht hat oder die Chancen vor einem anderen Gericht größer erscheinen, so kann er die Klage zurücknehmen und in einem anderen Forum erneut klagen. Das hat beispielsweise der portugiesische Seemann Castanho getan, der seine Klage in London zurücknahm, um auf Rat texanischer Anwälte in Texas erneut zu klagen, weil ihm die Prozessaussichten dort günstiger erschienen[74]. In den Fällen von Klägeridentität kann die Berücksichtigung ausländischer Rechtshängigkeit unter dem Gesichtspunkt des Beklagtenschutzes angemessen sein.

Es kann aber auch durchaus Fälle geben, in denen der Kläger ein berechtigtes Interesse an einer Doppelprozessführung haben kann. Hat der Beklagte Vermögenswerte in verschiedenen Staaten und weiß der Kläger nicht, ob eine Zwangsvollstreckung in einem Staat zum Erfolg führt, so kann es sinnvoll sein, den Beklagten vor allen Gerichten, in deren Sprengeln Vermögen belegen ist, zu verklagen. Dasselbe gilt bei Vermögensverschiebungen. Die Möglichkeit der Anerkennung und Vollstreckbarerklärung eines Titels nützt dem Kläger meist nicht viel. Die Verfahren der Wirkungserstreckung dauern lange, soweit nicht ein Staatsvertrag über die internationale Urteilsanerkennung besteht. Auch kann der Kläger nicht immer auf die Klagerücknahme verwiesen werden, da diese nach einigen Prozessordnungen nur mit Zustimmung des Beklagten möglich ist.

b. Umgekehrte Parteistellung im in- und ausländischen Prozess

Der Beklagte hat sich das Forum nicht ausgesucht. Er ist vom Kläger in einen Prozess vor einem dem Kläger genehmen Gericht gezogen worden. Er ist zuweilen in die Situation gedrängt, dass der Kläger ein Forum wählt, das eine Entscheidung des Rechtsstreits wegen der Inaktivität des Gerichtes oder des Klägers auf lange Zeit verhindert. Man braucht dabei gar nicht an die Prozessführung vor Gerichten exotischer Staaten zu denken. Ein eindrucksvolles Beispiel im deutsch-italienischen Verhältnis zeigt eine Entscheidung des Bundesgerichtshofs aus dem Jahr 1983[75]. Der Kläger hatte Ehescheidungsklage vor einem italienischen Gericht erhoben. Die scheidungswillige Beklagte konnte wegen der Rechtshängigkeit nicht vor einem deutschen Ge-

[74] Vgl. dazu Siehr, ZfRV 25 (1964), 124 ff.
[75] Vgl. BGH NJW 1983, 1269 = IPRax 1984, 152

richt Scheidungsklage gegen den Kläger erheben, wo eine Entscheidung schnell ergangen wäre. Dem Kläger gelang es durch die Wahl des Forums, die Ehescheidung, die er selbst im italienischen Verfahren begehrte, auf Jahre hinauszuzögern. Der Bundesgerichtshof ist in diesem Fall über seinen eigenen Schatten gesprungen und hat die Doppelprozessführung vor einem deutschen Gericht trotz schwebenden italienischen Verfahrens für zulässig erklärt.

5. Die Rechtsmissbräuchlichkeit als Kriterium für die Wirkungserstreckung ausländischer Rechtshängigkeit

Es zeigt sich, dass die Parteien durchaus ein schutzwürdiges Interesse an der Doppelprozessführung haben können. Solange dies besteht, ist – mangels gesetzlicher Regelung – kein Anlass gegeben, die Doppelprozessführung durch Erstreckung der Rechtshängigkeitswirkungen zu unterbinden. Kriterium für die Zulassung des Litispendenzeinwandes aus einem ausländischen Verfahren muss sein, ob die Doppelprozessführung rechtsmissbräuchlich ist.

12. Zur internationalen Rechtshängigkeit im deutschen Recht[1]

Die Staatsverträge über die internationale Urteilsanerkennung und – jedenfalls nach h.L. – das autonome deutsche Recht[2] – messen der Rechtshängigkeit vor ausländischen Gerichten Wirkung im deutschen Zivilprozess bei – obwohl man kaum von einem international anerkannten Prinzip sprechen kann[3]. Eine neuere Entscheidung des Bundesgerichtshofs[4] zur Erstreckung der Rechtshängigkeit eines Verfahrens in British Columbia auf ein deutsches Parallelverfahren hat zwei in der bisherigen Diskussion vernachlässigte Probleme offenbar werden lassen[5].

[1] Erstmals publiziert in: FS Beys, 2003, S. 1501 ff.

[2] Vgl. RGZ 49, 344; BGH NJW 1958, 103 (obiter dictum); BGH NJW 1983, 1269 = IPRax 1984, 152 = Dir. Fam. 1983, 527 mit abl. Anm Tortorici; BGH NJW 1986, 2195; OLG Hamburg, LZ 1926, 551; OLG München NJW 1972, 110; OLG Frankfurt/Main RIW/AWD 1980, 874; BayObLG FamRZ 1983, 501; OLG Saarbrücken RIW 1999, 64; Geimer, Beachtung ausländischer Rechtshängigkeit und Justizgewährungsanspruch, NJW 1984, 527 ff.; ders., IZPR, Rdn. 2685 ff.; Habscheid, Zur Berücksichtigung der Rechtshängigkeit eines ausländischen Verfahrens, RabelsZ 31 (1967), 254 ff.; ders., Non-licet bei ausländischer Rechtshängigkeit, FS Lange, 1970, S. 429 ff.; Hausmann, Zur Prüfung der Gerichtsbarkeit der New Yorker Gerichte über ein iranisches Staatsunternehmen im inländischen Arrestverfahren, IPRax 1982, 51 ff. (52 FN 10); Kaiser/Prager, Rechtshängigkeit im Ausland nach ausländischem Prozessrecht?, RIW/AWD 1983, 667 ff.; Linke, IZPR, Rdn. 201; Mitzgus, Internationale Zuständigkeit im Vormundschafts-, Pflegschafts- und Sorgerecht, 1982, S. 376; Nagel/Gottwald, IZPR, § 5 Rdn. 201 ff.; Riezler, IZPR, S. 451 f.; Schack, IZVR, Rdn. 747 ff.; Schneider, Wann ist die Rechtshängigkeit ausländischer Verfahren zu berücksichtigen?, NJW 1969, 88; Schumann, Internationales Rechtshängigkeit (Streitanhängigkeit), FS Kralik, 1986, S. 301 ff.; Wieczorek, ZPO, 2. Aufl., § 263, Anm. A IV 2; Zöller/Greger, § 261 Rdn. 3

[3] Vgl. dazu neuerdings die grundlegende Studie von Málaga, La Litispendencia, 1999, S. 339 ff. mit einer umfassenden Bibliographie zur internationalen Rechtshängigkeit; weiter Kerameus, Rechtsvergleichende Bemerkungen zur internationalen Rechtshängigkeit, FS Schwab, 1990, S. 257 ff.

[4] Vgl. BGH IPRax 2001, 457

[5] Vgl. dazu Schütze, Internationale Rechtshängigkeit und Verbürgung der Gegenseitigkeit im Verhältnis zu British Columbia, IPRax 2001, 441 ff.

I. Das europäische Recht

Die VO (EG) 44/2001[6] (EVO), die am 1. März 2002 das EuGVÜ im Verhältnis von allen Vertragsstaaten mit Ausnahme Dänemarks abgelöst hat, regelt die Wirkungen der internationalen Rechtshängigkeit in Artt. 27 ff.[7]

Nach Art. 27 EVO erstreckt die Wirkungen der Rechtshängigkeit vor Gerichten der Mitgliedstaaten bei Parteien- und Streitgegenstandsidentität, ohne dass es auf die Anerkennungsfähigkeit der in den Parallelverfahren zu erwartenden Entscheidung ankäme. Erfordernis der Anerkennung der Wirkungen der Rechtshängigkeit im später eingeleiteten Prozess ist allein, dass das zuerst angerufene Gericht zuständig ist. Die Prüfung der Zuständigkeit obliegt aber allein dem zuerst angerufenen Gericht. Bis zu dessen Entscheidung kann das später angerufenen Gericht das Verfahren nur aussetzen. Bejaht das zuerst angerufene Gericht seine Zuständigkeit, so weist das später angerufene Gericht die bei ihm anhängige Klage wegen anderweitiger Rechtshängigkeit zurück, andernfalls ist der Weg frei für die Fortsetzung des Verfahrens.

II. Die Staatsverträge

Die Anerkennungs- und Vollstreckungsverträge, die Deutschland abgeschlossen hat, sehen regelmäßig eine Berücksichtigung der Rechtshängigkeit ausländischer Verfahren vor.

1. Die Regelung in den Anerkennungs- und Vollstreckungsverträgen Deutschlands

a. EuGVÜ und LugÜ

Das EuGVÜ gilt auch nach Inkrafttreten der VO (EG) 44/2001 im Verhältnis zu Dänemark weiter. Dänemark wendet aufgrund eines

[6] ABl. L 12 v. 16.1.2001

[7] Vgl. dazu Kropholler, EuZPR, Art. 27, Rdn. 3 ff.; Schütze, Full Faith and Credit in der EU, IHR 2001, 135 ff. (137 ff.); zu den Reformarbeiten Otte/Prütting/Dedek, The GROTIUS Program: Proposals for Amending Article 21 and 22 of the Brussels Convention, European Review of Private Law 2 (2000), 257 ff.

Vertrages v. 19.10.2005[8] Das LugÜ ist durch die Verordnung nicht berührt worden.

Nach Art. 21 der Konventionen hat sich das später angerufene Gericht bei Doppelprozessführung für unzuständig zu erklären, zumindest aber die Entscheidung auszusetzen. Eine positive Anerkennungsprognose ist nicht erforderlich. Art. 21 EuGVÜ und LugÜ lassen eine solche Prognose nicht zu[9].

b. Deutsch-italienisches Anerkennungs- und Vollstreckungsabkommen

Nach Art. 11 ist die Rechtshängigkeit bei positiver Anerkennungsprognose zu berücksichtigen[10].

c. Deutsch-österreichischer Anerkennungs- und Vollstreckungsvertrag

Art. 17 stellt auf eine positive Anerkennungsprognose für die Berücksichtigung ausländischer Rechtshängigkeit ab[11].

d. Deutsch-belgisches Anerkennungs- und Vollstreckungsabkommen

Nach Art. 15 ist die Rechtshängigkeit bei positiver Anerkennungsprognose zu berücksichtigen[12].

[8] ABl. (EG) 299/62 v. 16.11.2005

[9] Vgl. EuGH Rs. C-351/89 – Overseas Union Insurance Ltd. v. New Hampshire Insurance Co. EuGHE 1991, 3317 = IPRax 1993, 34 mit Besprechungsaufsatz Rauscher/Gutknecht, Teleologische Grenzen des Art. 21 EuGVÜ, ebenda, S. 21 ff.; BGH RIW 1995, 413 = EuZW 1995, 378 mit Anm. Geimer = IPRax 1996, 192 mit Besprechungsaufsatz Hau, ebenda S. 177 ff.; Geimer/Schütze, EuZVR, Art. 27 Rdn. 16 m.w.N.

[10] Vgl. Geimer/Schütze, Internationale Urteilsanerkennung, Bd. I/2, S. 1658 ff.

[11] Vgl. Deutsche Denkschrift zu dem Vertrag, BTDrucks. III Nr. 1419, S. 15; Geimer/Schütze, Internationale Urteilsanerkennung, Bd. II, S. 171 f.

[12] Vgl. Geimer/Schütze, Internationale Urteilsanerkennung, Bd. II, S. 321

e. Deutsch-griechischer Anerkennungs- und Vollstreckungsvertrag

Nach Art. 18 ist die Rechtshängigkeit bei positiver Anerkennungsprognose zu berücksichtigen[13].

f. Deutsch-niederländischer Anerkennungs- und Vollstreckungsvertrag

Nach Art. 18 ist die Rechtshängigkeit bei positiver Anerkennungsprognose zu beachten[14].

g. Deutsch-tunesischer Rechtshilfe-, Anerkennungs- und Vollstreckungsvertrag

Ausländische Rechtshängigkeit ist bei positiver Anerkennungsprognose zu beachten (Art. 44)[15].

h. Deutsch-norwegischer Anerkennungs- und Vollstreckungsvertrag

Art. 21 stellt auf eine positive Anerkennungsprognose ab[16].

i. Deutsch-israelischer Anerkennungs- und Vollstreckungsvertrag

Art. 22 entspricht Art. 21 des deutsch-norwegischen Anerkennungs- und Vollstreckungsvertrages[17].

j. Deutsch-spanischer Anerkennungs- und Vollstreckungsvertrag

Art. 21 stellt auf eine positive Anerkennungsprognose ab[18].

13 Vgl. dazu Pouliades, Die Bedeutung des deutsch-griechischen Vertrages vom 4.11.1961 für die Anerkennung und Vollstreckung deutscher Entscheidungen in der griechischen Praxis, IPRax 1985, 356 ff.

14 Vgl. dazu Ganske, Der deutsch-niederländische Vollstreckungsvertrag in Zivil- und Handelssachen vom 30.8.1962, AWD 1964, 248 ff. (359 FN 25, 352)

15 Vgl. dazu Ganske, Der deutsch-tunesische Rechtshilfe- und Vollstreckungsvertrag in Zivil- und Handelssachen vom 19.7.1966, AWD 1970, 145 ff. (154)

16 Vgl. dazu Pirrung, Zu den Anerkennungs- und Vollstreckungsverträgen der Bundesrepublik Deutschland mit Israel und Norwegen, IPRax 1982, 130 ff.

17 Vgl. dazu Pirrung, IPRax 1982, 130 ff.

18 Vgl. dazu Karl, Kommentar zum deutsch-spanischen Anerkennungs- und Vollstreckungsvertrag, in: Geimer/Schütze, Internationaler Rechtsverkehr, Art. 21, Anm. II, 3, 663.20

2. ratio conventionorum

Es lassen sich damit zwei Stufen der Berücksichtigung ausländischer Rechtshängigkeit im Rahmen von Staatsverträgen feststellen:

a. Keine Anerkennungsprognose bei Gleichwertigkeit der Rechtssysteme

EuGVÜ und LugÜ verzichten auf eine Anerkennungsprognose. Das ist verständlich, da beide Konventionen zwischen Staaten mit gleichwertigen Prozesssystemen abgeschlossen sind und aufgrund einer einheitlichen Zuständigkeitsordnung mit einer Regelung der compétence directe arbeiten. Die Konventionen basieren auf der Konzeption gegenseitigen Vertrauens in die Justiz[19] – wenn man vom Sündenfall der Zuständigkeitsnachprüfung in Verbrauchersachen absieht[20] –, gehen von der Gleichwertigkeit der Verfahren in den Konventionsstaaten und einer grundsätzlichen Anerkennungsfähigkeit der Entscheidungen aus.

b. Anerkennungsprognose die ungesicherter Gleichwertigkeit der Rechtssysteme

Die bilateralen Staatsverträgen schreiben eine Berücksichtigung ausländischer Rechtshängigkeit nur bei positiver Anerkennungsprognose vor. Nun besteht auch hier ein – vielleicht abgeschwächtes – Vertrauen in die Gleichwertigkeit der Prozesssysteme. Da aber die Zuständigkeitsregelegung nur in Form einer compétence indirecte ausgestaltet ist, ist die Wirkungserstreckung von Entscheidungen unter den bilateralen Staatsverträgen viel ungewisser als nach EuGVÜ und LugÜ. Schon wegen des Versagungsgrundes der mangelnden internationalen Zuständigkeit des Erstgerichts ist die Prüfung der positiven Anerkennungsprognose notwendig und sinnvoll.

[19] Vgl. Bericht zum EuGVÜ, BTDrucks. VI/1973, S. 52 ff., Anm. zu Art. 28

[20] Vgl. dazu Schütze, Die Nachprüfung der internationalen Zuständigkeit nach dem EWG-Übereinkommen über die gerichtliche Zuständigkeit und die Vollstreckung gerichtlicher Entscheidungen, AWD 1974, 428 ff. (429)

3. Staatsvertragliche Verbürgung der Gegenseitigkeit hinsichtlich der Berücksichtigung des Litispendenzeinwandes

Die multilateralen und bilateralen Staatsverträge sehen eine Berücksichtigung ausländischer Rechtshängigkeit in gleicher Weise vor. Die Gegenseitigkeit ist damit auch insoweit staatsvertraglich gesichert. Ein deutsches Gericht kann der Rechtshängigkeit eines Verfahrens vor einem tunesischen Gericht Bedeutung beimessen, weil auch ein tunesisches Gericht nach Art. 44 des deutsch-tunesischen Vertrags gehalten ist, Gleiches zu tun.

III. Das autonome deutsche Recht

Rechtsprechung und Schrifttum favorisieren die Anerkennung der Wirkungen ausländischer Rechtshängigkeit[21] im inländischen Prozess, ohne sich viel Gedanken über die Rechtsgrundlagen zu machen.

1. Rechtsgrundlagen der Erstreckung der Wirkungen ausländischer Litispendenz „über die Grenze"

Auszugehen ist davon, dass die Wirkungen ausländischer Hoheitsakte an der Staatsgrenze enden[22]. Die Erstreckung ihrer Wirkungen bedarf eines besonderen Hoheitsaktes: der Anerkennung, die auch ohne formelles Verfahren erfolgen kann.

Anders als die Wirkungserstreckung ausländischer Zivilurteile (§§ 328, 722 f. ZPO) ist die Erstreckung der Rechtshängigkeit über die Grenze – mit Ausnahme der Seerechtsstreitigkeiten in § 738 a HGB – im autonomen deutschen Recht nicht geregelt. Rechtsprechung und Schrift-

[21] Vgl. für Nachweise Bäumer, Die ausländische Rechtshängigkeit und ihre Auswirkungen auf das internationale Zivilverfahrensrecht, 1999; Dohm, Die Einrede ausländischer Rechtshängigkeit im deutschen internationalen Zivilprozessrecht, 1996; Geimer, IZPR, Rdn. 2685 ff.; Schütze, Die Wirkungen ausländischer Rechtshängigkeit in inländischen Verfahren, ZZP 104 (1991), 136 ff. (137, FN 7 und 8); ders., DIZPR, Rdn. 392 ff., im übrigen oben FN 2

[22] Vgl. Dig. II, 1, 20: „*Extra territorium ius dicenti impune non paretur*"

tum stellen auf Zweckmäßigkeitserwägungen ab und bestimmen die Wirkungen dann nach § 261 Abs. 3 Nr. 1 ZPO.

a. Analoge Anwendung von § 261 Abs. 3 Nr. 1 ZPO

Eine direkte Anwendung von § 261 Abs. 3 Nr. 1 ZPO verbietet sich, da diese Norm nur parallele Verfahren vor inländischen Gerichten betrifft. Nur hier besteht eine grundsätzliche Fungibilität der Gerichte, die hinsichtlich der Qualität und Schnelligkeit von Verfahren und Entscheidung konzeptionell gleichwertig sind. Es gilt dasselbe wie für die Rechtskraft. § 322 ZPO betrifft nur die Rechtskraftwirkungen der Urteile inländischer Gerichte, die ausländischer Gerichte im inländischen Prozess wird durch § 328 ZPO geregelt. Eine solche § 328 ZPO entsprechende Norm für die internationale Rechtshängigkeit fehlt.

Verbietet sich damit die direkte Anwendung des § 261 Abs. 3 Nr. 1 ZPO, so bleibt die analoge Anwendung[23]. Aber auch das hilft nicht weiter. Denn eine solche Analogie würde die Fungibilität von Gerichten und Verfahren im internationalen Bereich voraussetzen. Diese mag zwar für einige Staaten gegeben sein – das ist dann auch der Grund für eine staatsvertragliche Zulassung des Rechtshängigkeitseinwandes über die Grenze – allgemein sind wir weit davon entfernt. In vielen Staaten entspricht die Rechtsprechung nicht den Anforderungen, die wir an ein rechtsstaatliches Verfahren stellen[24]. Die h.L. erkennt dies und sucht eine Lösung über eine teleologische Reduktion[25] des § 261 Abs. 3 Nr. 1 ZPO in der Weise, dass eine positive Anerkennungsprognose für die im ausländischen Verfahren zu erwartende Entscheidung gefordert wird. Damit entfernt sie sich aber von der analogen Anwendung des § 261 Abs. 3 Nr. 1 ZPO.

23 Vgl. dazu Málaga, La Litispendencia, 1999, S. 390 f. mit Literaturnachweisen. Die analoge Anwendung des § 261 Abs. 3 Nr. 1 ZPO wird favorisiert von der h.L., vgl. Bäumer, Die ausländische Rechtshängigkeit und ihre Auswirkungen auf das internationale Zivilverfahrensrecht, 1999, S. 68 m.w.N.; Schack, IZVR, Rdn. 747

24 Vgl. dazu Schütze, RV, Rdn. 6

25 Vgl. dazu Geimer, IZPR, Rdn. 2688

b. Analoge Anwendung von § 328 ZPO

Es bleibt die analoge Anwendung von § 328 ZPO. Sie bietet sich an, geht doch die Begründung der h.L. für die Erstreckung ausländischer Rechtshängigkeitswirkungen auf das Inland dahin, das die ausländische Rechtshängigkeit als Vorstufe der Rechtskraft wie diese zu behandeln sei[26]. Das entspricht auch der inzidenten Anwendung des § 328 ZPO über den Test der Anerkennungsfähigkeit der im ausländischen Verfahren zu erwartenden Entscheidung.

c. Erfordernisse der Berücksichtigung ausländischer Rechtshängigkeit

Die h.L. will die ausländische Rechtshängigkeit berücksichtigen, wenn das in dem ausländischen Prozess zu erwartende Urteil anerkennungsfähig sein wird[27]. Im Rahmen der Anerkennungsprognose wird geprüft, ob die Erfordernisse des § 328 Abs. 1 ZPO voraussichtlich erfüllt sein werden. Hier bestehen entscheidende Bedenken. Denn die Anerkennungsprognose erfordert vom Richter „hellseherische“ Fähigkeiten[28].

aa. Anerkennungsprognose hinsichtlich der ausländischen Entscheidung

Unternimmt man aber mit der h.L. eine Anerkennungsprognose, so ist die verbürgte Gegenseitigkeit i.S. von § 328 Abs. 1 Nr. 5 ZPO eines der am ehesten festzustellenden Erfordernisse. Die Gegenseitigkeit muss zunächst im Hinblick auf die Anerkennungsfähigkeit des zu erwartenden Urteils verbürgt sein. Hierauf beschränkt sich die h.L.

bb. Verbürgung der Gegenseitigkeit hinsichtlich des Litispendenzeinwandes

Die h.L. bleibt auf halben Wege stehen, wenn sie die Verbürgung der Gegenseitigkeit nur hinsichtlich der Anerkennung des zu erwartenden

[26] Vgl. dazu Habscheid, Zur Berücksichtigung der Rechtshängigkeit eines ausländischen Verfahrens, RabelsZ 31 (1967), 254 ff. (255)

[27] Vgl. für Nachweise oben FN 2

[28] Vgl. Hellwig, Lehrbuch des Deutschen Civilprozessrechts, Bd. 1, 1903 S. 178, N. 20; Schütze, Die Berücksichtigung der Rechtshängigkeit eines ausländischen Verfahrens, NJW 1963, 1486 f.

Urteils fordert[29]. Begründet man die Erstreckung der Wirkungen der Rechtshängigkeit über die Grenze mit einer analogen Anwendung des § 328 ZPO, dann muss man auch die Verbürgung der Gegenseitigkeit im Hinblick auf die Erstreckung der Wirkungen der Rechtshängigkeit – nicht nur des zu erwartenden Urteils – fordern. Sonst entsteht eine unangemessene international-prozessuale Schieflage.

Von dem Erfordernis der Gegenseitigkeit im Hinblick auf die Rechtshängigkeit geht auch die einzige gesetzliche Regelung der internationalen Litispendenz im deutschen autonomen Recht aus. § 738 a Abs. 1 HGB[30] bestimmt:

> *Ist eine (seerechtliche) Klage auf Schadensersatz bei einem ausländischen Gericht anhängig, so hat die Klage die in § 261 Abs. 3 Nr. 1 ZPO bestimmte Wirkung der Rechtshängigkeit, wenn die Zuständigkeit des Gerichts auf einer dem § 738 a Abs. 1 HGB entsprechenden Regelung beruht und wenn das Gericht des Staates, vor dem die Klage auf Schadensersatz anhängig, im Falle einer vor einem deutschen Gericht anhängigen Klage die Wirkungen der Rechtshängigkeit anerkennen würde*[31].

Die deutsche Rechtsprechung[32] und das herrschende Schrifttum konterkarieren diese Regelung und negieren – im Ergebnis – die gesetzliche Regelung. Das mag folgendes Beispiel zeigen:

> *Vor einem Bundesgericht im Staate Washington schwebt eine seerechtliche Schadensersatzklage. Die Rechtshängigkeit ist nach § 738 a HGB nicht zu berücksichtigen, da das US-amerikanische Recht der ausländischen Rechtshängigkeit keine Wirkungen beimisst, eine zweite Klage allenfalls nach der Forum non conveniens Lehre nicht zulässt. Nach der deutschen Rechtsprechung ist das alles unerheblich. Die Rechtshängigkeit aus dem US-amerikanischen Prozess ist ein Prozesshindernis, da*

[29] Darauf weist Kerameus, Rechtsvergleichende Bemerkungen zu internationalen Rechtshängigkeit, FS Schwab, 1990, S. 257 ff. (267 f.) hin.

[30] Die Regelung ist aus Art. 1 Abs. 3 des Brüsseler Übereinkommens v. 10.5.1952 in das deutsche Recht übernommen worden, vgl. Herber, Seehandelsrecht, 1999, S. 439

[31] Vgl. dazu Basedow, Der internationale Schadensprozess nach Seeschiffskollisionen- zu den §§ 738 ff. HGB, VersR 1987, 495 ff.

[32] Eine ältere Entscheidung des schweizerischen Bundesgerichts, BGE 56 II 335 fordert konsequenterweise Gegenseitigkeit auch für die Berücksichtigung ausländischer Rechtshängigkeit

das zu erwartende Urteil des Gerichts aus Washington anerkennungsfähig ist.

Fazit also: § 738 a HGB geht ins Leere. Die Rechtsprechung – und ihr folgend das Schrifttum – wendet die Norm schlicht nicht an. Wenig überzeugend ist in diesem Zusammenhang die Rechtfertigung der h.L. durch Bäumer[33], die die Regelung des § 738a HGB, der 1972 durch das Seerechtsänderungsgesetz eingefügt wurde, für obsolet erklärt, da zwischenzeitlich auf das Gegenseitigkeitserfordernis „verzichtet" werde. Sie übersieht, dass 1972 bereits eine gefestigte Rechtsprechung bestand, die die ausländische Rechtshängigkeit bei Anerkennungsfähigkeit der im ausländischen Verfahren zu erwartenden Entscheidung berücksichtigen wollte ohne im Hinblick auf den Litispendenzeinwand Reziprozität zu fordern. § 738a Abs. 1 HGB ist gerade gegen und in Abänderung dieser Rechtsprechung ergangen. Das erkennt sehr wohl Schack[34], der meint, dass die „Spezialisten des Seerechts längst überholten Gegenseitigkeitsvorstellungen zum Opfer gefallen" seien.

Man mag zum Gegenseitigkeitserfordernis stehen wie man will[35]. Es ist geltendes Recht und hat alle Reformen des § 328 ZPO und seines Vorläufers, des § 660 CprO überdauert. Es mag dahinstehen, ob es sich um eine Erscheinungsform der Gleichheitsidee im Recht oder eine bloße Emanation des Prinzips „Wie Du mir, so ich Dir" handelt. Jedenfalls erscheint es unangemessen, ausländische Rechtshängigkeit im deutschen Prozess zu berücksichtigen, wenn die ausländische Rechtsordnung in ihrem Verfahrensrecht die Wirkungen deutscher Rechtshängigkeit negiert.

So misst das US-amerikanische Prozessrecht ausländischer Rechtshängigkeit keine Wirkung – jedenfalls nicht die einer Klagsperre – bei[36]. Wenn das deutsche Recht die Rechtshängigkeit vor einem US-

[33] Vgl. Bäumer, Die ausländische Rechtshängigkeit und ihre Auswirkungen auf das internationale Zivilverfahrensrecht, 1999, S. 67

[34] Vgl. Schack, IZVR, Rdn. 749

[35] Vgl. dazu Hepting, Die Gegenseitigkeit im internationalen Privatrecht und internationalen Zivilprozessrecht, Diss. München 1973; Schwantag, Gegenseitigkeit und „loi uniforme" in Abkommen zum internationalen Privat- und Prozessrecht, Diss. Freiburg/Brsg. 1976

[36] Vgl. Habscheid, Bemerkungen zur Rechtshängigkeitsproblematik im Verhältnis der Bundesrepublik Deutschland und der Schweiz einerseits und den USA

amerikanischen Gericht dessen ungeachtet berücksichtigen würde, dann träte eine unangemessene Benachteiligung der Parteien im deutschen Verfahren ein. Der Kläger im US-amerikanischen Verfahren würde das deutsche Verfahren blockieren, der Kläger im deutschen Verfahren könnte ein Parallelverfahren in den USA nicht verhindern.

Nun könnte man argumentieren, dass die US-amerikanische Entscheidung, die eine frühere deutsche Rechtshängigkeit nicht berücksichtigt, ohnehin nicht anerkannt und für vollstreckbar erklärt werden kann (§ 328 Abs. 1 Nr. 3 ZPO). Das schließt aber nicht aus, dass die amerikanische Entscheidung in den USA vollstreckt und in anderen Staaten anerkannt werden kann. Das Problem würde entschärft, wenn die amerikanischen Gerichte die Forum non conveniens Lehre nicht in so chauvinistischer Weise zugunsten US-amerikanischer Kläger anwenden würden[37]. Im Grundsatz kann man davon ausgehen, dass US-amerikanische Gerichte, sich konzeptionell als convenient forum ansehen, wenn und soweit US-amerikanische Klägerinteressen betroffen sind, mögen auch alle Umstände zu einer „besseren Zuständigkeit" eines ausländischen Gerichts führen.

d. Fazit

Wenn man die Wirkungen ausländischer Rechtshängigkeit auch außerhalb der gesetzlichen Regelung des § 738a HGB mit der h.L. berücksichtigen will, dann kann setzt das die Verbürgung der Gegenseitigkeit auch hinsichtlich des Litispendenzeinwandes voraus, d.h. die ausländische Rechtshängigkeit kann auch bei voraussichtlicher Anerkennungsfähigkeit der im ausländischen Verfahren zu erwartenden Entscheidung nur Wirkungen entfalten, wenn das auch umgekehrt im ausländischen Staat geschieht.

andererseits, FS Zweigert, 1981, S. 109 ff. (117 f.); Krause-Ablass/Bastuck, Deutsche Klagen zur Abwehr amerikanischer Prozesse?, FS Stiefel, 1987, S. 445 ff. (455 ff.); Riezler, IZPR, S. 455; Schack, Einführung in das US-amerikanische Zivilprozessrecht, 3. Aufl., 2003, S. 42; ders., IZVR, Rdn. 751; a.A. wohl Ehrenzweig, A Treatise on Conflict of Laws, 1962, S. 127

[37] Vgl. dazu Jünger, Forum non conveniens – Who needs it?, FS Schütze, 1999, S. 317 ff. (330); Schütze, RV, Rdn. 68; ders., Forum non conveniens und Rechtschauvinismus, FS Jayme, 2004, S. 1021 ff.

IV. Umfang der Wirkungserstreckung

Durch die Anerkennung können nur Wirkungen erstreckt werden, die das erststaatliche Recht kennt. Das ist für die Erstreckung der Rechtskraftwirkung im Rahmen des § 328 ZPO anerkannt[38]. Die Rechtskraftwirkung einer ausländischen Entscheidung kann in Deutschland nie weitergehen als sie im Erststaat besteht. Andernfalls würde aus der Rechtskrafterstreckung eine wundersame Rechtskraftvermehrung. Hindert die Rechtskraft nach erststaatlichem Recht eine neue Klage nicht oder nur bedingt, so gilt das auch für den deutschen Prozess. Die unbedingte Sperrwirkung des § 302 ZPO gilt nur für deutsche Titel, für ausländische bestimmt das ausländische Recht den Umfang ihrer Sperrwirkung, und zwar in dem Umfang wie sie durch die Anerkennung erstreckt wird.

Für die internationale Rechtshängigkeit kann nichts anderes gelten. Wenn man die ausländische Rechtshängigkeit bei positiver Anerkennungsprognose über die Grenze erstrecken will, dann müssen dieselben Prinzipien gelten, die für die Rechtskrafterstreckung bestimmend sind. Die Wirkungen ausländischer Rechtshängigkeit im deutschen Zivilprozess können nie weitergehen als sie im erststaatlichen Recht bestehen. Das hat der BGH im deutsch-kanadischen (British Columbia) Fall[39] übersehen – jedenfalls nicht diskutiert[40].

Das bedeutet beispielsweise für das deutsch-amerikanische Verhältnis:

– Da das amerikanische Zivilprozessrecht der Rechtshängigkeit nicht die Wirkung einer Klagsperre beimisst, können die Wirkungen des § 261 ZPO durch die Klageerhebung vor einem US-amerikanischen Gericht nicht im deutschen Prozess über denselben Streitgegenstand eintreten. Da ein Parallelverfahren nach US-amerikanischen Recht möglich ist, gilt dies auch für den deutschen Zivilprozess.

[38] Vgl. für viele Geimer, IZPR, Rdn. 2776 ff.

[39] Vgl. BGH IPRax 2001, 457

[40] Vgl. dazu Schütze, Internationale Rechtshängigkeit und Verbürgung der Gegenseitigkeit im Verhältnis zu British Columbia, IPRax 2001, 441 ff.

– Die amerikanische Lösung über die forum non conveniens Lehre kann im deutschen Zivilprozess nicht angewendet werden, da die forum non conveniens Lehre dem deutschen Recht fremd ist[41].

– Es bleibt die Suche nach einer Entsprechung im deutschen Recht, etwa in dem Sinne von BGHZ 47, 324, wo der BGH die Regeln des Ehescheidungsverfahrens auf die dem deutschen Recht fremde Trennung von Tisch und Bett angewendet hat. Man könnte an eine Aussetzung des deutschen Verfahrens denken.

Eine analoge Anwendung von § 148 ZPO kommt dabei nicht in Betracht, da das ausländische Verfahren nicht vorgreiflich ist. Auch eine Aussetzung wegen größerer Sachnähe des zuerst angerufenen US-amerikanischen Gerichts findet keine Grundlage im deutschen Zivilprozessrecht. Sie verbietet sich aus doppeltem Grund.

Einmal widerspricht eine Ermessenentscheidung – und eine solche müsste es notwendigerweise sein – dem Bestimmtheitsgrundsatz im deutschen Recht[42]. Der Kläger, der trotz des Schwebens eines Verfahrens vor einem US-amerikanischen Gericht Klage – aus welchen Gründen auch immer[43] – vor einem deutschen Gericht erhebt, muss von Anfang wissen, ob diese zulässig ist oder nicht. Dasselbe gilt für den Beklagten im US-amerikanischen Prozess, der vor einem deutschen Gericht negative Feststellungsklage erhebt weil er sich am US-amerikanischen Prozess nicht beteiligen will, da er wegen der american rule of costs[44] dort auch im Obsiegensfall keinen Kostenerstattungsanspruch hat und u.U. Hunderttausende von US $ aufwenden muss oder weil er das problematische Jurysystem fürchtet[45] oder die Richter wegen des Richterwahlsponsoring nicht für unparteiisch

[41] Vgl. Schütze, DIZPR, Rdn. 123 ff. m.w.N.

[42] Vgl. Schütze, Rezension, ZZP 88 (1975), 478 ff.

[43] Vielleicht hat der Kläger zwischenzeitlich Vermögen des Beklagten in Deutschland aufgefunden und einen Arrest erwirkt und weiß aber nicht, ob dieses Vermögen ausreicht zur Befriedigung der Klageforderung, so dass er „zweigleisig“ fahren will.

[44] Vgl. dazu Hommelsheim, Kostentragung und -ausgleichung im amerikanischen Zivilprozess, Diss. Bonn 1990; Neufang, Kostenverteilung im US-amerikanischen Zivilprozess und Urteilsanerkennung in Deutschland, 2002, S. 31 ff.; Schack, Einführung in das US-amerikanische Prozessrecht, 3. Aufl., 2003, S. 10 f.

[45] Vgl. dazu Herrmann, Die Anerkennung US-amerikanischer Urteile in Deutschland unter Berücksichtigung des ordre public, 2000, S. 201 ff.

hält[46] oder weil er mit einer ordre-public-widrigen punitive-damages-Verurteilung[47] rechnen muss.

Überdies ist zu berücksichtigen, dass US-amerikanische Gerichte die forum non conveniens Lehre in rechtschauvinistischer Weise zugunsten der Bürger der lex fori anwenden[48]. Das müsste dazu führen, dass umgekehrt zumindest für die negative Feststellungsklage in Deutschland gegen den Kläger im US-amerikanischen Prozess, das deutsche Gericht immer ein convenient forum wäre.

– Fazit also: Die Rechtshängigkeit vor einem US-amerikanischen Gericht ist – wie immer man es dreht und wendet – nicht im deutschen Prozess zu beachten[49].

V. Ergebnis

Wenn man mit der h.L. – die der Verfasser weiterhin für unrichtig hält – die Wirkungen ausländischer Rechtshängigkeit auch im inländischen Prozess berücksichtigen will, dann gilt jedenfalls folgendes:

1. Die Wirkungen ausländischer Rechtshängigkeit im inländischen Verfahren können nie weitergehen als das erststaatliche Recht be-

[46] Vgl. dazu Schütze, Richterwahlsponsoring: Überlegungen zur ordre public Widrigkeit von Urteilen US-amerikanischer Staatsgerichte, ZVglRWiss 100 (2001), 464 ff.

[47] Vgl. dazu Burst, Pönale Momente im ausländischen Privatrecht und deutscher „ordre public", 1994; Mösdorf-Schulte, Funktion und Dogmatik amerikanischer punitive damages – Zugleich ein Beitrag zur Diskussion um die Zustellung und die Anerkennung in Deutschland, 1999; Müller, Punitive damages und deutsches Schadensersatzrecht, 2000; Rosengarten, Punitive damages und ihre Anerkennung und Vollstreckung in der Bundesrepublik Deutschland, 1994; Schütze, Die Anerkennung und Vollstreckbarerklärung US-amerikanischer Schadensersatzurteile in Produkthaftungssachen in der Bundesrepublik Deutschland, FS Nagel, 1987, S. 392 ff.

[48] Vgl. Jünger, Forum non conveniens – Who needs ist?, FS Schütze, 1999, S. 317 ff. (330); Schütze, RV, Rdn. 68; ders. Forum non conveniens und Rechtschauvinismus, FS Jayme, 2004, S. 1021 ff.

[49] Aus diesem Grund ist auch die Entscheidung des BGH IPRax 2001, 457 für die entsprechende Rechtslage in British Columbia problematisch; vgl. Schütze, Internationale Rechtshängigkeit und Verbürgung der Gegenseitigkeit im Verhältnis zu British Columbia, IPRax 2001, 441 ff.

stimmt. Dies gilt sowohl für die Wirkungserstreckung aufgrund europäischen, staatsvertraglichen und deutschen autonomen Rechts.

2. Rechtsgrundlage für die Erstreckung der Wirkungen ausländischer Rechtshängigkeit im autonomen deutschen Recht – wenn man die Erstreckung mit der h.L. überhaupt zulassen will – ist die analoge Anwendung von § 328 ZPO. Das bedeutet, dass neben einer positiven Anerkennungsprognose für die im ausländischen Prozess zu erwartende Entscheidung auch die Gegenseitigkeit i.S. von § 328 Abs. 1 Nr. 5 ZPO für die Litispendenz verbürgt sein muss. Die Rechtshängigkeit von Verfahren aus Rechtsordnungen, die ihr keine Wirkung beimessen, kann nicht über die Grenze erstreckt werden.

3. Misst das ausländische – wie das US-amerikanische – Recht der Rechtshängigkeit nicht die Wirkung einer Klagsperre bei, berücksichtigt sie diese allenfalls unter dem Gesichtspunkt der Forum non conveniens Lehre, so entfaltet die Rechtshängigkeit im deutschen Prozess keine Wirkung, selbst wenn eine positive Anerkennungsprognose für das im ausländischen Verfahren zu erwartende Urteil besteht.

13. Lis Pendens and Related Actions[1]

Contradictory decisions are undesirable. Thus every legal system tries to avoid a duplication of legal proceedings by means of the plea of lis alibi pendens[2]. Both the Brussels Convention (on Jurisdiction and the Enforcement of Judgments in Civil and Commercial Matters) and the Lugano Convention, with identical wordings of their respective Article 21, have taken account of this and allow for the lis alibi pendens to be extended across borders if the same action is brought in the courts of different Contracting States.

It is, however, not only the irreconcilable rulings involving the same parties that are to be avoided; it is likewise problematic if the legal appreciation of the facts of the case that have given rise to a lawsuit differs where the litigants concerned are not the same. The Brussels Convention and the Lugano Convention have both considered this by providing for the consolidation of pending related actions (Article 22).

I. Problems of Application

The European Community has enacted rules providing for a uniform jurisdiction system and is on the way to a European civil procedure, although there remains a great deal of work. Until now, the national rules of procedure still determine the course of proceedings from the moment an action is brought to the conclusion of proceedings by a judgment being pronounced. These national rules of procedure differ widely. One must keep in mind that within the European Community (and within the scope of the Brussels Convention) two legal systems exist: the Civil Law system and the Common Law system. It is true that the Court of Justice of the European Communities seeks to further unification within the scope of its competence of interpretation, in particular by means of an autonomous interpretation of the Brussels Convention. In this endeavour it has not always proved

1 Erstmals publiziert in: European Journal of Law Reform 4 (2002), 57 ff.

2 For comparison with other legal systems see also Schütze, Die Wirkungen ausländischer Rechtshängigkeit in inländischen Verfahren, ZZP 104 (1991), pages 136 et seq.

much skill, which may be due to the fact that the body of judges concerned is formed of judges rooted in different legal systems[3]. The application of the Brussels Convention and the Lugano Convention has, in particular, brought to light the problems dealt with in the following, which are due in part to the wording of Articles 21 to 23, in part to precedents relating to these provisions.

1. The Beginning of Lis Pendens

In the matter of Zelger v. Salinitri[4] the European Court of Justice did not derive uniform conditions for "final lis alibi pendens" from the Convention itself, interpreted to this effect, but has rather made reference to the respective laws of the countries whose courts are seized of a matter. This forcibly leads to unjust results and non-uniform application where one State prescribes as the beginning of pendency the moment the statement of claim has been served (as provided for by German law; § 261 of the Code of Civil Procedure), whereas the other state involved may consider that the beginning of pendency of proceedings depends on the filing of the action only[5] just as the hedgehog in the fairytale wins the race against the hare by means of a trick[6]. Article 21, as it stands today, makes it possible for the party bringing an action in the country where pendency is deemed to begin

[3] Thus, the European Court of Justice has – apparently because to some of the judges concerned, the settlement in court was not known – failed to see in the matter of the Judgment or 2 June 1994 in Case C-414/92 Solo Kleinmotoren v. Emilio Boch (1994) ECR I-2237 = NJW 1995, 38 = JZ 1994, 1007 with comment Schlosser = IPRax 1995/241 with comment von Hoffmann/Hau pages 217 et seq. = EuZW 1994, 760 = EWS 1994, 247 with review by Mankowski, 379, that the German settlement in court is identical in its function with the judgment by consent, and consequently has dealt with the two in different ways within the scope of Article 25

[4] Case 56/79, ECR 1984, 2397 NJW 1984, 2759 = IPRax 1984, 336 with comment by Rauscher , 317 et seq.

[5] See Dohm, Die Einrede ausländischer Rechtshängigkeit im deutschen internationalen Zivilprozessrecht, page 116, with further references; Isenburg-Epple, Die Berücksichtigung ausländischer Rechtshängigkeit nach dem Europäischen Gerichtsstands- und Vollstreckungsübereinkommen vom 27.9.1968, thesis Heidelberg, 1991, page 124

[6] See Geimer/Schütze, EuZVR, Article 26, marginal note 9

upon the filing of the action, undercut any previous action brought at a forum where pendency is made dependent on its service[7].

2. Relationship between the Action for Performance and the Declaratory Action

The conflict has intensified with the Tatry decision[8] delivered by the European Court of Justice, who found that the matter in dispute (Streitgegenstand) of the action for performance is identical with that of the declaratory action (with respect to the non-existence of even that obligation to perform) without, however, declining the plaintiff's legal interest in a declaratory judgment establishing the non-existence of the claim. The Italian defendant involved in German civil proceedings for payment can always (provided he or she learns about the action to be brought before it has actually been served[9] and insofar as an Italian forum exists) prevent German proceedings by means of a declaratory action to establish the non-existence of the claim, thus having the case dealt with in Italy. He will invariably be faster.

3. Pendency of Related Actions at First Instance

According to the wording of Article 22 paragraph 1 of the Brussels Convention, related proceedings may be stayed by the court only while both actions are pending at first instance. This means that – according to the tenor of this provision – either of the parties can avoid a stay of proceedings on account of their being connected, if the action is enlarged at the second instance or if the connected action is brought only after the other action is already pending at the

7 See Dohm, loc. cit., page 135 for summary of criticism voiced; Isenburg-Epple, loc. cit. page 257; Koch, Unvereinbare Entscheidungen im Sinne der Artt. 27 Nr. 3 und 5 EuGVÜ und ihre Vermeidung, 1993, page 62

8 See The owner of the cargo lately laden on board the ship Tatry v. the owners of the ship Maciej rataj, (1994) ECR I, 5439 = EuZW 1995, 309 with comment Wolf, page 365 = EwiR 1995, 463 with comment Otte = JZ 1995, 616 with comment Huber = EWS 1995, 90 with comment Lenenbach, page 361

9 Early knowledge of proceedings has in at least one case been due to a corrupt translator. In proceedings instituted before the Landgericht Stuttgart, the translator had informed the defendant bank during the process of translation, whereupon the denfendant – before the statement of claims was served upon it – closed down ist German branch office.

second instance acting. The redaction of this provision is deemed to be "unfortunate"[10] so that a rectifying interpretation even to the law in force is suggested to the effect that pendency at first instance is not made a precondition to proceedings being stayed[11].

II. Reform Work

Reform works[12] regarding lis pendens and related actions has concentrated on the whole on the three problems considered above[13]. A scientific project that has found the support from the Grotius Programme has suggested the following wording for Articles 21 and 22 of the Brussels Convention:

Article 21

1. Where proceedings involving the same cause of action and between the same parties are brought before the court of different Contracting States, any court other then the court first seized shall of its own motion stay its proceedings until such time as the jurisdiction of the court first seized is established. Where the jurisdiction of the court first seized is

[10] See Kohler, Die Revision des Brüsseler und Luganer Übereinkommens über die gerichtliche Zuständigkeit und die Vollstreckung gerichtlicher Entscheidungen in Zivil- und Handelssachen – Generalia und Gerichtsproblematik, in: Gottwald (editor), Revision des EuGVÜ – Neues Schiedsverfahrensrecht, 2000, pages 1 et seq. (29)

[11] See Gaudemet-Tallon, Les Conventions de Bruxelles et de Lugano, 2nd ed., 1996, marginal note 300; Geimer/Schütze, Europäisches Zivilverfahrensrecht, 1rst ed., 1997, Article 22 , marginal note 11, Gothot/Holleaux, La Convention de Bruxelles du 27 septembre 1968, 1985, no. 225; Huet, Chronique de la juriprudence française, Journal Clunet 121 (1994), page 167 et seq. (171); The French Cour de Cassation has rendered a decision to this effect; reference is made to Hackspiel, Berichtigende Auslegung von Artikel 22 EuGVÜ durch die französische Cour de Cassation – ein nachahmenswertes Beispiel?, IPRax 1994, page 214 et seq.

[12] See also Kohler, loc. cit., pages 1 et seq.; Stadler, Die Revision des Brüsseler und Lugano-Übereinkommens über die gerichtliche Zuständigkeit und die Vollstreckung gerichtlicher Entscheidungen in Zivil- und Handelssachen – Vollstreckbarerklärung und internationale Vollstreckung –, in: Gottwald (editor), Revision des EuGVÜ – Neues Schiedsverfahrensrecht, 2000, pages 37 et seq.

[13] See also Otte/Prütting/Dudek, The Grotius Program: Proposals for Amending Articles 21 and 22 of the Brussels Convention, European Review of Private Law 2 (2000), pages 257 et seq.

established. any court other than the court first seized shall decline jurisdiction in favor of that court.

2. Where an action for a declaratory judgment is brought before a court and within six months after the pendency of this action for performance involving the same cause of action and between the same parties is brought before the court of a different Contracting State, the court seized first shall of its own motion stay its proceedings until such time as the jurisdiction of the court seized second is established. Where jurisdiction of the court seized second is established, the court seized first shall decline jurisdiction in favor of that court.

3. For the purpose of this Convention, a court shall be deemed to have been seized where an application has been made to it and the document instituting proceedings or equivalent document has been served on or notified to the defendant in accordance with the second or third indents of Article 20.

Article 22

1. Where related actions are brought in the courts of different Contracting States, any court other than the court first seized may stay its proceedings.

2. A court other than the court first seized may also, on application of one of the parties, decline jurisdiction if the court first seized has jurisdiction over both actions.

3. (unchanged).

III. Reform Implemented by Council Regulation (EC) No 44/2001

Council Regulation (EC) No 44/2001 of 22 December 2000[14], which became effective on 1 March 2002, brings about a change, by its Articles 27 to 30, with regard to lis pendens and related actions. The amendment takes account of the problems that have been brought to

[14] ABl. L 12, 16 January 2001; unfortunately, Fausto Pocar's report on the new regulations has not been published. This is regrettable as the great use for the interpretation of the reports have been shown by the reports on the Brussels Convention and the treaties of accession.

light in the process of the application of the present provisions. However, it must be pointed out that, due to particularities arising from the Amsterdam Treaty, it will not apply to Denmark[15]. The United Kingdom and Ireland on the other hand have both opted for the Regulation, so that it will apply in these countries in spite of their special status under the Amsterdam Treaty. Consequently, the result – after accession of further States to the EU – is:

For Austria, Belgium, the Czech Republic, Cyprus, Germany, Estonia, Finland, France, Greece, Hungary, Ireland, Italy, Latvia, Lithunia, Luxembourg, Malta, the Netherlands, Poland, Portugal, Sweden, Slowakia, Slowenia, Spain and the United Kingdom Articles 27 et seq. of Council Regulation (EC) 44/2001, apply;

For Denmark, Articles 21 et seq. of the Brussels Convention apply[16];

For Iceland, Norway and Switzerland, Articles 21 et seq. of the Lugano Convention apply.

As for the Brussels and Lugano Conventions, a working group has already completed preparatory work with a view to having them adapted[17]. Although the working party has since been dissolved, preparatory work is continued[18]. A revision of the Brussels Convention appears to be rather unlikely today. It now seems that a solution has been found that will provides for the application of Council Regulation (EC) No 44, 2001 binding the above States, to Denmark by means of a Treaty concluded meanwhile with that country. The revis-

[15] Denmark, however, has meanwhile entered into an agreement with the EU, which is not yet ratified. It will result in practice in the application of the Regulation (EC) No. 44/2001 also in Denmark (19.10.2005), ABl. (EG) 299/62 of November 16, 2005. See Jayme/Kohler, Europäisches Kollisionsrecht 2005: Hegemonialgesten auf dem Weg zur Gesamtvereinheitlichung, IPRax 2005, page 481 et seq. (485 et seq.)

[16] However – in practice – also in Denmark Council Regulation (EC) No. 44/2001 will apply, see footnote 15

[17] See Kohler, loc. cit., pages 1 et seq.

[18] With respect to reform work, reference is made also to Fricke, Europäisches Gerichtsstands- und Vollstreckungsübereinkommen revidiert, VersR 1999, pages 1055 et seq.; Hausmann, Die Revision des Brüsseler Übereinkommens von 1968, EuLF 2000/01 (D), pages 40 et seq.; Kerameus/Prütting, Die Revision des EuGVÜ – Bericht über ein Grotius Projekt, ZZPInt 3 (1998), pages 265 et seq.; Wagner, Die geplante Reform des Brüsseler und des Lugano-Übereinkommens, IPRax 1998, pages 241 et seq.

ed Lugano Convention (Lugano Convention II) is likely to adopt the contents of Council Regulation (EC) No 44/ 2001. Reform work in this field is making little progress at the moment: This is due probably to problems arising from the definition of preconditions for third countries to join the Contracting States as members.

1. Lis Pendens

a. Proceedings Brought Instead of Lis Pendens

Problems arising from qualification of lis pendens in accordance with national law and brought to light by the decision rendered by the European Court of Justice in the matter of Zelger v. Salinitri II, are solved by Article *27* of Council Regulation (EC) 44/2001, substituting the term *„lis pendens"* with *„proceedings brought"*. This modification has already met with advance approval in literature, in particular, the Grotius Programme working group[19]. With a view to forestalling difficulties in its interpretation, Article 30 of the Regulation provides a definition of the term *„proceedings brought"*.

Proceedings are deemed to have been brought, and the court seized, upon lodging the document instituting proceedings or equivalent document with the court. However, the effects of proceedings brought in this manner shall end if the plaintiff fails to comply in due course with his or her duty to arrange for the document to be served on the defendant. With regard to German law for instance, this means that-under the terms of the German Law on Court Fees (§ 12 GKG) the statement of claim is served on the defendant only after the advance towards the court costs has been paid. However, the plaintiff does not have to pay the advance when filing the claim. He may wait until the court requests him to do so[20]. Once the plaintiff has been summoned to pay, he must pay the amount required without delay. Time allowed for payment does not, as a rule, exceed two weeks, a period the German jurisdiction deems adequate insofar as the retroactive effect of the service of the complaint on the defendant refers – for the purpose of interrupting the period of limitation – to the day the com-

19 See Otte/Prütting/Dedek, EuropeanReview of Private Law 2 (2000), pages 257 et seq. (275 et seq.)

20 See BGH NJW 1986, 1347; 1993, 2811

plaint was filed with the court[21]. These principles apply also within the scope of Article 30 paragraph I of Council Regulation (EC) 44/2001 of 22 December 2000, with no modification being brought about by Council Regulation (EC) 1348/2000[22], Paragraph 9 refers to the law of the state of the forum.

If the plaintiff brings an action against a defendant domiciled in Pisa on 1 June 2002, at the Landgericht (district court) Stuttgart, paying the advance toward court cost when filing the action, effects in accordance with Article 27 of the Council Regulation are produced on the same day. If the plaintiff waits for the court to summon him to pay the advance, whereupon he makes payment within two weeks, the effects produced are the same. If, however, the plaintiff fails to pay the advance within two weeks, effects in accordance Article 27 of the Council Regulation are produced only from the date the complaint is actually served in Pisa, which may take weeks. If, in the meantime, the defendant has brought an action with identical subject matter in Pisa, this action will precede. The plaintiff therefore is well-advised to make payment of the advance toward court cost when filing the action.

The second alternative under Article 30 of the Council Regulation concerns the action brought under French law and the law of other Latin countries. Here, service (l'assignation) – at least with respect to certain forms of filing an action – is effected before the document instituting the proceedings is lodged with the court[23]. In this case, the plaintiff must immediately take any necessary steps to cause the action to be filed.

b. International Lis Pendens – Legal Consequences

As for legal consequences of lis pendens there has been no change compared to Article 21 of the Brussels Convention. There are two stages to be distinguished:

[21] See BGH NJW 1986, 1347; KG VersR 1994, 922

[22] With respect to the provisions on service asamended by the Council Regulation, see Geimer (G.), Neuordnung des internationalen Zustellungsrechts, 1999

[23] For details see Buschmann, Rechtshängigkeit im Ausland als Verfahrenshindernis unter besonderer Berücksichtigung der Klageerhebung im französischen Zivilprozess, 1996, pages 111 et seq.

aa. Proceedings Stayed

Where related actions are pending in the courts of different Member States, any court other than the first court seized, that is the court that is definitely seized of an action pursuant to Article 30 of Council Regulation (EC) 44/2001 at a later stage only, shall stay its proceedings until the court first seized has decided on its jurisdiction, which decision is binding on the court second seized. This applies even in the event of actions where the second court is not prevented from re-examining jurisdiction, in particular consumer actions or proceedings in accordance with Article 35 of the Council Regulation (former Article 28 of the Brussels Convention). A consumer sued abroad therefore cannot seek to have the jurisdiction of the court first seized re-examined by the domestic court applied to at a later stage and called upon to decide on pendency. He shall be in a position to plead incompetence only when recognition and the order of enforcement of the judgment are considered. This is consistent, as the court applied to later is no more entitled to make a prognosis with regard to recognition than it is under the terms of Article 21 of the Brussels Convention[24]. Even if the court applied to at a later stage deems the court first seized to lack jurisdiction, it is not entitled to give a ruling on the matter[25].

bb. Dismissal of the Action or Continuation of Proceedings

Where the court first seized has ruled on its jurisdiction, the court applied to later shall continue proceedings provided the court first seized has held that it lacked competence. Otherwise it holds that it

[24] See European Court of Justice – Overseas Union Insurance Ltd. V. New Hampshire Insurance Co.; EuGHE 1991, 3317 = IPRax 1993, 34 with review by Rauscher/Gutknecht ibid. pages 21 et seq. = Rev. crit. 1991, 764 with annotations Gaudemet-Tallon = Journal Clunet 1992, 488 with annotations Huet; BGH RIW 1995, 413 = EuZW 1995, 378 with annotations Geimer = IPRax 1996, 192 with review Hau loc. cit. pages 177 et seq.; Geimer/Schütze, EuZVR, Article 27, marginal note 16 with further notes relating to literature

[25] See Dohm, Die Einrede der Rechtshängigkeit im deutschen internationalen Zivilprozess, 1996, pages 162 et seq.; Geimer/Schütze, EuZVR, Art. 27, marginal note 17; Isenburg-Epple, Die Berücksichtigung ausländischer Rechtshängigkeit nach dem Europäischen Gerichtsstands- und Vollstreckungübereinkommen vom 27. September 1968, thesis Heidelberg, 1991, pages 83 et seq.; Schack, IZVR, marginal note 761

lacks competence refusing – as under German law – to hear the action, dismissing it by a procedural decision on the grounds that it is inadmissible, thereby ending the effects of substantive law produced by *lis pendens,* which are determined by lex causae[26], such as for example interruption of prescription or aggravation of liability with retroactive effect.

c. Proceedings Involving the Same Cause Brought With Several Different Courts Simultaneously

Neither Council Regulation (EC) 44/2001, nor the Brussels or the Lugano Convention deal with the problem of the same action being brought simultaneously before several courts. Under such circumstances, which are very rare, Article 27 of the Council Regulation does not apply. None of the courts seized is under the obligation to stay proceedings[27] so that it is possible that two irreconcilable judgments are given with the effect that the domestic judgment constitutes a bar to the recognition of effects produced by the foreign judgment, pursuant to Article 34, point 3 of Council Regulation (EC) 44/2001.

d. Disregard of Foreign Lis Pendens on Account of Excessive Length of Proceedings?

The objection of lis pendens raised in domestic proceedings do not raise any issues, as actions before national law courts are intended to be decided on in more or less the same period of time. This is not so where international law of civil procedure is concerned. Proceedings before Belgian or Italian law courts take more time than those instituted before German courts. The authors of the Brussels Convention have knowingly accepted this and, consequently, Council Regulation (EC) 44/2001 has, likewise accepted this fact.

This may under certain circumstances deprive the plaintiff to some extent of legal protection or even leave him without legal remedies altogether. Consequently, the German Federal Supreme Court (BGH) has ruled that excessively lengthy proceedings in Italy have set aside the impediment of lis pendens preventing proceedings involv-

[26] See Geimer/Schütze, EuZVR, Art. 27, marginal note 66
[27] See Geimer/Schütze, EuZVR, Art. 27, marginal note 25

ing the same cause to be brought in German courts[28]. In a judgment rendered later the Court left unanswered the question of whether these principles were to apply also within the scope of Article 21 of the Brussels Convention[29]. The matter was for a long time controversial. But the European Court of Justice in *Gasser v. MISAT*[30] now decided, that excessive lengthy proceedings have no influence on the impediment of lis pendens under Article 27 Regulation (EC) No. 44/2001[31]. Luxembourg locuta causa finita.

2. Related Actions

Article 28 of Council Regulation (EC) 44/2001 brings about a regulation that undeniably constitutes a decisive improvement in one respect as compared to Article *22* of the Brussels Convention. According to the Regulation it is possible, henceforth, to assert that two actions are related even if the two are not pending at first instance.

a. Related Proceedings

Article 28 paragraph *3* of Council Regulation (EC) 44/2001 provides a definition of the term "*related actions*", repeating word-for-word Article 22 paragraph 3 of the Brussels Convention. This definition is drawn from Belgian law and is modeled after Article 30 of the Code Judiciaire[32]. The connection between the two actions must be such as to make it necessary – to avoid irreconcilable judgments given in separate proceedings – for the two to be dealt with in joint proceedings leading to one judgment only.

Whereas pursuant to Article 22 of the Brussels Convention related actions are to be considered such only if respective proceedings are

[28] See BGH NJW 1983, 1269

[29] See BGH RIW 1986, 217 = IPRax 1986, 293 with review Rauscher, ibid., pages 274 et seq.

[30] European Court of Justice case C-116/03, RIW 2004, 289 = IPRax 2004, 243

[31] See also Schilling, Internationale Rechtshängigkeit vs. Entscheidung binnen angemessener Frist – Zum Zusammenspiel von Art. 6 I EMRK, Art. 307 EGV und Art. 27 EuGVV, IPRax 2004, pages 294 et seq.

[32] See also Schütze, Die Berücksichtigung der Konnexität nach dem EWG-Übereinkommen über die gerichtliche Zuständigkeit und die Vollstreckung gerichtlicher Entscheidungen, RIW/AWD 1975, pages 543 et seq.

pending at first instance, Article 28 of the Council Regulation has dropped the requirement of pendency at first instance, a requirement that has – both in France[33] and in Germany[34] – already been abolished[35] by way of court decisions. Article *28* of the Council Regulation does, however, distinguish between legal consequences in cases where both actions are pending at first instance and cases where this is not so.

b. Legal Consequences of Internationally Related Actions

If related actions are pending at first instance, the court second seized has two options:

First, it may stay proceedings, a decision that is at the court's discretion. It is, however, no more under an obligation to do so than under the provisions of Article 22 of the Brussels Convention[36]. This discretionary decision must take its bearings from all relevant circumstances of the case concerned. It shall in particular take account of the intensity of the factual relation, the risk of irreconcilable judgments being given, the actual state of the respective proceedings, the factual closeness of the courts applied to[37]. However, the court does not, when deciding whether or not to stay proceedings, weigh the probability of the recognition of the decision[38].

The court second seized may also hold that it is not competent and dismiss the action under the following circumstances:

[33] See Cour de Cassation 27th October 1992, Bulletin des arrêts de la cour de cassation chambres civiles, 1991 I No. 263; see also Hackspiel, Berichtigende Auslegung von Artikel 22 EuGVÜ durch die französische Cour de Cassation – ein nachahmenswertes Beispiel?, IPRax 1996, pages 214 et seq.

[34] See OLG Stuttgart, RIW 2000, 954

[35] See also Schütze/Kratzsch, Aussetzung des Verfahrens wegen konnexer Verfahren nach Artikel 22 EuGVÜ, RIW 2000, pages 939 et seq.

[36] For regulation pusuant Articel 22 EuGVÜ reference is made to Czernich/Tiefenthaler, Die Übereinkommen von Brüssel und Lugano, 1. Aufl., 1997, Article 22, marginal note 7; Donzallas, La Convention de Lugano, 1996, § 1562; Hartley, Civil Jurisdiction and judgments, 1987, page 77; Schütze/Kratzsch, RIW 2000, pages 939 et seq. (940 et seq.); Teixera de Sousa/Moura Vincente, Comentario a Convenćao de Bruxelas, 1994, page 134

[37] See Czernich/Tiefenthaler, loc. cit. marginal note 7; Donzallas, La Convention de Lugano, 1996, § 1567; Schütze/Kratzsch, RIW 2000, pages 939 et seq. (942)

[38] See Geimer/Schütze, EuZVR, Article 28, marginal note 16; Schütze/Kratzsch, RIW 2000, pages 939 et seq. (942)

– a motion to this effect has been brought by one of the parties;

– the court first seized has jurisdiction for both actions, which, within the scope of the Council Regulation, is almost invariably the case, as in the event of related actions Article 6 No 1 provides for a place of jurisdiction[39];

– admissibility of the joining of the two actions according to the *lex fori* of the court first seized, which is the case, for instance, under the laws of France, Belgium and Luxembourg.

If the actions are not both pending at first instance, the court applied to second must stay proceedings.

c. Forum Connexitatis

The regulation of internationally-related proceedings would not be complete if the Council Regulation did not provide for a place of jurisdiction for related actions, which is essential to the goal of achieving uniform judgments.

Article 6 point 1 of Council Regulation (EC) 44/2001 lays down rules for jurisdiction in the event of related actions just as Article 6 point I of the Brussels Convention[40]. The regulation of Article 6 point I of the Brussels Convention has been misused as a result of its broad wording to the effect that, by creating a local joined party. Consequently, a forum could be constructed for actions to be brought against a plaintiff domiciled in an other Contracting State. The European Court of Justice reacted to this in 1988, in the matter of Kalfelis v. Bankhaus Schröder[41] restricting the scope of application of the

[39] The decision rendered by the court applied to later is not binding on the court first seized; see also Geimer/Schütze, EuZVR, Article 28, marginal note 30

[40] See Banniza von Bazan, Der Gerichtsstand des Sachzusammenhangs im EuGVÜ, im Lugano-Übereinkommen und im deutschen Recht, 1995; Geimer, FORA CONNEXITATIS – der Sachzusammenhang als Grundlage der internationalen Zuständigkeit, WM 1979, pages 350 et seq.; Gottwald, Europäische Gerichtspflichtigkeit kraft Sachzusammenhangs, IPRax 1989, pages 272 et seq.; Rohner, Die örtliche und internationale Zuständigkeit kraft Sachzusammenhangs, thesis Bonn, 1991; Spellenberg, Örtliche Zuständigkeit kraft Sachzusammenhangs, ZVglRWiss 79 (1980), pages 89 et seq.

[41] ECR 1988, 5565 = NJW 1988, 3088 with annotations by Geimer = RIW 1988, 901 with annotations by Schlosser, ibid. pages 987 et seq. = IPRax 1989, 288 with review by Gottwald, ibid., pages 272 et seq.

provision to such actions as are linked by factual relation. The wording of Article 6 No 1 of the Council Regulation take account of the jurisdiction incorporating it in the tenor of the provision, without thereby bringing about a material change as compared to the legal situation prevailing previously.

According to Article 6 No 1 of Council Regulation (EC) 44/2001 there is forum for related actions if:

– the defendant is domiciled in a State where the Council Regulation applies; – the claims are so closely connected that it is expedient to hear and determine them together to avoid the risk of irreconcilable judgments given in separate proceedings; and

– proceedings have not been brought solely with a view to depriving the defendant of the jurisdiction at his domicile, the forum domicilii. The latter condition is not explicitly referred to by the Council Regulation. It arises, however, from the general principle prohibiting malice and any behavior contrary to loyalty and good faith in civil proceedings[42].

It makes no difference whether or not the action brought against the domestic defendant is founded or admissible. The one exception to this rule is the inadmissibility of the action, because of non-existing international or local, jurisdiction, brought against the domestic defendant[43].

IV. Conclusion

The reform of the provisions on lis pendens and related actions of Court Regulation (EC) 44/2001, does not bring about any substantial innovation compared to the previous legal situation. It merely remedies, in accordance wit jurisdiction and literature, such problems as have appeared in the application of the Brussels and Lugano Conventions. Therefore it may rightly be said: All Quiet on the Western Front.

[42] See Geimer/Schütze, EuZVR Article 6, marginal note 23
[43] See Geimer/Schütze, EuZVR, Article 6, marginal note 26

14. Doppelte Rechtsverfolgung im In- und Ausland[1]

Verfahrenskonkurrenzen treten bei der internationalen Rechtsverfolgung im wesentlichen in fünf Fallkonstellationen auf.

I. Leistungsklage an Stelle der Klage auf Vollstreckbarerklärung[2]

Ist das ausländische Verfahren rechtskräftig abgeschlossen, dann kann der Gläubiger – soweit es sich um ein Leistungsurteil handelt – nach §§ 722f. ZPO Klage auf Vollstreckbarerklärung der ausländischen Entscheidung erheben und wird dies auch in der Regel tun. Der Gläubiger kann aber auch ein Interesse daran haben, keine Klage auf Vollstreckbarerklärung, sondern erneut Leistungsklage zu erheben. Die Gründe hierfür können verschiedener Art sein:

1. Die ausländische Entscheidung erfüllt die Erfordernisse der Anerkennung nicht, etwa weil die Gegenseitigkeit im Verhältnis zum Erststaat nicht verbürgt ist[3]. Eine Vollstreckbarerklärung nach §§ 722 f. ZPO ist deshalb nicht möglich (§ 723 Abs. 2 S. 2 ZPO). Da dem deutschen Recht eine actio iudicati[4] nicht bekannt ist,[5] kann der Gläubiger nur erneut Leistungsklage erheben.

[1] Erstmals publiziert in: DB 1967, 246 ff.

[2] Vgl. dazu Wieczorek/Schütze/Schütze § 722 Rdn. 1ff.

[3] § 328 Abs. 1 Nr. 5 ZPO. Die Gegenseitigkeit ist wegen der Unterschiedlichkeit der Anerkennungsregelungen und dem Misstrauen gegenüber ausländischen Urteilen im Verhältnis zu einer großen Zahl von Staaten nicht verbürgt; vgl. die Übersicht bei Geimer/Schütze, EuZVR, E.1, Rdn. 125 ff.

[4] Die actio iudicati ist eine Erfüllungsklage aus dem ausländischen Urteil, vgl. dazu Kaser, Römisches Privatrecht, 16. Aufl., 1992, S. 378. Ein Beispiel findet sich in der action upon the foreign judgment des common law. Vgl. dazu Caffrey, Enforcement of Foreign Judgments, 1985, S. 67 f. Die neuere französische Doktrin neigt ebenfalls dahin, im französischen Recht eine actio iudicati (action directe sur le jugement étranger) zuzulassen. Vgl. für Nachweise Simon-Depitre, Urteilsanmmerkung, Rev. crit. 1965, 379ff. (383). Vgl. zur Judikatsklage Spiecker genannt Döhmann, Die Anerkennung von Rechtskraftwirkungen ausländischer Urteile, 2002, S. 118 f.

[5] Vgl. OLG München HRR 1931, 1972; Riezler, IZPR, S. 524; str. vgl. zum Meinungsstand Geimer, IZPR, Rdn. 3167

2. Es ist zweifelhaft, ob die Erfordernisse der Anerkennung vorliegen[6], und der Gläubiger scheut das Risiko eines Unterliegens im Vollstreckbarerklärungsverfahren. Er zieht es vor, erneut auf Leistung zu klagen, insbesondere, wenn der Anspruch unstreitig ist.

3. Die Erfordernisse der Anerkennung sind zwar gegeben, das deutsche Recht bringt dem Gläubiger aber eine günstigere Rechtsstellung als das ausländische, beispielsweise im Hinblick darauf, dass im ausländischen Recht weitergehende Möglichkeiten zur Beseitigung einer rechtskräftigen Entscheidung bestehen als dies in der ZPO vorgesehen ist[7]. Bei Aufhebung der ausländischen Entscheidung würde auch das deutsche Vollstreckungsurteil wertlos werden, da dieses nur in Verbindung mit der ausländischen Entscheidung Titel für die Zwangsvollstreckung ist[8]. Auch kann der Umfang der Rechtskraft im ausländischen Recht enger sein als in Deutschland, etwa wenn die Rechtskraft nicht die zur Aufrechnung gestellten Gegenforderungen ergreift[9].

4. Das erneute Verfahren vor den deutschen Gerichten ist schneller und kostengünstiger, etwa, wenn im Urkundsprozess geklagt werden kann. Für den deutschen Gläubiger eines japanischen Wechsel-

[6] Solche Zweifel bestehen häufig hinsichtlich der Verbürgung der Gegenseitigkeit. Wenn Erfahrungen für die Behandlung deutscher Titel fehlen, holen die Gerichte meist Gutachten ein. So basiert die 1. Südafrikaentscheidung (BGHZ 42, 194) auf einem Gutachten von Bülow, die Syrienentscheidung (BGHZ 49, 50) auf einem Gutachten von Wengler. Das Ergebnis eines Gutachtens zur Verbürgung der Gegenseitigkeit ist für die Parteien regelmäßig schwer vorhersehbar.

[7] So gibt beispielsweise die tierce opposition des französischen Rechts einem Dritten einen außerordentlichen Rechtsbehelf, ein Urteil bis zu dreißig Jahren nach seinem Erlass anzugreifen und eine Aufhebung oder Abänderung herbeizuführen. Die Wirkungen der Entscheidung des Vorprozesses bleiben zwar zwischen den Parteien unverändert. Die Rechtskraft ist in ihrem Umfang aber gemindert gegenüber dem deutschen Recht.

[8] Vgl. Riezler, IZPR, S. 567; Schütze, Die Anerkennung und Vollstreckung ausländischer Zivilurteile in der Bundesrepublik Deutschland als verfahrensrechtliches Problem, Diss. Bonn 1960, S. 142ff.; ders., DIZPR, Rdn. 381; Wieczorek/Schütze/Schütze, § 722, Rdn. 32; a.A. die wohl h.L., die allein in dem Vollstreckungsurteil den Titel für die Zwangsvollstreckung sieht, vgl. BGH RIW 1986, 554 mit zust. Anm. Wolff ebenda 728ff.; BGH RIW 1993, 588; Geimer, IZPR, Rdn. 3155; Zöller/Geimer, § 722, Rdn. 93

[9] Vgl. Müller, Zum Begriff der „Anerkennung" von Urteilen nach § 328 ZPO, ZZP 79 (1966), 199 ff.

urteils ist die erneute Leistungsklage vor einem deutschen Gericht vorteilhafter als das Vollstreckbarerklärungsverfahren nach §§ 722 f. ZPO.

In allen Fällen handelt es sich um ein Rechtskraftproblem. Da das deutsche Recht im Grundsatz keine förmliche Anerkennung vorsieht[10], wird die Rechtskraft ausländischer Entscheidungen, die die Erfordernisse des § 328 ZPO erfüllen, automatisch auf das Inland erstreckt[11], sobald eine Inlandsbeziehung hergestellt wird[12], also eine der Urteilsparteien Wohnsitz im Inland begründet, Vermögen erwirbt etc. Die Rechtskraft der anerkannten ausländischen Entscheidung ist dabei von Amts wegen zu beachten.

Nun macht die Rechtskraft nach verbreiteter Ansicht nicht automatisch einen neuen Prozess unzulässig, der Richter des neuen Prozesses soll nur nicht im Widerspruch zu der früheren Entscheidung entscheiden dürfen[13]. Aus diesem Grund wird für eine neue Klage aber fast immer das Rechtsschutzbedürfnis fehlen. Das Rechtsschutzinteresse ist bisher nur in ganz wenigen Ausnahmefällen bejaht worden, etwa wenn der Titel verloren gegangen ist und nicht wiederhergestellt werden kann[14].

Prüft man die eingangs dargestellten Fallgruppen unter diesem Aspekt, dann ergibt sich Folgendes:

1. Die neue Klage ist zulässig, da das ausländische Urteil keine Rechtskraft im Inland wirkt[15].

[10] Eine Ausnahme bildet das Anerkennungsverfahren in Ehesachen nach Art. 7 § 1 FamRÄndG

[11] Vgl. Schütze, DIZPR, Rdn. 356 ff. m.w.N.

[12] Str. vgl. im einzelnen Eberlein, Zu welchem Zeitpunkt müssen die Voraussetzungen für die Anerkennung ausländischer Urteile in Deutschland nach § 328 Ziff. 1, 4 und 5 ZPO und der entsprechenden Bestimmungen in den Staatsverträgen gegeben sein?, Diss. Erlangen 1952; Schütze, Der Zeitpunkt der Anerkennung ausländischer Urteile, NJW 1966, 1598 f.; ders., DIZPR, Rdn. 363 ff.

[13] Die Frage, ob die Rechtskraft einer nochmaligen Entscheidung überhaupt oder nur einer widersprechenden entgegensteht, ist streitig. Vgl. die Übersicht bei Baumbach/Lauterbach/Albers/Hartmann, Einf. §§ 322–327, Rdn. 1 ff.; Stein/Jonas/Leipold, § 322 Rdn. 199 ff.; Zöller/Vollkommer, Vor § 322 Rdn. 14 ff.

[14] Vgl. für Beispiele Baumbach/Lauterbach/Albers/Hartmann, Einf. §§ 322–327. Rdn. 16

[15] Vgl. OLG Köln AWD 1965, 94

2. Zweifel an der Anerkennung genügen nicht, ein Rechtsschutzinteresse für eine neue Leistungsklage zu begründen. Es hieße, das Institut der Rechtskraft aushöhlen, wollte man bei bloßem Zweifel, ob eine rechtskräftige Entscheidung vorliegt, eine neue Klage zulassen. Der Gläubiger muss vielmehr prüfen, ob die Erfordernisse der Anerkennung gegeben sind oder nicht und entsprechend sein prozessuales Verhalten einrichten. Erhebt er Leistungsklage, dann muss das Gericht als Vorfrage von Amts wegen prüfen, ob das ausländische Erkenntnis anzuerkennen ist und bejahendenfalls die Klage entweder wegen entgegenstehender Rechtskraft oder mangels Rechtsschutzinteresses abweisen[16]. Das Rechtsschutzinteresse bei Vorliegen eines anerkannten ausländischen Urteils kann nur dann bejaht werden, wenn die neue Klage praktisch der einzige Weg ist, um den Anspruch, über den entschieden worden ist, überhaupt durchsetzen zu können, wie dies beispielsweise bei verlorenem, nicht wieder herstellbarem Titel der Fall ist.

3. In diesem Fall ist die Anerkennung zweifelsfrei, das ausländische Erkenntnis wirkt also Rechtskraft im Inland. Eine neue Klage ist unzulässig. Der Gläubiger, der in Kenntnis der Vorschriften ausländischen Rechts dort einen Prozess angestrengt hat, muss sich mit dem von ihm erstrittenen Urteil bescheiden. Er hat den Umfang der Rechtskraft selbst durch die Anrufung des ausländischen Gerichts bestimmt.

Auch der im ausländischen Prozess unterlegene Kläger hat natürlich ein Interesse daran, im Inland erneut zu klagen. Für die neue Klage fehlt – soweit das ausländische Urteil anzuerkennen ist – ebenfalls das Rechtsschutzinteresse, da der inländische Richter nicht anders als der ausländische entscheiden könnte.

4. Die erneute Klage ist unzulässig. Die auf das Inland erstreckte Rechtskraft macht eine erneute Leistungsklage unzulässig[17]. Der

[16] So Riezler, IZPR, S. 521; Schütze, Die Anerkennung und Vollstreckung ausländischer Zivilurteile in der Bundesrepublik Deutschland als verfahrensrechtliches Problem, Diss. Bonn 1960, S. 61. Implicite auch Kallmann, Anerkennung und Vollstreckung ausländicher Zivilurteile und gerichtlicher Vergleiche, 1946, S. 313 f., Note 3

[17] Vgl. Habscheid, zur materiellen Rechtskraft des Urteils gegen den siegreichen Kläger im internationalen Zivilprozessrecht, ZZP 75 (1962), 164ff.; Kallmann,

EuGH hat deshalb zu Recht für den Bereich des Klauselerteilungsverfahrens nach dem EuGVÜ ein Wahlrecht des Gläubigers verneint[18].

II. Leistungsklage während des Schwebens des Vollstreckbarerklärungsverfahrens

Erhebt der Gläubiger eines ausländischen Titels zunächst Klage auf Vollstreckbarerklärung nach §§ 722f. ZPO und klagt sodann den ursprünglichen Anspruch erneut ein, so steht dieser zweiten Klage nicht die Einrede der Rechtshängigkeit entgegen[19]. Während früher teilweise die Ansicht vertreten wurde, im Verfahren nach § 722 f. ZPO sei Streitgegenstand der ursprüngliche Anspruch[20], geht die heute herrschende Lehre dahin, dass Streitgegenstand die Vollstreckbarkeit des ausländischen Urteils ist[21]. Denn über den ursprünglichen Anspruch ist durch das ausländische Urteil, dessen Rechtskraft nach der Anerkennung auf das Inland erstreckt ist, entschieden. Da der Streitgegenstand der Leistungs- und der Vollstreckungsklage also nicht identisch ist, steht einer neuen Leistungsklage nicht die Einrede der Rechtshängigkeit entgegen.

Anerkennung und Vollstreckung ausländischer Zivilurteile und Vergleiche, 1946, S. 314, 320 (Leistungsklage nur zulässig, wenn sich die Unzulässigkeit des Vollstreckbarerklärungsverfahrens herausgestellt hat); Linke Zum Wert und Unwert der Vollstreckungsklage (§§ 722, 723 ZPO), FS Schütze, 1999, S. 427 ff.; Spiecker, gen. Döhmann, Die Anerkennung von Rechtskraftwirkungen ausländischer Urteile, 2002, S. 81 ff.; Schütze, DIZPR, Rdn. 374; Wieczorek/Schütze/Schütze, § 722, Rdn. 3

18 Vgl. EuGH Rs. 42/76 – de Wolf v. Cox – EuGHE 1976, 1759 = NJW 1977, 495 mit Anm. Geimer ebenda, 2023 ff.

19 Vgl. RG JW 1903, 178; Riezler, IZPR, S. 565; Schütze, Die Anerkennung und Vollstreckung ausländischer Zivilurteile in der Bundesrepublik Deutschland als verfahrensrechtliches Problem, Diss. Bonn 1960, S. 61

20 Vgl. Hellwig, Lehrbuch des Deutschen Civilprozessrechts, Bd. I, 1903, S. 129; ders., Anspruch und Klagrecht, 1924, S. 171ff.; Schnorr von Carolsfeld, Arbeitsrecht, 1954, S. 486

21 Vgl. BGH NJW 1993, 1802; Wieczorek/Schütze/Schütze, § 722, Rdn. 25 mit weiteren Nachweisen in FN 60; differenzierend Geimer, Anerkennung, S. 165 und Zöller/Geimer, § 722, Rdn. 6 (Anspruch auf Verleihung der Vollstreckbarkeit im Inland)

Für die neue Klage ist jedoch ein Rechtsschutzinteresse nicht gegeben. Da die Wirkungen der ausländischen Entscheidung durch die formlose Anerkennung auf das Inland erstreckt sind, könnte die Leistungsklage zu keinem anderen Ergebnis führen als die Klage nach §§ 722 f. ZPO.

III. Vollstreckbarerklärung eines Urteils, das im Widerspruch zu einem früher ergangenen inländischen Urteil steht

Ist der Gläubiger eines ausländischen Urteils in einem früheren inländischen Rechtsstreit über den Streitgegenstand rechtskräftig mit der Klage abgewiesen worden, dann ist eine Vollstreckbarerklärung des ausländischen Urteils nicht möglich. Die Begründung wird von einer verbreiteten Meinung darin gefunden, dass es dem ordre public widerspräche[22], dass eine ausländische Entscheidung mehr Wirkung entfalten könne als eine früher ergangene inländische Entscheidung in derselben Sache, Nach dieser Ansicht ist die Anerkennung und damit die Vollstreckbarerklärung gem. § 328 Abs. 1 Nr. 4 ZPO zu versagen.

Einer Heranziehung des ordre public bedarf es aber nicht. Die Rechtskraft des ausländischen Erkenntnisses wirkt nur relativ[23], absolut dagegen ist die Wirkung der früheren inländischen Entscheidung. Wenn die Rechtskraft der anerkannten früheren ausländischen Entscheidung – wie oben ausgeführt – eine spätere inländische Entscheidung hindert, dann hindert die Rechtskraft der früheren inländischen Entscheidung erst recht die Erstreckung der Rechtskraft der späteren

[22] Vgl. Süss, Die anerkennung ausländischer Urteile, FS Rosenberg, 1949, S. 229 ff. (247). Im französischen Recht wird ebenfalls der Widerspruch zu einem inländischen Erkenntnis in derselben Sache als Verstoß gegen den ordre public gewertet. Vgl. Perroud, Les jugements étrangers, 1929, Nr. 170 mit Nachweisen für die Rechtsprechung. Dieselbe Ansicht vertritt Petitpierre, La reconnaissance et l'exécution des jugements civils étrangers en Suisse, 1924, S. 1176 für das schweizerische Recht.

[23] Vgl. Kallmann, Anerkennung und Vollstreckung ausländischer Zivilurteile und gerichtlicher Vergleiche, 1946, S. 220, Note 17, Riezler, IZPR, S. 521

ausländischen Entscheidung. Die Anerkennung wird durch eine „gewissermaßen verlängerte exceptio rei iudicatae“ ausgeschlossen.[24]

Das Problem ist nunmehr positivrechtlich gelöst. Nach § 328 Abs. 1 Nr. 3 ZPO ist anerkennungsschädlich, wenn eine Kollision mit einem inländischen Urteil oder einer früher ergangenen anzuerkennenden ausländischen Entscheidung vorliegt[25].

IV. Vollstreckbarerklärung eines Urteils, das im Widerspruch zu einem später ergangenen inländischen Urteil steht

Ist das ausländische Erkenntnis zeitlich vor dem inländischen Urteil rechtskräftig geworden, dann war – unter der Voraussetzung, dass die Erfordernisse der Anerkennung vorlagen und eine Inlandsbeziehung vorlag – die Rechtskraft bereits auf das Inland erstreckt, als die inländische Entscheidung erging. Das zweite Urteil hätte nicht ergehen dürfen. Auch in diesem Fall geht die spätere Entscheidung der früheren vor. Das ausländische Erkenntnis kann auch in diesem Fall nicht für vollstreckbar erklärt werden. Hier greift § 328 Abs. 1 Nr. 3 ZPO ein und bewirkt eine Anerkennungssperre. Der Versagungsgrund des § 328 Abs. 1 Nr. 3 ZPO besteht dann – und hat nur insoweit Bedeutung – wenn die ausländische Entscheidung zeitliche Priorität vor den inländischen hat[26]. Bei Kollision zweier ausländischer Urteile, die die Anerkennungserfordernisse erfüllen, kommt es auf die zeitliche Priorität des Anerkennungszeitpunktes (Erfüllung der Anerkennungserfordernisse und Inlandsbeziehung) an[27].

[24] Vgl. Kallmann, Anerkennung und Vollstreckung ausländischer Zivilurteile und gerichtlicher Vergleiche, 1946, S. 223

[25] Vgl. dazu Lenenbach, Die Behandlung von Unvereinbarkeiten zwischen rechtskräftigen Zivilurteilen nach deutschem und europäischem Zivilprozessrecht, 1997

[26] Vgl. Lenenbach, Die Behandlung von Unvereinbarkeiten zwischen rechtskräftigen Zivilurteilen nach deutschem und europäischem Zivilprozessrecht, 1997, S. 201 ff.; MünchKomm ZPO/Gottwald, § 328 Rdn. 81; Zöller/Geimer, § 328, Rdn. 146 betrachten die Bevorzugung deutscher Titel als nicht gerechtfertigt.

[27] Vgl. Schütze, DIZPR, Rdn. 335

V. Doppelprozessführung

Schwebt das ausländische Verfahren noch und erhebt eine Partei Klage über denselben Streitgegenstand vor einem inländischen Gericht, dann ist nach herrschender Lehre die ausländische Rechtshängigkeit im inländischen Rechtsstreit zu beachten, wenn das zu erwartende ausländische Urteil anzuerkennen sein wird.[28] Die Gründe des Klägers für die Doppelprozessführung werden als unerheblich angesehen, obwohl ein beachtliches Interesse an einer Doppelprozessführung bestehen kann, etwa wenn sich der ausländische Prozess über Jahre hinzieht und eine Klagerücknahme ohne Einwilligung des Beklagten nicht möglich ist. Gegen die herrschende Lehre ist an anderem Ort Stellung genommen worden[29]. Da § 261 Abs. 3 Nr. 1 ZPO nur auf die inländische Klageerhebung anwendbar ist, muss die ausländische Rechtshängigkeit unabhängig davon, ob das zu erwartende Urteil anzuerkennen sein wird oder nicht, als unbeachtlich angesehen werden.

[28] Vgl. RGZ 149, 344; BGH NJW 1983, 1269 BGH BJW 1986, 2195; BGH IPRax 2001, 457; OLG Hamburg LZ 1926, 551; OLG München NJW 1972, 110; OLG Frankfurt/Main RIW/AWD 1980, 874; BayOBLG FamRZ 1983, 501; für das Schrifttum vgl. Schütze, Zur internationalen Rechtshängigkeit im deutschen Recht, FS Beys, 2003, S. 1501 ff. (selbst verneinend), abgedruckt auch sub 12

[29] Vgl. Schütze, Die Berücksichtigung der Rechtshängigkeit eines ausländischen Verfahrens, RabelsZ 31 (1967), 233ff.; ders., Die Berücksichtigung der Rechtshängigkeit eines ausländischen Verfahrens, NJW 1963, 1486 f.; ders., Zur internationalen Rechtshängigkeit im deutschen Recht, FS Beys, 2003, S. 1501 ff.

15. Zur Vollstreckung ausländischer Zivilurteile bei Zweifeln an der Verbürgung der Gegenseitigkeit[1]

Die Vollstreckbarerklärung ausländischer Zivilurteile setzt nach §§ 328 Abs. (1) Nr. 5, 723 Abs. (2) ZPO die Verbürgung der Gegenseitigkeit voraus. Die Rechtsprechung des Bundesgerichtshofs[2] hat dieses rechtspolitisch zweifelhafte Erfordernis[3] zwar in anerkennungsfreundlicher Weise interpretiert, die Gegenseitigkeit ist aber in den meisten Fällen dennoch ungewiss. Nur für wenige Staaten liegt eine gefestigte Rechtsprechung[4] – und auch diese nur für einzelne Urteilsgattungen[5] – vor. im Übrigen fehlen dem Urteilsgläubiger – und den Gerichten – regelmäßig verlässliche Erkenntnisquellen für die Gegenseitigkeitsfeststellung. Diese erfolgt häufig erst auf Grund von Rechtsgutachten[6]. Abgesehen von dem Problem der Verlagerung der

[1] Erstmals publiziert in: DB 1977, 2129ff.

[2] Vgl. dazu Geimer/Schütze, EuZVR, E. 1, Rdn. 64 ff.; Schütze, Die Rechtsprechung des BGH zur Verbürgung der Gegenseitigkeit (§ 328 Abs. 1 Nr. 5 ZPO), NJW 1969, 293 ff.

[3] Vgl. dazu Geimer/Schütze, EuZVR, E.1, Rdn. 64ff.; Riezler, IZPR, S. 83; Süss, Die Anerkennung ausländischer Urteile, FS Rosenberg, 1948, S. 229 ff.

[4] Vgl. z.B. für Südafrika, BGHZ 42, 194; 52, 251 (durch Gesetzesänderung in Südafrika nunmehr aber fortgefallen, vgl. dazu Doser, Länderbericht Südafrika, in: Geimer/Schütze, Internationaler Rechtsverkehr, 1133.9 f.); Syrien, BGHZ 49, 50, Frankreich, BGHZ 50, 100 (durch EuGVÜ und VO (EG) Nr. 44/2001 obsolet); Dänemark, BGHZ 22, 24 (durch EuGVÜ und VO (EG) Nr. 44/2001 nach Ratifizierung der Vereinbarung mit der EU bald obsolet), zu einigen US-Staaten, vgl. für Nachweise Schütze, Zur Verbürgung der Gegenseitigkeit bei der deutsch-amerikanischen Urteilsanerkennung, ZVglRWiss 98 (1999), 131 ff.

[5] Vgl. dazu Fragistas, Zum Begriff der Gegenseitigkeit bei der Anerkennung ausländsicher Urteile, FS Schätzel 1960, S. 149ff.; Milleker, Teilanerkennung fremden Urteils nach Urteilswirkungen in vermögensrechtlichen Streitigkeiten, NJW 1971, 303 ff.; Schütze, Zur partiellen Verbürgung der Gegenseitigkeit bei der Anerkennung ausländischer Zivilurteile, NJW 1973, 2143ff., abgedruckt auch sub 27

[6] So basiert die 1. Südafrikaentscheidung (BGHZ 42, 194) auf einem Gutachten Bülows, die Syrienentscheidung (BGHZ 49, 50) auf einem Gutachten Wenglers, und die 1. Frankreichentscheidung (BGHZ 50, 100) auf einem Gutachten des Max Planck Instituts für ausländisches und internationales Privatrecht, Hamburg

Entscheidung von Rechtsfragen von Gerichten auf Gutachter[7] bringt dieses Verfahren teils erhebliche Verzögerungen und Kosten mit sich.

Für den Urteilsgläubiger besteht in diesen Fällen unter Umständen ein Interesse, anstelle der Vollstreckungsklage nach § 722f. ZPO Leistungsklage auf Grund des ursprünglichen Anspruchs zu erheben, jedenfalls aber beide zu verbinden.

I. Wahlrecht zwischen Vollstreckungsklage und Leistungsklage?

Auszugehen ist davon, dass die Rechtskraft einer ausländischen Entscheidung bei Erfüllung der Erfordernisse des § 328 ZPO formlos im Rahmen der Anerkennung erstreckt wird, ohne dass es eines besonderen staatlichen formellen Aktes bedürfte. Die Erstreckung der Rechtskraft auf das Inland erfolgt in dem Zeitpunkt, in dem die Voraussetzungen der Anerkennung gegeben sind, keine Versagungsgründe vorliegen[8] und eine Inlandsbeziehung besteht[9], die erst den auslösenden Tatbestand für die Anerkennung darstellt. Diese Inlandsbeziehung ist jedenfalls Immer dann gegeben, wenn Vollstreckungsklage oder Leistungsklage erhoben werden.

Im Zeitpunkt der Anerkennung wird die Rechtskraft des ausländischen Urteils auf das Inland erstreckt. Soweit man annimmt, dass die Rechtskraft einen neuen Rechtsstreit überhaupt ausschließt, ist eine Leistungsklage bei Vorliegen eines anerkannten ausländischen Urteils in jedem Fall unzulässig.

7 Auf dieses Problem weist besonders Müller, Länderbericht Deutschland, in: Müller u.a., Die Anwendung ausländischen Rechts im internationalen Privatrecht, 1968, S. 66ff. hin, der von einer Gefahr der Bevormundung des Richters spricht (S. 71).

8 Vgl. zur Unterscheidung der Anerkennungserfordernisse in Voraussetzungen und Versagungsgründe und die Bedeutung dieser Unterscheidung Schütze, Die Anerkennung und Vollstreckung ausländischer Zivilurteile in der Bundesrepublik Deutschland als verfahrensrechtliches Problem, Diss. Bonn, 1960, S. 27 ff.

9 Vgl. dazu Schütze, Der Zeitpunkt der Anerkennung ausländischer Zivilurteile, NJW 1966, 1598ff.; vgl. zu dem Problem auch Eberlein, In welchem Zeitpunkt müssen die Voraussetzungen für die Anerkennung ausländischer Urteile in Deutschland nach § 328 Abs. 1 Ziff. 1, 4 und 5 ZPO und der entsprechenden Bestimmungen in den Staatsverträgen gegeben sein?, Diss. Erlangen, 1952

Aber auch wenn man davon ausgeht, dass die Rechtskraft keine absolute Klagsperre bewirkt, nur eine abweichende Entscheidung in der Sache hindert[10], ist das Ergebnis nicht anders. Für eine Leistungsklage fehlt das Rechtschutzbedürfnis, wenn die ausländische Entscheidung anzuerkennen und eine Vollstreckungsklage nach §§ 722f. ZPO unmöglich ist. Das Vorliegen eines Rechtsschutzbedürfnisses für die Leistungsklage kann nur dann zu bejahen sein, wenn die neue Klage praktisch der einzige Weg zur Durchsetzung des Anspruchs ist, etwa wenn der ausländische Titel verloren und nicht wieder herstellbar ist[11]. Zweifel an der Verbürgung der Gegenseitigkeit genügen für die Bejahung des Rechtsschutzbedürfnisses nicht[12].

Die Rechtsprechung[13] und ein Teil der Lehre[14] wollen jedoch dem Urteilsgläubiger ein Wahlrecht zwischen Vollstreckungsklage und Leistungsklage geben und bejaht ein Rechtsschutzbedürfnis ohne weitere Nachprüfung. Die Vertreter dieser Ansicht verkennen, dass die Leistungsklage weder einfacher noch billiger oder schneller zum Ziel führt. Denn da das Gericht – soweit das ausländische Urteil anzuerkennen ist – von der Entscheidung nicht abweichen darf, muss es

[10] Die Frage, ob die Rechtskraft einer nochmaligen Entscheidung überhaupt oder nur einer widersprechenden entsgegensteht, ist streitig. Vgl. die Übersicht bei Baumbach/Lauterbach/Albers/Hartmann, Einf. §§ 322–327, Rdn. 1ff.; Stein/Jonas/Leipold, § 322, Rdn. 199 ff.; Zöller/Vollkommer, Vor § 322, Rdn. 14 ff.

[11] Vgl. Riezler, IZPR, S. 521, der eine Leistungsklage nur in dem Fall zulassen will, dass der ausländische Titel (etwa durch Brand) vernichtet oder „sonst nicht zu beschaffen" ist. Ein anschauliches Beispiel findet sich in der Entscheidung RGZ 166, 367, wo die Akten des spanischen Erstprozesses in den Wirren des Bürgerkrieges verloren gegangen waren.

[12] Vgl. Schütze, Doppelte Rechtsverfolgung im In- und Ausland, DB 1967, 497 ff.; Kallmann, Anerkennung und Vollstreckung ausländischer Zivilurteile und gerichtlicher Vergleiche, 1946, S. 314, 320 hält eine Leistungsklage nur für zulässig, wenn sich die „Unzulässigkeit des Vollstreckbarerklärungsverfahrens herausgestellt" hat.

[13] Vgl. BGH NJW 1964, 1626; 1979, 2477; BGH RIW 1987, 312; OLG Düsseldorf FamRZ 1969, 98; OLG Hamm DAVorm 1983, 1971; FamRZ 1991, 718; OLG Karlsruhe FamRZ 1991, 600; OLG Nürnberg IPRax 1984, 162

[14] Vgl. Baumann, Leistungs- und Abänderungsklage bei früherem Audslandsurteil, IPRax 1990, 28 ff.; Luther, Vollstreckung von Kostentiteln aus österreichischen Eheprozessen in Deutschland, FamRZ 1975, 529f. (unter unrichtiger Berufung auf Schütze DB 1967, 497); Martiny, Handbuch, Rdn. 1614; Siehr, Entführung iranischer Kinder nach Deutschland und ihre Rückführung in den Iran, IPRax 1989, 373 f. (FN 3)

auch im Rahmen der Leistungsklage die Anerkennungserfordernisse nach § 328 Abs. (1) Nr. 1–5 ZPO incidenter prüfen. Die Leistungsklage ist nicht nur nicht einfacher, sie ist umständlicher. Die h.L. hält deshalb – zu Recht – eine erneute Leistungsklage für unzulässig[15]. Der EuGH hat für den Bereich des Klauselerteilungsverfahrens nach dem EuGVÜ ein Wahlrecht des Urteilsgläubigers verneint[16]. Geimer differenziert danach, ob ein Rechtsschutzbedürfnis für eine neue Klage vorliegt[17] und will zumindest dort, wo die Vollstreckbarerklärung im vereinfachten Verfahren nach den Ausführungsgesetzen zu den Staatsverträgen erlangt werden kann, ein Rechtsschutzbedürfnis verneinen[18].

Nun ist nicht zu verkennen, dass der Gläubiger eines ausländischen Titels bei Zweifeln an der Anerkennungsfähigkeit ein Interesse daran hat – sowohl aus Kosten- als auch Zeitgründen – ein Unterliegen zu vermeiden. Die Anerkennungsprognose ist bei Zweifeln an der Gegenseitigkeit häufig nur sehr schwer zu stellen. Diese prozessualen Schwierigkeiten genügen aber nicht, das Rechtsschutzbedürfnis zu bejahen, weil die Prüfung der Anerkennungserfordernisse in jedem Fall notwendig ist.

II. Verbindung von Vollstreckungs- und Leistungsklage

Der Urteilsgläubiger kann also nur Leistungsklage erheben, wenn das ausländische Urteil nicht anzuerkennen ist. Dieses Risiko kann durch eine Verbindung von Vollstreckungs- und Leistungsklage ausgeschlossen werden.

[15] Vgl. Habscheid, Zur materiellen Rechtskraft des Urteils gegen den siegreichen Kläger im internationalen Zivilprozess, ZZP 75 (1962), 164ff.; Kallmann, Anerkennung und Vollstreckung ausländischer Zivilurteile und gerichtlicher Vergleiche, 1946, S. 314, 320; Linke, Zum Wert und Unwert der Vollstreckungsklage (§§ 722, 723 ZPO), FS Schütze, 1999, S. 427ff.; Spiecker gen. Döhmann, Die Anerkennung von Rechtskraftwirkungen ausländischer Urteile, 2002, S. 81ff.; Wieczorek/Schütze/Schütze, § 722, Rdn. 3

[16] Vgl. EuGH Rs. 42/76 – de Wolf v. Cox – EuGHE 1976, 1759 = NJW 1977, 495 mit Anm. Geimer ebenda, 2023 ff.

[17] Vgl. Geimer, Zur Prüfung der Gerichtsbarkeit und der internationalen Zuständigkeit bei der Anerkennung ausländischer Urteile, 1966, S. 67, FN 70; ders., IZPR, Rdn. 3167

[18] Vgl. Geimer/Schütze, Internationale Urteilsanerkennung, Bd. II, S. 24

Die Verbindung erfolgt infolge der eventuellen Klagehäufung. Der Kläger macht in erster Linie den Anspruch auf Vollstreckbarerklärung, hilfsweise für den Fall der Nichtanerkennung der ausländischen Entscheidung den ursprünglichen Leistungsanspruch geltend. Der Streitgegenstand für beide Ansprüche ist nicht identisch. Streitgegenstand der Vollstrckungsklage ist die Vollstreckbarkeit, nicht der ursprüngliche Anspruch. Der hilfsweise geltend gemachte Anspruch hat aber wirtschaftlich ein gleichartiges Ziel wie der Anspruch auf Vollstreckbarerklärung, sodass die Klagehäufung in jedem Fall zulässig ist[19], selbst wenn man sie nicht unbeschränkt für zulässig hält[20].

III. Verjährungshemmung durch Erhebung der Eventual-Leistungsklage

Die Erhebung der Eventual-Leistungsklage macht den Anspruch auflösend bedingt rechtshängig. Soweit der Anspruch deutschem Recht unterliegt, tritt von diesem Zeitpunkt die Hemmung der Verjährung ein[21]. Die Vorschriften über die Verjährung gehören dem materiellen Recht an[22]. Die Verjährungsunterbrechung bestimmt sich deshalb

[19] Vgl. Geimer, IZPR, Rdn. 3168; Geimer/Schütze, EuZVR, E.1, Rdn. 42; Martiny, Handbuch, Rdn. 1627; Schütze, DIZPR, Rdn. 374; Wieczorek/Schütze/Schütze, § 722, Rdn. 4; vgl. für ein Muster eines Klagantrags, Schütze, in: Beck'-sches Prozessformularbuch, 10. Aufl., 2006, I.T.4

[20] So Kion, Eventualverhältnisse im Zivilprozess, 1971, S. 61ff.; Mehrle, Zur eventualen Klagehäufung, ZZP 85 (1970), 436 ff.

[21] Vgl. Schütze, Die Unterbrechung und Inlaufsetzung der Verjährung von Wechselansprüchen durch ausländische Klageerhebung, WM 1967, 246ff.; ders., DIZPR, Rdn. 413, 415; a.A. die h.L., die der ausländischen Klageerhebung nur dann verjährungshemmende Bedeutung beimisst, wenn das im ausländischen Prozess ergehende Urteil anerkennungsfähig sein wird, vgl. RG JW 1926, 374 mit Anm. Neumeyer; RGZ 129, 385; OLG Hamburg HRR 1934, Nr. 1187; OLG Düsseldorf RIW/AWD 1979, 59; LG Deggendorf IPRax 1983, 125 mit kritischer Besprechung Frank, Unterbrechung der Verjährung durch Auslandsklage, IPRax 1983, 108ff.; Riezler, IZPR, S. 461f.; Staudinger/Magnus, BGB, 13. Bearbeitung 2002, Art. 32 EGBGB, Rdn. 69, wobei MünchKomm-BGB/Spellenberg, 3. Aufl., 1998, Art. 32 EGBGB, Rdn. 85 und Schack, Wirkungsstatut und Unterbrechung der Verjährung im internationalen Privatrecht durch Klageerhebung, RIW/AWD 1981, 301ff. m.w.N. noch darüber hinaus Gleichwertigkeit der Hemmungshandlung fordern.

[22] Vgl. BGH VersR 1958, 401; OLG München MDR 1953, 552; OLG Celle NJW 1967, 783; Schack, IZVR, Rdn. 780

nach dem Recht, dem die Forderung unterliegt. Die Klageerhebung in § 204 BGB ist nur die inländische Klageerhebung. Die ausländische Klageerhebung hemmt nicht die Verjährung von Ansprüchen, die dem deutschen Recht unterliegen. Unterliegt der ursprüngliche Anspruch dagegen ausländischem Recht, so ist die Hemmung der Verjährung bereits durch die ausländische Klageerhebung eingetreten, soweit das Sachrecht eine solche Hemmung durch Klageerhebung vorsieht. Diese Hemmung der Verjährung ist unabhängig von der Anerkennungsfähigkeit der ausländischen Entscheidung eingetreten, also auch wenn das Urteil mangels Verbürgung der Gegenseitigkeit nicht anerkannt und für vollstreckbar erklärt werden kann[23].

IV. Beweiskraft des ausländischen Urteils bei Nichtanerkennung

Erachtet das Gericht den Hauptanspruch nicht für begründet, weil das ausländische Urteil nicht anzuerkennen ist, so ist im Rahmen der Entscheidung über den hilfsweise geltend gemachten ursprünglichen Leistungsanspruch der gesamte Streitstoff neu zu prüfen. Bei dieser Sachprüfung ist das Gericht nicht an die tatsächlichen Feststellungen und die rechtliche Subsumtion des Erstrichters gebunden. Das Verbot der revision au fond gilt nicht. Denn da das Gericht nur bei Verneinung des Vorliegens der Anerkennungserfordernisse entscheiden darf, wirkt die Entscheidung im Inland nie Rechtskraft. Sie kann insoweit den deutschen Richter nicht binden.

Dennoch ist das ausländische Urteil nicht bedeutungslos. Es stellt eine öffentliche Urkunde im Sinne von § 438 ZPO dar[24]. Als solche

[23] Vgl. Kallmann,Unterbrechung der Verjährung durch ausländische Klageerhebung und Urteilsverjährung bei ausländischen Entscheiden, SJZ 1945, 193 ff.; ders., L'effet sur la prescription libératoire des actes judiciaires internvenus en pays étranger, Rev. Crit. 1948, 1ff.; Katinszky, Unterbrechung der Verjährung durch Klageerhebung vor ausländischen Gerichten, RabelsZ 9 (1935), 855ff.; Kudlich, Die privatrechtlichen Nebenwirkungen einer im Ausland erhobenen Klage, Diss. München 1962, S. 5ff., die mit unterschiedlicher Begründung der ausländischschen Klage verjährungsunterbrechende (-hemmende) Wirkung beimessen. Differenzierend Schütze, WM 1967, 246 ff.

[24] Vgl. RGZ 129, 387; Riezler, IZPR, S. 522; Zöller/Geimer, § 328, Rdn. 277

erbringt es zunächst einmal nur Beweis, dass ein Urteil eines bestimmten Inhalts ergangen ist. Die Beweiskraft bezieht sich jedoch nicht nur rein auf diese Tatsache des Erlasses der ausländischen Entscheidung – vielmehr auch auf die Tatsachen, die darin festgestellt sind[25]. Dieser Beweis ist jedoch durch den Beklagten widerlegbar. Sonst würde über die Hintertür des § 438 ZPO doch noch eine mangels Verbürgung der Gegenseitigkeit unzulässige Anerkennung erfolgen.

[25] A.A. OLG Hamm IPRspr. 2001, 176; Geimer, IZPR, Rdn. 3056; Zöller/Geimer, § 328, Rdn. 277

16. Feststellung und Revisibilität europäischen Rechts im deutschen Zivilprozess[1]

Dölle hat in seinem Aufsatz „Über die Anwendung ausländischen Rechts“[2] fremdes Recht im deutschen Zivilprozess als Tertium neben inländischen Rechtssätzen und Tatsachen bezeichnet. Es scheint so, als ob uns das Gemeinschaftsrecht ein Quartum in diesem Sinne beschert hätte. Es passt jedenfalls nicht so recht in das übliche Schema inländisches Recht/ausländisches Recht.

Obwohl auch ausländisches Recht im deutschen Zivilprozess als Recht – nicht wie in anderen Rechtsordnungen[3] als Tatsache[4] – angewandt wird, bestehen Unterschiede in der Feststellung seines Inhalts und der Nachprüfung in der Revisionsinstanz. Nach § 293 ZPO kann sich das Gericht der Hilfe der Parteien oder Dritter bei der Feststellung des Inhalts eines ausländischen Rechtssatzes bedienen, insbesondere Rechtsgutachten einholen. Bei inländischem Recht darf das der Richter nicht, mag ihm die Materie auch noch so fremd sein. Inländisches Recht ist revisibel, ausländisches Recht ist es nach § 545 Abs. 1 nicht.

Bei der Entscheidung, ob Gemeinschaftsrecht prozessual wie inländisches oder wie ausländisches Recht zu behandeln ist, muss auf die ratio der §§ 293, 545 Abs. 1 ZPO abgestellt werden[5].

1 Erstmals publiziert in: GS Baur, 1992, S. 93 ff.

2 Vgl. Dölle, Über die Anwendung ausländischen Rechts, GRUR 1957, 56ff. (57)

3 So das englische internationale Zivilprozessrecht, vgl. Schütze, Länderbericht Vereinigtes Königreich, in: Geimer/Schütze, Internationaler Rechtsverkehr, 1156. 9f.; Fentiman, Foreign Law in English Courts, 1998; Jacob, Private International Litigation, 1988, S. 436 ff.; Schmitthoff, Länderbericht England, in: Müller u.a., Die Anwendung ausländischen Rechts im internationalen Privatrecht, 1968, S. 88 ff.

4 Vgl. dazu Zajtay, Die Lehre vom Tatsachencharakter und die Revisibilität ausländischen Rechts, in: Müller u.a., Die Anwendung ausländischen Rechts im internationalen Privatrecht, 1968, S. 193 ff.

5 Vgl. dazu Schütze, EG-Recht im deutschen Zivilprozess, EWS 1990, 49 ff.

I. Zur Anwendbarkeit von § 293 ZPO auf das Gemeinschaftsrecht

1. Auffindung der anwendbaren Rechtsnorm

Der Grundsatz iura novit curia bürdet dem Richter eine doppelte Last auf Er muss die Rechtsnorm auffinden, die auf einen Rechtsstreit anzuwenden ist, und er muss deren Inhalt feststellen, d.h. sie auslegen. Das ist schon bei heimischem Recht schwer, bei ausländischem Recht ist es nur in Ausnahmefällen möglich. Wie soll sich ein deutscher Richter – um nur zwei Beispiele aus den im Auftrag des Deutschen Rates für Internationales Privatrecht veröffentlichten Gutachten zum internationalen und ausländischen Privatrecht (IPG) zu nehmen – Kenntnis des jordanisch-islamischen Scheidungsrechts im Hinblick auf die Scheidung durch die Bevollmächtigte[6] oder des Erbrechts von Kasachstan/Usbeskistan[7] verschaffen? Würde man den deutschen Richter zur Auffindung des kollisionsrechtlich zur Anwendung berufenen Rechtssatzes und zur Feststellung seines Inhalts verpflichten, so wäre die Gefahr einer falschen Entscheidung ungleich größer als sie ohnehin schon ist[8]. Zwar existieren zahlreiche Sammlungen, die dem Richter das Auffinden ausländischer Rechtsnormen, z.B. auf dem Gebiet des Erbrechts[9], des Familienrechts[10] und des internationalen Zivilprozessrechts[11] erleichtern. Sie können ihm aber nicht die genügend sichere Kenntnis bringen, insbesondere weil er nicht weiß, ob die aufgeführte Rechtsnorm nicht seit der letzten Ergänzungslieferung überholt ist. Es ist ein unlösbares Problem, Samm-

[6] Vgl. dazu IPG 1977 Nr. 21 (Köln)

[7] Vgl. dazu IPG 1977 Nr. 32 (München)

[8] Die Rechtsmittelinstanz soll zwar der Überprüfung unrichtiger Entscheidungen dienen, führt aber in der Praxis nur zu anderen, nicht notwendigerweise richtigeren Entscheidungen. Vgl. dazu Schütze, Verbesserungen des Zivilgerichtsverfahrens aus Erfahrungen mit der Schiedsgerichtsbarkeit, in: Gilles (Herausg.), Effiziente Rechtsverfolgung, Deutsche Landesberichte zum VIII. Weltkongress für Prozessrecht in Utrecht 1987, S. 65 ff. (73 f.)

[9] Vgl. Ferid/Firsching/Dörner/Hausmann, Internationales Erbrecht (Loseblattsamml.)

[10] Vgl. Bergmann/Ferid/Henrich, Internationales Ehe- und Kindschaftsrecht (Loseblattsamml.)

[11] Vgl. Geimer/Schütze, Internationaler Rechtsverkehr in Zivil- und Handelssachen (Loseblattsamml.)

lungen wie die vorerwähnten jeweils auf dem aktuellen Stand zu halten.

Wenn man nach Kriterien sucht, die Rechtsnormen, die der Richter kennen muss, von denen abzugrenzen, bei deren Auffindung, Feststellung und Auslegung er sich fremder Hilfe im Rahmen von § 293 ZPO bedienen darf, so zeigt sich, dass es nur scheinbar einfach ist, inländisches und ausländisches Recht zu unterscheiden.

a. Geltung eines Rechtssatzes im Inland

Ein offenbar ungeeignetes Kriterium ist die Geltung eines Rechtssatzes im Inland. Denn auch ausländisches Recht gilt im Inland. § 293 ZPO setzt die Anwendbarkeit kollisionsrechtlich berufenen Rechts voraus. Das ganze IPR beschäftigt sich mit der Frage der Anwendbarkeit ausländischen Rechts im Inland.

b. Erlass eines Rechtssatzes durch den inländischen Gesetzgeber

Sachgerechter erscheint es darauf abzustellen, ob ein Rechtssatz Anwendung heischt, weil er von deutschen Rechtssetzungsorganen erlassen ist oder nicht. Diese Abgrenzung mag regelmäßig zu angemessenen Ergebnissen führen. Problematisch ist aber, ob sie auch den Besonderheiten der Anwendung von EG-Recht gerecht wird. Das OLG München[12] stellt darauf ab, ob eine Rechtsnorm des EG-Rechts durch Zustimmungsgesetz übernommen worden ist. Das OLG München geht unter Berufung auf die Rechtsprechung des Bundesverfassungsgerichts davon aus, dass europäisches Gemeinschaftsrecht weder Bestandteil der nationalen Rechtsordnung noch Völkerrecht, sondern eine eigenständige Rechtsordnung darstellt, die aus einer autonomen Rechtsquelle fließt[13] und innerstaatliche Rechtsordnung und Gemeinschaftsrecht als unabhängige Rechtskreise nebeneinander bestehen[14]. Nur das durch Zustimmungsgesetz übernommene Gemeinschaftsrecht soll die Qualität innerstaatlichen Rechts i.S. von § 293 ZPO haben. Dagegen wendet sich zu Recht – allerdings mit

[12] Vgl. OLG München EuR 1988, 409 mit abl. Anm. Nicolaysen
[13] Vgl. BVerfGE 37, 271; 31, 145; 22, 293
[14] Vgl. BVerfGE 37, 271

ungehöriger Häme – Nicolaysen[15]. Auch Leipold[16], Geimer[17] und Prütting[18] differenzieren nicht, jedenfalls nicht so. Sie halten Gemeinschaftsrecht – unabhängig von einer etwaigen Transformation – nicht unter den Begriff des ausländischen Rechts i.S. von § 293 ZPO fallend. In der Tat gibt die Qualifizierung des Gemeinschaftsrechts in der Rechtsprechung EuGH seit der Entscheidung Costa/E.N.E.L.[19] keinen vernünftigen Anlass zu einer Differenzierung wie sie das OLG München vornimmt.

c. Art des Rechtsanwendungsbefehls

Für die Abgrenzung von in- und ausländischem Recht im Rahmen von § 293 ZPO wird man als Kriterium auf die Art des Rechtsanwendungsbefehls zurückgreifen müssen. Gilt eine Norm unmittelbar – sei es als vom deutschen Gesetzgeber erlassen, sei es als Völkerrecht[20], sei es als Teil eines Staatsvertrages – so ist § 293 ZPO unanwendbar. Gilt ein Rechtssatz jedoch, weil eine Norm des deutschen Kollisionsrechts auf ihn verweist, so ist er ein ausländischer. Da Gemeinschaftsrecht nicht aufgrund kollisionsrechtlicher Verweisung, sondern unmittelbar in der Bundesrepublik Deutschland gilt, findet § 293 ZPO keine Anwendung[21].

2. Auslegung der anwendbaren Norm

Mit dieser Feststellung ist aber nur ein Teil der Frage nach der Anwendbarkeit von EG-Recht im deutschen Zivilprozess beantwortet. Der andere Aspekt – die Auslegung des anwendbaren Rechtssatzes – bleibt dabei noch offen.

Bei ausländischem Recht ist die Lösung einfach. Das ausländische Recht muss so angewendet werden, wie es im Ausland gilt[22], d.h. so

15 Vgl. Nicolaysen, Difficile est satiram non scribere, EuR 1988, 41 f.
16 Vgl. Stein/Jonas/Leipold, § 293, Rdn. 7
17 Vgl. Zöller/Geimer, § 293, Rdn. 5
18 Vgl. MünchKomm ZPO/Prütting, § 293, Rdn. 9
19 Vgl. EuGHE 1964, 1251 (1269 ff.)
20 Vgl. Art. 25 GG
21 Vgl. Schütze, EWS 1990, 49 ff. (50)
22 Vgl. Kegel/Schurig, IPR, S. 505 f.; MünchKomm ZPO/Prütting, § 293, Rdn. 57

wie es die Rechtsprechung des ausländischen Staates anwendet[23]. Dies hilft bei Gemeinschaftsrecht nicht weiter. Dieses gibt aber selbst eine Richtschnur für seine Auslegung. Ausgehend von der Überlegung, dass Rechtssätze des europäischen Rechts eine einheitliche Interpretation und damit Anwendung in den Mitgliedsländern der Gemeinschaft erheischen[24], ist die Auslegung von Gemeinschaftsrecht dem deutschen Richter in weitem Umfang entzogen. So entscheidet der EuGH nach Art. 234 Abs. 1 lit. a (Art. 177 Abs. 1 lit. a.F.) EGV im Wege der Vorabentscheidung über die Auslegung des Vertrages. Art. 234 EGV geht von der Prämisse aus, dass das mitgliedschaftliche und das Gemeinschaftsrecht zwei getrennte Rechtsordnungen bilden und zur einheitlichen und wirksamen Anwendung des Gemeinschaftsrechts Instanzgerichte das Recht und letztinstanzliche Gerichte die Pflicht haben, die Auslegung einer Norm des EGV dem EuGH zu überlassen. Neben der Vorabentscheidungskompetenz des Art. 234 EGV bestehen für den EuGH noch ähnliche Kompetenzen nach anderen Verträgen in der EU.

Eine besondere Situation besteht im Bereich des verfahrensrechtlich so bedeutsamen Brüsseler Übereinkommens über die gerichtliche Zuständigkeit und die Vollstreckung gerichtlicher Entscheidungen in Zivil- und Handelssachen (EuGVÜ). Diese Konvention auf dem Gebiet des IZPR ist weder primäres noch sekundäres Gemeinschaftsrecht. Es ist ein völkerrechtlicher Vertrag, zu dessen Beitritt sich die Mitgliedstaaten der Gemeinschaft verpflichtet haben[25]. Das ist – mit Änderungen – durch mehrere Beitrittsübereinkommen durch die „neuen" EG-Staaten geschehen. Obwohl es sich also nicht um Gemeinschaftsrecht handelt, ist das EuGVÜ europäisches Recht. Seine Interpretation ist durch das Protokoll betreffend die Auslegung des Übereinkommens vom 27. September 1968 über die gerichtliche Zuständigkeit und die Vollstreckung von gerichtlichen Entscheidungen in Zivil- und Handelssachen durch den Gerichtshof vom 3.6.1971

[23] Vgl. BGH NJW 1976, 1588; Schack, IZVR, Rdn. 628

[24] Vgl. Hauschka, Grundprobleme der Privatrechtsfortbildung durch die Europäische Wirtschaftsgemeineschaft, JZ 1990, 521 ff.

[25] Str., vgl. im einzelnen Geimer/Schütze, EuZVR, A 1, Einl., Rdn. 41 ff.

i.d.F. vom 29.11.1996[26] dem EuGH übertragen[27]. Nach Art. 3 EuGVÜ i.V.m. Art. 2 Nr. 1 des Protokolls sind die obersten Gerichte verpflichtet, eine Auslegungsfrage dem EuGH zur Vorabentscheidung vorzulegen, die Rechtsmittelgerichte sind berechtigt, dies zu tun.

Die deutschen Gerichte haben von der Vorlagemöglichkeit (und -notwendigkeit) regen Gebrauch gemacht und dadurch zur Klärung von mancherlei Streitfragen beigetragen[28].

3. Fazit

Bei der Auffindung der anwendbaren Rechtsnorm – der Anwendung in der ersten Stufe – ist Gemeinschaftsrecht im Rahmen des § 293 ZPO wie inländisches Recht zu behandeln, da es nicht aufgrund kollisionsrechtlicher Verweisung, sondern unmittelbar in der Bundesrepublik Deutschland gilt. In der zweiten Stufe – der Ermittlung des Inhalts eines Rechtssatzes des Gemeinschaftsrechts – gilt das nicht uneingeschränkt. Hier ist der besondere Charakter des Gemeinschaftsrechts zu berücksichtigen. Der inländische Richter darf in gewissen Fällen die Auslegung nicht selbst vornehmen, muss sie vielmehr einem anderen Spruchkörper, dem EuGH, überlassen.

II. Zur Anwendbarkeit von § 545 Abs. 1 ZPO auf das Gemeinschaftsrecht

Ausländisches Recht ist nach § 545 Abs. 1 ZPO nicht revisibel[29]. Soweit dies von Klein[30] und Broggini[31] de lege lata geleugnet wird, ist der Wunsch der Vater des Gedankens[32].

[26] BGBl. 1998 II 1412

[27] Vgl. dazu Geimer/Schütze, Internationale Urteilsanerkennung, Bd. I/1, S. 59 ff.; dies., EuZVR, A 1, Einl., Rdn. 180 ff.; Schlosser, Neue Zuständigkeiten des Gerichtshofs der Europäischen Gemeinschaften, RIW/AWD 1975, 534 ff.

[28] Vgl. für Nachweise Nachschlagewerk der Europäischen Gemeinschaften, Serie D, 1981 ff.; Pocar, Codice delle convenzioni sulla giuridizione e l'esecuzione delle sentenze straniere nella C.E.E., 1980

[29] Vgl. BGHZ 48, 214; BGH WM 1986, 461; Nachweise bei Zöller/Gummer, § 545, Rdn. 9; im übrigen Schütze, DIZPR, Rdn. 271 ff. m.w.N.

[30] Vgl. Klein, Die Revisibilität des Internationalen Privatrechts, NiemeyersZ 13 (1903), 353 ff.

[31] Vgl. Broggini, Die Maxime „iura novit curia" und das ausländische Recht, AcP 156 (1956), 469 ff. (478)

[32] Vgl. Raape/Sturm, IPR, S. 312

Die Literatur zu § 545 ZPO geht davon aus, dass Gemeinschaftsrecht als jedenfalls nicht ausländisches Recht anzusehen ist[33]. Da die Auslegung des Gemeinschaftsrechts dem Bundesgerichtshof aber durch Art. 234 EGV und andere Normen des EG-Rechts weitgehend entzogen ist, soll sich die Nachprüfungsbefugnis der Revisionsinstanz darauf beschränken, ob das Berufungsgericht das Gemeinschaftsrecht richtig angewendet[34], ob es fehlerhaft autonomes anstelle von Gemeinschaftsrecht angewendet oder ob eine von der Vorinstanz nicht für auslegungsbedürftig gehaltene EG-Norm interpretationsbedürftig und dem EuGH vorzulegen ist[35].

In der Tat liegt es nahe, die Revisibilität von EG-Recht anzunehmen, findet es doch nicht aufgrund kollisionsrechtlicher Verweisung Anwendung im Inland und ist damit nach der oben gefundenen Definition nicht ausländisch. Die Klassifizierung als in- oder ausländisch hilft aber bei § 545 Abs. 1 ZPO ebenso wenig weiter wie bei § 293 ZPO. Auszugehen ist vom Normzweck des § 545 ZPO. Die Irrevisibilität ausländischen Rechts wird einmal begründet mit dem Ansehen des Revisionsgerichts, das durch die Missinterpretation ausländischen Rechts nicht gefährdet werden soll[36], zum anderen mit der Aufgabe, die Einheitlichkeit der Anwendung und die Fortbildung des autonomen Rechts zu gewährleisten[37]. Die rechtspolitisch verfehlte Begründung des Schutzes der Revisionsinstanz vor der Blamage falscher Rechtsanwendung muss bei der Lösung außer Betracht bleiben. Sie führt nicht weiter. Geht man von der Aufgabe der Revisionsinstanz als Hüter der Einheitlichkeit der Rechtsanwendung und Garant der Rechtsfortbildung aus, dann kann man füglich zweifeln, ob Gemein-

33 Vgl. Wieczorek/Schütze/Prütting, § 545, Rdn. 20; MünchKomm ZPO/Wenzel, § 549, Rdn. 6; Stein/Jonas/Grunsky, § 549, Rdn. 15; Steindorff, Das Offenlassen der Rechtswahl im IPR und die Nachprüfung ausländischen Rechts durch das Revisionsgericht, JZ 1963, 200 ff. (203)

34 Vgl. Zöller/Gummer, § 545, Rdn. 4

35 Der BGH hat die Anwendung von EG-Kartellrecht durch das Berufungsgericht im Hinblick auf Art. 85 EGV durch den EuGH nachgeprüft, vgl. BGHZ 40, 135

36 Vgl. Schütze, DIZPR, Rdn. 273; Zajtay, Die Lehre vom Tatsachencharakter und die Revisibilität ausländischen Rechts, in: Müller u.a., Die Anwendung ausländischen Rechts im internationalen Privatrecht, 1968, S. 193 ff. (204)

37 Vgl. BGHZ 36, 348; Geimer, IZPR, Rdn. 2603; Kegel/Schurig, IPR, S. 509; Nussbaum, Deutsches Internationales Privatrecht, 1932, S. 102; Raape/Sturm, IPR, S. 312; Schütze, DIZPR, Rdn. 273

schaftsrecht revisibel ist. Diese Aufgaben sind den nationalen Gerichten gerade entzogen und auf den EuGH übertragen.

Gemeinschaftsrecht also nicht revisibel? Auch hier versagt das übliche Schema inländisch/ausländisch – revisibel/nicht revisibel. Denn das Vorlage- und Vorabentscheidungsverfahren setzt eine Entscheidung des Revisionsgerichts voraus. Dieses ist in dessen verfahrensmäßige Ausgestaltung einbezogen. Über eine Revision – oder ihr gleichgestellte Rechtsbeschwerde soweit es sich um das EuGVÜ handelt[38] – kann die Vorlage erfolgen. Der BGH darf nicht selbst auslegen, er darf und muss aber aufgrund einer Interpretation des EuGH entscheiden. Dann muss er aber auch darüber entscheiden können, ob das Berufungsgericht Gemeinschaftsrecht richtig angewendet hat.

Hat das Berufungsgericht Gemeinschaftsrecht nicht angewendet, sei es weil die anwendbare Norm ihm unbekannt war[39], sei es weil der Rechtssatz erst nach Urteilserlass in Kraft getreten ist[40], so hindert dies die Nachprüfung durch den BGH nicht. Insoweit besteht nach h.L. schon bei ausländischem Recht kein Nachprüfungsverbot[41]. Erst recht muss das für Gemeinschaftsrecht gelten[42].

Ergebnis also? Gemeinschaftsrecht ist revisibel, jedoch ist der BGH in der Nachprüfung durch die Auslegungskompetenzen des EuGH beschränkt.

[38] Vgl. §§ 15 ff. AVAG
[39] Vgl. für das Problem bei der Anwendung ausländischen Rechts BGHZ 40, 197
[40] Vgl. für das Problem bei der Anwendung ausländischen Rechts BGHZ 36, 348
[41] Vgl. Schütze, Deutsches Internationales Zivilprozessrecht, Rdn. 274 ff. m.w.N.
[42] Vgl. Schütze, EWS, 1990, 49 ff. (51)

17. Ausländisches Recht als beweisbedürftige Tatsache[1]

Rechtsprechung und Lehre zu § 293 ZPO sind einhellig der Ansicht, dass ausländisches Recht vom deutschen Richter als „Recht“ angewendet wird und der kollisionsrechtlich zur Anwendung berufene ausländische Rechtssatz keine beweisbedürftige Tatsache darstellt[2]. § 293 ZPO wird deshalb dahin ausgelegt, dass das Gericht die ausländische Rechtsnorm von Amts wegen ermitteln muss und dabei nur unter anderem die Mithilfe der Parteien in Anspruch nehmen kann[3]. Folgerichtig wird im Fall der Nichtermittelbarkeit des im Einzelfall anwendbaren Rechtssatzes die darauf gestützte Klage nicht abgewiesen, weil der Kläger beweisfällig geworden ist. Es wird vielmehr ein „Ersatzrecht“ angewendet[4], sei, es die lex fori[5], die „ähnliche Rechtsordnung“[6], „allgemeine Rechtsgrundsätze“[7] oder Einheitsrecht[8].

[1] Erstmals publiziert in: NJW 1965, 1652 f.

[2] Vgl. dazu Arens, Prozessuale Probleme bei der Anwendung ausländischen Rechts im deutschen Zivilprozess, FS Zajtay, 1982, S. 7 ff.; Artz, Kollisionsrecht und ausländisches Recht im spanischen und deutschen Zivilverfahren, 2004; Brauksiepe, Die Anwendung ausländischen Rechts im Zivilprozess, Diss. Bonn, 1965; Broggini, Die Maxime „iura novit curia“ und das ausländische Recht, AcP 155 (1956), 469 ff.; Dölle, Über die Anwendung ausländischen Rechts, GRUR 1957, 56 ff.; ders., Bemerkungen zu § 293 ZPO, FS Nikisch, 1958, S. 185 ff.; Geisler, Zur Ermittlung ausländischen Rechts durch „Beweis“ im Prozess, ZZP 91 (1978), 176 ff.; Kegel, Die Ermittlung ausländischen Rechts, in: Müller u.a., Die Anwendung ausländischen Rechts im internationalen Privatrecht, 1968, S. 157 ff.; Krause, Ausländisches Recht und deutscher Zivilprozess, Diss. Konstanz 1990; Spickhoff, Fremdes Recht vor inländischen Gerichten: Rechts- oder Tatfrage, ZZP 112 (1999), 265 ff.; Theiss, Die Behandlung fremden Rechts im deutschen und italienischen Zivilprozess, 1990; Zajtay, Grundfragen der Anwendung ausländischen Rechts im Zivilprozess, ZfRV 1971, 271 ff.; für weitere Literatur vgl. Schütze, DIZPR, Rdn. 251

[3] Unstr., vgl. für viele Kegel/Schurig, IPR, § 15 III

[4] Vgl. dazu Schütze, DIZPR, Rdn. 263 ff.

[5] Vgl. z.B. BGHZ 69, 367; BGH StAZ 1978, 124; BGH NJW 1982, 1215; BGH RIW 1982, 199; BGH NJW-RR 1986, 484; OLG Stuttgart StAZ 1984, 423; OLG Frankfurt/Main, FamRZ 2000, 37; KG, FamRZ 2000, 840; Riezler, IZPR, S. 497 m.w.N.

[6] Vgl. dazu Geimer, IZPR, Rdn. 2600, Heldrich, Heimwärtsstreben auf neuen Wegen. Zur Anwendung der lex fori bei Schwierigkeiten bei der Ermittlung ausländischen Rechts, FS Ferid, 1978, S. 209 ff. (216); Kegel/Schurig, IPR, S. 512 f.;

Der herrschenden Lehre ist im Grundsatz zuzustimmen. Es sollen an dieser Stelle nicht die mannigfaltigen Argumente für die prozessuale Behandlung ausländischen Rechts als Rechtsnorm wiederholt werden. Es gibt von diesem Grundsatz aber eine bedeutsame Ausnahme, die die Behandlung ausländischen Rechts als beweisbedürftige Tatsache erfordert.

Das deutsche internationale Privatrecht wird im Schuldvertragsrecht vom Grundsatz der Freiheit der Rechtswahl beherrscht (Art. 27 Abs. 1 EGBGB).Hierbei ist jedoch zu unterscheiden, ob die Parteien den gesamten Vertrag einem Recht unterstellen wollen (kollisionsrechtliche Verweisung) oder einzelnen Regelungen des ausländischen Rechts zum Vertragsinhalt machen wollen und sich auf das ausländische Recht beziehen, um nicht alle einzelnen Normen wiederholen zu müssen (materiellrechtliche Verweisung)[9]. Die Entscheidung, ob die Parteien eine kollisions- oder materiellrechtliche Verweisung gewollt haben, kann äußerst schwierig sein, ist aber für die Frage des Nachweises ausländischen Rechts von entscheidender Bedeutung.

Wollen die Parteien eine kollisionsrechtliche Verweisung, dann gelten die eingangs dargestellten Grundsätze. Das ausländische Recht ist als „Recht" anzuwenden und bedarf nicht des Beweises. Die Rechtslage unterscheidet sich nicht von einer anderen kollisionsrechtlichen Verweisung. Wollen die Parteien dagegen eine materiellrechtliche Verweisung, dann wird die ausländische Rechtsnorm Vertragsinhalt und damit – wie der übrige Vertragsinhalt auch – zur beweisbedürftigen Tatsache. Denn es kann unmöglich einen Unterschied machen, ob die Parteien vereinbaren *„Hinsichtlich der Verzinsung des Darlehens ist bolivianisches Recht massgebend"* oder die entsprechenden Bestimmungen des bolivianischen Zivilgesetzbuches als Vertragsklauseln

Linke, IZPR, Rdn. 280; Nagel/Gottwald, IZPR, § 10, Rdn. 44; Schack, IZVR, Rdn. 644

7 Vgl. Broggini, Die Maxime „iura novit curia" und das ausländische Recht, AcP 155 (1956), 469 ff.; Kötz, Allgemeine Rechtsgrundsätze als Ersatzrecht, RabelsZ 34 (1970), 663 ff.; Neuhaus, Die Grundbegriffe des internationalen Privatrechts, 2. Aufl., 1976, S. 391 f.

8 Vgl. Kreuzer, Einheitsrecht als Ersatzrecht. Zur Frage der Nichtermittelbarkeit fremden Rechts, NJW 1983, 1943 ff.

9 Vgl. dazu Kegel/Schurig, IPR, S. 654 f.; Reithmann/Martiny/Martiny, Internationales Vertragsrecht, Rdn. 56

ausdrücklich zitieren. In einem solchen Fall muss der Zinsen beanspruchende Kläger den Inhalt der bolivianischen Normen über die Verzinsung im deutschen Zivilprozess ebenso beweisen, wie der Kläger, der die Vereinbarung eines bestimmten Zinssatzes behauptet. Wird er beweisfällig, so ist die Klage abzuweisen. Es kann nicht etwa deutsches Rechts als Ersatzrecht angewendet und Zinsen nach §§ 246 ff. BGB zugesprochen werden.

Ebenso wie es möglich ist, dass die Parteien durch kollisionsrechtliche Verweisung verschiedene Teile eines Schuldvertrages verschiedenen Rechten zu unterstellen oder verschiedene Rechte berufen können, je nachdem, welcher Vertragsteil klagt[10], können auf ein Vertragsverhältnis durch kollisions- und materiellrechtliche Verweisung verschiedene Rechte anwendbar sein. In diesem Fall unterliegt das ausländische Recht teils als Tatsache dem Beweis, teils muss der Richter von Amts wegen seinen Inhalt feststellen. Demgemäß ist auch die Frage der Anwendung eines Ersatzrechts zu entscheiden haben die Parteien eines Darlehnsvertrages beispielsweise ihr Vertragsverhältnis mexikanischem Recht unterstellt (kollisionsrechtliche Verweisung), hinsichtlich der Verzinsung aber die Anwendung bolivianischen Rechts vereinbart (materiellrechtliche Verweisung), so wendet der deutsche Richter für die Verpflichtung zur Rückgewähr des Darlehns bei Nichtfeststellbarkeit des mexikanischen Rechts ein Ersatzrecht an, hinsichtlich des Zinsanspruchs dagegen ist die Klage abzuweisen, wenn der Kläger den Inhalt bolivianischen Rechts nicht beweist.

Bei Schuldverträgen können somit drei Gruppen unterschieden werden:

1. Die Parteien wollen eine kollisionsrechtliche Verweisung: Das ausländische Recht ist keine beweisbedürftige Tatsache. Bei Nichtfeststellbarkeit seines Inhalts ist ein Ersatzrecht anzuwenden.

2. Die Parteien wollen eine materiellrechtliche Verweisung: Der ausländische Rechtssatz ist eine beweisbedürftige Tatsache. Bei Beweisfälligkeit wird die Klage abgewiesen.

[10] Vgl. OLG München IPRspr. 1974, Nr. 26; Kegel/Schurig, IPR, S. 653

3. Die Parteien vereinbaren teils eine kollisionsrechtliche, teils eine materiellrechtliche Verweisung: Soweit das ausländische Recht aufgrund kollisionsrechtlicher Verweisung anzuwenden ist, unterliegt es nicht dem Beweis, und es tritt bei seiner Nichtfeststellbarkeit ein Ersatzrecht an seine Stelle. Soweit das ausländische Recht aufgrund materiellrechtlicher Verweisung anzuwenden ist, ist sein Inhalt eine beweisbedürftige Tatsache, und die darauf gestützte Klage ist bei Beweisfälligkeit abzuweisen.

18. Zur Revisibilität ausländischen Rechts[1]

I. Nichtrevisibilität ausländischen Rechts als Grundsatz

Ausländisches Recht ist nicht revisibel[2]. Die Unzweckmäßigkeit dieser gesetzlichen Regelung ist von der Wissenschaft recht einhellig anerkannt. Denn gerade das ausländische Recht erfordert die Auslegung durch qualifizierte Richter des höchsten Zivilgerichts. Doch der Grundsatz von Irrevisibilität ausländischen Rechts wird von der Rechtsprechung weitgehend konsequent praktiziert. Er gilt im Übrigen auch in vielen anderen Rechtsordnungen[3]. Mit den Begründungen für diese Regelung hat sich Zajtay in seiner tiefschürfenden rechtsvergleichenden Analyse[4] auseinandergesetzt. Sie alle – Gefährdung des Ansehens des höchsten Gerichts durch Irrtümer[5], Gewährleistung der Einheitlichkeit in der Anwendung und Fortbildung des nationalen Rechts als Zweck des Revisionsverfahrens[6] – sind recht zweifelhaft. Die fortschrittlichen Tendenzen der kollisionsrechtlichen Doktrin gehen deshalb dahin, *„den Grundsatz der mangelnden Revisibilität ausländischen Rechts dort, wo er positiv noch gilt, einschränkend zu interpretieren"*[7]. Im Grundsatz ist aber davon auszugehen,

[1] Erstmals publiziert in: NJW 1970, 1584 ff.

[2] Vgl. BGHZ 48, 214; BGH WM 1986, 461; Nachweise bei Zöller/Gummer, § 545, Rdn. 9; im übrigen Schütze, DIZPR, Rdn. 271 m.w.N.; Wiedemann, Die Revisibilität ausländischen Rechts im Zivilprozess, Diss. Erlangen 1991

[3] Vgl. dazu Müller u.a., Die Anwendung ausländischen Rechts im internationalen Privatrecht, 1968 mit zahlreichen Länderberichten

[4] Vgl. Zajtay, Die Lehre vom Tatsachencharakter und die Revisibilität ausländischen Rechts, in: Müller u.a., Die Anwendung ausländischen Rechts im internationalen Privatrecht, 1968, S. 201 ff.

[5] Vgl. Zajtay, Die Lehre vom Tatsachencharakter und die Revisibilität ausländischen Rechts, in: Müller u.a., Die Anwendung ausländischen Rechts im internationalen Privatrecht, 1968, S. 193 ff. (204)

[6] Vgl. BGHZ 36, 348 = NJW 1962, 961; Geimer, IZPR, Rdn. 2603; Kegel/Schurig, IPR, S. 509; Nussbaum, Internationales Privatrecht, 1932, S. 102; Raape/Sturm, IPR, S. 312

[7] Vgl. Zweigert, Urteilsanmerkung, JZ 1959, 412: Müller, Länderbericht Deutschland, in: Müller u.a., Die Anwendung ausländischen Rechts im internationalen Privatrecht, 1968, S. 79 führt dazu aus: *„Der BGH sollte daher den Mut finden, den de lege lata geltenden Grundsatz der Irrevisibilität ausländischen Rechts generell einschränkend auszulegen und anzuwenden."*

dass die Revision nicht auf die Verletzung ausländischen Rechts gestützt werden kann.

Dieses Prinzip bedarf jedoch einer Einschränkung. Es ist zu unterscheiden, auf welcher Grundlage das ausländische Recht anzuwenden ist.

II. Unterschiedliche Behandlung ausländischen Rechts nach der Art der Verweisung

Ist ausländisches Recht aufgrund kollisionsrechtlicher Verweisung anzuwenden, dann ist es angesichts des klaren Wortlauts des Gesetzes nicht revisibel. Eine andere Betrachtungsweise erscheint jedoch geboten, wenn die Anwendung einer Norm ausländischen Rechts aufgrund materiellrechtlicher Verweisung erfolgt. Die materiellrechtliche kommt im internationalen Vertragsrecht insbesondere dann vor, wenn die Parteien anstelle konkreter Vertragsnormen einfach Bestimmungen eines fremden Rechts vereinbaren[8]. Die materiellrechtliche Verweisung ist ein Ausfluss privatrechtlicher Parteiautonomie. Die auf dieser Grundlage vereinbarte Norm wird nicht als Norm ausländischen Rechts angewendet – selbst wenn die Norm einer fremden Rechtsordnung entnommen ist – sondern nur als Vertragsbestimmung[9]. Es kann schlechthin keinen Unterschied machen, ob die Parteien vereinbaren: *„Hinsichtlich der Abtretung der Forderung aus diesem Vertrag gilt französisches Recht"* oder ob sie die Artt. 1689 d. cc in der Ausformung, die diese Bestimmungen durch die Rechtsprechung erhalten haben[10], in dem Vertrag aufführen.

Wird in vorstehendem Beispiel Art. 1690 cc nicht aufgrund kollisionsrechtlicher, sondern materiellrechtlicher Verweisung angewendet, dann handelt es sich nicht um eine Norm ausländischen Rechts, sondern eine Vertragsklausel. § 545 Abs. 1 ZPO ist nicht anwendbar. Die

[8] Vgl. hierzu Haudek, Die Bedeutung des Parteiwillens im IPR, 1931, S. 3; Kegel/Schurig, IPR, S. 655; Lorenz, Vertragsabschluss und Parteiwille im internationalen Obligationenrechts Englands, 1957, S. 115 ff.

[9] Vgl. Knittel, Geltendes und nicht geltendes Auslandsrecht im internationalen Privatrecht, 1963, S. 74

[10] Vgl. dazu Graf von Bernstorff, Die Forderungsabtretung in den EU-Staaten, RIW 1994, 542 ff. (545)

Rechtslage ist ähnlich wie beim Nachweis ausländischen Rechts. Auch dort wird die Bestimmung eines fremden Rechts zu einer beweisbedürftigen Tatsache, wenn die ausländische Norm aufgrund materiellrechtlicher Verweisung anzuwenden ist[11].

III. Anwendung ausländischen Rechts bei materiellrechtlicher Verweisung

Mit der Entkleidung einer aufgrund materiellrechtlicher Verweisung angewendeten Norm ihrer Rechtsnatur als ausländisches Recht ist noch nichts über ihre Revisibilität gesagt. Die Irrevisibilität kann zwar nicht mehr auf den ausländischen Rechtscharakter der Bestimmung gestützt werden. Mit der materiellrechtlichen Verweisung verliert die vereinbarte fremdrechtliche Norm aber ihren Charakter als Gesetzesbestimmung. Sie wird zur Vertragsklausel und ist der Revision damit zunächst einmal im Grundsatz entzogen. Es handelt sich insoweit um einen Fall der Vertragsauslegung, bei der, wenn sie sich *„wie es in der Regel der Fall ist, in der tatsächlichen Feststellung des in Richtung auf ein bestimmtes Rechtsverhältnis von den Beteiligten gefassten und mittels der durch die Vertragserklärungen kundgegebenen Willens erschöpft, … eine Nachprüfung durch das Revisionsgericht nur in den engen Grenzen* statthaft[12] *(ist), in denen tatsächliche Feststellungen überhaupt der Nachprüfung unterliegen."*

Aber es erscheint zweifelhaft, ob die Auslegung der aufgrund materiellrechtlicher Verweisung zur Anwendung berufenen ausländischen Norm wirklich nur Auslegung einer einfachen Vertragsbestimmung ist. Denn mit der Vereinbarung der Anwendbarkeit einer Regel des ausländischen Rechts machen die Parteien etwas zum Vertragsinhalt, das in dieser Form und Ausgestaltung auch Inhalt anderer Verträge ist. Die ausländische Gesetzesbestimmung ist *„typischer Natur"*. Die Parteien vereinbaren ihre Anwendung gerade wegen ihrer typischen Natur. Wenn sie beispielsweise die Anwendbarkeit des schweizerischen Rechts auf ein dienstvertragliches Konkurrenzverbot bestim-

[11] Vgl. Schütze, Ausländisches Recht als beweisbedürftige Tatsache, NJW 1965, 1652 f.

[12] RGZ 81, 117 (118)

men, dann ersetzen sie nicht ein Zitat der Artt. 340 ff. OR im Vertrag. Sie wollen vielmehr diese Bestimmungen des Obligationenrechts mit der Auslegung vereinbaren, die sie in der schweizerischen Rechtsprechung und Rechtslehre erfahren haben, z.B. hinsichtlich der „*unbilligen Erschwerung*“ in Art. 340a OR.

Die Ausgangssituation ist damit ähnlich der bei Nachprüfung allgemeiner Geschäftsbedingungen. AGB sind dazu bestimmt, eine Vielzahl gleichartiger Vertragsverhältnisse einheitlich zu regeln. Sie werden, soweit nicht im Einzelfall etwas Abweichendes Vereinbart wird, jedem einzelnen Vertragspartner gegenüber zum Vertragsinhalt. Nach ständiger Rechtsprechung des ehemaligen Reichsgerichts[13] und des Bundesgerichtshofes[14] können allgemeine Geschäftsbedingungen vom Revisionsgericht selbst ausgelegt werden, wenn sie für eine Vielzahl bereits abgeschlossener oder künftiger Verträge gelten und ihr Wirkungskreis über den Bereich eines OLG hinausgeht[15].

Es liegt nahe, die Regeln über die Nachprüfung der Auslegung allgemeiner Geschäftsbedingungen durch das Revisionsgericht auf die aufgrund materiellrechtlicher Verweisung anwendbare fremdrechtliche Norm anzuwenden, wenn diese eine Vielzahl von Fällen regelt und Wirksamkeit in mehreren OLG Bezirken erlangt. Das ist zunächst der Fall, wenn die Norm ausländischen Rechts Gegenstand eines Formularvertrages wird, z.B. ein Unternehmen mit Zweigniederlassungen in ganz Deutschland – etwa ein Omnibusunternehmen – Beförderungsverträge mit ausländischen Kunden abschließt, in denen eine Bezugnahme auf ausländisches Recht enthalten ist.

Fraglich ist jedoch die Behandlung ausländischen Rechts in einem einzelnen Vertrag. Hier könnte man zunächst zweifeln, ob die von der Rechtsprechung geforderte „Vielzahl von Fällen“ geregelt wird Auszugehen ist davon, dass die ausländische Gesetzesnorm typischer Natur ist und hinsichtlich einer viel größeren Zahl von Fällen eine gleichartige Regelung schafft, als es selbst sehr verbreitete allgemeine

13 Vgl. insbes. RGZ 81, 117

14 Vgl. BGHZ 7, 365; BGHZ 33, 293; BGHZ 112, 204

15 Nach BGH NJW 1963, 2227 unterliegen allgemeine Geschäftsbedingungen allerdings auch in einem solchen Fall nicht der freien Auslegung durch das Revisionsgericht, wenn ein örtlicher Gerichtsstand vereinbart ist und deshalb im Normalfall nur ein OLG mit der Auslegung der Vertragsbedingungen befasst wird.

Geschäftsbedingungen tun, nur eben nicht für den einzelnen Vertragspartner. Das ist aber nicht erforderlich. Denn der Grund für die Revisibilität allgemeiner Geschäftsbedingungen liegt in ihrer „gesetzesähnlichen“ typischen Natur. Die Wirksamkeit in mehreren OLG Bezirken lässt sich jedoch prima vista nicht bejahen, wenn ein Einzelvertrag vorliegt. Aber auch hier muss man berücksichtigen, dass in einer Vielzahl noch unbekannter abgeschlossener oder noch abzuschließender Verträge in ganz Deutschland die bestimmte fremdrechtliche Norm vereinbart werden kann und wird.

Nun hat der BGH in ständiger Rechtsprechung ausländische AGB als nicht revisibel angesehen[16]. In dem leading case aus dem Jahre 1966[17] hat der BGH die Revisibilät verneint, weil ausländische AGB das Gepräge einer ausländischen Rechtsordnung hätten und der Grundsatz der Irrevisibliät ausländischen Rechts auch auf sie zutreffe. Teske hat diese Rechtsprechung als Anachronismus bezeichnet[18]. In der Tat leuchtet die Differenzierung im Zeitalter der Globalisierung nicht ein. Wenn eine deutsche Bank und eine französische Bank europaweit ihre allgemeinen Geschäftsbedingen benutzen, um in- und ausländische Immobilienfinanzierungen auf dieser Grundlage durchzuführen, dann kann es doch für die Zuordnung der AGB als in- oder ausländische nicht auf den Sitz der Bank ankommen. Jedenfalls kann es für die Revisibilität von AGB keine Rolle spielen, ob es sich um in- oder ausländische handelt.

IV. Fazit

Wegen der rechtsähnlichen Situation bei der Auslegung allgemeiner Geschäftsbedingungen und auf Grund materiellrechtlicher Verweisung angewendeten Rechts erscheint eine Übertragung der Grundsätze der Revisibilität angezeigt. Es ist zwar nicht zu verkennen, dass dem Revisionsgericht damit die Gefahr der falschen Rechtsanwendung aufgebürdet wird. Aber Müller[19] bemerkt hierzu zu Recht:

[16] Vgl. dazu Teske, Die Revisibilität von ausländischen Allgemeinen Geschäftsbedingungen, EuZW 1991, 149 ff. mit umfassenden Nachweisen.
[17] Vgl. BGH WM 1966, 450 = MDR 1966, 483
[18] Vgl. Teske, EuZW 1991, 149 ff. (153)
[19] Vgl. Müller, Länderbericht Deutschland, in: Müller u.a., Die Anwendung ausländischen Rechts im internationalen Privatrecht, 1968, S. 66 ff. (75)

„Der bloße Prestigegesichtspunkt, die unvermeidlichen Irrtümer bei der Anwendung fremden Rechts könnten der Autorität des Obersten Gerichts schaden, ist der Justiz unwürdig und trifft ausserdem nicht zu, da kein Verständiger die hier zu bewältigenden, besonderen Schwierigkeiten übersehen wird.“

19. Das Vermögen als Anknüpfungspunkt für die internationale Zuständigkeit[1]

> Nach Golde drängt
> Am Golde hängt
> Doch alles ...
> (Goethe, Faust I, 2802)

Das Vermögen als Anknüpfungspunkt für die internationale Zuständigkeit[2] wird international mit wachsendem Misstrauen betrachtet. Ausdruck dieser Missbilligung des Vermögensgerichtsstandes ist seine Ächtung in der VO (EG) Nr. 44/2001, EuGVÜ und LugÜ.

[1] Erstmals publiziert in: FS Ishikawa, 2001, S. 493 ff.

[2] Vgl. zur Diskussion um Wert und Unwert des Vermögensgerichtsstandes u.a. Bittighofer, Der internationale Gerichtsstand des Vermögens, 1994; Breit, Über das Ausländerforum, JW 1911, 635ff.; Fischer, Zur internationalen Zuständigkeit deutscher Gerichte nach § 23 ZPO, RIW 1990, 794 ff.; Fricke, Der Gerichtsstand des Vermögens – eine unendliche Geschichte, IPRax 1991, 159ff.; ders., Neues vom Vermögensgerichtsstand, NJW 1992, 3066 ff.; Geimer, Zur Rechtsfertigung des Vermögensgerichtsstandes, JZ 1984, 979ff.; ders., IZPR, Rdn. 1346 ff.; Hubig, Die historische Entwicklung des § 23 ZPO: Zum Ursprung und Fortleben des Vermögensgerichtsstandes im deutschen Prozessrecht des 19. Jahrhunderts, Diss. Regensburg 2003; Kleinstück, Due Process-Beschränkungen des Vermögensgerichtstandes durch hinreichenden Inlandsbezug und Minimum Contacts, 1994; Kropholler, Möglichkeiten einer Reform des Vermögensgerichtsstands, ZfRV 23 (1982), 1ff.; ders., Internationale Zuständigkeit, S. 314ff.; Mark/Ziegenhain, Der Gerichtsstand des Vermögens im Spannungsfeld zwischen Völkerrecht und deutschem internationalen Prozessrecht, NJW 1992, 3062ff.; Rammos, Der Gerichtsstand des Vermögens und das Ausländerforum nach vergleichendem Recht, 1930; Schack, Die Vermögensbelegenheit als Zuständigkeitsgrund – Exorbitant oder sinnvoll?, ZZP 97 (1984), 48 ff.; ders. Deutsche internationale Zuständigkeit made in Hongkong und der VR China, FS Kegel, 1987, S. 505 ff.; ders., Internationales Zivilverfahrensrecht, 3. Aufl., 2002, Rdn. 323ff.; Schlosser, Das internationale Zivilprozessrecht der Europäischen Wirtschaftsgemeinschaft und Österreichs, FS Kralik, 1986, S. 287ff.; ders., Einschränkung des Vermögensgerichtsstandes, IPRax 1992, 140 ff.; Schröder, Internationale Zuständigkeit, S. 374ff.; Schütze, Zum Vermögensgerichtsstand des § 23 ZPO, DWiR 1991, 239 ff.; Schumann, Aktuelle Fragen und Probleme des Gerichtsstands des Vermögens (§ 23 ZPO) – Zugleich ein Beitrag über Gerichtsverfahren gegen ausländische Staaten, ZZP 93 (1980), 408ff.; ders., Der internationale Gerichtsstand des Vermögens und seine Einschränkungen, FS Liebmann, Bd. II, 1979, S. 839 ff.; Waizenegger, Der Gerichtsstand des § 23 ZPO und seine geschichtliche Entwicklung, Diss. Göttingen 1915

Nach Art. 3 dieser Regelwerke sind die Vermögensgerichtsstände des in den Rechten der EU-Staaten als exorbitant gebrandmarkt und nicht als internationale Zuständigkeit begründend anerkannt[3]. Fast scheint es ein Ausdruck wachsender sozialistischer Weltanschauung zu sein, dass dem Vermögen international zivilprozessual immer weniger Bedeutung beigemessen wird.

Es mag zweifelhaft sein, ob die Väter der deutschen und der japanischen Zivilprozessordnung sich wirklich geirrt haben – oder ideologisch verblendet waren – als sie in § 23 der deutschen ZPO und § 8 der japanischen ZPO das Vermögen als Anknüpfungspunkt für die internationale Zuständigkeit in den Katalog zuständigkeitsbegründender Tatbestände aufnahmen.

I. Zuständigkeitsinteressen

Jede Zuständigkeitsordnung muss sich an Interessen ausrichten[4], den Interessen der Parteien und den Interessen des Staates. Untersucht man das Vermögen als Anknüpfungspunkt für die internationale Zuständigkeit im Hinblick auf diese Interessen, so ergibt sich folgendes:

1. Interessen des Klägers

Die Klägerinteressen werden in den Materialien[5] treffend beschrieben:

> *„Diese Vorschrift schützt die Gläubiger des im Ausland wohnenden oder sich im Inlande ohne Domizil herumtreibenden Schuldners und ist ein bewährter Satz des preußischen Prozessrechts … Gleichermaßen bestimmen die Prozessordnungen für Braunschweig, § 26, Oldenburg, Art. 15,*

[3] Auch in zweiseitigen Staatsverträgen über die internationale Urteilsanerkennung ist der Gerichtsstand des Vermögens häufig als unerwünscht gebrandmarkt und nicht als zuständigkeitsbegründend anerkannt, vgl. Jellinek, Die zweiseitigen Staatsverträge über Anerkennung ausländischer Zivilurteile, 1. Heft, 1953, S. 221

[4] Vgl. dazu Schröder, Internationale Zuständigkeit, S. 107 ff.

[5] Zur geschichtlichen Entwicklung des Gerichtsstandes vgl. Waizenegger, Der Gerichtsstand des § 23 ZPO und seine geschichtliche Entwicklung, Diss. Göttingen 1915

Bayern, Art. 19, und Württemberg, Art. 34, für die Schuldner ohne Wohnsitz und ihren Aufenthaltsort …“.[6]

Die Rechtsverfolgung vor ausländischen Gerichten ist dornenreich[7] und die Durchsetzung eines gerichtlichen Urteils „über die Grenze“ nicht oder jedenfalls nur erschwert möglich[8]. Trotz zahlreicher Staatsverträge über die internationale Urteilsanerkennung, z.B. EuGVÜ und LugÜ, sind wir noch weit von einer Freizügigkeit gerichtlicher Entscheidungen entfernt. Auch dort, wo eine Anerkennung und Vollstreckbarerklärung möglich ist, muss – jedenfalls für die Vollstreckbarerklärung – immer ein Verfahren im Zweitstaat durchgeführt werden, das den ausländischen Titel erst zur geeigneten Grundlage einer Vollstreckung im Zweitstaat macht.

Das Exequaturverfahren im Ausland kostet Zeit, selbst wenn es beschleunigt erfolgt, etwa in der Form des Klauselerteilungsverfahrens nach dem EuGVÜ oder dem US-amerikanischen summary judgment Prozess. Das kostet aber nicht nur Zeit, sondern auch Geld. Das ist noch erträglich bei Rechtsordnungen, die eine Prozesskostenerstattung kennen, wie der deutschen. Es wird aber zu einer Bürde, wenn die – teilweise erheblichen – Kosten des Vollstreckbarerklärungsverfahrens nicht erstattungsfähig sind, wie nach der american rule of cost[9], was teilweise zur wirtschaftlichen Unmöglichkeit der Wirkungserstreckung eines ausländischen Urteils führt[10].

Gäbe es den Gerichtsstand des Vermögens nicht, dann könnte dies in manchen Fällen zu einer Rechtlosstellung des Gläubigers führen. Ein Beispiel mag das verdeutlichen:

[6] Vgl. Hahn/Stegemann; Die gesamten Materialien zur CPO, Bd. 2, Abt. 1, S. 154 zu § 24

[7] Vgl. dazu Schütze, RV, Rdn. 1 ff.

[8] Die Schwierigkeiten, eine Entscheidung im Ausland durchzusetzen, haben deshalb auch zur Regelung des § 917 Abs. 2 ZPO geführt, wonach allein die Tatsache, dass ein Urteil im Ausland vollstreckt werden müsste, ausreicht, einen Arrestgrund zu begründen.

[9] Vgl. dazu Hommelsheim, Kostentragung und -ausgleichung im amerikanischen Zivilprozess, Diss. Bonn 1990; Jestaedt, Erstattung von Anwaltskosten im US-Prozess?, RIW 1986, 95 ff.; Neufang, Kostenverteilung im US-amerikanischen Zivilprozess und Urteilsanerkennung in Deutschland, 2002, S. 31 ff.; Schack, Einführung in das US-amerikanische Prozessrecht, 3. Aufl., 2002, S. 10 ff.; Schütze, RV, Rdn. 507 f.

[10] Vgl. Schütze, Zur Verbürgung der Gegenseitigkeit bei der deutsch-amerikanischen Urteilsanerkennung, ZVglRWiss 98 (1999), 131 ff.

Ein Libyer mit Wohnsitz in Tripolis nimmt einen Kredit bei einer liechtensteinischen Bank auf. Der Kreditnehmer besitzt großes Vermögen in Deutschland, jedoch keine Vermögenswerte in Libyen. Er zahlt den Kredit nicht zurück. Erstreitet die liechtensteinische Bank einen Titel in Liechtenstein (im Gerichtsstand des Erfüllungsortes oder der Vereinbarung), so kann sie aus diesem Titel in das deutsche Vermögen des libyschen Schuldners nicht vollstrecken. Denn die Gegenseitigkeit im deutsch-liechtensteinischen Verhältnis ist nicht verbürgt[11]*. Klagt die Bank unter diesen Umständen in Libyen im Wohnsitzgerichtsstand des Schuldners, so gilt dasselbe. Die Vollstreckung aus einem libyschen Titel ist in Deutschland mangels Verbürgung der Gegenseitigkeit*[12] *nicht möglich.*

Stellte das deutsche Recht nicht den Gerichtsstand des Vermögens zur Verfügung, so führte das in einem solchen Fall dazu, dass der Schuldner sich getrost verurteilen lassen könnte. Sein Vermögen in Deutschland würde zu einer res extra executionem.

2. Staatliche Interessen

Auch staatliche Interessen erfordern die Eröffnung einer internationalen Zuständigkeit im Forum der Belegenheit von Vermögen.

Jeder Staat ist zwar grundsätzlich frei, sein System internationaler Zuständigkeit eigenständig zu regeln. Er muss dabei aber Bedacht darauf nehmen, dass dem Rechtssuchenden ein effizientes Rechtsschutzsystem zur Verfügung gestellt wird, bei dem ein deni de justice möglichst vermieden wird. Das ist für den negativen Kompetenzkonflikt[13] anerkannt, wo ein Notgerichtsstand[14] allgemein akzeptiert wird[15].

[11] Vgl. Schütze, Die Anerkennung und Vollstreckung ausländischer Zivilurteile in Liechtenstein, RIW/AWD 1976, 564 ff.

[12] Vgl. Geimer/Schütze, EuZVR, E.1, Rdn. 194; Schütze, Rechtsverfolgung bei deutsch-arabischen Handelsgeschäften, RIW/AWD 1977, 761 ff. (765)

[13] Vgl. dazu insbes. Geimer, IZPR, Rdn. 1024 ff.; Milleker, Der negative internationale Kompetenzkonflikt, 1975; Kropholler, Internationale Zuständigkeit, S. 268 ff.

[14] Grundsätzlich Schröder, Internationale Zuständigkeit, S. 214: „*Wo ein Zuständigkeitsinteresse unabweislich ist, muss eine Zuständigkeit aufgetan werden*".

[15] Vgl. für Nachweise Schütze, Die Notzuständigkeit im deutschen Recht, FS Rechberger, 2005, S. 563 ff., abgedruckt auch sub. 24

So darf der Staat keine Vollstreckungsoase durch sein Zuständigkeitssystem schaffen, indem nicht im Inland Ansässige – die durchaus nicht Ausländer sein müssen[16] – Vermögenswerte vor dem Vollstreckungszugriff ihrer Gläubiger schützen können. Das wäre geradezu eine Einladung an alle korrupten Staatsmänner dieser Welt, ihre Konten in einem Staat zu unterhalten, in dem ein Vermögensgerichtsstand nicht eröffnet ist. Kein Kulturstaat kann daran Interesse haben.

Der Ausschluss des Vermögensgerichtsstandes im Zuständigkeitssystem von VO (EG) Nr. 44/2001, EuGVÜ und LugÜ ist nur deshalb hinnehmbar, weil durch die umfassende Regelung der Anerkennung und Vollstreckbarerklärung im Zuständigkeitsbereich dieser Regelwerke eine Freizügigkeit von gerichtlichen Entscheidungen herbeigeführt worden ist, die die Entstehung von zugriffslosen Vermögenswerten verhindert.

II. Vermögen als starker Bezug zum Forum

Jedes Zuständigkeitssystem muss international zwei Voraussetzungen erfüllen:

– Der Staat darf nur Zuständigkeiten seiner Gerichte schaffen, soweit ein Bezug zum Inland besteht. Eine Schaffung von Zuständigkeiten für Rechtsstreitigkeiten ohne inländischen Anknüpfungspunkt[17] ist völkerrechtlich bedenklich[18].

[16] Deshalb ist es auch böswillig und polemisch von einem Ausländergerichtsstand zu sprechen, wie es im Anschluss an Breit, JW 1911, 635 ff. häufig geschieht.

[17] Nur die Amerikaner kümmern sich hierum nicht, wie der Alien Tort Claims Act zeigt. Als Beispiel aus der jüngeren Gegenwart können die sogenannten Zwangsarbeiterklagen vor US-amerikanischen Gerichten dienen; vgl. dazu Hess, Entschädigung für Zwangsarbeiter vor US-amerikanischen und deutschen Zivilgerichten, AG 1999, 145 ff.; ders., Staatenimmunität bei Menschenrechtsverletzungen, FS Schütze, 1999, S. 269 ff.; weiter allgemein Schütze, Die Allzuständigkeit amerikanischer Gerichte, 2003.

[18] Es gilt dasselbe wie im Staatsangehörigkeitsrecht, wo der Internationale Gerichtshof im Notteboom-Fall (ICJ Rep. 1955, 4) den Staat völkerrechtlich nur für berechtigt ansah, eine Staatsangehörigkeit zu verleihen, wenn zwischen Neubürger und Staat eine tatsächliche Beziehung vorliegt

– Auf der anderen Seite muss der Staat Zuständigkeiten schaffen, die einen effektiven Rechtsschutz gewährleisten, wenn und soweit der Rechtstreit eine Beziehung zum Staat hat.

Dabei ist darauf abzustellen, wie stark der Bezug zum Forum ist. Als stärkster Anknüpfungspunkt wird allenthalben der Schuldnerwohnsitz gesehen, was in der Grundregel actor sequitur forum rei seinen Niederschlag gefunden hat. Aber ist nicht das Vermögen ein viel stärkerer Anknüpfungspunkt? Die Bindung des Menschen an sein Vermögen ist mindestens ebenso so stark wie die Bindung an den Wohnsitz[19]. Wer sich entschließt, Vermögen in einem Staat zu unterhalten hat ein besonderes Verhältnis (regelmäßig Vertrauen in die Sicherheit und den Schutz seines Vermögens) zu diesem Staat. Ist dieses Vertrauen nicht höher zu bewerten als die – zuweilen durch Beruf erzwungene – tatsächliche Bindung durch den Wohnsitz? Überdies ist zu berücksichtigen: Zum Vermögen besteht eine sehr viel stärkere rechtliche Bindung als zum Wohnsitz. Besitz und Eigentum gewähren Ansprüche (z.B. aus § 985 BGB), die wir beim Wohnsitz nicht finden[20].

III. Das Unbehagen am Vermögensgerichtsstand

Begründet nun Vermögen eine besonders starke Bindung zum Forum, so besteht vielfaches Unbehagen, es zur Gerichtsstandsbegründung zuzulassen. Kropholler spricht in diesem Zusammenhang provozierend von einem internationalen „*catch as catch can*“[21]. Mann[22] hält diesen Gerichtsstand gar für völkerrechtswidrig.

[19] Wegen der starken Bindung an das Vermögen lässt Goethe die Margarethe im Faust sagen: „*Nach Golde drängt, am Golde hängt, doch alles*“.

[20] Beim Wohnsitzgerichtsstand hat wohl auch die Überlegung Bedeutung, dass der Schuldner leichter physisch vor den Richter gebracht werden kann, wie es auch historisch bei den Gerichtsständen kraft Zustellung im common law der Fall ist, vgl. dazu Ristau, Service of Process Abroad: The Practice in the United States, in: Gottwald (Herausg.), Grundfragen der Gerichtsverfassung – Internationale Zustellung, S. 71 ff. (73 f.).

[21] Vgl. Kropholler, Internationale Zuständigkeit, S. 328

[22] Vgl. Mann, The doctrine of jurisdiction in international law, Recueil des Cours 111 (1964), S. 1ff. (80)

Das Unbehagen am Vermögensgerichtsstand besteht in erster Linie darin, dass schon geringwertiges Vermögen gerichtspflichtig macht für Klagen mit Streitwerten, die den Vermögenswert weit übersteigen[23]. In den USA mokierte man sich hierüber gar mit Spottgedichten[24].

[23] Vgl. Kropholler, Internationale Zuständigkeit, S. 328

[24] Im Zusammenhang mit einem Prozess gegen den Skiläufer Jean Claude Killy im Gerichtsstand des Vermögens an einem Ort, wo er im Hotel angeblich Unterwäsche hatte liegen lassen, veröffentlichte Case & Comment 76 (1971), 62 f. folgendes Spottgedicht auf den Vermögensgerichtsstand:

Pack Up Your Trouble – Carefully

Why the gasping? Why so waxen?
What's the matter, Anglo-Saxon?
Don't you like our theoretical advance?
Don't you find cerebral pleasure
In the comprehensive measure
Of the things our law can do with someone's pants?

If our courts in sober session
Happen into the possession
Of a pair of drawers whose occupant fled fast,
We indulge the helpful fiction
That we've also jurisdiction
Over him whose fleeting form they covered last.

It is really a refinement
That we discharge this assignment
Only after he who owns the shorts has gone.
We would deem it much too bold of
Any sheriff to make hold of
Someone's garment while the poor chap has it on.

Take advantage of this power.
Should your marriage, say, go sour,
You could sue your wife in any land you please:
In advance, while things are peaceful,
Just come tour with a valise full
Of her peticoats and female B. V. D.'s.

If you are threatened by our action
You may find some satisfaction
In advice we urge that tourists keep in mind:
No amusement will you lack here;
Just be sure that when you pack here
You have not left any underwear behind.

Überdies wird dem Gerichtsstand mangelnde Beziehung zum Forum geltend gemacht[25], eine wenig überzeugende Begründung. Fehlt nicht auch beim Wohnsitzgerichtsstand häufig die „rechtliche Beziehung zum deutschen Recht" und die „Verbindung zu Deutschland".

Wenn ein in Stuttgart domizilierter Deutscher sich bei einem Urlaub in Thailand in Bangkok einen Anzug und ein Dutzend Hemden schneidern lässt und der Schneider den Werklohn in Stuttgart am Wohnsitz des Kunden einklagt, dann hat der zugrunde liegende Vertrag sicher keine „rechtliche Beziehung zum deutschen Recht" und keine „Verbindung zu Deutschland".

Dennoch ist noch niemand auf die Idee gekommen, den Wohnsitzgerichtsstand in einem solchen Fall als unerwünscht zu kennzeichnen.

IV. Die Reduktion des Vermögensgerichtsstandes

Das Unbehagen am Vermögensgerichtsstand hat zur Reduktion seiner Anwendbarkeit in der Rechtsprechung und mannigfachen Versuchen sein er Einschränkung in der Literatur geführt.

1. Anwendung der forum non conveniens Lehre durch die Rechtsprechung

Es war bis 1991 einhellige Meinung, dass – jedenfalls de lege lata[26] – die forum non conveniens Lehre nicht Inhalt deutschen internationalen Zivilprozessrechts ist[27]. Dann kam der Bundesgerichtshof[28] im

[25] So Schumann, FS Liebmann, S. 840

[26] Die forum non conveniens Lehre hat vereinzelt auch im deutschen Recht – allerdings wohl mehr de lege ferenda – Befürworter gefunden, so Jayme, Zur Übernahme der Lehre vom „forum non conveniens" in das Deutsche Internationale Verfahrensrecht, StAZ 1975, 91ff.; Wahl, Die verfehlte internationale Zuständigkeit, 1974; vgl. zur Diskussion um die forum non conveniens Lehre Schütze, Forum non conveniens und Rechtschauvinismus, FS Jayme, 2004, S. 1021 ff.

[27] Vgl. Geimer, IZPR, Rdn. 1073ff.; Kropholler, Internationale Zuständigkeit, Rdn. 207ff.; Linke, IZPR, Rdn. 198; Schack, IZVR, Rdn. 494ff.; Schütze, DIZPR, Rdn. 125; ders., Rezension, ZZP 88 (1975), 478 ff. jeweils m.w.N.; ders., FS Jayme, 2004, S. 1021 ff.

[28] Vgl. BGHZ 115, 90 = NJW 1991, 3092 mit Bespr. Geimer, NJW 1992, 3072 = MDR 1991, 988 = RIW 1991, 856 mit Bespr. Fricke,RIW 1992, 57 = JZ 1992, 51 mit Anm. Schack = DWiR 1991, 245 mit Bespr. Schütze DWiR 1991, 239

Anschluss an eine Entscheidung des OLG Stuttgart[29] auf die unglückselige Idee, über eine Reduktion des Anwendungsbereichs des § 23 ZPO die forum non conveniens Lehre durch ein Hintertürchen in das deutsche Recht hineinzuschmuggeln[30].

Die ratio decidendi der Entscheidungen des BGH und des OLG Stuttgart ist, dass der Gerichtsstand des Vermögens nur dann zuständigkeitsbegründend ist, wenn der Rechtsstreit einen „Inlandsbezug" aufweist.

Das OLG Stuttgart sieht den Inlandsbezug als gegeben an,

– wenn der Kläger im Inland domiziliert oder ständig resident ist,

– der Sachverhalt, der der Klage zugrunde liegt, seinen Schwerpunkt im Inland hat,

– deutsches Recht anzuwenden ist oder ein sonstiges berechtigtes Interesse des Klägers an einer Entscheidung durch deutsche Gerichte dargetan wird.

Der BGH hat sich bei der Definition des Inlandsbezuges bedeckt gehalten. Er hat sich nur mit dem inländischen Wohnsitz oder gewöhnlichen Aufenthalt des Klägers im Inland in dem entschiedenen Fall befasst, den er verneinte[31]. Er hat den Begrif des Inlandsbezuges aber immer sehr restriktiv gehandhabt. So wurde der Inlandsbezug in folgendem Fall verneint:

> *Der türkische Kläger machte Ansprüche aus einem Akkreditiv gegen die Rafidain Bank, die ihren Sitz in Bagdad hat, vor einem deutschen Gericht im Gerichtsstand des § 23 ZPO geltend. Die Rafidain Bank*

[29] Vgl. OLG Stuttgart RIW 1990, 829 mit Bespr. Fischer RIW 1990, 794 = IPRax 1991, 179 mit Bespr. Fricke IPRax 1991, 159

[30] Vgl. Fischer, Zur internationalen Zuständigkeit deutscher Gerichte, RIW 1990, 794 ff.; ders., Zum „hinreichenden Inlandsbezug eines Rechtsstreits" nach § 23 ZPO, RIW 1992, 57 ff.; Schütze, DWiR 1991, 239 ff.

[31] Erstaunlicherweise hat der BGH später (1996) entschieden, dass es eines weiteren Inlandsbezuges für die Klage auf Vollstreckbarerklärung nicht bedarf, wenn kein anderer als der Vermögensgerichtsstand gegeben ist, vgl. BGH JZ 1997, 362 mit Anm. Schlosser. Wenn der Gläubiger die Vollstreckungsklage ohne Restriktionen erheben darf, warum nicht auch die Zahlungsklage, zumal beide häufig bei Zweifeln an der Gegenseitigkeit verbunden werden, vgl. dazu Wieczorek/Schütze/Schütze, § 722 Rdn. 4

unterhielt in Düsseldorf Konten mit erheblichen Guthaben. Der Kläger war seit vielen Jahren in Deutschland domiziliert und hatte die Forderung durch Abtretung von der türkischen Akkreditivbegünstigten erworben. Er wollte seine Forderung begreiflicherweise nicht vor irakischen Gerichten geltend machen. Denn die Akkreditivbank war eine irakische Staatsbank und das dem Akkreditiv zugrunde liegende Geschäft war mit den irakischen Staat abgeschlossen worden. Der BGH forderte aber Vertrauen in die irakische Justiz auch bei Klagen gegen eine Staatsbank. Die Klage wurde wegen mangelnder internationaler Zuständigkeit der deutschen Gerichte abgewiesen, was letztlich zur Rechtlosstellung des Klägers führte.

2. Untauglichkeit der forum non conveniens Lehre im Rahmen des Vermögensgerichtsstandes

Die durch das Erfordernis des Inlandsbezuges praktizierte forum non conveniens Lehre ist ungeeignet, eine sachgemäße Anwendung des Vermögensgerichtsstandes zu sichern.

a. Rechtssicherheit

Das deutsche Prozessrecht gibt der Rechtssicherheit Vorrang vor der Einzelfallgerechtigkeit[32]. Das ist ein etablierter prozessualer Grundsatz. Er führt im Zuständigkeitssystem zu festen Zuständigkeitsregeln, die nur wenige, aber genau bestimmte Ausnahmen enthalten.

Die forum non conveniens Lehre führt dazu, dass Vorhersehbarkeit, Klarheit und Verlässlichkeit aufgegeben werden. Die Parteien sind nun nicht mehr in der Lage, die Zuständigkeitsfrage mit einigermaßen Sicherheit zu beurteilen. Der BGH hat wohl die warnenden Worte Ehrenzweigs nicht gekannt, der von einem „*chaos of forum non conveniens*“ spricht[33].

b. Anspruch auf den gesetzlichen Richter

Der Anspruch auf den gesetzlichen Richter besitzt Verfassungsrang (Art. 101 Abs. 1 S. 2 GG). Er hat zum Inhalt, dass der gesetzliche

[32] Vgl. Kropholler, Internationale Zuständigkeit, Rdn. 209; Schütze, ZZP 88 (1975), 478 ff.

[33] Vgl. Ehrenzweig, Treatise on the Conflict of Laws, 1962, S. 150

Richter durch Zuständigkeitsnormen unzweifelhaft und vorhersehbar bestimmt werden kann, ohne dass der Rechtssuchende dem Ermessen des Gerichts ausgeliefert ist. Die Voraussetzung des Inlandsbezugs kann dazu führen – und hierauf hat Schack eindringlich hingewiesen[34] – dass Gerichte sich *„unliebsame Auslandsfälle vom Hals schaffen“*. Das aber soll der Anspruch auf den gesetzlichen Richter gerade verhindern. Letztlich verstößt die forum non conviens Lehre gegen den von Geimer entwickelten und heute international allgemein anerkannten Justizgewährungsanspruch[35].

c. Negativer Kompetenzkonflikt

Die vom BGH praktizierte forum non conveniens Lehre kann im Rahmen des Vermögensgerichtsstandes zu einem negativen Kompetenzkonflikt führen wie der eingangs gebildete libysch-liechtensteinische Fall zeigt. Diesen dann wieder über einen Notgerichtsstand zu lösen[36], heißt, ein neues Unsicherheitsmoment in die Zuständigkeitsordnung zu bringen.

d. Ausländerdiskriminierung

Der Gerichtsstand des Vermögens – im Anschluss an Breit[37] zu Unrecht als ausländerfeindlich gebrandmarkt – führt erst durch die vom BGH geforderte Inlandsbeziehung zu einer Ausländerdiskriminierung. Da – zumindest nach den Kriterien, die vom OLG Stuttgart aufgestellt worden sind[38] – für den im Inland domizilierten oder ständig residenten Kläger immer eine ausreichende Inlandsbeziehung besteht, trifft die Einschränkung nur reine Auslandsfälle, d.h. solche, in denen beide Parteien im Ausland wohnhaft sind oder dort ständigen Aufenthalt haben. Das können zwar auch deutsche Staatsangehörige sein, der Regelfall ist aber anders, wie die von der Rechtsprechung entschiedenen Fälle zeigen. Die neue Rechtsprechung erinnert an das frühere zürcherische Recht, das die Ablehnung von Prorogationen

[34] Vgl. Schack, Internationale Zuständigkeit und Inlandsbeziehung, FS Nakamura, 1996, S. 491ff. (496); ebenso Geimer, IZPR, Rdn. 1078; Schütze, DWiR 1991, 239 ff. (243).

[35] Vgl. Reus, RIW 1991, 542 ff. (552)

[36] So Schumann, FS Liebmann , S. 839 ff. (868)

[37] Vgl. Breit JW 1911, 635 ff.

[38] Vgl. OLG Stuttgart RIW 1990, 829

nicht in Zürich Domizilierter zuließ[39], um die heimischen Gerichte zu entlasten.

Die Einschränkung des § 23 ZPO durch das Erfordernis des Inlandsbezugs führt in der Praxis damit zu einer unzulässigen Ausländerdiskriminierung. Eine Differenzierung nach Wohnsitz oder ständigem Aufenthalt findet sich zwar auch sonst im internationalen Zivilprozessrecht, z.B. bei der Prozesskostensicherheit nach § 110 ZPO. Hier besteht aber ein ausreichender Grund für die unterschiedliche Behandlung von Klägern mit und ohne ständigen Aufenthalt in die EU: die Durchsetzbarkeit des Prozesskostenerstattungsanspruchs. Bei der Vermögenszuständigkeit ist eine solche Rechtfertigung für eine Differenzierung nicht zu erkennen.

3. Reduktion des Anwendungsbereichs des § 23 ZPO durch die Definition des Vermögens

Im Schrifttum hat man – den offenbaren Problemen Rechnung tragend wie sie in dem amerikanischen Spottgedicht über die Unterwäsche von Jean Claude Killy zum Ausdruck kommen – eine Reduktion des Vermögensgerichtsstandes über die Definition des Vermögens in § 23 ZPO gesucht.

a. Beschränkung auf den wirtschaftlichen Vermögensbegriff

Es ist seit jeher anerkannten Rechts, dass ein Gegenstand nur dann geeignet ist, den Gerichtsstand des § 23 ZPO zu begründen, wenn er einen eigenen Vermögenswert besitzt[40]. Das ist notwendig, aber auch ausreichend[41]. Weitere Beschränkungen auf die Pfändbarkeit[42], die

[39] Vgl. dazu Schütze, Zur Ablehnung der Annahme einer Prorogation nach zürcherischem Recht, IPRax 1985, 111 ff.

[40] Vgl. BGH NJW 1988, 967 m.w.N.; 1989, 1431; Wieczorek/Schütze/Hausmann § 23 Rdn. 13 mit Beispielen in FN 36

[41] Man wird zweifeln können, ob die ungewaschene Unterhose von Jean Claude Killy wirklich schon eigenständigen Vermögenswert darstellte. Hier wird man aber vielleicht wegen der Berühmtheit des Eigentümers einen Marktwert annehmen können. Kommen doch heute die seltsamsten persönlichen Dinge von Stars zu hohen Preisen unter den Hammer.

[42] Vgl. RGZ 51, 168; OLG Karlsruhe IPRspr. 1973, Nr. 130; aA. OLG Frankfurt/Main RIW 1982, 439 mit Bespr. Albert, IPRax 1983, 55ff.; Geimer, IZPR,

mangelnde Pfandverstrickung[43] oder die Übertragbarkeit[44] sind nicht gerechtfertigt. Es kommt nur darauf an, dass überhaupt eine Zugriffsmöglichkeit, wenngleich auch in der Zukunft, bestehen kann.

Das Vermögen muss sich mit bestimmter zeitlicher Bindung im Inland befinden. Das schützt den Touristen und Geschäftsreisenden, wegen seiner Kleidung, seines Photoapparats, Laptops pp. im Gerichtsstand des § 23 ZPO verklagt zu werden[45]. Denn in diesen Fällen besteht eben keine enge Bindung zum Forum. Der amerikanische Tourist bringt seinen Photoapparat nicht nach Köln, weil er Deutschland für ein sicheres Land für sein Vermögen hält, sondern weil er den Kölner Dom für seine Freunde in New York photographieren will. Andernfalls kämen wir zu dem dem deutschen Recht unbekannten Gerichtsstand der „transient jurisdiction"[46]. Die persönliche Klagezustellung im Inland würde immer zu einer Zuständigkeit führen, da auch der Reisende – wäre er auch auf der Reise nach Sylt zum FKK Strand – persönliche Gegenstände mit sich führt.

b. Beschränkung auf den Wert der Klageforderung

Eine Reduktion des Vermögensgerichtsstandes auf den Wert der Klageforderung[47] führt zu einer unerträglichen Unsicherheit bei der Bestimmung der Zuständigkeit[48]. Wie soll der Wert eines Grundstücks, eines Patentes etc. bestimmt werden? Die Zuständigkeitsprüfung würde schon zu langen Zwischenstreitigkeiten mit zeitraubenden und teuren Wertgutachten führen.

Rdn. 1372; Schröder, Internationale Zuständigkeit, S. 382, 402; Schumann, FS Liebmann, S. 839 ff. (857)

[43] Vgl. RGZ 74, 408; aA. Schumann, FS Liebmann, S. 839 ff. (857)

[44] Vgl. RGZ 75, 414, aA. Schumann, FS Liebmann, S. 839 ff. (857)

[45] Vgl. Geimer, IZPR, Rdn. 1371; Kropholler, Internationale Zuständigkeit, Rdn. 314

[46] Vgl. zu dieser Form der Zuständigkeitsbegründung in historischer Sicht Ristau, Internationale Zustellung, S. 71 ff. (73 ff.)

[47] Vgl. zu derartigen Reformbestrebungen Kropholler, Internationale Zuständigkeit, Rdn. 342; Pfeiffer, Internationale Zuständigkeit und prozessuale Gerechtigkeit, 1995, S. 537

[48] Sie wird deshalb auch zu Recht abgelehnt von Geimer, IZPR, Rdn. 1363; ders., JZ 1984, 979 ff.; Schack, ZZP 97 (1984), 46 ff.; Schütze, DWiR 1991, 239 ff. (241)

Das Risiko, dass der Kläger seine Zuständigkeit für eine Millionenklage auf einen geringwertigen Vermögensgegenstand des Beklagten stützt, ist dabei praktisch auch gering. Da der Vermögensgerichtsstand regelmäßig keine Anerkennungszuständigkeit begründet, würde der Kläger eine hohes Kostenrisiko für geringe Vollstreckungsmöglichkeit auf sich nehmen. Wenn er das will, sollte man ihm das aber gestatten. Prozessparteien bedürfen keines Kindermädchens.

c. Beschränkung auf im Zeitpunkt der letzten mündlichen Verhandlung vorhandenes Vermögen

Teilweise wird eine Reduktion des Vermögensgerichtsstandes in der Weise postuliert, dass eine perpetuatio fori bei der Vermögenszuständigkeit ausgeschlossen sein soll. Nur im Zeitpunkt der letzten mündlichen Verhandlung noch im Inland belegenes Vermögen soll die Zuständigkeit nach § 23 ZPO begründen[49]. Der Beklagte wäre dann in der Lage, bei drohendem Prozessverlust durch Abziehung seines Vermögens die Zuständigkeit zu beseitigen[50].

V. Fazit

Das Vermögen ist ein starker Anknüpfungspunkt für die Zuständigkeit. Die Affinität zum Inland ist mindestens ebenso groß wie der Wohnsitz. Eine Reduktion des Gerichtsstandes – insbesondere durch ein Erfordernis der Inlandsbeziehung – ist nicht gerechtfertigt.

Im Grunde ist das Unbehagen am Vermögensgerichtsstand Ausdruck eines rechtspolitischen Modetrends. Nicht die mangelnde Affinität

[49] Vgl. zur Diskussion einer derartigen Reduktion Rammos, Der Gerichtsstand des Vermögens und das Ausländerforum nach vergleichendem Recht, 1930, S. 34; Schumann, FS Liebmann, S. 839 ff. (861 ff.).

[50] Schon bei der jetzigen Rechtslage, wo nach h.L. der Vermögensgegenstand im Zeitpunkt des Eintritts der Rechtshängigkeit im Gerichtssprengel belegen sein muss, kann es zu Schwierigkeiten führen. So hatte in einem Prozess vor dem Landgericht Stuttgart gegen eine türkische Bank, die im Gerichtssprengel eine Zweigniederlassung unterhielt, der Gerichtsdolmetscher bei Übersetzung der Klageschrift für die Zustellung ins türkische die Beklagte in der Türkei informiert. Diese schloss daraufhin die Filiale, sodass im Zeitpunkt der drei Monate später erfolgten Zustellung der Klageschrift sich kein Vermögen mehr im Gerichtssprengel befand.

zum Inland, das Vermögen selbst ist in unserer Zeit suspekt geworden. Das zeigt sich an der Schaffung immer neuer Verbrauchergerichtsstände, die teilweise nur eine sehr schwache Beziehung zum Inland – viel schwächer als belegenes Vermögen sie zu schaffen in der Lage ist – haben, aber in die politische Landschaft passen.

20. Die Bedeutung der Anerkennungsfähigkeit der Entscheidung des prorogierten Gerichts für die Wirksamkeit einer internationalen Gerichtsstandsvereinbarung[1]

Ziel jeden gerichtlichen Verfahrens ist die Geltendmachung und Durchsetzung von Rechten. Bei Leistungsklagen ist die Möglichkeit der Verwirklichung des geltend gemachten Anspruchs im Zwangsvollstreckungsverfahren für den Gläubiger regelmäßig von entscheidender Bedeutung. Ein Urteil, aus dem nicht vollstreckt werden kann, ist kaum mehr als ein wertloses Stück Papier. Prozesse werden aber nicht um „platonischer Ideale" willen geführt[2]. Von dieser Überlegung ausgehend wird bei der Beurteilung internationaler Gerichtsstandsvereinbarungen[3] das Problem erörtert, inwieweit die Anerkennungs-

[1] Erstmals publiziert in: FS Fragistas, Bd. V, 1969, S. 167ff.; weitgehend gleichlautend in AWD 1973, 368 ff.

[2] Vgl. dazu Walchshöfer, Die Wirksamkeit internationaler Zuständigkeitsvereinbarungen, NJW 1972, 2164 ff.

[3] Vgl. dazu u.a. Arnold, Gerichtsstandsvereinbarungen im internationalen Rechtsverkehr, AWD 1958, 238 ff.; Basedow, Das Statut der Gerichtsstandsvereinbarungen nach der IPR-Reform, IPRax 1988, 15ff.; Berliner, Vereinbarungen über den Gerichtsstand im internationalen Rechtsverkehr, Diss. Heidelberg, 1936; Bülow, Effets de la prorogation internationale de juridiction en matière patrimoniale, FS Offerhaus und Kollewijn 1962, S, 89ff.; Geimer, Zur Vereinbarung der ausschließlichen Zuständigkeit eines ausländischen Gerichts, WM 1975, 910ff., Gottwald, Internationale Gerichtsstandsvereinbarungen: Verträge zwischen Prozessrecht und materiellem Recht, FS Henckel, 1995, 295ff.; Haas, Die prorogatio fori, Diss. Bern 1943; Habscheid, Vereinbarungen über die internationale Zuständigkeit nach deutschem und schweizerischem Recht, FS Schima, 1969, S. 175 ff.; Jakobs, Vorprozessuale Vereinbarungen über die deutsche internationale Zuständigkeit, Diss. Mannheim 1974; Jung, Vereinbarungen über die internationale Zuständigkeit nach dem EWG-Gerichtsstands- und Vollstreckungsübereinkommen und nach § 38 Abs. 2 ZPO; Diss. Bochum 1980; Katitič, Prorogation und Schiedsvereinbarungen im internationalen Zivilverfahren, in: Zeitgenössische Fragen des internationalen Zivilverfahrensrechts, 1972, S. 199 ff.; Kaufmann-Kohler, La clause d'élection de for dans les contrats internationaux, Diss. Basel 1980; Kim, Internationale Gerichtsstandsvereinbarungen, 1995; Lindenmayr, Vereinbarungen über die internationale Zuständigkeit und das darauf anwendbare Recht, 2001, Pfeiffer, Gerichtsstandsklauseln und EG-Klauselrichtlinie, FS Schütze, 1999, 671ff.; Roth, Internationalrechtliche Probleme bei Prorogation und Derogation, ZZP 93 (1980), 156 ff.; Saenger, Wirksamkeit internationaler Gerichtsstandsvereinbarungen, FS Sandrock, 2000, S. 807 ff.; Sandrock (F.), Die Vereinbarung

fähigkeit[4] einer vom prorogierten Gericht erlassenen Entscheidung Voraussetzung für deren Wirksamkeit ist[5]. Es ist in der Tat nicht zu verkennen, dass eine Gerichtsstandsvereinbarung wenig sinnvoll sein kann, wenn die ergehende Entscheidung nicht anerkennungsfähig ist[6]. Das bedeutet aber nicht notwendigerweise, dass die Anerkennungsfähigkeit dadurch zum Wirksamkeitserfordernis wird. Zweckmäßigkeit und Zulässigkeit decken sich im Recht nicht immer.

Der Bundesgerichtshof und das Bundesarbeitsgericht haben sich in jüngster Zeit verschiedentlich mit internationalen Gerichtsstandsvereinbarungen zu befassen gehabt. Die Analyse dieser Entscheidungen insbesondere von Geimer[7], Trinkner[8] und Walchshöfer[9] hat die Diskussion wesentlich befruchtet.

I. Stand der Meinungen

1. Derogation deutscher internationaler Zuständigkeit

Während beispielsweise das italienische Recht schon früh den Ausschluss inländischer Zuständigkeit in Art. 2 cpc ausdrücklich regelte[10], enthält die deutsche Zivilprozessordnung – ebenso wie die

eines „neutralen" Gerichtsstandes, 1997; Vervessos, Die Begründung der gerichtlichen Zuständigkeit durch den Parteiwillen, 1961. Für weitere Literatur Schütze, DIZPR, Rdn. 164 ff.

4 Wenn im Folgenden von der Anerkennungsfähigkeit die Rede ist, so ist die Möglichkeit gemeint, für eine Entscheidung die Anerkennung und Vollstreckbarerklärung zu erwirken. Die Untersuchung beschränkt sich im übrigen auf ausschließliche Gerichtsstandsvereinbarungen in vermögensrechtlichen Streitigkeiten.

5 Vgl. dazu sehr eingehend zum österreichischen Recht; Matscher, Zuständigkeitsvereinbarungen im österreichischen und internationalen Zivilprozessrecht, 1967, S. 70 ff., 82 ff. mit Hinweisen zum deutschen und schweizerischen Recht.

6 Vgl. dazu Fleck, Rechtsverfolgung im Auslandsgeschäft, 2. Aufl., 1955, S. 20 ff.; Schütze, Gerichtsstandsvereinbarungen und Kreditsicherungen bei Exportgeschäften, DB 1963, 1636 ff.

7 Vgl. Geimer, Urteilsanmerkungen, NJW 1971, 323; 1971, 1524; 1972, 391; 1972, 1622

8 Vgl. Trinkner, Urteilsanmerkungen, AWD 1970, 577; BB 1972, 766

9 Vgl. Walchshöfer, Urteilsanmerkung ZZP 82 (1969), 304 und NJW 1972, 2164 ff.

10 Vgl. Broggini, Gerichtsstandsvereinbarungen im deutsch-italienischen Handelsverkehr, AWD 1969, 93 ff.; Bülow, FS Offerhaus und Kollewijn, S. 89 ff. (99 f.);

meisten ausländischen Rechte – über die rudimentäre Regelung in § 38 hinaus keine Bestimmungen über internationale Gerichtsstandsvereinbarungen. Die Zulässigkeit der Derogation deutscher internationaler Zuständigkeit ist in der deutschen Rechtsprechung[11] und Lehre[12] jedoch unbestritten. Die Begründungen sind unterschiedlich[13]. Die Vertragsfreiheit[14], die Zulässigkeit des Ausschlusses staatlicher Gerichtsbarkeit zugunsten eines Schiedsgerichts[15], das Fehlen eines gesetzlichen Verbots[16], die Möglichkeit der Abdingung jeglicher inländischer Zuständigkeit[17] und die Vorschriften über inländische Gerichtsstandsvereinbarungen[18] sind herangezogen worden.

Das Reichsgericht[19] – und ihm folgend der Bundesgerichtshof[20] – gehen von einer im Prinzip unbeschränkten Vertragsfreiheit der Par-

Happacher, Die internationale Zuständigkeit der italienischen Gerichte bei Klagen aus einem Schuldverhältnis, AWD 1966, 338ff.; Morelli, Diritto processuale civile internazionale, 2. Aufl., 1954, S. 171ff. mit Nachweisen; vgl. weiter aus der neueren Literatur Gaja, La deroga alla guirisdizione italiana, 1971; Queirolo, Gli accordi sulla competenza giurisdizionale, 2000; vgl. Zum neuen Recht nach dem IPRG Pfeifer, Länderbericht Italien, in: Geimer/Schütze, Internationaler Rechtsverkehr, 1056. 7

11 Vgl. aus der höchstrichterlichen Rechtsprechung RG JW 1926, 1336; JW 1936, 3185; BGH NJW 1961, 1061; BGHZ 49, 124; BGH NJW 1971, 325 mit Anm. Geimer, NJW 1971, 1524; BGH NJW 1971, 985 mit Anm. Geimer NJW 1971, 1524; BAG AWD 1970, 577 mit Anm. Trinkner

12 Vgl. für viele Geimer, IZPR, Rdn. 1607; Reithmann/Martiny/Hausmann, Internationales Vertragsrecht, Rdn. 3107; Schack, IZVR, Rdn. 447.

13 Vgl. dazu Matscher, Zuständigkeitsvereinbarungen im österreichischen und internatkionalen Zivilprozessrecht, 1967, S. 82ff.; Münzberg, Prorogation und Schiedsvereinbarungen im internationalen Zivilverfahren, in: Zeitgenössische Fragen des internationalen Zivilverfahrensrechts, 1972, S. 182ff.; Walchshöfer, ZZP 80 (1967), 212 ff.; Schack, IZVR, 2002, Rdn. 431f.

14 Vgl. z.B. OLG Frankfurt/Main AWD 1960, 215

15 So RAGE 13, 28; Pagenstecher, Gerichtsbarkeit und internationale Zuständigkeit als selbständige Prozessvoraussetzungen, RabelsZ 11 (1937), 337 ff.

16 Vgl. Riezler, IZPR, S. 300

17 Vgl. Kralik, Die internationale Zuständigkeit, ZZP 74 (1961), 2 ff. (38)

18 Vgl. Münzberg, Prorogation und Schiedsvereinbarungen im internationalen Zivilverfahren, in: zeitgenössische Fragen des internationalen Zivilverfahrensrechts, 1972, S. 177 ff. (185 ff.)

19 Vgl. RG JW 1926, 1336 (zur Vereinbarung eines französischen Gerichtsstandes); RG JW 1936, 3185 (zur Vereinbarung eines schweizerischen Gerichtsstandes)

20 Vgl. BGH NJW 1961, 1061 (zur Vereinbarung eines niederländischen Gerichtsstandes); BGHZ 49, 124 (zur Vereinbarung eines iranischen Gerichtsstandes),

teien aus und halten die Anerkennungsfähigkeit der Entscheidung des prorogierten ausländischen Gerichts im Inland nicht für erforderlich, jedenfalls dann nicht, wenn die Parteien bei Abschluss der Gerichtsstandsvereinbarung die Vollstreckung im Ausland in Erwägung gezogen haben können[21]. Dieser Rechtsprechung folgt überwiegend die Rechtslehre[22].

Dagegen halten das Kammergericht[23] und das Oberlandesgericht München[24] die Anerkennungsfähigkeit der ausländischen Entscheidung für eine Wirksamkeitsvoraussetzung der Derogation. Das Kammergericht führt dazu aus[25]:

> „*Die Vereinbarung der ausschließlichen Zuständigkeit eines ausländischen Gerichts ist, falls zwischen Deutschland und dem ausländischen Staat hinsichtlich der Rechtskraft und Vollstreckbarkeit die Gegenseitigkeit nicht verbürgt ist, insoweit nichtig, als dadurch ein inländisches Rechtsschutzbedürfnis unbefriedigt bliebe.*“

Das Kammergericht stellt allein auf die Durchsetzbarkeit im Inland ab. Unerheblich soll offenbar sein, ob eine Vollstreckungsmöglichkeit im Erst- oder einem Drittstaat besteht. Zur Begründung ihrer Auffassung bedienen sich Kammergericht und Oberlandesgericht München

BGH NJW 1971, 325 (zur Vereinbarung eines schwedischen Gerichtsstandes); BGH NJW 1971, 985 (zur Vereinbarung eines thailändischen Gerichtsstandes)

21 Vgl. RG JW 1926, 1336

22 Vgl. Francescakis/Riezler, Das internationale Zivilprozessrecht Deutschlands und Frankreichs in vergleichender Darstellung, 1955, S. 519, Geimer, NJW 1971, 1525; ders., IZPR, Rdn. 1750; Habscheid, Vereinbarungen über die internationale Zuständigkeit nach deutschem und schweizerischem Recht, FS Schima, 1969, S. 175 ff. (193); Kralik, Die internationale Zuständigkeit, ZZP 74 (1961), 2 ff. (39 f.); Kropholler, Internationale Zuständigkeit, Rdn. 548; Nagel/Gottwald, IZPR, § 3, Rdn. 265; Pagenstecher, Gerichtsbarkeit und internationale Zuständigkeit als selbständige Prozessvoraussetzungen, RabelsZ 11 (1937), 337 ff. (394 f.); Reiser, Gerichtsstandsvereinbarungen nach dem IPR-Gesetz, 1989, S. 117; Reithmann/Martiny/Hausmann, Internationales Vertragsrecht, Rdn. 3159; Schack, IZVR, Rdn. 449; Vervessos, Die Begründung der gerichtlichen Zuständigkeit durch den Parteiwillen, 1961, S. 112

23 Vgl. KG JW 1922, 497; 1926, 1353; 1930, 652 (alle zur Vereinbarung eines niederländischen Gerichtsstandes)

24 Vgl. OLG München MDR 1957, 45 = IPRspr. 1956/57 Nr. 187 (zur Vereinbarung eines argentinischen Gerichtsstandes)

25 KG JW 1926, 1353

einer Auslegung des Parteiwillens. Das Oberlandesgericht München meint[26]:

> „*Wenn, wie hier, die Parteien durch die Vereinbarung des Gerichtsstandes gezeigt haben, dass sie für den Fall des Streites die Verwirklichung der Ansprüche im Rechtswege gewollt haben, so ist im Zweifel anzunehmen, dass sie durch die bloße Vereinbarung eines ausländischen Gerichtsstandes die Zuständigkeit der inländischen Gerichte nicht ausschließen wollten*".

Die Literatur hat sich dieser Rechtsprechung teilweise angeschlossen[27].

2. Prorogation deutscher internationaler Zuständigkeit

Die Zulässigkeit der Vereinbarung der deutschen internationalen Zuständigkeit ist unbestritten[28]. Aus der Anknüpfung der internationalen an die örtliche Zuständigkeit[29] wird die Anwendbarkeit der §§ 38, 40 ZPO geschlossen[30]. Die herrschende Lehre fordert nicht, dass die deutsche Entscheidung in dem Staat, dessen Zuständigkeit

[26] OLG München MDR 1957, 45; ähnlich KG JW 1922, 497; JW 1926, 1353; JW 1930, 652

[27] Vgl. Bauer, Compétence Judiciaire Internationale des Tribunaux Civils Français et Allemands, 1965, S. 181; Bülow, FS Offerhaus und Kollewijn, S. 90; Matscher, Zuständigkeitsvereinbarungen im österreichischen und internationalen Zivilprozessrecht, 1967, S. 82 ff.; Münzberg, Prorogation und Schiedsvereinbarungen im internationalen Zivilverfahren, in: Zeitgenössische Fragen des internationalen Zivilverfahrensrechts, 1972, S. 177 ff. (182 ff.) m.w.N.; Walchshöfer, NJW 1972, 2164 ff. und ZZP 80 (1967), 165 ff. für den Fall, dass eine Vollstreckung im Staat, in dem sich das prorogierte Gericht befindet, ausscheidet und der Kläger im Vollstreckungsverfahren nur auf inländisches Vermögen zurückgreifen könnte.

[28] Vgl. für Nachweise Geimer, IZPR, Rdn. 1596 ff.; Schütze, DIZPR, Rdn. 164 ff.

[29] Vgl. BGHZ 44, 46 = AWD 1965, 275; vgl. auch Kralik, Die internationale Zuständigkeit, ZZP 74 (1961), 2 ff.; Matthies, Die deutsche internationale Zuständigkeit, 1955; Pagenstecher, Gerichtsbarkeit und internationale Zuständigkeit als selbständige Prozessvoraussetzungen, RabelsZ 11 (1937), 337 ff.; Walchshöfer, Die deutsche internationale Zuständigkeit in der streitigen Gerichtsbarkeit, ZZP 80 (1967), 165 ff.

[30] Vgl. BAG DB 1967, 601; Kralik, Die internationale Zuständigkeit, ZZP 74 (1961), 2 ff.; Riezler, IZPR, S. 307

derogiert worden ist, anerkannt wird[31]. Dagegen hält Walchshöfer[32] die Anerkennungsfähigkeit konsequenterweise für ein Wirksamkeitserfordernis, wenn die Zwangsvollstreckung im Inland nicht möglich ist und der Kläger die Durchsetzung seines Anspruchs Erfolg versprechend nur im Ausland betreiben kann. Trinkner[33] will in einem Fall, in dem die Inanspruchnahme der Gerichte „letzten Endes ins Leere geht", weil im Inland keine Vollstreckungsmöglichkeit gegeben ist und die Entscheidung im Ausland mangels Anerkennungsfähigkeit „erkennbar ohne Wirkung bleibt" das mangelnde Rechtsschutzbedürfnis der Klage der Zulässigkeit der Prorogation eines inländischen internationalen Gerichtsstandes entgegen stehen lassen. Der Bundesgerichtshof hat sich zu diesem Problem bisher nicht geäußert[34]. Ob man daraus allerdings schließen kann, dass er die Anerkennungsfähigkeit im Ausland nicht fordert[35], erscheint zweifelhaft.

II. Die Staatsverträge

Die Frage der Zulässigkeit internationaler Derogation und Prorogation ist in den Staatsverträgen über die Anerkennung und Vollstreckung ausländischer Zivilurteile im Rahmen des Erfordernisses

[31] Vgl. Beitzke, Die deutsche internationale Zuständigkeit in Familienrechtssachen, FamRZ 1967, 592 ff. (594); Geimer, Urteilsanmerkung 1971, 323 ff.; ders., IZPR, Rdn. 1750; Kralik, Die internationale Zuständigkeit, ZZP 74 (1961), 2 ff. (42 f.); Pagenstecher, Gerichtsbarkeit und internationale Zuständigkeit als selbständige Prozessvoraussetzungen, RabelsZ 11 (1937), 337 ff. (416, 418); Riezler, IZPR, S. 296 f. (vgl. jedoch auch S. 216, wo auf den allgemeinen Rechtsgedanken in § 606b Nr. 1 ZPO hingewiesen wird); Schack, IZVR, Rdn. 449; Schütze, DIZPR, Rdn. 170 ff.; Zum Meinungsstand vgl. Reithmann/Martiny/Hausmann, Internationales Vertragsrecht, Rdn. 3171

[32] Vgl. Walchshöfer, Die deutsche internationale Zuständigkeit in der streitigen Gerichtsbarkeit, ZZP 80 (1967), 165 ff. (220) und NJW 1972, 2164 ff. (2167) mit Nachweisen

[33] Urteilsanmerkung BB 1972, 766 ff. (767); dagegen Geimer, Urteilsanmerkung NJW 1972, 1622 mit dem Argument, die Aussichten der Vollstreckung lägen ausschließlich in der Risikosphäre des Klägers und könnten sich „über Nacht" verändern.

[34] Vgl. dazu Geimer, NJW 1972, 1622, ders., NJW 1971, 323; Trinkner, BB 1972, 766

[35] So Geimer, NJW 1972, 1622

der internationalen Zuständigkeit bedeutsam[36]. Fast alle bilateralen Verträge, die Deutschland abgeschlossen hat, enthalten eine Regelung internationaler Gerichtsstandsvereinbarungen. Zur Lösung des Problems können hieraus jedoch keine Erkenntnisse kommen. Die Verträge regeln nur die „compétence indirecte", enthalten also lediglich Beurteilungsregeln[37]. Sie beantworten die Frage nach den Rechtsfolgen bei Vorliegen einer gültigen Gerichtsstandsvereinbarung, bestimmen aber nicht, unter welchen Voraussetzungen sie abgeschlossen werden kann[38].

Anders ist es bei den Staatsverträgen, die Befolgungsregeln enthalten. Hier wird auch die Gerichtsstandsvereinbarung selbst geregelt. So findet sich in Art. 17 EuGVÜ/LugÜ eine Regelung der „compétence directe", und zwar ausdrücklich auch für internationale Gerichtsstandsvereinbarungen. Für die Lösung des hier behandelten Problems kann hieraus jedoch nichts gewonnen werden. Das Problem der Anerkennungsfähigkeit der im vereinbarten Gerichtsstand ergangenen Entscheidung stellt sich nicht, da das Übereinkommen die wechselseitige Wirkungserstreckung von Urteilen generell sicherstellt. Dasselbe gilt für die Regelung in Art. 23 VO (EG) Nr. 44/2001.

III. Bedeutungslosigkeit der Anerkennungsfähigkeit

Drei Fragen sind es, mit denen man sich bei der Lösung des Problems auseinanderzusetzen hat.

[36] Bülow, FS Offerhaus und Kollewijn, 1962, S. 89ff. weist besonders auf die Bedeutung des Problems im Rahmen der Staatsverträge hin. Vgl. im übrigen auch Geimer, Zur Prüfung der Gerichtsbarkeit und der internationalen Zuständigkeit bei der Anerkennung ausländischer Urteile, 1966, S. 103 ff. und Jellinek, Die zweiseitigen Staatsverträge über Anerkennung ausländischer Zivilurteile, Heft 1, 1953, S. 78 ff., 216 ff.

[37] Vgl. dazu Geimer, Zur Prüfung der Gerichtsbarkeit und der internationalen Zuständigkeit bei der Anerkennung ausländischer Urteile, 1966, S. 105ff.; Jellinek, die zweiseitigen Staatsverträge über Anerkennung auslöndischer Zivilurteile, Heft 1, 1953, S. 26 f., 787 ff.

[38] Besonders hat dies die italienische Judikatur stets betont. Nach der Rechtsprechung des obersten Gerichtshofs hat das deutsch-italienische Anerkennungs- und Vollstreckungsabkommen keine Änderung der autonomen Zuständigkeitsnormen gebracht. Vgl. dazu Happacher, AWD 1966, 338 ff.

– Wie weit gehen die Grenzen der Dispositionsfreiheit der Parteien?

– Ist eine Prüfung der Anerkennungsfähigkeit im Zeitpunkt des Abschlusses der Gerichtsstandsvereinbarung überhaupt möglich oder zwingt sie die Parteien zum Raten und kann nur unter Verletzung der gebotenen Raschheit und Einfachheit der Prüfung durchgeführt werden?

– Gibt man den Parteien „Steine statt Brot", wenn man die Vereinbarung eines Gerichtsstandes zulässt, ohne die Anerkennungsfähigkeit zu fordern?

1. Dispositionsfreiheit

Von einigen Autoren wird hervorgehoben, dass wegen der zwingenden Natur der dem öffentlichen Recht angehörigen Prozessnormen eine Änderung durch die Parteien im Grundsatz nicht möglich sei[39]. Nun ist es zwar richtig, dass die Zivilprozessnormen nach deutscher Auffassung dem öffentlichen Recht angehören. Das Prozessrecht besteht aber ebenso wenig ausschließlich aus Bestimmungen des ius cogens wie das bürgerliche Recht in allen Teilen abdingbar ist. Im Grunde ist auch die Zivilprozessordnung vom privatautonomistischen Prinzip beherrscht[40]. Prozessrecht und bürgerliches Recht bestehen aus zwingenden und abdingbaren Normen, und jede Bestimmung bedarf einer gesonderten Untersuchung ihrer Rechtsnatur.

Bei den Normen über die internationale Zuständigkeit sprechen überzeugende Gründe dafür, sie der Disposition der Parteien zu überlassen. Dabei kommt es auf die Rechtsnatur des Prorogationsvertrages in diesem Zusammenhang nicht an. Zwar kann man die Zulässigkeit der Derogation inländischer internationaler Zuständigkeit nicht wie Riezler[41] aus dem Schweigen des Gesetzes folgern. Denn da das Gesetz die internationale Zuständigkeit nur rudimentär regelt, kann

[39] Vgl. Kralik, Die internationale Zuständigkeit, ZZP 74 (1961), 2 ff. (36); Matscher, Zuständigkeitsvereinbarungen im österreichischen und internationalen Zivilprozessrecht, 1967, S. 77

[40] Vgl. dazu Boehmer, Grundlagen der bürgerlichen Rechtsordnung I, 1950, S. 109 ff.

[41] Vgl. Riezler, IZPR, S. 330, ebenso Walker, Streitfragen aus dem internationalen Civilprozessrechte, 1897, S. 120

auch dem Schweigen der ZPO keine Bedeutung zukommen[42]. Für die Möglichkeit einer unbegrenzten Derogation deutscher internationaler Zuständigkeit spricht die Zulässigkeit des pactum de non petendo nach deutschem Recht. Hierin zeigt sich deutlich die Übernahme des privatautonomistischen Prinzips in das Prozessrecht. Wenn die Parteien aber jede gerichtliche Durchsetzung eines Anspruchs ausschließen können, warum sollten sie dann in dem Weniger, nämlich dem bloßen Ausschluss der Zuständigkeit deutscher Gerichte beschränkt sein?[43] Der Hinweis Matschers[44], das pactum de non petendo liege auf materiellrechtlichem Gebiet und sei deshalb für die Lösung des Problems bedeutungslos, geht fehl. Die Klagbarkeit ist Prozessvoraussetzung wie die internationale Zuständigkeit, und es kommt allein darauf an, ob die Parteien sie ausschließen können, sei es durch bürgerlich-rechtlichen, sei es durch Prozessvertrag. Auch die Bedenken Münzbergs[45], das maius-minus-Argument sei unbrauchbar, da zwischen Rechtsschutzverzicht und Prorogation eines ausländischen Gerichts ein aliud-Verhältnis vorliege, vermögen nicht zu überzeugen. Denn in beiden Fällen wollen die Parteien auf den Rechtsschutz im Inland verzichten.

Das Ergebnis wird gestützt durch die Möglichkeit des Ausschlusses der inländischen staatlichen Gerichtsbarkeit zugunsten eines Schiedsgerichts. Im Anschluss an die Rechtsprechung des Reichsarbeitsgerichts[46] ist von einem Teil der Lehre[47] hieraus die Zulässigkeit der Derogation gefolgert worden. Die Begründung mag allein zwar nicht zum Nachweis der unbegrenzten Dispositionsfreiheit der Parteien

[42] Vgl. Kralik, Die internationale Zuständigkeit, ZZP 74 (1961), 2 ff. (36); Matscher, Zuständigkeitsvereinbarungen im österreichischen und internationalen Zivilprozessrecht, 1967, S. 77

[43] Ähnlich Kralik, Die internationale Zuständigkeit, ZZP 74 (1961), 2 ff. (38 ff.)

[44] Vgl. Matscher, Zuständigkeitsvereinbarungen im österreichischen und internationalen Zivilprozessrecht, 1967, S. 82

[45] Vgl. Münzberg, Prorogation und Schiedsvereinbarungen im internationalen Zivilverfahren, in: Zeitgenössische Fragen des internationalen Zivilverfahrensrechts, 1972, S. 177 ff. (184 f.)

[46] Vgl. RAGE 13, 28

[47] Vgl. Kallmann, Anerkennung und Vollstreckung ausländischer Zivilurteile und gerichtlicher Vergleiche, 1946, S. 179; Pagenstecher, Gerichtsbarkeit und internationale Zuständigkeit als selbständige Prozessvoraussetzungen, RabelsZ 11 (1937, 337 ff. (384 ff.); ähnliche Begründungen finden sich in der amerikanischen Rechtslehre, vgl. Bülow, FS Offerhaus und Kollewijn, S. 89 ff. (95)

über die internationale Zuständigkeit genügen[48]. Denn bei der Schiedsgerichtsbarkeit handelt es sich um eine wesensmäßig von der ausländischen ordentlichen Gerichtsbarkeit verschiedene Institution[49]. Die Möglichkeit der Schiedsgerichtsvereinbarung ist aber zumindest ein Ausdruck der Vertragsfreiheit im Rahmen der internationalen Zuständigkeit.

Die Parteien können also grundsätzlich unbegrenzt die Zuständigkeit der inländischen Gerichte ausschließen. Diese Dispositionsfreiheit ist im Grundsatz nicht begrenzt[50], auch nicht durch die Anerkennungsfähigkeit der im forum prorogati ergehenden Entscheidung.

2. Unmöglichkeit der Anerkennungsprognose

Wenn man die Anerkennungsfähigkeit als Wirksamkeitsvoraussetzung für die Derogation postuliert, so fordert man von den Parteien bei Abschluss der Gerichtsstandsvereinbarung die Beurteilung einer künftigen Prozesschance. Diese Prüfung muss sich auf einen in der Zukunft liegenden unbestimmten Zeitpunkt beziehen; es ist darauf abzustellen, wann eine etwaige künftige Entscheidung des prorogierten Gerichts eine Inlandsbeziehung erhält[51]. Eine solche Prüfung erfordert geradezu „hellseherische Fähigkeiten“.

Das deutsche Recht kennt eine hypothetische Anerkennungsprüfung in § 606 a Abs. 1 Nr. 4 ZPO. Während dort aber der Richter eine Prog-

48 Dagegen besonders Kralik, Die internationale Zuständigkeit, ZZP 74 (1961), 2 ff. (37 f.); Matscher, Zuständigkeitsvereinbarungen im österreichischen und internationalen Zivilprozessrecht, 1967, S. 76 ff.; Münzberg, Prorogation und Schiedsvereinbarungen im internationalen Zivilverfahren, in: Zeitgenössische Fragen des internationalen Zivilverfahrensrecht, 1972, S. 177 ff. (183 ff.) mit Nachweisen, Neuner, Internationale Zuständigkeit, 1929, S. 35 f.; Trinkner, AWD 1970, 579; Walchshöfer, Die deutsche internationale Zuständigkeit in der streitigen Gerichtsbarkeit, ZZP 80 (1967), 165 ff. (211 f.)

49 Vgl. Münzberg, Prorogation und Schiedsvereinbarungen im internationalen Zivilverfahren, in: Zeitgenössische Fragen des internationalen Zivilverfahrensrechts, 1972, S. 177 ff. (183); Trinkner, AWD 1970, 579

50 Vgl. jedoch für die Erfordernisse einer gültigen Prorogation Trinkner, AWD 1970, 578 ff.; ders., BB 1972, 766; ders. AWD 1973, 32 ff.

51 Vgl. zum Zeitpunkt der Anerkennung Schütze, Der Zeitpunkt der Anerkennung ausländischer Zivilurteile, NJW 1966, 1598 f.

nose für sein eigenes Urteil stellen muss, erfordert die Prüfung der Anerkennungsfähigkeit einer ausländischen Entscheidung ungleich mehr.

Der Richter weiß zwar, wie er selbst einen Rechtsstreit entscheiden wird, die Parteien und Anwälte wissen aber nicht, wie der ausländische Richter entscheiden wird. Die Problematik im Rahmen der Derogation ist mit der bei der Berücksichtigung ausländischer Rechtshängigkeit zu vergleichen[52]. Auch dort fordert die herrschende Lehre[53] eine Prüfung der Anerkennungsfähigkeit des im ausländischen Rechtsstreit zu erwartenden Erkenntnisses. Während dieses allerdings schon in statu nascendi ist, da der Prozess schon schwebt, ist bei der Prüfung einer internationalen Gerichtsstandsvereinbarung in der Regel noch nicht abzusehen, ob und wann Klage erhoben wird. Es kann Jahre dauern, bis wirklich ein Prozess eingeleitet wird.

Prüft man die Erfordernisse in § 328 Abs. 1 ZPO, so lässt sich unschwer erkennen, dass nicht vorhersehbar ist, ob die prozesseinleitende Ladung oder Verfügung ordnungsgemäß zugestellt wird (§ 328 Abs. 1 Nr. 2 ZPO), und ob die Entscheidung gegen den ordre public verstoßen wird (§ 328 Abs. 1 Nr. 4 ZPO). Die Rechtsprechung des Kammergerichts und des Oberlandesgerichts München hat sich mit dieser Problematik nicht befasst und sich nur mit dem Erfordernis der verbürgten Gegenseitigkeit (§ 328 Abs. 1 Nr. 5 ZPO) auseinandergesetzt. Sie ist dabei davon ausgegangen, dass im Zeitpunkt des Abschlusses der Gerichtsstandsvereinbarung schon zu übersehen ist, ob die Gegenseitigkeit im Zeitpunkt der künftigen Anerkennung verbürgt ist. Das ist aber gerade nicht der Fall. Die Rechtslage wandelt sich schnell. Eine im Zeitpunkt des Abschlusses des Prorogationsvertrags nicht verbürgte Gegenseitigkeit kann durch eine Änderung der Gesetzgebung und Rechtsprechung im Zeitpunkt einer künftigen Anerkennung verbürgt sein – oder umgekehrt. So sind die Entscheidungen des Kammergerichts zur Vereinbarung niederländischer Gerichtsstände ergangen. Damals war die Gegenseitigkeit in der Tat

[52] Vgl. dazu Habscheid, Zur Berücksichtigung der Rechtshängigkeit eines ausländischen Verfahrens, RabelsZ 31 (1967), 284 ff.; Schütze, Die Berücksichtigung der Rechtshängigkeit eines ausländischen Verfahrens, RabelsZ 31 (1967), 233 ff., abgedruckt auch sub 10

[53] Vgl. für Nachweise des abundanten Schrifttums Schütze, DIZPR, Rdn. 383 ff.

nicht verbürgt. Später war die Wirkungserstreckung durch den deutsch-niederländischen Vollstreckungsvertrag, dann das EuGVÜ und jetzt durch die VO (EG) Nr. 44/2001 gesichert. Im Verhältnis zu Frankreich wurde die Gegenseitigkeit lange Zeit wegen der dort praktizierten révision au fond nicht als verbürgt angesehen[54]. Nach der Änderung der Rechtsprechung des Kassationshofes[55] war sie plötzlich verbürgt (wann genau?)[56]. Dann hat das EuGVÜ und jetzt schließlich die VO (EG) Nr. 44/2001 auch hier eine neue Situation geschaffen. Bis zur Entscheidung des Bundesgerichtshofes vom 30.9.1964[57] wurde die Gegenseitigkeit im Verhältnis zu Südafrika fast einhellig verneint[58], danach bejaht[59], später wieder nach der zweiten Südafrikaentscheidung nur als partiell verbürgt angesehen[60]. Nach einer Änderung der Rechtslage in Südafrika ist die Gegenseitigkeit jetzt wieder nicht verbürgt[61]. Die Beispiele ließen sich beliebig vermehren. Am schnellsten wandelt sich die Situation durch den Abschluss von Staatsverträgen. Seit 1960 sind die Verträge mit Belgien, Österreich, Großbritannien, Griechenland, den Niederlanden, Tunesien, Norwegen und Israel, weiterhin EuGVÜ und LugÜ in Kraft getreten. Die VO (EG) Nr. 44/2001 hat einen europäischen Justizraum geschaffen.

Niemand kann eine einigermaßen sichere Prognose für die Gegenseitigkeitsfrage für eine künftige Anerkennung stellen[62]. Jeder verant-

[54] Vgl. RG JW 1926, 1336; BayObLG JW 1925, 63; Magnus Tabellen zum internationalen Recht, 1. Heft, 2. Aufl., 1931, S. 57

[55] Arrêt v. 7.1.1964, J.C.P. 1964 II 13590 mit Anm. Ancel = Rev. Crit. 53 (1964, 344 mit Anm. Batiffol = FamRZ 1965, 46 mit Anm. Sonnenberger

[56] Vgl. BGHZ 50, 100 = AWD 1968, 229 = NJW 1968, 1575 mit Anm. Geimer, NJW 1968, 2198

[57] Vgl. BGHZ 42, 194 = AWD 1964, 394

[58] Vgl. Bülow/Arnold, Internationaler Rechtsverkehr in Zivil- und Handelssachen, 1. Aufl., 1954 ff., E.978. 20; Magnus, Tabellen zum internationalen Recht, 1. Heft, 2. Aufl., 1931, S. 27

[59] Vgl. BGHZ 52, 194

[60] Vgl. dazu Schütze, Die Rechtsprechung des BGH zur Verbürgung der Gegenseitigkeit (§ 328 Abs. 1 Nr. 5 ZPO), NJW 1969, 293 ff.

[61] Vgl. Geimer/Schütze, EuZVR, E.1, Rdn. 127 ff.

[62] Wenn man die Möglichkeiten einer Doppelexequierung in Betracht zieht, wird die Vorhersage noch aleatorischer. Hierbei wäre nicht nur eine Änderung von Gesetzgebung und Rechtsprechung in Erst- und Zweit-, sondern auch in Drittstaaten zu berücksichtigen. Vgl. zu den Möglichkeiten der Doppelexequierung Schütze, Die Doppelexquierung ausländischer Zivilurteile, ZZP 77 (1964), 287 ff.

wortungsbewusste Anwalt müsste einen Rat in dieser Frage ablehnen[63].

Es zeigt sich somit, dass eine hypothetische Anerkennungsprüfung im Rahmen der Entscheidung über die Wirksamkeit der Gerichtsstandsvereinbarung nicht möglich ist. Sie kann deshalb auch nicht zum Wirksamkeitserfordernis gemacht werden.

3. Unmöglichkeit einer Prognose der Vollstreckungsmöglichkeit

Die Ansicht, die die Anerkennungsfähigkeit als Wirksamkeitserfordernis postuliert, stellt im Grunde nur auf die Verwirklichungsmöglichkeit des Anspruchs ab. Man will dem Gläubiger nicht „Steine statt Brot" geben. Deshalb macht Walchshöfer[64] die Wirksamkeit der Gerichtsstandsvereinbarung nur dann von der Anerkennungsfähigkeit der ausländischen Entscheidung abhängig, wenn in dem Staat, dessen internationale Zuständigkeit vereinbart wurde, kein genügendes und für eine Zwangsvollstreckung geeignetes Vermögen zur Verfügung steht. Diese Ansicht zwingt zu noch größeren Ratespielen.

Wie sollen die Parteien beurteilen, ob im Zeitpunkt einer etwaigen späteren Zwangsvollstreckung im Ausland ausreichendes Vermögen für eine Befriedigung vorhanden ist?[65] Der wohlhabende Schuldner kann verarmen, der arme zu Reichtum gelangen. Überdies dürfte man sich ja wohl nicht auf die Prüfung der Vollstreckungsmöglichkeiten in dem Staat, dessen Zuständigkeit vereinbart worden ist, beschränken, vielmehr sie auf jeden Drittstaat, in dem Urteile dieses Staates durchgesetzt werden können, erstrecken. Auch eine Beurteilung nach dem Kriterium der Durchsetzungsmöglichkeit ist also unmöglich. Die Gültigkeit einer Zuständigkeitsvereinbarung muss aber eindeutig bestimmbar sein. Die Möglichkeit der Verwirklichung des Anspruchs kann deshalb nicht zum Wirksamkeitserfordernis gemacht werden.

[63] Vgl. dazu auch Schütze, Zur Verbürgung der Gegenseitigkeit im Verhältnis zu Israel, AWD 1972, 281 ff.

[64] Vgl. Walchshöfer, Die deutsche internationale Zuständigkeit in der streitigen Gerichtsbarkeit, ZZP 80 (1967), 165 ff. (216 ff.); ähnliche Gedankengänge finden sich in RG JW 1926, 1336

[65] Auf die Vorhersehbarkeit des durch das ergehende Urteil tatsächlich zu erreichenden Rechtsschutzes stellt auch BGH LM Nr. 13 zu § 38 ZPO ab.

IV. Fazit

Die Anerkennungsfähigkeit der Entscheidung hat auf die Wirksamkeit einer internationalen Gerichtsstandsvereinbarung keinen Einfluss. Das folgt aus der Dispositionsfreiheit der Parteien, die es ihnen erlaubt, eine Klagbarkeit überhaupt auszuschließen. Darüber hinaus ist die Anerkennungsfähigkeit nicht mit so hinreichender Sicherheit bestimmbar, dass sie zum Wirksamkeitserfordernis gemacht werden könnte.

Die Parteien müssen die Zweckmäßigkeit ihrer Vereinbarungen selbst nachprüfen. Sie bedürfen keiner Bevormundung[66]. Es mag im Einzelfall sein, dass sie davon ausgegangen sind, dass die Entscheidung anerkennungsfähig ist. Dann müssen die allgemeinen Regeln über die Auslegung von Willenserklärungen angewendet werden[67]. Es kann auch vorkommen, dass eine Anerkennungsmöglichkeit, von der die Parteien ausgegangen sind, später wegfällt, etwa weil eine im Zeitpunkt des Abschlusses der Gerichtsstandsvereinbarung verbürgte Gegenseitigkeit später nicht mehr gegeben ist. In diesem Fall kann ein Wegfall der Geschäftsgrundlage vorliegen. Keinesfalls kann jedoch die Vorbehaltsklausel angewendet werden. Wenn die Parteien die Klagbarkeit ganz ausschließen können, dann kann der Ausschluss inländischer internationaler Zuständigkeit nicht gegen den ordre public verstoßen.

Für die Prorogation deutscher internationaler Zuständigkeit gilt dasselbe wie für die Derogation. Die Anerkennungsfähigkeit deutscher Urteile in dem Staat, dessen internationale Zuständigkeit derogiert worden ist, bildet keine Wirksamkeitsvoraussetzung für die Gerichtsstandsvereinbarung[68].

[66] Vgl. Geimer, NJW 1972, 1622; Schütze, DIZPR, Rdn. 171; dagegen Walchshöfer, NJW 1972, 2166

[67] Vgl. dazu Schütze, Die Bedeutung der Durchsetzbarkeit eines Anspruchs im forum prorogatum für die Wirksamkeit einer internationalen Gerichtsstandsvereinbarung, RIW 1982, 773 ff., abgedruckt auch sub 21

[68] Vgl. Geimer, NJW 1971, 323 mit Nachweisen

21. Die Bedeutung der Durchsetzbarkeit eines Anspruchs im forum prorogatum für die Wirksamkeit einer internationalen Gerichtsstandsvereinbarung[1]

Wenn die Parteien eine internationale Gerichtsstandsvereinbarung[2] abschließen, dann gehen beide – zumindest aber diejenige, zu deren Gunsten die Prorogation erfolgt – davon aus, dass die Ansprüche aus ihrem Rechtsverhältnis leichter, besser oder schneller[3] im vereinbarten als im allgemeinen Gerichtsstand durchgesetzt werden können. Diese Erwartung wird häufig nicht erfüllt.

Zwei Fälle sind dabei rechtlich problematisch:

– Eine Rechtsverfolgung im vereinbarten Gerichtsstand ist nicht möglich, sei es, weil die Rechtsordnung des prorogierten Gerichtes

[1] Erstmals publiziert in: RIW 1982, 773 ff.

[2] Vgl. dazu Berliner, Vereinbarungen über den Gerichtsstand im internationalen Rechtsverkehr, Diss. Heidelberg, 1936; Bülow, Effets de la prorogation internationale de juridiction en matière patrimoniale, FS Offerhaus und Kollewijn, 1962, S. 89ff.; Ehricke, Gerichtsstandsvereinbarungen in AGB im vollkaufmännischen Verkehr, ZZP 111 (1998), 145 ff.; Geimer, Zur Vereinbarung der ausschliesslichen Zuständigkeit eines ausländischen Gerichts, WM 1975, 910ff.; Gottwald, Gerichtsstandsvereinbarungen: Verträge zwischen Prozessrecht und materiellem Recht, FS Henckel, 1995, S. 295ff.; ders., Grenzen internationaler Gerichtsstandsvereinbarungen, FS Firsching, 1985, S. 89 ff.; Haas, Die prorogatio fori, Diss. Bern 1943; Jakobs, Vorprozessuale Vereinbarungen über die deutsche internationale Zuständigkeit, Diss. Mannheim, 1974; Kim, Internationale Gerichtsstandsvereinbarungen, 1995; Lindenmayr, Vereinbarungen über die internationale Zuständigkeit und das dauf anwendbare Recht, 2001; Matscher, Zuständigkeitsvereinbarungen im österreichischen und internationalen Zivilprozessrecht, 1967; Münzberg, Prorogation und Schiedsvereinbarungen im internationalen Zivilverfahren, in: Zeitgenössische Fragen des internationalen Zivilverfahrensrechts, 1972, S. 177ff.; Roth, Internationalrechtliche Probleme bei Prorogation und Derogation, ZZP 93 (1980), 156 ff.; Saenger, Wirksamkeit internationaler Gerichtsstandsvereinbarungen, FS Sandrock, 2000, S. 807ff.; Sandrock (F.), Die Vereinbarung eines „neutralen" internationalen Gerichtsstands, 1997; Schütze, Internationale Gerichtsstandsvereinbarungen, DB 1974, 1417 ff.; Vervessos, Die Begründung der gerichtlichen Zuständigkeit durch den Parteiwillen, 1961, Wirth, Gerichtsstandsvereinbarungen im internationalen Handelsverkehr, NJW 1978, 460 ff.

[3] Zu den Gründen für den Abschluss einer internationalen Gerichtsstandsvereinbarung vgl. Schütze, DB 1974, 1417 ff.

eine Prorogation nicht zulässt (der prorogierte Staat die Prorogation also nicht annimmt), sei es, dass im prorogierten Staat nach Abschluss der Gerichtsstandsvereinbarung infolge von Krieg, Revolution, Generalstreik oder anderen Entwicklungen ein Stillstand der Rechtspflege eintritt, so dass die bei Prorogation gegebene Möglichkeit der Rechtsverfolgung wegfällt.

– Eine von einer oder beiden Parteien angenommene Anerkennungsfähigkeit der Entscheidung des prorogierten Gerichts im Staat des derogierten Gerichts oder einem Drittstaat ist bei Abschluss der Gerichtsstandsvereinbarung nicht gegeben oder fällt später weg.

I. Kollisionsrechtliche Beurteilung

In allen Fällen der enttäuschten Erwartungen der Parteien einer internationalen Gerichtsstandsvereinbarung handelt es sich darum, dass sie sich bei Abgabe ihrer Willenserklärung in einem Irrtum über die Durchsetzbarkeit ihres Anspruchs im Erkenntnis- oder Vollstreckungsverfahren befinden. Ob und welche Bedeutung dieser Irrtum auf Zustandekommen und Bestand der Gerichtsstandsvereinbarungen hat, muss nach dem auf diese Vereinbarung anwendbaren Recht beurteilt werden.

1. Anwendbarkeit der lex causae

Bundesgerichtshof[4] und Bundesarbeitsgericht[5] gehen unter weitgehender Billigung der Lehre[6] davon aus, dass sich nur die Zulässig-

[4] Vgl. BGHZ 49, 384; BGH NJW 1971, 323 mit Anm. Geimer; BGHZ 57, 72 = NJW 1972, 391 mit Anm. Geimer; BGHZ 59, 23 = BB 1972, 23 mit Anm. Trinkner; ebenso die Untergerichte, z.B. OLG Hamburg RIW 1986, 462; OLG Saarbrücken NJW 2000, 670; LG Hamburg RIW/AWD 1975, 290; LG Mainz AWD 1972, 298 mit Anm. Ebsen/Jayme

[5] Vgl. BAG JZ 1979, 647 mit Anm. Geimer; ebenso die Untergerichte, z.B. LAG Frankfurt/Main RIW 1982, 524

[6] Vgl. Kropholler, Internationale Zuständigkeit, S. 389 ff.; Mezger, Die Beurteilung der Gerichtsstandsvereinbarung nach dem Vertragsstatut und die des Vertrages nach dem Recht des angeblich gewählten Gerichts, insbesondere im deutsch-französischen Rechtsverkehr, FS Wengler, 1973, S. 541ff.; Reithmann/Martiny/Hausmann, Internationales Vertragsrecht, Rdn. 3119 ff.; Schack, IZVR, Rdn. 436 f, Schütze, DIZPR, Rdn. 166, Wirth, Gerichtsstandsvereinbarungen im internationalen Rechtsverkehr, NJW 1978, 460ff.; a.A. insbes. Geimer, IZPR, Rdn. 1677; ders., Urteilsanmerkung NJW 1972, 391ff.

keit und die Wirkungen einer internationalen Gerichtsstandsvereinbarung nach der lex fori, ihr, Zustandekommen aber nach dem Vertragsstatut bestimmt. Die früher herrschende Ansicht in Rechtsprechung und Lehre, die das Zustandekommen einer Gerichtsstandsvereinbarung wegen ihres prozessualen Charakters nach der lex fori beurteilen wollte, kann als überholt angesehen werden. Es ist zwar nicht zu verkennen, dass ausschließlich deutsches Prozessrecht bestimmt, wann die deutschen Gerichte zuständig sind. Die internationale Gerichtsstandsvereinbarung ist aber ein Vertrag über prozessrechtliche Beziehungen, dessen Zustandekommen sich nach bürgerlichem Recht richtet. Die Gerichtsstandsvereinbarung hat prozessrechtliche Wirkungen, ihre Voraussetzungen richten sich jedoch nach materiellem Recht. Dieses bestimmt nicht nur ihr Zustandekommen, sondern auch ihren Bestand und ihren Fortfall, etwa bei Willensmängeln.

2. Anwendbares Recht

Soweit nicht eine besondere Rechtswahl für den Prorogations- und Derogationsvertrag getroffen wird, ist Vertragsstatut für die internationale Gerichtsstandsvereinbarung die lex causae des Hauptvertrages[7]. Es wäre lebensfremd anzunehmen, dass die Parteien eines deutsch-argentinischen Kaufvertrages für ihre Liefer- oder Leistungsverpflichtung argentinisches Recht vereinbaren, die Gerichtsstandsvereinbarung aber nach deutschem Recht beurteilt wissen möchten[8]. In diesem Sinne haben Bundesgerichtshof und Bundesarbeitsgericht immer das Zustandekommen der Gerichtsstandsvereinbarung nach dem für den umfassenden Hauptvertrag anzuwendenden Recht beurteilt.

7 Vgl. BGH AWD 1970, 323, wo das Zustandekommen der Gerichtsstandsvereinbarung nach dem auf den Hauptvertrag anwendbaren (deutschen) Recht beurteilt wurde; ebenso BGHZ 59, 23 und BAG JZ 1979, 647. Im letzteren Fall lag allerdings eine Rechtswahl vor, da Nr. 17 des streitgegenständlichen Arbeitsvertrages die Anwendung libanesischen Rechts und die ausschließliche Zuständigkeit libanesischer Gerichte vorsah. Vgl. weiter OLG Hamburg RIW 1986, 462 und OLG Saarbrücken NJW 2000, 670; im übrigen Kropholler, Internationale Zuständigkeit, S. 392f. m.w.N. und Reithmann/Martiny/Hausmann, Internationales Vertragsrecht, Rdn. 3120

8 Vgl. Schütze, Internationale Gerichtsstandsvereinbarungen, DB 1974, 1417 ff.

II. Unmöglichkeit der Rechtsverfolgung im forum prorogatum

1. Fehlende Annahme der Prorogation

Zuweilen schlägt die Prorogation fehl, weil das vereinbarte Gericht sie nicht annimmt, etwa weil das Prozessrecht im forum prorogatum eine Gerichtsstandsvereinbarung nicht kennt oder diese nach den forum-non-conveniens-Grundsätzen im Einzelfall nicht annimmt[9]. Ein in der Praxis besonders problematischer Fall ist der, dass die Parteien die Zuständigkeit eines Gerichtes in einem Drittstaat vereinbaren[10], um die Durchsetzbarkeit einer späteren Entscheidung in den Heimatstaaten beider Parteien zu sichern[11]. Hieran kann ein Interesse bestehen, wenn die wechselseitige Anerkennung und Vollstreckbarerklärung von Entscheidungen im Verhältnis der Heimatstaaten der Parteien nicht gesichert ist, wie im deutsch-liechtensteinischen Verhältnis[12]. In einem solchen Fall nützt den Parteien weder die Verein-

[9] Einige Prozessordnungen lassen eine Prorogation überhaupt nicht zu. Dem Richter kann eine Zuständigkeit nicht aufgedrängt werden, vgl. dazu aus schweizerischer Sicht Weissmann, Das Forum Prorogatum, Diss. Zürich, 1935, S. 79 ff. Andere Prozessordnungen stellen die zuständigkeitsbegründende Wirkung der Prorogation in das Ermessen des angerufenen Richters, sei es, dass dieser positiv die „Vernünftigkeit" der Prorogation prüfen muss – wie in England, vgl. dazu Schröder, Internationale Zuständigkeit, S. 431 ff. – sei es, dass dieser einen etwaigen Missbrauch prüfen muss, wie es früher in einigen kantonalen Rechten war, vgl. dazu Haas, Die prorogatio fori, Diss. Bern, 1943, S. 25

[10] Vgl. zur Vereinbarung der Zuständigkeit eines „neutralen" Gerichts Sandrock (F.), Die Vereinbarung eines „neutralen" internationalen Gerichtsstandes, 1997

[11] Ein anderer Grund für die Wahl eines „neutralen" Gerichts kann eine besondere Sachkunde des prorogierten Gerichts sein. Dieser Grund war offensichtlich in dem der Entscheidung MS Bremen & Unterweser GmbH v. Zapata Offshore Company 407 U.S. 1 zugrunde liegenden Fall maßgeblich für die Prorogation eines englischen Gerichts in einem deutsch-amerikanischen Fall. Vgl. zu der Entscheidung auch Boehmer/Jander, Anerkennung von Gerichtsstandsvereinbarungen in den USA, AWD 1972, 449ff.; Behrens, Internationale Gerichtsstandsvereinbarungen vor amerikanischen Gerichten, RabelsZ 38 (1974), 590ff.; Nadelmann, Choice-Of-Court Clauses in the United States. The Road to Zapata, 21 Am.J.Comp.L 124 (1973)

[12] Deutsche Urteile können in Liechtenstein nicht anerkannt und für vollstreckbar erklärt werden, da kein Staatsvertrag über die gegenseitige Urteilsanerkennung abgeschlossen worden ist und es auch an einer Gegenrechtserklärung fehlt. Deshalb ist umgekehrt auch die Geltendmachung liechtensteinischer Titel in

barung eines deutschen noch eines liechtensteinischen Gerichtsstandes. Sie können ein Urteil immer nur im Erststaat durchsetzen. Deshalb kann es sinnvoll sein, beispielsweise den Gerichtsstand Zürich zu vereinbaren; denn schweizerische Urteile können sowohl in Deutschland[13] als auch in Liechtenstein[14] anerkannt und für vollstreckbar erklärt werden. Wenn jedoch das schweizerische Prozessrecht die Wirksamkeit der Vereinbarung ihrer Gerichte von dem Bestehen einer Inlandsbeziehung abhängig macht[15], dann stößt der Prorogationsvertrag ins Leere. Fraglich ist, ob für diesen Fall auch die Derogation der an sich gegebenen Zuständigkeit der deutschen Gerichte wirksam bleibt[16].

a. Fehlen der Geschäftsgrundlage

Der Einfluss der mangelnden Annahmebereitschaft der Gerichte des prorogierten Staates ist ein Problem des Zustandekommens und des Bestandes der internationalen Gerichtsstandsvereinbarung. Die Beurteilung muss deshalb nach dem auf die Gerichtsstandsvereinbarung anwendbaren Recht, in der Regel also dem Recht des Hauptvertrages, getroffen werden. Liegt der Gerichtsstandsvereinbarung in dem vorstehenden Beispiel ein deutsch-liechtensteinischer Kaufvertrag zugrunde und haben die Parteien diesen liechtensteinischem Recht unterstellt, so beurteilt sich das Zustandekommen der Gerichtsstands-

Deutschland wegen Fehlens der Gegenseitigkeitsverbürgung nicht möglich. Vgl. Geimer/Schütze, EuZPR, E.1, Rdn. 195; Schütze, Anerkennung und Vollstreckung ausländischer Zivilurteile in Liechtenstein, RIW/AWD 1976, 564 ff.

13 Im deutsch-schweizerischen Verhältnis findet das LugÜ Anwendung

14 Vgl. dazu Frick, Die Anerkennung und Vollstreckung ausländischer Entscheidungen in Zivilsachen im Fürstentum Liechtenstein – unter Berücksichtigung des schweizerischen, österreichischen und deutschen Rechts, 1992, S. 50 ff.

15 So sehen die kantonalen Prozessordnungen in der Schweiz teilweise ein Ablehnungsrecht des prorogierten Richters vor, wenn keine Beziehungen der Parteien durch Wohnsitz oder Gerichtsstand einer Partei im Kanton besteht; vgl. dazu Weissmann, Das Forum Prorogatum, Diss. Zürich 1935, S. 79ff. Jetzt wird die internationale Gerichtsstandsvereinbarung durch das IPRG bundeseinheitlich geregelt.

16 Vgl. dazu Schröder, Internationale Zuständigkeit, S. 459 f., der allerdings die kollisionsrechtliche Problematik nicht behandelt. Vgl. weiter BGH ZZP 88 (1975), 318; Pagenstecher, Gerichtsbarkeit und internationale Zuständigkeit als selbständige Prozessvoraussetzungen, RabelsZ 11 (1937), 337ff.; Riezler, IZPR, S. 296

vereinbarung trotz der mangelnden Annahmebereitschaft des schweizerischen Gerichtes nach liechtensteinischem Recht. Ist deutsches Recht anwendbar, dann muss die Lösung über das Fehlen der Geschäftsgrundlage gesucht werden[17]. Wenn die Parteien ein Gericht prorogieren, dann gehen sie davon aus, dass die Rechtsverfolgung auch vor diesem Gericht erfolgen kann. Sie machen dies zur Geschäftsgrundlage des Prorogationsvertrages. Stellt sich heraus, dass die Geschäftsgrundlage von Anfang an nicht gegeben war, dann muss eine Anpassung erfolgen. Diese könnte dahin gehen, dass die ausschließliche Gerichtsstandsvereinbarung in eine nicht ausschließliche Gerichtsstandsvereinbarung angepasst wird. Keinesfalls dagegen kann die Anpassung dahin erfolgen, dass nunmehr ein anderes Gericht als prorogiert angesehen wird. Hätten beispielsweise in dem vorstehenden Fall die Parteien Zürich vereinbart, Zürich wäre aber nicht annahmebereit, dann kann die Anpassung nicht dahin erfolgen, dass anstelle von Zürich Wien vereinbart wäre[18] – vorausgesetzt, dies sähe die Prorogation auch ohne Inlandsbezug als zuständigkeitsbegründend an.

Teilweise wird davon ausgegangen, dass die Parteien die ausschließliche Zuständigkeit eines ausländischen Gerichts nur unter der Bedingung vereinbaren, dass das ausländische Gericht die Prorogation annehme[19]. Davon kann jedoch nicht ausgegangen werden, ohne etwas in den Willen der Parteien hineinzudeuten, woran sie gar nicht gedacht haben. Wenn die Parteien einen Gerichtsstand ausschließlich und unbedingt vereinbaren, dann gehen sie eben davon aus, dass diese Vereinbarung auch vom prorogierten Gericht angenommen wird[20].

[17] So auch Habscheid, Parteivereinbarungen über die internationale Zuständigkeit nach deutschem und schweizerischem Recht, FS Schima, 1969, S. 175 ff (195 f.)

[18] Auch im liechtensteinisch-österreichischen Verhältnis ist eine wechselseitige Urteilsanerkennung möglich, vgl. Frick, Die Anerkennung und Vollstreckung ausländischer Entscheidungen in Zivilsachen im Fürstentum Liechtenstein – unter Berücksichtigung des schweizerischen, österreichischen und deutschen Rechts, 1992, S. 50 ff. Im deutsch-österreichischen Verhältnis gilt die VO (EG) Nr. 44/2001

[19] So Kralik, Die internationale Zuständigkeit, ZZP 74 (1961), 2 ff. (39); vgl. auch Geimer, NJW 1971, 1525 ff.; ders., WM 1975, 910 ff.

[20] Teilweise wird eine Lösung auch über § 306 BGB gesucht; vgl. dazu Berliner, Vereinbarungen über den Gerichtsstand im internationalen Rechtsverkehr, Diss. Heidelberg, 1936, S. 39; Schröder, Internationale Zuständigkeit, S. 459 hält die

b. ordre public

Lässt das auf eine Gerichtsstandsvereinbarung anwendbare Recht eine Anpassung der Gerichtsstandsvereinbarung für den Fall der mangelnden Annahmebereitschaft des prorogierten Gerichts nicht zu und wird den Parteien dadurch eine Rechtsverfolgung überhaupt unmöglich, dann kann diese Regelung des ausländischen Rechts unter Umständen ordre-public-widrig sein[21]. Die ordre-public-Klausel ist aber behutsam zu handhaben.

2. Stillstand der Rechtspflege

Die Rechtsprechung hat sich in jüngerer Zeit mehrfach mit dem Einfluss des Stillstands der Rechtspflege im forum prorogatum auf eine internationale Gerichtsstandsvereinbarung beschäftigt. Das Bundesarbeitsgericht[22] und das Landesarbeitsgericht Frankfurt a. M.[23] haben entschieden, dass die Derogation deutscher internationaler Zuständigkeit durch eine ausschließliche Gerichtsstandsvereinbarung zugunsten eines ausländischen Gerichts dann unwirksam ist, wenn zur Zeit der Klageerhebung durch einen Stillstand der Rechtspflege die Rechtsverfolgung vor dem prorogierten Gericht unmöglich wird.

In dem vom Bundesarbeitsgericht entschiedenen Fall hatten die Parteien die ausschließliche Zuständigkeit libanesischer Gerichte in einem Arbeitsvertrag zwischen einem Piloten und einer Luftfahrtgesellschaft vereinbart. Der Arbeitsvertrag selbst unterlag kraft ausdrücklicher Rechtswahl libanesischem Recht. Nach den Feststellungen der Tatsacheninstanz herrschte zur Zeit der Klageerhebung im Libanon durch bürgerkriegsähnliche Verhältnisse Stillstand der Rechtspflege, und zwar von Anfang Juni 1976 bis zum Frühjahr 1977.

In dem vom Landesarbeitsgericht Frankfurt a. M. entschiedenen Fall hatten die Parteien die ausschließliche Zuständigkeit iranischer Ge-

Begründung lediglich für eine Frage des „juristischen Geschmacks", jedoch immer nur von der Anwendbarkeit deutschen Rechts ausgehend.

[21] Vgl. dazu Geimer, IZPR, Rdn. 1600 ff.; Wieczorek/Schütze/Hausmann, § 38 Rdn. 68

[22] Vgl. BAG JZ 1969, 647 mit Anm. Geimer = AP Nr. 8 zu § 38 ZPO mit Anm. Mummenhoff

[23] Vgl. LAG Frankfurt/Main RIW 1982, 524

richte in einem Arbeitsvertrag vereinbart. Dieser unterlag kraft ausdrücklicher Rechtswahl iranischem Recht. Nach den Feststellungen des Gerichts herrschte bei Einreichung der Klageschrift (22.2.1979) von Ende Januar 1979 bis Ende März 1979 Stillstand der Arbeitsrechtspflege im Iran.

Die Entscheidungen vermögen in der Begründung nicht – im Ergebnis nur teilweise – zu überzeugen[24].

a. Wegfall der Geschäftsgrundlage

Die Bedeutung der nachträglichen Unmöglichkeit der Rechtsverfolgung im forum prorogatum ist eine Frage des Bestandes der Gerichtsstandsvereinbarung. Die Parteien sind bei Abschluss übereinstimmend von der Möglichkeit der Rechtsverfolgung ausgegangen[25]. Diese ist – im Regelfall – Geschäftsgrundlage für den Abschluss des Prorogationsvertrages. Unterliegt die Gerichtsstandsvereinbarung deutschem Recht, dann führt der Stillstand der Rechtspflege im prorogierten Staat zu einer Anpassung, nicht jedoch zum automatischen Fortfall der Prorogation der ausländischen und der damit verbundenen Derogation der deutschen Gerichte. Bei kurzfristigen Unterbrechungen der Möglichkeit der Rechtsverfolgung – wie sie beispielsweise bei Streiks gegeben sind – kann die Derogation für Eilverfahren fortfallen[26], im Übrigen jedoch bestehen bleiben. In dem vom Landesarbeitsgericht Frankfurt a. M. entschiedenen Fall waren die Grenzen bei weitem nicht erreicht. Was hätte das Landesarbeitsgericht Frankfurt a. M. wohl entschieden, wenn die Prorogation auf ein Gericht in einem Staat erfolgt wäre, in dem zur Zeit der Klageerhebung zweimonatige Gerichtsferien herrschten und der Fall nicht zur Feriensache erklärt worden wäre? Genau die zwei Monate hat das Landesarbeitsgericht Frankfurt in dem deutsch-iranischen Fall aber schon zum Fortfall der Gerichtsstandsvereinbarung genügen lassen.

[24] Vgl. zu der Problematik auch Gamillscheg, Internationales Arbeitsrecht, 1959, S. 386 ff. m.w.N.

[25] So wohl auch Geimer, Urteilsanmerkung, JZ 1979, 648 f., der allerdings von einer Bedingung ausgeht.

[26] Denn die Derogation inländischer internationaler Zuständigkeit ergreift regelmäßig auch die internationale Zuständigkeit für Eilverfahren (Arrest und einstweilige Verfügung), vgl. Geimer, WM 1975, 912 ff.; ders., IZPR, Rdn. 1767

Unterliegt die Gerichtsstandsvereinbarung ausländischem Recht, dann beurteilt sich die Frage, ob und welchen Einfluss der Fortfall einer Rechtsverfolgungsmöglichkeit im forum prorogatum hat, nach ausländischem Recht. Das Bundesarbeitsgericht hätte die Frage deshalb nach libanesischem, das Landesarbeitsgericht Frankfurt nach iranischem Recht prüfen müssen. Die lex causae bestimmt, ob und in welchem Rahmen der Wegfall der Geschäftsgrundlage zu berücksichtigen ist.

b. ordre public

Kennt das anwendbare ausländische Recht keine Möglichkeit der Anpassung einer Gerichtsstandsvereinbarung über ein der clausula rebus sic stantibus oder des Fehlens und des Wegfalls der Geschäftsgrundlage entsprechendes Rechtsinstitut, dann kann das Festhalten der Parteien an einer einmal getroffenen Gerichtsstandsvereinbarung unter Umständen ordre-public-widrig sein[27]. Die Anwendung von Art. 6 EGBGB muss behutsam und restriktiv erfolgen. Keinesfalls kann schon die bloße Abweichung des anwendbaren ausländischen Rechts vom inländischen im Hinblick auf das Institut des Wegfalls der Geschäftsgrundlage ordre public-widrig sein.

Das Bundesarbeitsgericht geht davon aus, dass „nach deutschem Rechtsverständnis“ der Ausschluss deutscher internationaler Zuständigkeit dann unwirksam ist, wenn er zu einer Rechtsverweigerung führt, weil aus tatsächlichen Gründen im prorogierten Staat keine Rechtsverfolgung möglich ist. Das entspricht im Grundsatz einem

[27] Der BGH wendet die ordre public Klausel bei der Prüfung des Bestandes einer internationalen Gerichtsstandsvereinbarung dann an, wenn nach dem IPR im forum prorgatum Rechtssätze anzuwenden sind, die gegen zwingende Grundsätze der deutschen Rechtsordnung verstoßen, vgl. z.B. BGH NJW 1971, 325 mit Anm. Geimer; ebenso Jakobs, Vorprozessuale Vereinbarungen über die deutsche internationale Zuständigkeit, Diss. Mannheim, 1974, S. 139; Schröder, Internationale Zuständigkeit, S. 226. In der Rechtsprechung des BGH ging es regelmäßig um die Nichtbeachtung des – früher relevanten – Termin- und Differenzeinwandes bei Börsentermingeschäften, vgl. Geimer, IZPR, Rdn. 1770; zur entsprechenden Problematik bei Schiedsvereinbarungen vgl. Schütze, Zur Wirksamkeit von internationalen Schiedsvereinbarungen und zur Wirkungserstreckung ausländischer Schiedssprüche über Ansprüche aus Börsentermingeschäften, Jahrbuch für die Praxis der Schiedsgerichtsbarkeit 1 (1987), S. 94 ff.

etablierten Prinzip deutschen internationalen Zivilprozessrechts. Es darf keine Rechtsverweigerung geben[28].

Wo ein Bedürfnis zur Rechtsverfolgung besteht, muss auch eine Zuständigkeit zur Verfügung gestellt werden[29]. Insbesondere im amerikanischen Recht werden Gerichtsstandsvereinbarungen unter dem Gesichtspunkt des ordre public geprüft und sind im Rahmen der non-ouster-Rule früher generell für unwirksam erklärt worden[30].

Es gilt, die Grenzen der ordre-public-Widrigkeit abzustecken[31].

aa. Fehlgeschlagene Erwartung der Parteien

Die Parteien müssen die Möglichkeit der Rechtsverfolgung zur Geschäftsgrundlage gemacht haben. Bestanden an der Rechtsverfolgungsmöglichkeit von Anfang an Zweifel, dann müssen sich die Parteien an der Vereinbarung festhalten lassen. Vereinbaren die Parteien beispielsweise die Zuständigkeit eines Gerichts in einem „exotischen" Staat mit zweifelhafter Rechtspflege, dann können sie sich nicht über den ordre-public-Vorbehalt dieser Fehlentscheidung entziehen[32]. Der Richter ist nicht das Kindermädchen der Parteien, das leichtfertige Entscheidungen korrigiert.

[28] Schröder, Internationale Zuständigkeit, S. 214 definiert treffend: *„Wo ein Zuständigkeitsinteresse unabweislich Befriedigung verlangst, dort muss auch ein internationaler Gerichtsstand aufgetan werden."* Zur Rechtsverweigerung allgemein ebenda, S. 200 ff.

[29] Ein solches Bedürfnis besteht insbesondere in Fällen negativen internationalen Kompetenzkonfliktes; vgl. dazu Milleker, Der negative internationale Kompetenzkonflikt, 1975; vgl. weiter Schütze, Die Notzuständigkeit im deutschen Recht, FS Rechberger, 2005, S. 563 ff., abgedruckt auch sub 24.

[30] Vgl. Juenger, Vereinbarungen über den Gerichtsstand nach amerikanischem Recht, RabelsZ 35 (1971), 284 ff.; Schröder, Internationale Zuständigkeit, S. 433 ff.; Schütze, RV, Rdn. 495 ff. m.w.N.; ders., Prozessführung und -risiken im deutsch-amerikanischen Rechtsverkehr, 2004, S. 57 ff.; Wahl, Die verfehlte internationale Zuständigkeit, 1974

[31] Vgl. zur älteren höchstrichterlichen Rechtsprechung den Überblick von Wuppermann, Deutsche Rechtsprechung zum Vorbehalt des ordre public, 1977

[32] Etwas anderes kann gelten, wenn sich das System des Rechtsschutzes und die Rechtspflege im prorogierten Staat zwischen dem Abschluss der Gerichtsstandsvereinbarung und Klageerhebung grundlegend gewandelt hat.

bb. Erfolgsaussichten der Rechtsverfolgung

Die Rechtsverfolgung muss ohne den Stillstand der Rechtspflege oder die sonstige mangelnde Möglichkeit zur Geltendmachung vor dem prorogierten Gericht zum Erfolg geführt haben. Wäre der Anspruch auch ohne den Stillstand der Rechtspflege nicht vor dem prorogierten Gericht durchsetzbar, dann kann nicht eine neue Zuständigkeit unter Berufung auf eben diesen Stillstand der Rechtspflege eröffnet werden. Das ist beispielsweise der Fall, wenn der geltend gemachte Anspruch im forum prorogatum unklagbar ist. In einem solchen Fall geschieht den Parteien kein Nachteil, wenn die Rechtsverfolgung aus anderen Gründen unmöglich wird. Der Anspruch wäre ohnehin gerichtlich nicht durchsetzbar gewesen.

cc. Unzumutbare Dauer

Die Dauer der Unmöglichkeit der Rechtsverfolgung vor dem prorogierten Gericht muss im Zeitpunkt der Klageerhebung unabsehbar sein, so dass dem Kläger ein Zuwarten nicht zuzumuten ist. Eine kurzfristige Unmöglichkeit der Rechtsverfolgung ist unschädlich. Deshalb ist der Entscheidung des Landesarbeitsgerichts Frankfurt a.M., das einen zweimonatigen Generalstreik für ausreichend hielt, nicht beizupflichten. In Wahrheit misstraute das Gericht wohl der iranischen Rechtsprechung allgemein und brachte ein vordergründiges Argument für seine Zuständigkeit[33]. Generalstreiks sind regelmäßig nicht von sehr langer Dauer. Sie nötigen nicht zur Anwendung der ordre-public-Klausel. Würde die Rechtsprechung des Landesarbeitsgerichts Frankfurt a.M. Schule machen, dann könnten Gerichtsstandsvereinbarungen im Verkehr mit Staaten, bei denen auch Richter und Justizbedienstete streiken – wie es zuweilen in Italien vorkommen soll – zu Fall gebracht werden, wenn der Kläger schnell genug ist, einen kurzfristigen Streik auszunutzen und Klage zu erheben.

[33] Das mutmaßt auch Mummenhoff in der Urteilsanmerkung zu BAG AP Nr. 8 zu § 38 ZPO für die Motivation des Bundesarbeitsgerichts in dem Libanonfall.

3. perpetuatio fori

Wird im Laufe des Prozesses vor dem inländischen Gericht die Rechtsverfolgung vor dem ausländischen – prorogierten – Gericht wieder möglich, etwa weil das ausländische Gericht durch eine Gesetzesänderung nunmehr annahmebereit für die Prorogation ist oder weil die Rechtspflege wieder arbeitet, wie es in den vorzitierten, vom Bundesarbeitsgericht und Landesarbeitsgericht Frankfurt a. M. entschiedenen Fällen im Libanon und im Iran war, dann ist die Geschäftsgrundlage wieder hergestellt. In einem solchen Fall müsste man an sich die weitere Rechtsverfolgung vor inländischen Gerichten für unzulässig halten, weil der Grund für die Anpassung der internationalen Gerichtsstandsvereinbarung weggefallen ist. Eine solche Regelung wäre aber mit dem Interesse der Parteien an der Vorhersehbarkeit der Zulässigkeit der Klage unvereinbar. Im Interesse der Rechtssicherheit müssen die Parteien bei Klageerhebung wissen, ob das angerufene Gericht auch zur Entscheidung berufen ist. Die Verschiebung der Zuständigkeitstatsachen im Verlaufe des Verfahrens kann nicht zu Lasten des Klägers gehen. Es handelt sich um denselben Gesichtspunkt, der im deutschen Recht allgemein zur Ablehnung der forum-non-conveniens-Lehre geführt hat[34]. Darüber hinaus wäre die Prozessabweisung der inländischen Klage in diesen Fällen mit der Folge der Notwendigkeit der Erhebung einer neuen Klage im forum prorogatum nicht prozessökonomisch. Die Parteien würden Zeit verlieren und unnötige Kosten investieren. Schließlich könnte dem Kläger bei Prozessabweisung im Falle des Wegfalls der Zuständigkeitstatsachen nach Klageerhebung ein nicht wieder gut zu machender Nachteil bei Eintritt der Verjährung entstehen. Die Qualifikation des Rechtsinstituts der Verjährung und die Verjährungsunterbrechung oder -hemmung durch ausländische Klageerhebung ist international sehr umstritten[35]. Erkennt die Rechtsordnung im forum prorogatum

[34] Vgl. Gamillscheg, Internationale Zuständigkeit und Entscheidungsharmonie im internationalen Privatrecht, Heft 3 der Berichte der Deutschen Gesellschaft für Völkerrecht, 1959, S. 29 ff.; Schütze, Rezension, ZZP 88 (1975), 478 ff.; ders., Forum non conveniens und Rechtschauvinismus, FS Jayme, 2004, S. 1021 ff. m.w.N.; aA Wahl, Die verfehlte internationale Zuständigkeit, 1974, S. 119 ff.; sympatisierend auch Schröder, Internationale Zuständigkeit, S. 486 ff.

[35] Vgl. dazu Schütze, DIZPR, Rdn. 412 ff.

die verjährungsunterbrechende oder -hemmende Wirkung einer im Ausland erhobenen Klage nicht an[36], dann hätte der Kläger, der bei Stillstand der Rechtspflege im Forum prorogatum vor einem deutschen Gericht geklagt, diesen Prozess aber nicht zu Ende geführt hätte, weil zwischenzeitlich – etwa in dritter Instanz – die Rechtspflege wieder im prorogierten Staat zu arbeiten begonnen hat, nicht nur die Kosten des inländischen Verfahrens zu tragen, sondern auch einen endgültigen Verlust der Durchsetzbarkeit seines Anspruchs, weil die Forderung inzwischen verjährt ist und die unterbrechende oder hemmende Wirkung der deutschen Klageerhebung im forum prorogatum nicht anerkannt wird.

Mit der herrschenden Lehre ist deshalb § 261 Abs. 3 Nr. 2 ZPO (perpetuatio fori) auch international im Sinne einer perpetuatio competentiae internationalis anzuwenden[37].

Wenn man in den vom Bundesarbeitsgericht und Landesarbeitsgericht Frankfurt a.M. entschiedenen Fällen einmal unterstellt, dass auch der kurzfristige Stillstand der Rechtspflege im Libanon und Iran eine Zuständigkeit deutscher Gerichte eröffnet hat, dann waren beide Entscheidungen jedenfalls insoweit richtig, als sie von der perpetuatio competentiae internationalis ausgegangen sind. Denn in beiden Fällen war im Laufe des Verfahrens der Stillstand der Rechtspflege in den prorogierten Staaten beendet.

36 Vgl. zu dem Problem Kallmann, Unterbrechung der Verjährung durch ausländische Klageerhebung und Urteilsverjährung bei ausländischen Entscheidungen, SJZ 1945, 193 ff.; Schütze, Die Unterbrechung und Inlaufsetzung der Verjährung von Wechselansprüchen durch ausländische Klageerhebung, WM 1967, 246 ff. m.w.N.

37 Vgl. BAG JZ 1969, 647; Geimer, Urteilsanmerkung ebenda; Pagenstecher, Gerichtsbarkeit und internationale Zuständigkeit als selbständige Prozessvoraussetzungen, RabelsZ 11 (1937), 449 ff., Reu, Anwendung fremden Rechts, 1938, S. 194; Riezler, IZPR, S. 445 ff. (mit Einschränkungen); aA Szászy, International Civil Procedure, 1967, S. 382: *„Eventually this would mean that the principle of perpetuatio iurisdictionis cannot be accepted, however, the subsequent genesis of the jurisidiction of the court during the proceedings has to be taken into account"*. Vgl. Zum Streitstand eingehend Geimer, IZPR, Rdn. 1830 ff.

III. Unmöglichkeit der Vollstreckung der im forum prorogatum ergangenen Entscheidung

Die Derogation einer an sich gegebenen internationalen Zuständigkeit durch eine internationale Gerichtsstandsvereinbarung kann sich in zwei Fällen für den im forum prorogatum siegreichen Kläger als problematisch erweisen. Besitzt der Beklagte im Staat des derogierten Gerichts Vermögen und ist die Entscheidung des prorogierten Gerichts in diesem Staat nicht anerkennungsfähig, dann ist dieses Vermögen der Zwangsvollstreckung entzogen. Der Kläger ist darauf angewiesen, Vermögenswerte im prorogierten oder Drittstaaten, die Urteile des prorogierten Gerichts anerkennen, zu suchen. Vereinbaren die Parteien eines deutsch-liechtensteinischen Kaufvertrages Vaduz als ausschließlichen Gerichtsstand, dann kann der Gläubiger des liechtensteinischen Urteils dieses zwar in Liechtenstein, der Schweiz und Österreich, die liechtensteinische Urteile anerkennen, vollstrecken, nicht aber in Deutschland.

Eine andere Konstellation, die für den siegreichen Kläger ebenso problematisch sein kann, tritt auf, wenn der derogierte Staat zwar Urteile des prorogierten Gerichts anerkennt, sich aber Vermögen des Schuldners in einem Drittstaat befindet, der Urteile des prorogierten Staates nicht anerkennt, wohl aber solche des derogierten Staates. Vereinbaren die Parteien eines österreichisch-liechtensteinischen Kaufvertrages Vaduz als ausschließlichen Gerichtsstand, dann kann das liechtensteinische Urteil zwar im Staat des derogierten Gerichts, nämlich Österreich, anerkannt werden, nicht aber in Deutschland. Hätten die Parteien die ölsterreichische internationale Zuständigkeit nicht ausgeschlossen, dann hätte ein österreichisches Urteil den Zugriff auf in Deutschland belegenes Vermögen ermöglicht.

1. Bedeutungslosigkeit der Anerkennungsfähigkeit als Wirksamkeitsvoraussetzung der internationalen Gerichtsstandsvereinbarung

Als Grenze der Zulässigkeit einer internationalen Gerichtsstandsvereinbarung wird die Anerkennungsfähigkeit der Entscheidung des forum prorogatum diskutiert[38], und zwar regelmäßig in der Weise,

[38] Vgl. zum Meinungssatand Schütze, Zur Bedeutung der Anerkennungsfähig-

dass auf die Anerkennungsfähigkeit im Forum derogatum abgestellt wird. Die Zulässigkeit einer internationalen Gerichtsstandsvereinbarung beurteilt sich nicht nach der lex causae, sondern nach der lex fori. Diese Frage ist also allein nach deutschem Recht zu entscheiden.

Ein Teil der älteren deutschen Rechtsprechung[39] und der Lehre[40] – auch in jüngerer Zeit – postuliert die Anerkennungsfähigkeit der Entscheidung des prorogierten Gerichts im forum derogatum als Zulässigkeitsvoraussetzung für die Derogation. Nach dieser Ansicht ist z.B. die Vereinbarung des Gerichtsstandes Vaduz bei einem deutsch-liechtensteinischen Lieferungs- oder Leistungsvertrag unzulässig, da liechtensteinische Urteile in Deutschland nicht anerkannt werden können, da die Gegenseitigkeit nicht verbürgt ist. Durch die Zulassung einer solchen Vereinbarung – so wird argumentiert – werde den Parteien – zumindest einer – der Rechtsschutz im Inland verweigert.

Es ist nun zwar richtig, dass Prozesse nicht „um platonischer Ideale" willen geführt werden und die Vollstreckungsmöglichkeit einer Entscheidung das wesentliche Ziel der Prozessführung ist. Dem Phänomen, dass ein Urteil nicht durchsetzbar ist, sieht sich der Gläubiger aber auch ohne Prorogation häufig ausgesetzt. Erwirkt er beispielsweise bei einem reinen Inlandsfall ein Urteil gegen einen Schuldner in Deutschland und besitzt dieser kein im Inland belegenes Vermögen,

keit der Entscheidung des prorogierten Gerichts für die Wirksamkeit einer internationalen Gerichtsstandsvereinbarung, AWD 1973, 368 ff.; ders., Die Bedeutung der Anerkennungsfähigkeit der Entscheidung des prorogierten Gerichts für die Wirksamkeit einer internationalen Gerichtsstandsvereinbarung, FS Fragistas, Bd. V, 1969, S. 167 ff., abgedruckt auch sub 20

[39] Vgl. KG JW 1922, 497; 1926, 1353; 1930, 652 (alle zur Vereinbarung eines niederländischen Gerichtsstandes); OLG München MDR 1957, 45 (zur Vereinbarung eines argentinischen Gerichtsstandes)

[40] Vgl. Bauer, Compétence Judiciaire Internationale des Tribunaux Civils Français et Allemands, 1965, S. 181; Bülow, Effets de la prorogation internationale de juridiction en matière patrimoniale, FS Offerhaus und Kollewijn, S. 89ff. (90); Matscher, Zuständigkeitsvereinbarungen im österreichischen und internationalen Zivilprozessrecht, 1967, S. 82 ff.; Münzberg, Prorogation und Schiedsvereinbarungen im internationalen Zivilverfahren, in: Zeitgnössische Fragen des internationalen Zivilverfahrensrechts, 1972, S. 177ff. (182ff.) m.w.N; Walchshöfer, NJW 1972, 2164 ff. und ZZP 80 (1967), 165 ff. für den Fall, dass eine Vollstreckung in dem Staat, in dem sich das prorogierte Gericht befindet, ausscheidet und der Kläger im Vollstreckungsverfahren nur auf inländisches Vermögen zurückgreifen könnte.

dann kann der Gläubiger auch nicht in das Sommerhaus des Schuldners oder dessen Konto in Liechtenstein vollstrecken. Das Argument der Rechtsschutzverweigerung ist deshalb sehr zweifelhaft.

Wesentlicher Gesichtspunkt gegen die Zulässigkeitsvoraussetzung der Anerkennungsfähigkeit ist deren Nichtvorhersehbarkeit[41]. Würde man sie zum Erfordernis der Zulässigkeit einer internationalen Gerichtsstandsvereinbarung machen, dann würde eine für die Parteien unerträgliche Rechtsunsicherheit eintreten. Sie wüssten bei Abschluss der Gerichtsstandsvereinbarung nicht, ob diese im Einzelfall zulässig ist oder nicht. Zwei wesentliche Erfordernisse der Anerkennungsfähigkeit können die Parteien bei Abschluss des Prorogationsvertrages nicht kennen:

– Sie können nicht vorhersehen, wie der Richter in einem etwaigen Rechtsstreit entscheiden wird, ob das Verfahren nach rechtsstaatlichen Grundsätzen abläuft, ob die Parteien ordnungsgemäß geladen werden, ob ihnen rechtliches Gehör gewährt wird und ob die Entscheidung nicht etwa gegen den deutschen ordre public verstößt.

– Im Hinblick auf das Erfordernis der verbürgten Gegenseitigkeit (§ 328 Abs. 1 Nr. 5 ZPO) können die Parteien sich zwar im Zeitpunkt des Abschlusses der Gerichtsstandsvereinbarung vergewissern, ob die Gegenseitigkeit verbürgt ist. Sie werden dies bei Gerichtsstandsvereinbarungen mit der Prorogation von Gerichten in „exotischen" Staaten aber nur unter großen Schwierigkeiten und mit einem großen Maß an Unsicherheit tun können. Wie soll ein nicht spezialisierter Rechtsanwalt, der im Hinblick auf die Gegenseitigkeit auf die gängigen Kommentare zur Zivilprozessordnung und deren Anhang zu § 328 angewiesen ist, die Partei beraten, wenn es um eine Gerichtsstandsvereinbarung zugunsten eines Gerichts in Singapur, an der Elfenbeinküste oder in Bolivien geht? im Übrigen wissen die Parteien im Zeitpunkt des Abschlusses der Gerichtsstandsvereinbarung nicht, ob nicht zum Zeitpunkt der Einleitung des Rechtsstreits eine gegebene Gegenseitigkeit weggefallen ist. Darauf kommt es für die Anerkennung aber allein an. So war lange Zeit die Gegenseitigkeit im Verhältnis zu Frankreich nicht als verbürgt angesehen worden wegen der dort praktizierten révision au fond. Nach einer Änderung der

[41] Vgl. Schütze, AWD 1973, 368 ff. (371 f.)

Rechtsprechung des Kassationshofes[42] war sie es plötzlich. Eine ähnliche Entwicklung hat sich im deutsch-südafrikanischen[43] und deutsch-syrischen[44] Verhältnis gezeigt. Umgekehrt ist die immer im deutsch-äthiopischen Rechtsverkehr angenommene Gegenseitigkeit nunmehr zweifelhaft geworden. Die vom Bundesgerichtshof – zu Recht – verneinte Gegenseitigkeit im Verhältnis zur Türkei nach einer Gesetzesänderung im Jahr 1982 verbürgt[45].

Den Parteien unter diesen Umständen eine Anerkennungsprognose aufzubürden, heißt, sie überfordern. Sie setzt hellseherische Fähigkeiten bei ihnen und ihren Beratern voraus.

Überdies ist zu bedenken, dass die Parteien ja weitgehende Dispositionsfreiheit besitzen und eine gerichtliche Geltendmachung des Anspruchs ausschließen können. Dann muss es auch zulässig sein, dass sie auf einen Rechtsschutz im Inland verzichten. Ob sie dies wollen, ist eine andere Frage. Wenn sie sich über die Tragweite ihrer Erklärung irren, dann ist der Bestand der Vereinbarung ein Problem der Willenserklärung der Parteien, nicht jedoch der Zulässigkeit der Gerichtsstandsvereinbarung. Die Parteien bedürfen keiner Bevormundung[46]. Der Richter ist nicht ihr „Kindermädchen". Ein amerikanischer Professor erklärte nach Abschluss eines verfahrensrechtlichen Forschungsauftrages, dass das Wesen des deutschen Zivilprozesses darin bestehe, dass es für die Partei darauf ankomme, durch einen möglichst unfähigen Anwalt vertreten zu sein, da das Gericht mit dieser Partei besonderes Mitleid habe und ihr über § 139 ZPO hinaus Hilfestellung leiste. Diese sicherlich falsche und überspitzte Darstellung hat einen wahren Kern. Sie darf nicht dazu führen, dass falsche Entscheidungen der Parteien im Rahmen ihrer Dispositionsfreiheit durch den Richter korrigiert werden[47].

[42] Vgl. Cour de Cassation J.C.P. 1964.II.13590 mit Anm. Ancel = Rev.crit. 53 (1964), 344 mit Anm. Batiffol = FamRZ 1965, 46 mit Anm. Sonnenberger

[43] Vgl. BGHZ 42, 194 = AWD 1964, 394

[44] Vgl. BGHZ 49, 50 = AWD 1968, 266 mit Anm. Schütze

[45] Vgl. Geimer/Schütze, EuZVR, E.1, Rdn. 244; Krüger, Vollstreckung deutscher Gerichtsentscheidungen in der Türkei, RIW 1986, 639 ff. (641)

[46] Vgl. Geimer, NJW 1972, 1622; Schütze, AWD 1973, 368 ff. (372)

[47] Die h.L. geht deshalb zu Recht von der Bedeutungslosigkeit der Anerkennungsfähigkeit des Urteils des prorogieerten Gerichts für die Zuässigkeit und Wirksamkeit einer internationalen Gerichtsstandsvereinbarung aus, vgl. aus der höchstrichterlichen Rechtsprechung RG JW 1926, 1336; 1936, 3185; BGH NJW 1961,

2. Fehlen oder Wegfall der Geschäftsgrundlage

Irren sich eine oder beide Parteien über die Möglichkeiten der Anerkennungsfähigkeit der im forum prorogatum erlassenen Entscheidung, dann beurteilen sich die Rechtsfolgen nach der lex eausae. Im einzelnen kann hier auf das oben unter I Ausgeführte verwiesen werden.

Soweit deutsches Recht zur Anwendung kommt, führt der beiderseitige Irrtum über die Möglichkeiten der Durchsetzung der Entscheidung des prorogierten Gerichts im forum derogatum oder einem Drittstaat – soweit die Vollstreckungsmöglichkeit zur Geschäftsgrundlage gemacht worden ist – zu einer Anpassung der Gerichtsstandsvereinbarung wegen Fehlens oder Wegfalls der Geschäftsgrundlage. Soweit das anwendbare ausländische Recht ein solches Rechtsinstitut nicht kennt, kann nur die ordre-public-Klausel helfen. Diese ist aber auf Ausnahmefälle beschränkt.

Irrt sich nur eine Partei über die Durchsetzungsmöglichkeiten der im forum prorogatum erlassenen Entscheidung, dann ist die Beseitigung der Gerichtsstandsvereinbarung nur möglich, wenn die lex causae eine Irrtumsanfechtung der Willenserklärung der sich irrenden Partei zulässt. Nach deutschem Recht ist eine solche Anfechtung nicht möglich. Bei dem Irrtum über die Vollstreckungsmöglichkeiten der Entscheidung handelt es sich um einen unbeachtlichen Motivirrtum[48]. Eine Anfechtung ist nicht möglich.

1061; BGHZ 49, 124; BGH NJW 1971, 325; BGH NJW 1971, 985, für das Schrifttum vgl. Schütze, AWD 1973, 368 ff.

[48] Zum Ergebnis einer uferlosen Anfechtungsmöglichkeit vgl. Weissmann, Das Forum Prorogatum, Diss. Zürich 1935, S. 45: *„Das Abstellen auf den wirklichen Willen der Parteien würde der Trölerei Tür und Tor öffnen".*

22. Zur internationalen Zuständigkeit aufgrund rügeloser Einlassung[1]

Nach § 328 Abs. 1 Nr. 1 ZPO ist die internationale Zuständigkeit Erfordernis der Anerkennung eines ausländischen Urteils. Die Zuständigkeitsprüfung erfolgt unter hypothetischer Zugrundelegung deutscher Zuständigkeitsnormen[2].

Nach § 39 ZPO wirkt die rügelose Einlassung des Beklagten zur Hauptsache damit zuständigkeitsbegründend. Davon zu unterscheiden ist das rechtspolitisch verfehlte[3] Anerkennungserfordernis des § 328 Abs. 1 Nr. 2 ZPO[4], das die Gewährung rechtlichen Gehörs sicherstellen soll[5] und keinen Bezug zur internationalen Zuständigkeit hat. Eine Versagung der Anerkennung nach § 328 Abs. 1 Nr. 2 ZPO kann auch bei gegebener internationaler Zuständigkeit erfolgen.

Die rügelose Einlassung des Beklagten wirkt auch – mit einer Ausnahme – nach den Staatsverträgen der Bundesrepublik Deutschland über die internationale Urteilsvollstreckung zuständigkeitsbegrün-

1 Erstmals publiziert in: ZZP 90 (1977), 67 ff.

2 Vgl. Basedow, Variationen über die spiegelbildliche Anwendung deutschen Zuständigkeitsrechts, IPRax 1994, 183 ff.; Coester-Waltjen, Das Spiegelbildprinzip bei der Anerkennungszuständigkeit, FS Buxbaum, 2000, S. 101 ff.; Fricke, Die Anerkennungszuständigkeit zwischen Spiegelbildgrundsatz und Generalklausel, 1990; Geimer, Zur Prüfung der Gerichtsbarkeit und der internationalen Zuständigkeit bei der Anerkennung ausländischer Urteile, 1966; ders., Anerkennung, S. 113 ff.; Holleaux, Compétence du juge étranger et reconnaissance des jugements, 1970; Schärtl, Das Spiegelbildprinzip im Rechtsverkehr mit ausländischen Staatenverbindungen, 2005; Schindler, Durchbrechungen des Spiegelbildprinzips bei der Anerkennung ausländischer Entscheidungen, 2004

3 Schwenn, in: Lauterbach, Vorschläge und Gutachten zur Reform des deutschen internationalen Eherechts, 1962, S. 146; Geimer, Zur Nichtanerkennung ausländischer Urteile wegen nicht ordnungsgemäßen erststaatlichen Verfahrens, JZ 1969, 12 ff. (13)

4 Vgl. dazu Geimer, Nichtanerkennung ausländischer Urteile wegen nicht gehöriger Ladung zum Erstprozess, NJW 1973, 2138 ff.; Linke, Die Versäumnisentscheidungen im deutschen, österreichischen, belgischen und englischen Rechts, 1972

5 Vgl. Geimer, NJW 1973, 2138 ff.

dend[6]. Art. 18 EuGVÜ/LugÜ stellt eine Befolgungsnorm[7] auf. Die rügelose Einlassung wirkt zuständigkeitsbegründend im Sinne der compétence directe[8]. Die bilateralen Staatsverträge mit der Schweiz[9], Italien[10], Belgien[11], Österreich[12], Großbritannien[13], Griechenland[14],

[6] Vgl. zum Gerichtsstand der rügelosen Einlassung im Rahmen der Staatsverträge Beck, Die Anerkennung und Vollstreckung ausländischer gerichtlicher Entscheidungen in Zivilsachen nach den Staatsverträgen mit Belgien, Österreich, Grossbritannien und Griechenland, Diss. Saarbrücken 1969, S. 95ff.; Jellinek, Die zweiseitigen Staatsverträge über Anerkenennung ausländischer Zivilurteile, 1. Heft, 1953, S. 166 ff.

[7] Vgl. Zur Terminologie Geimer, Zur Prüfung der Gerichtsbarkeit und der internationalen Zuständigkeit bei der Anerkennung ausländischer Urteile, 1966, S. 106, FN 52; ders., IZPR, Rdn. 852; Gutteridge, Le conflit des lois de compétence judiciaire dans les actions personelles, RdC 44 (1933 II), 121 ff.; Jellinek, Die zweiseitigen Staatsverträge über Anerkennung ausländischer Zivilurteile, 1. Heft, 1953, S. 26, Schütze, DIZPR, Rdn. 104

[8] Vgl. dazu Donzallas, La Convention de Lugano, Bd. III, Rdn. 7093 ff.; Geimer/Schütze, EuZPR, A. 1, Art. 24, Rdn. 1ff.; Leipold, Zuständigkeitsvereinbarungen durch rügelose Einlassung nach dem Europäischen Gerichtsstands- und Vollstreckungsübereinkommen, IPRax 1982, 222 ff.; Sandrock, Die Prorogation der internationalen Zuständigkeit eines Gerichts durch hilfsweise Sacheinlassung des Beklagten – das Mysterium des Art. 18 Satz 2 EuGVÜ, ZVglRWiss 78 (1979), 117ff.; Schulte-Beckhausen, Internationale Zuständigkeit durch rügelose Einlassung im Europäischen Zivilprozessrecht, 1994

[9] Art. 2 Nr. 3 Abkommen zwischen dem Deutschen Reich und der Schweizerischen Eidgenossenschaft über die gegenseitige Anerkennung und Vollstreckung von gerichtlichen Entscheidungen und Schiedssprüchen vom 2.11.1929 (RGBl. 1930 II 1065)

[10] Art. 2 Nr. 2 Deutsch-italienisches Abkommen über die Anerkennung und Vollstreckung gerichtlicher Entscheidungen in Zivil- und Handelssachen vom 9.3.1936 (RGBl. 1937 II 145); vgl. zur Fortgeltung Marazzi, Sulla rimessa in vigore dei trattati con la Germania prebellica, Rivista italiana di diritto e procedure penale 1959, 338 ff.; Neumayer, Über die Fortgeltung deutsch-italienischer Staatsverträge privatrechtlichen Inhalts, JZ 1952, 682 f.

[11] Art. 3 Nr. 3 Abkommen zwischen der Bundesrepublik Deutschland und dem Königreich Belgien über die gegenseitige Anerkennung und Vollstreckung von gerichtlichen Entscheidungen, Schiedssprüchen und öffentlichen Urkunden in Zivil- und Handelssachen vom 30.6.1958 (BGBl. 1959 II 766)

[12] Art. 2 Nr. 4 Vertrag zwischen der Bundesrepublik Deutschland und der Republik Österreich über die gegenseitige Anerkennung und Vollstreckung von gerichtlichen Entscheidungen, Vergleichen und öffentlichen Urkunden in Zivil- und Handelssachen vom 6.6.1959 (BGBl. 1960 II 1245)

[13] Art. IV Nr. 2 Abkommen zwischen der Bundesrepublik Deutschland und dem Vereinigten Königreich Großbritannien und Nordirland über die gegenseitige

den Niederlanden[15], Spanien[16], Norwegen[17] und Israel[18] lassen die rügelose Einlassung durch entsprechende Beurteilungsnormen als zuständigkeitsbegründend im Sinne der compétence indirecte – wie § 328 Abs. 1 Nr. 1 ZPO auch – zu. Eine Besonderheit bilden dabei die Verträge mit Österreich und Griechenland. Die vorbehaltlose Einlassung wirkt nur im Rahmen des international missbilligten Gerichtsstandes des Vermögens[19]. Denn wegen der weitgehenden Übereinstimmung der Zuständigkeitsordnungen im deutschen, österreichischen[20] und griechischen[21] Recht haben die Vertragspartner im

Anerkennung und Vollstreckung von gerichtlichen Entscheidungen in Zivil- und Handelssachen vom 14.7.1960 (BGBl. 1961 II 301)

[14] Art. 3 Nr. 4 Vertrag zwischen der Bundesrepublik Deutschland und dem Königreich Griechenland über die gegenseitige Anerkennung und Vollstreckung von gerichtlichen Entscheidungen, Vergleichen und öffentlichen Urkunden in Zivil- und Handelssachen vom 4.11.1961 (BGBl. 1963 II 109)

[15] Art. 4 Abs. 1 lit. c Vertrag zwischen der Bundesrepublik Deutschland und dem Königreich der Niederlande über die gegenseitige Anerkennung und Vollstreckung gerichtlicher Entscheidungen und anderer Schuldttitel in Zivil- und Handelssachen vom 30.8.1962 (BGBl. 1965 II 25)

[16] Art. 7 Nr. 4 Vertrag zwischen der Bundesrepublik Deutschland und Spanien über die Anerkennung und Vollstreckung von gerichtlichen Entscheidungen und Vergleichen sowie vollstreckbaren öffentlichen Urkunden in Zivil- und Handelssachen vom 14. November 1983 (BGBl. 1987 II 35

[17] Art. 8 Nr. 3 Vertrag zwischen der Bundesrepublik Deutschland und dem Königreich Norwegen über die gegenseitige Anerkennung und Vollstreckung gerichtlicher Entscheidungen und anderer Schuldtitel in Zivil- und Handelssachen vom 17. Juni 1977 (BGBl. 1981 II 341)

[18] Art. 7 Nr. 11 Vertrag zwischen der Bundesrepublik Deutschland und dem Staat Israel über die gegenseitige Anerkennung und Vollstreckung gerichtlicher Entscheidungen in Zivil- und Handelssachen vom 20. Juli 1977 (BGBl. 1980 II 925)

[19] Vgl. dazu Bittighofer, Der internationale Gerichtsstand des Vermögens, 1994; Rammos, Der Gerichtsstand des Vermögens und das Ausländerforum nach vergleichendem Recht, 1930; Schütze, Das Vermögen als Anknüpfungspunkt für die internationale Zuständigkeit, FS Ishikawa, 2001, S. 493 ff.; ders. DIZPR, Rdn. 156 ff. m.w.N.

[20] Vgl. dazu Geimer/Schütze, Internationale Urteilsanerkennung, Bd. II, S. 78 ff. unter Hinweis auf die österreichische Regierungsvorlage S. 7 und die deutsche Denkschrift zum deutsch-österreichischen Vertrag, BTDrucks. III/Nr. 1419, S. 8

[21] Vgl. Beck, Die Anerkennung und Vollstreckung ausländischer gerichtlicher Entscheidungen nach den Staatsverträgen mit Belgien, Österreich, Großbritannien und Griechenland, Diss. Saarbrücken, 1969, S. 54 f.; Schütze, Anerkennung und Vollstreckung deutscher Urteile im Ausland, 1973, S. 48. Eine Synopse der Gerichtsstände im deutschen und griechischen Recht findet sich in der Denkschrift zum deutsch-griechischen Vertrag, BTDrucks. IV/Nr. 570, S. 9 ff.

deutsch-österreichischen und deutsch-griechischen Vertrag darauf verzichtet, einen Zuständigkeitskatalog aufzustellen[22] und nur den Gerichtsstand des Vermögens als prinzipiell nicht zuständigkeitsbegründend ausgeschlossen. Nur insoweit hat die vorbehaltlose Einlassung des Beklagten Bedeutung.

Der einzige Staatsvertrag, der die rügelose Einlassung nicht als zuständigkeitsbegründend anerkennt, ist der deutsch-tunesische Vertrag. Da Art. 3 der tunesischen Zivilprozessordnung die Derogation tunesischer internationaler Zuständigkeit verbietet[23], konnte weder die Gerichtsstandsvereinbarung noch die rügelose Einlassung in den Zuständigkeitskatalog aufgenommen werden[24].

Im europäischen Recht regelt Art. 24 VO (EG) Nr. 44/2001 die rügelosen Einlassung in gleicher Weise wie Art. 18 EuGVÜ/LugÜ als Befolgungsnorm im System der europäischen Zuständigkeitsordnung[25].

I. Rügelose Einlassung als stillschweigende Prorogation

Die vorbehaltlose Einlassung stellt nach § 39 ZPO einen Fall stillschweigender Prorogation dar[26]. Es müssen deshalb die Erfordernisse für die Zulässigkeit einer Gerichtsstandsvereinbarung vorliegen[27].

[22] Vgl. Denkschrift zum deutsch-griechischen Vertrag, BTDrucks. IV/Nr. 570, zu Art. 3

[23] Zur Entwicklung des internationalen Zivilprozessrechts vgl. Jambu/Merlin, Le Droit International Privé en Tunesie, 1960; Menhofer, Neues Internationales Privatrecht in Tunesien, IPRax 1999, 266 f.; Mezghani, Droit International Privé, 1991, S. 349ff.; Rauscher, Länderbericht Tunesien, in: Geimer/Schütze, Internationaler Rechtsverkehr, 1147

[24] Vgl. Denkschrift zum deutsch-tunesischen Vertrag, BTDrucks. V/Nr. 3167, S. 44ff. zu Art. 31; Ganske, Der deutsch-tunesische Rechtshilfe- und Vollstreckungsvertrag in Zivil- und Handelssachen vom 19.7.1966, AWD 1970, 145ff. (152)

[25] Vgl. dazu Calvo Caravaca/Carrascosa González, Derecho Internacional Privado, 2002, Bd. 1, S. 130 ff.; Geimer/Schütze, EuZVO, A.1 Art. 24, Rdn. 1ff., Nagel/Gottwald, IZPR, § 3, Rdn. 158; Schack, IZVR, Rdn. 486

[26] Vgl. schon Hahn, Materialien, 1881, S. 162

[27] Vgl. § 40 Abs. 2 S. 2 ZPO, dazu Stein/Jonas/Bork, § 40, Rdn. 2; Wieczorek/Schütze/Hausmann, § 40, Rdn. 1

Nur die Vereinbarung wird unwiderleglich vermutet. Der Mangel eines entsprechenden Willens des Beklagten ist unerheblich, eine Anfechtung wegen Willensmangels ausgeschlossen.

Der Gerichtsstand der rügelosen Einlassung ist international anerkannt.

Seine Rechtsnatur wird im angloamerikanischen Recht[28] in der Unterwerfung unter eine an sich nicht gegebene Zuständigkeit gesehen. In diesem Sinn hat von Bar[29] im Übrigen auch die freiwillige Unterwerfung als gerichtsstandsbegründend angesehen.

Geht man von der Rechtsnatur rügeloser Einlassung als einer Form stillschweigender Prorogation aus, so ist sie nur beachtlich, wenn sie im Rahmen nachstehender Grenzen erfolgt[30].

1. Auslandsbeziehung

Es muss eine Auslandsbeziehung vorliegen. Denn die internationale Prorogation setzt begrifflich die kollisionsrechtliche Frage voraus[31]. Diese Auslandsbeziehung muss nach objektiven Kriterien bestimmt werden. Die Staatsangehörigkeit[32] genügt nicht zur Begründung einer Auslandsbeziehung. Es müssen vielmehr Wertbewegungen „über die Grenze" dem Rechtsstreit zugrunde liegen. Diese Auslandsbeziehung ist notwendig, aber auch ausreichend. Die Beziehung braucht nicht zu dem Staat zu bestehen, dessen internationale Zuständigkeit durch die rügelose Einlassung stillschweigend prorogiert wird.

So kann eine Prozessführung in einem Staat, zu dem keine Auslandsbeziehung besteht, durchaus sinnvoll sein. Beispielsweise ist die Aner-

[28] Vgl. z.B. Feyerick v. Hubbard (1902), 71 Law Journal King's Bench Division; Wolff, Private International Law, 2. Aufl., S. 73, zum US-amerikanischen Recht vgl. § 82 Restatement Second, Conflict of Laws: „*An appearance by an defendant in an action gives the court jurisdiction over him for all purposes of the action …*"

[29] Vgl. von Bar, Theorie und Praxis des Internationalen Privatrechts, 1889, S. 447

[30] Vgl. dazu Schütze, Internationale Gerichtsstandsvereinbarungen, DB 1974, 1417 ff.

[31] Vgl. Trinkner, Urteilsanmerkung, AWD 1970, 578 ff.

[32] Vgl. dazu Trinkner, AWD 1970, 578 ff. (579)

kennung und Vollstreckbarerklärung im deutsch-liechtensteinischen Verhältnis nicht gesichert[33].

Liechtensteinische Entscheidungen können nicht in Deutschland, deutsche nicht in Liechtenstein geltend gemacht werden. Jedoch sind schweizerische Urteile sowohl in Liechtenstein als auch in Deutschland jeweils auf staatsvertraglicher Grundlage anerkennungsfähig und können für vollstreckbar erklärt werden. Eine Prozessführung in Zürich oder Genf kann bei einem deutsch-liechtensteinischen Handelsgeschäft also durchaus sinnvoll sein.

2. § 38 Abs. 3 Nr. 1 ZPO

Die Erfordernisse von § 38 Abs. 1 und 2 ZPO brauchen nicht gewahrt zu sein, denn es liegt für eine rügelose Einlassung jedenfalls immer ein Fall des § 38 Abs. 3 Nr. 1 ZPO vor. Die stillschweigende Prorogation durch rügelose Einlassung erfolgt notwendigerweise nach Entstehen der Streitigkeit.

3. Bedeutungslosigkeit der Anerkennungsfähigkeit der im Gerichtsstand der rügelosen Einlassung ergehenden Entscheidung

Nicht erforderlich ist es, dass die Entscheidung des stillschweigend prorogierten Gerichts im Staat des sich unterwerfenden Beklagten anerkennungsfähig ist[34]. Wie die Parteien die Zweckmäßigkeit einer ausdrücklichen Gerichtsstandsvereinbarung selbst prüfen müssen[35] und keiner Bevormundung bedürfen, so müssen sie sich auch bei der Einlassung entscheiden, ob sie den Mangel der internationalen Zuständigkeit rügen wollen oder nicht. Dies gilt umso mehr, als weder eine Anerkennungsprognose noch eine Vollstreckungsprognose mit hinreichender Sicherheit möglich ist[36].

[33] Vgl. Schütze, Anerkennung und Vollstreckung ausländischer Zivilurteile in Liechtenstein, RIW/AWD 1976, 564 ff.

[34] Vgl. dazu Schütze, Zur Bedeutungslosigkeit der Anerkennungsfähigkeit der Entscheidung des prorogierten Gerichts für die Wirksamkeit einer internationalen Gerichtsstandsvereinbarung, AWD 1973, 368 ff. m.w.N., abgedruckt auch sub 20

[35] Vgl. aus der höchstrichterlichen Rechtsprechung RG JW 1926, 1061; 1936, 3185; BGH NJW 1961, 1061; BGHZ 49, 124; BGH NJW 1971, 985

[36] Vgl. Schütze, AWD 1973, 370 ff.

4. Arbeitsrechtliche Streitigkeiten

Die Begründung internationaler Zuständigkeit durch rügelose Einlassung ist ebenso wie die ausdrückliche Prorogation auch in Arbeitssachen möglich[37]. Die Neufassung von § 48 ArbGG hat die Anwendbarkeit von §§ 38ff. ZPO für arbeitsrechtliche Streitigkeiten nicht ausgeschlossen. Die rügelose Einlassung wirkt auch im Arbeitsgerichtsprozess zuständigkeitsbegründend[38].

II. Die Erfordernisse rügeloser Einlassung

1. Verhandlung zur Hauptsache

Der Beklagte muss zur Hauptsache verhandelt haben. Die Verhandlung zu Prozessfragen (z.B. Ablehnung eines Richters) genügt – anders als nach § 328 Abs. 1 Nr. 2 ZPO – nicht. Denn dieser Versagungsgrund[39] – ebenso wie die entsprechenden Bestimmungen in den Staatsverträgen[40] – soll sichern, dass dem unterlegenen Beklagten rechtliches Gehör gewährt wird[41]. Es handelt sich um einen Unterfall der ordre-public-Klausel[42]. Der Begriff der Einlassung ist deshalb – untechnisch – sehr weit zu fassen[43]. Matscher[44] sieht in Art. 2 Nr. 2

[37] Vgl. Beitzke, Gerichtsstandsklauseln in auslandsbezogenen Dienst- und Arbeitsverträgen, RIW/AWD 1976, 7ff.; Künzl, Rügelose Einlassung im arbeitsgerichtlichen Verfahren?, BB 1991, 757ff.

[38] Vgl. Germelmann/Matthes/Prütting/Müller-Glöge/Matthes, Arbeitsgerichtsgesetz, 5. Aufl., 2004, § 2 Rdn. 177ff.

[39] Vgl. zur Unterscheidung der Anerkennungsersfordernisse in Voraussetzungen und Versagungsgründe Schütze, Die Anerkennung und Vollstreckung ausländischer Zivilurteile in der Bundesrepublik Deutschland als verfahrensrechtliches Problem, Diss. Bonn 1960, S. 27 ff.

[40] Vgl. z.B. Art. 2 Nr. 2 deutsch-österreichsischer Vertrag; Art. 2 Abs. 1 Nr. 2 deutsch-belgisches Abkommen

[41] Vgl. Geimer, IZPR, Rdn. 2919; Geimer/Schütze, Internationale Urteilsanerkennung, Bd. II, S. 88; Schütze, DIZPR, Rdn. 333; Zöller/Geimer, § 328, Rdn. 134

[42] Vgl. Kallmann, Anerkennung und Vollstreckung ausländischer Zivilurteile und gerichtlicher Vergleiche, 1946, S. 284 ff.

[43] Vgl. Zöller/Geimer, § 328, Rdn. 139

[44] Vgl. Matscher, Der neue österreichisch-deutsche Vertrag über die Anerkennung und Vollstreckung von gerichtlichen Entscheidungen im Lichte der allgemeinen Lehren des internationalen Zivilprozessrechts, JBl. 1960, 265 ff. (276)

des deutsch-österreichischen Vertrages – wohl zu weitgehend – einen rein faktischen Begriff, „der lediglich der Bewertung durch den Zweitrichter unterliegt". Die rügelose Einlassung im Rahmen der Begründung internationaler Zuständigkeit beinhaltet dagegen eine stillschweigende Prorogation.

Die Einlassung zur Hauptsache muss – bei Staatsverträgen – nach erst- und zweitstaatlichem Recht beurteilt werden (Doppelqualifikation)[45]. Die Notwendigkeit einer Doppelqualifikation hat sich in der Praxis der Anwendung des deutsch-britischen Anerkennungs- und Vollstreckungsabkommens gezeigt[46]. Das OLG Stuttgart qualifizierte in einem Fall der Entscheidung über die rügelose Einlassung im Rahmen des Abkommens erststaatlich[47] und nahm eine internationale Zuständigkeit des englischen Erstgerichts an, obwohl die Einlassung des Beklagten im englischen Prozess aus deutscher Sicht keine rügelose war[48]. Dieselbe Entscheidung von einem deutschen Gericht erlassen hätte in England nicht registriert werden können. Nur die Doppelqualifikation kann eine unterschiedliche Anwendung verhindern.

Die Einlassung nach § 328 Abs. 1 Nr. 2 ZPO ist dagegen allein nach zweitstaatlichem – deutschen – Recht zu qualifizieren[49].

2. Mangelnde Rüge der internationalen Zuständigkeit

Der Beklagte darf den Mangel der internationalen Zuständigkeit im erststaatlichen Verfahren nicht gerügt haben. Dabei ist zwischen der Rüge internationaler und autonomer (örtlicher, sachlicher, funktioneller) Zuständigkeit zu unterscheiden[50]. Der Beklagte muss aus-

[45] Vgl. Schütze, DIZPR, Rdn. 61

[46] Vgl. dazu Schütze, Zur Anwendung des deutsch-britischen Anerkennungs- und Vollstreckungsabkommens, RIW/AWD 1980, 170 f.

[47] 5 U 124/1977

[48] Vgl. dazu auch Kratzer, Einrede des Schiedsvertrages als rügelose Einlassung nach dem deutsch-britischen Vollstreckungsabkommen?, RIW/AWD 1977, 720.

[49] Vgl. im einzelnen Schütze, Zur Bedeutung der rügelosen Einlassung im internationalen Zivilprozessrecht, RIW/AWD 1979, 590 ff., abgedruckt auch sub 23

[50] Vgl. Geimer/Schütze, Internationale Urteilsanerkennung, Bd. II, S. 278 (zum deutsch-belgischen Abkommen); Kallmann, Anerkennung und Vollstreckung ausländischer Zivilurteile und gerichtlicher Vergleiche, 1946, S. 99 (zum deutsch-schweizerischen Abkommen).

drücklich den Mangel internationaler Zuständigkeit rügen, die Rüge mangelnder örtlicher oder sachlicher Zuständigkeit genügt nicht[51]. Denn örtliche und internationale Zuständigkeit sind zwar verquickt, sind aber hinsichtlich Voraussetzungen und Rechtsnatur zu unterscheiden[52]. Dabei bedarf die Zuständigkeitsrüge des Beklagten aber der Auslegung. In der Rüge des Mangels der örtlichen Zuständigkeit kann auch die Rüge mangelnder internationaler Zuständigkeit liegen[53], wie auch die Vereinbarung der örtlichen Zuständigkeit die internationale Prorogation enthalten kann. Rügt der Beklagte z.B. in einem Rechtsstreit vor dem Supreme Court New York den Mangel der Zuständigkeit mit der Begründung, das Landgericht Stuttgart sei zuständig, so liegt hierin sogleich die Rüge mangelnder internationaler Zuständigkeit der New Yorker Gerichte.

Der Beklagte muss die Zuständigkeitsrüge auch dann vorbringen, wenn sie nach erststaatlichem Recht erfolglos ist[54]. Das ist beispielsweise der Fall, wenn der Beklagte in einem Prozess vor einem US amerikanischen Gericht im Gerichtsstand des doing business verklagt wird und mit seiner Zuständigkeitsrüge in dem amerikanischen Verfahren erfolglos bleiben muss. Würde man in diesen Fällen die rügelose Einlassung des Beklagten nicht als zuständigkeitsbegründend ansehen, dann wäre eine stillschweigende Prorogation nie möglich, wenn das ausländische Gericht einen Gerichtsstand kennt, der dem deutschen Recht unbekannt ist[55]. Das ist wohl auch der Grund dafür,

[51] Vgl. Geimer/Schütze, Internationale Urteilsanerkennung, Bd. II, S. 278

[52] Vgl. BGHZ 44, 46 = AWD 1965, 275 f. = LM Nr. 4 zu § 512 a ZPO mit Anm. Schneider = MDR 1965, 273 = NJW 1965, 1665 = JZ 1966, 237 mit Anm. Neuhaus = JuS 1965, 458 mit Anm. Bähr

[53] Vgl. Wieczorek/Schütze/Hausmann, § 39, Rdn. 21 ff. m.w.N.

[54] Vgl. Kallmann, Anerkennung und Vollstreckung ausländischer Zivilurteile und gerichtlicher Vergleiche, 1946, S. 104 f.; ebenso BGE 68 I 160; aA Geimer, Zur Prüfung der Gerichtsbarkeit und der internationalen Zuständigkeit bei der Anerkennung ausländischer Urteile, 1966, S. 150 f.; ders., Anerkennung, S. 120

[55] RGZ 37, 371 will diese Fälle damit lösen, dass verneint wird, dass das ausländische Gericht „an sich" unzuständig ist. Diese Ansicht ist deshalb nicht haltbar, weil die internationale Zuständigkeit (Anerkennungszuständigkeit) nach zweitstaatlichem Recht zu beurteilen ist.

dass der Bundesgerichtshof in einem solchen Fall nicht die internationale Zuständigkeit, sondern die Gegenseitigkeit verneint hat[56].

Nun hat zwar der Bundesgerichtshof[57] dem durch Versäumnisurteil unterlegenen Schuldner eine Berufung auf die mangelnde internationale Zuständigkeit des Erstgerichts nicht abgeschnitten[58]. Der Beklagte habe keinen Anlass, vor dem ausländischen Gericht Einwendungen zu erheben, *„die nur nach deutschem Recht und deshalb nur vor dem deutschen Gericht erheblich sind"*. Die Entscheidung betraf aber einen Fall, in dem der Beklagte sich nicht zur Sache eingelassen hatte. Lässt der Beklagte sich zur Hauptsache nicht ein, dann ist eine internationale Zuständigkeit unter hypothetischer Anwendung von § 39 ZPO nicht gegeben. BGHZ 52, 30 steht der hier vertretenen Meinung deshalb nicht entgegen.

3. Willensmängel

Die Prorogationswirkungen der rügelosen Einlassung treten ohne Willen des Beklagten ein[59]. Die internationale Zuständigkeit wird allein durch die Einlassung zur Hauptsache begründet. Deshalb ist es unerheblich, ob sich der Beklagte über die Folgen der Einlassung im Klaren war. Insbesondere kommt es nicht darauf an, ob der Beklagte entsprechend § 504 Abs. 2 ZPO auf die Folgen rügeloser Einlassung hingewiesen wurde. Denn § 39 Satz 2 ZPO gilt nur für die örtliche Zuständigkeit im inländischen Prozess. Wenn die ausländische Prozessordnung eine Hinweispflicht nicht kennt, kann der deutsche Anerkennungsrichter eine solche nicht fordern[60].

[56] Vgl. BGHZ 53, 332 = NJW 1970, 1002 mit Anm. Geimer, NJW 1970, 2163 ff. = AWD 1970, 226. Vgl. dazu Schütze, Internationale Zuständigkeit und Verbürgung der Gegenseitigkeit bei der Anerkennung ausländischer Entscheidungen, AWD 1970, 495 ff.

[57] Vgl. BGHZ 52, 30

[58] Vgl. dazu auch Pagenstecher, Gerichtsbarkeit und internationale Zuständigkeit als selbständige Prozessvoraussetzungen. Zugleich ein Beitrag zur Lehre von der internationalen Prorogation, RabelsZ 11 (1937), 337 ff. (432); Nussbaum, Deutsches Internationales Privatrecht, 1932, S. 434

[59] Vgl. Kallmann, Anerkennung und Vollstreckung ausländischer Zivilurteile und gerichtlicher Vergleiche, 1946, S. 100

[60] Vgl. Wieczorek/Schütze/Hausmann, § 39, Rdn. 24

Eine Anfechtung der rügelosen Einlassung wegen Willensmängeln findet nicht statt, etwa weil der Beklagte meinte, das Urteil sei mangels Verbürgung der Gegenseitigkeit nicht in Deutschland anerkennungsfähig und könne nicht für vollstreckbar erklärt werden.

23. Zur Bedeutung der rügelosen Einlassung im internationalen Zivilprozessrecht[1]

Die vorbehaltlose (rügelose) Einlassung hat im internationalen Zivilprozessrecht mehrfache Bedeutung. Entsprechend der unterschiedlichen Wirkungen im Verfahrenskollisionsrecht bestimmen sich ihre Voraussetzungen.

I. Zuständigkeitsbegründende Einlassung

1. Die vorbehaltlose Einlassung als stillschweigende Prorogation

Die vorbehaltlose Einlassung ist zunächst eine Erscheinungsform der (stillschweigenden) Prorogation[2] und als solche zur Begründung internationaler Zuständigkeit geeignet.

Das autonome deutsche Recht statuiert in § 39 ZPO die gerichtsstandsbegründende Wirkung, die nach dem Grundsatz der hypothetischen Anwendung der Normen über die örtliche Zuständigkeit zur Begründung internationaler Zuständigkeit führt[3].

[1] Erstmals publiziert in: RIW/AWD 1979, 590 ff.

[2] Vgl. BGH AWD 1969, 115; NJW 1976, 1581 = RIW/AWD 1976, 378; Neuner, Internationale Zuständigkeit, 1929, S. 36; Riezler, IZPR, S. 309; Schütze, Zur internationalen Zuständigkeit aufgrund rügeloser Einlassung, ZZP 90 (1977), 67ff. m.w.N., abgedruckt auch sub 22; Vervessos, Die Begründung der gerichtlichen Zuständigkeit durch den Parteiwillen (§§ 38–40 ZPO), Diss. München 1961, S. 108; a.A. die Vertreter der Subjektionstheorie, die die rügelose Einlassung als eine Form einseitiger Unterwerfung unter die Jurisdiktion sehen, insbes. Geimer, IZPR, Rdn. 1396ff.; ders., Anmerkung zu BGH, 30.6.1976, NJW 1976, S. 1581 Nr. 5 und zu BGH, Urteil vom 19.3.1976, NJW 1976, S. 1583, Nr. 6, WM 1977, 66 ff.; ders., Zur Prüfung der Gerichtsbarkeit und der internationalen Zuständigkeit bei der Anerkennung ausländischer Urteile, 1966, S. 151

[3] Vgl. z.B. BGH NJW 1976, 1581 = RIW/AWD 1976, 378; BGH NJW 1976, 1583 = RIW/AWD 1976, 374; BGHZ 101, 301; BGH NJW 1993, 1270 m.w.N.; Neuner, Internationale Zuständigkeit, 1929, S. 36; Thomas/Putzo/Hüßtege, § 39 Rdn. 1; Wieczorek/Schütze/Hausmann, § 39, Rdn. 3; Zöller/Vollkommer, ZPO, § 39 Rdn. 4; vgl. auch die Rechtsprechungsübersicht bei Sandrock, Die Prorogation der internationalen Zuständigkeit eines Gerichts durch Sacheinlassung des Beklagten, ZVglRWiss 78 (1979), 177 ff., FN 5

Die Anerkennungs- und Vollstreckungsverträge, die Deutschland mit der Schweiz[4], Italien[5], Belgien[6], Österreich[7], Großbritannien[8], Griechenland[9], den Niederlanden[10], Spanien[11], Norwegen[12] und Israel[13]

[4] Vgl. Art. 2 Nr. 3 des Abkommens zwischen dem Deutschen Reich und der Schweizerischen Eidgenossenschaft über die gegenseitige Anerkennung und Vollstreckung von gerichtlichen Entscheidungen und Schiedssprüchen vom 2.11.1929 (RGBl. 1930 II 1065); dazu Kallmann, Anerkennung und Vollstreckung ausländischer Zivilurteile und Vergleiche, 1946, S. 99 ff.

[5] Vgl. Art. 2 Nr. 2 des Deutsch-Italinienischen Abkommens über die Anerkennung und Vollstreckung gerichtlicher Entscheidungen in Zivil- und Handelssachen vom 9.3.1936 (RGBl. 1937 II 145); dazu Luther, Zur Anerkennung und Vollstreckung von Urteilen und Schiedssprüchen in Handelssachen im deutsch-italienischen Rechtsverkehr, ZHR 127 (1964), 145 ff.

[6] Vgl. Art. 3 Nr. 3 des Abkommens zwischen der Bundesrepublik Deutschland und dem Königreich Belgien über die gegenseitige Anerkennung und Vollstreckung von gerichtlichen Entscheidungen, Schiedssprüchen und öffentlichen Urkunden in Zivil- und Handelssachen vom 30.6.1958 (BGBl. 1959 II 766); dazu Geimer/Schütze, Internationale Urteilsanerkennung, Bd. II, S. 278

[7] Vgl. Art. 2 Nr. 4 des Vertrages zwischen der Bundesrepublik Deutschland und der Republik Österreich über die gegenseitige Anerkennung und Vollstreckung von gerichtlichen Entscheidungen, Vergleichen und öffentlichen Urkunden in Zivil- und Handelssachen vom 6.6.1959 (BGBl. 1960 II 1245); dazu Geimer/Schütze, Internationale Urteilsanerkennung, Bd. II, S. 109 ff.

[8] Vgl. Art. IV Nr. 2 des Abkommens zwischen der Bundesrepublik Deutschland und dem Vereinigten Königreich von Großbritannien und Nordirland über die gegenseitige Anerkennung und Vollstreckung von gerichtlichen Entscheidungen in Zivil- und Handelssachen vom 14.7.1960 (BGBl. 1961 II 301); dazu Geimer/Schütze, Internationale Urteilsanerkennung, Bd. II, S. 388 f. Die deutsche Denkschrift zu dem Abkommen spricht zutreffend von der *„Vereinbarung eines Gerichtsstandes durch freiwillige Einlassung zur Hauptsache", BTDrucks. III/Nr. 2360, S. 18*

[9] Vgl. Art. 3 Nr. 4 des Vertrages zwischen der Bundesrepublik Deutschland und dem Königreich Griechenland über die gegenseitige Anerkennung und Vollstreckung von gerichtlichen Entscheidungen, Vergleichen und öffentlichen Urkunden in Zivil- Handelssachen vom 4.11.1961 (BGBl. 1963 II 109)

[10] Vgl. Art. 4 Abs. 1 lit. c des Vertrages zwischen der Bunderepublik Deutschland und dem Königreich der Niederlande über die gegenseitige Anerkennung und Vollstreckung gerichtlicher Entscheidungen und anderer Schuldtitel in Zivil- und Handelssachen vom 30.8.1962 (BGBl. 1965 II 25). Der gemeinsame Bericht der Unterhändler (BTDrucks. IV/Nr. 2351) wertet die rügelose Einlassung ausdrücklich aufgrund übereinstimmender deutscher und niederländischer Rechtsauffassung als *„stillschweigende Gerichtsstandsvereinbarung"*, S. 13 ff.

[11] Vgl. Art. 7 Nr. 4 des Vertrages zwischen der Bundesrepublik Deutschland und Spanien über die Anerkennung und Vollstreckung von gerichtlichen Entscheidun-

abgeschlossen hat, messen der rügelosen Einlassung durch die entsprechenden Beurteilungsnormen im Sinne der compétence indirecte zuständigkeitsbegründende Wirkung bei[14]. Dabei wirkt die rügelose Einlassung im Rahmen des deutsch-griechischen und des deutsch-österreichischen Vertrages nur im Hinblick auf den international unerwünschten Gerichtsstand des Vermögens. Denn nur insoweit ist eine Nachprüfung der internationalen Zuständigkeit möglich. Wegen des Verbots der Gerichtsstandsvereinbarung im tunesischen Recht hat der deutsch-tunesische Vertrag darauf verzichtet, den Gerichtsstand der vorbehaltlosen Einlassung in den Zuständigkeitskatalog aufzunehmen[15]. EuGVÜ und LugÜ anerkennen die vorbehaltlose Einlassung als Fall der stillschweigenden Prorogation in Art. 18[16] die

gen und Vergleichen sowie vollstreckbarer Urkunden in Zivil- und Handelssachen vom 14. 11.1983 (BGBl. 1987 II 35)

[12] Vgl. Art. 8 Nr. 3 des Vertrages zwischen der Bundesrepublik Deutschland und dem Königreich Norwegen über die gegenseitige Anerkennung und Vollstreckung gerichtlicher Entscheidungen und anderer Schuldtitel in Zivil- und Handelssachen vom 17.6.1977 (BGBl. 1981 II 341)

[13] Vgl. Art. 7 Nr. 11 des Vertrages zwischen der Bundesrepublik Deutschland und dem Staat Israel über die gegenseitige Anerkennung und Vollstreckung gerichtlicher Entscheidungen in Zivil- und Handelssachen vom 20.7.1977 (BGBl. 1980 II 925)

[14] Vgl. dazu Waehler, Anerkennung ausländischer Entscheidungen aufgrund bilateraler Staatsverträge, in: Handbuch des Internationalen Zivilverfahrensrechts, Bd. III/2, 1984, S. 213 ff. (235 f.), Rdn. 203 ff.

[15] Vgl. dazu die Denkschrift zum deutsch-tunesischen Vertrag, BTDrucks. V Nr. 3167, 44 ff. und Ganske, Der deutsch-tunesische Rechtshilfe- und Vollstreckungsvertrag in Zivil- und Handelssachen vom 19.7.1966, AWD 1970, 145 ff.

[16] Vgl. für die Rechtsnatur des Art. 18 als Form der stillschweigenden Prorogation den Bericht zum EuGVÜ, BTDrucks. VI Nr. 1973, 52 ff.: *„Artikel 18 regelt die stillschweigende Zuständigkeitsvereinbarung."* Vgl. auch Droz, Compétence judiciaire et effets des jugements dans le Marché Commun, 1972, S. 137 *(«prorogation tacite»)*; Weser, Convention communautaire sur la compétence judiciaire et l'exécution des decisions, 1975, S. 317 *(«prorogation tacite»)*. Vgl. dazu grundlegend Sandrock, ZVglRWiss 78 (1979), 177 ff., der das Problem untersucht, inwieweit die hilfsweise Einlassung des Beklagten zur Hauptsache zur Prorogation im Rahmen von Art. 18 EuGVÜ führt und diese Frage zu Recht verneint. Sandrock stellt im Ergebnis fest: *„Lässt sich ein Beklagter vor einem international unzuständigen Gericht nur hilfsweise auf die Verhandlung zur Hauptsache ein, so verliert er dadurch – entgegen dem deutschen, italienischen und niederländischen Wortlaut des Art. 18 Satz 2 EuGVÜ, der insoweit unrichtig formuliert ist – nicht die Befugnis, die internationale Unzuständigkeit des Verfahrensgerichts geltend zu machen."*

Befolgungsnormen darstellen und compétence directe begründen[17]. Dasselbe gilt für Art. 24 VO (EG) Nr. 44/2001[18].

2. Erfordernisse der prorogierenden Wirkung der Einlassung

Soweit die vorbehaltlose Einlassung prorogierende Wirkung hat, müssen die Erfordernisse einer Gerichtsstandsvereinbarung vorliegen[19].

- Die Prorogation muss zulässig sein[20].

- Es muss eine Auslandsbeziehung vorliegen[21], da sich nur dann eine verfahrenskollisionsrechtliche Frage stellt. Diese wird allein durch eine Wertbewegung über die Grenze hergestellt.

Nicht erforderlich ist die Anerkennungsfähigkeit der Entscheidung im Heimatstaat des Beklagten[22]. Die Parteien müssen selbst beurteilen, wie und wo sie prozessieren wollen und bedürfen keiner Bevormundung.

3. Verhandlung zur Hauptsache

Der Beklagte muss zur Hauptsache verhandelt haben. Das bedeutet zunächst, dass er die Möglichkeit hatte, seinen Vortrag in prozessrechtlich wirksamer Form in den Erstprozess einzubringen. Äußert

[17] Vgl. für viele Bülow, Vereinheitlichtes internationales Zivilprozessrecht in der Europäischen Wirtschaftsgemeinschaft, RabelsZ 29 (1965), 473 ff.; Geimer, Einige Zweifelsfragen zur Abgrenzung nach dem EWG-Übereinkommen vom 27.9.1968, RIW/AWD 1975, 81 ff.; Schütze, DIZPR, Rdn. 135

[18] Vgl. dazu Geimer/Schütze, EuZVR, A.1, Anm. zu Art. 24

[19] Vgl. Schütze, Zur internationalen Zuständigkeit aufgrund rügeloser Einlassung, ZZP 90 (1977), 67 ff. (70 f.)

[20] Vgl. für Literatur zu Art. 23 VO (EG) Nr. 44/2001 und Art. 17 EuGVÜ/LugÜ Geimer/Schütze, EuZVR, A.1, Anm. zu Art. 23

[21] Vgl. Trinkner, Urteilsanmerkung, AWD 1970, 578 ff.

[22] Vgl. Schütze, Zur Bedeutung der Anerkennungsfähigkeit der Entscheidung des prorogierten Gerichts für die Wirksamkeit einer internationalen Gerichtsstandsvereinbarung, AWD 1973, 368 ff.; ders., Die Bedeutung der Anerkennungsfähigkeit der Entscheidung des prorogierten Gerichts für die Wirksamkeit einer internationalen Gerichtsstandsvereinbarung, FS Fragistas, Bd. V, 1969, S. 167ff., abgedruckt auch sub 20

sich der Beklagte im Anwaltsprozess persönlich zur Hauptsache, so liegt eine wirksame Einlassung nicht vor[23].

Die Verhandlung zu Prozessfragen genügt nicht[24]. Verhandelt der Beklagte also zur Frage der örtlichen und sachlichen Zuständigkeit, erhebt er die Einrede des Schiedsvertrages oder lehnt er einen Richter wegen Befangenheit ab, so liegt keine Einlassung zur Hauptsache vor. Dabei ist es unerheblich, ob man mit Geimer von der Subjektionstheorie ausgeht oder mit der von der herrschenden Lehre vertretenen Vereinbarungstheorie, die die vorbehaltlose Einlassung als Unterfall der stillschweigenden Prorogation wertet. Es fehlt bei der Verhandlung zu Prozessfragen an dem nach beiden Theorien notwendigen nach außen manifestierten Erklärungstatbestand.

4. Rügelose Verhandlung zur Hauptsache

Der Beklagte muss *rügelos* zur Hauptsache verhandelt haben. Die Rüge muss sich auf die internationale Zuständigkeit beziehen[25]. Der Beklagte muss geltend machen, dass das angerufene Gericht nicht international zur Entscheidung berufen ist. Das muss er jedoch nicht ausdrücklich vorbringen. Es genügt, wenn er die Zuständigkeit bestreitet, jedoch aus der Begründung erkennbar ist, dass er zumindest auch den Mangel internationaler Zuständigkeit geltend machen will. Regelmäßig genügt die Rüge örtlicher Zuständigkeit, wenn der Beklagte nicht gleichzeitig geltend macht, dass ein anderes inländisches Gericht zuständig sei.

Weiterhin genügt die Rüge mangelnder Gerichtsbarkeit. Macht der Beklagte geltend, er gehöre zu den gerichtsfreien Personen, so behauptet er damit zugleich das Fehlen jeglicher erststaatlicher Zuständigkeit zur Entscheidung des Rechtsstreits. Dasselbe gilt für die Einrede der Schiedsgerichtsvereinbarung. Auch durch ihre Erhebung werden mit der Zuständigkeit des angerufenen Gerichts die aller

[23] Vgl. Geimer, WM 1977, 67

[24] Unstr., vgl. Wieczorek/Schütze/Hausmann, § 39, Rdn. 7

[25] Vgl. Geimer/Schütze, Internationale Urteilsanerkennung, Bd. II, S. 278 (zum deutsch-belgischen Abkommen); Schütze, ZZP 90 (1977), 67 ff. (69) m.w.N.

staatlichen Gerichte geleugnet. Das ist in Art. IV Abs. 3 des deutsch-britischen Abkommens ausdrücklich manifestiert[26].

Die herrschende Lehre lässt eine Einlassung begrenzt auf die Wirkung für den Erststaat zu[27]. Dem entspricht die Regelung im deutsch-niederländischen[28] und deutsch-britischen Vertrag[29]. Hiergegen sind von Geimer[30] Bedenken geltend gemacht worden. Er will dem Beklagten die prozessuale Last aufbürden, in jedem Fall den Mangel internationaler Zuständigkeit zu rügen. Nimmt das Erstgericht dagegen seine internationale Zuständigkeit an, so will er eine Verpflichtung zur Einlegung eines Rechtsmittels nicht annehmen, bei Einlegung fordert er jedoch die Aufrechterhaltung der Rüge.

In der Tat wird man dem Beklagten zumuten können, die Einrede generell zu erheben. Notwendig ist es aber nicht. Es kann durchaus zweckmäßig sein, die Einrede zu beschränken. Dogmatische Bedenken stehen dem nicht entgegen.

5. Kollisionsrechtliche Behandlung der rügelosen Einlassung

Voraussetzungen und Wirkungen der zuständigkeitsbegründenden Einlassung beurteilen sich – ebenso wie bei der internationalen Gerichtsstandsvereinbarung[31] – nach der lex fori. Problematisch erscheint die Qualifikation im Übrigen. Da es sich bei der zuständigkeitsbegründenden Einlassung um einen Fall der stillschweigenden Prorogation handelt, müsste sich das Zustandekommen an sich nach

[26] Vgl. dazu Geimer/Schütze, Internationale Urteilsanerkennung, Bd. II, S. 388 f.; Kratzer, Die Einrede des Schiedsvertrages als rügelose Einlassung nach dem deutsch-britischen Vollstreckungsabkommen?, RIW/AWD 1977, 720

[27] Vgl. für die Staatsverträge Jellinek, Die zweiseitigen Staatsverträge über Anerkennung ausländischer Zivilurteile, 1. Heft, 1953, S. 166ff.; Schröder, Internationale Zuständigkeit, 1971, S. 474; weitere Nachweise bei Geimer, WM 1977, 69 ff., der Zweifel dagegen anmeldet, dass sich der Beklagte die Rüge für das Wirkungserstreckungsverfahren „aufheben" kann.

[28] Vgl. Art. 4 Abs. 1 lit. c

[29] Vgl. Art. IV Abs. 1 lit. a Nr. 2

[30] Vgl. Geimer, WM 1977, 69 f.

[31] Vgl. BGHZ 49, 384; BGH NJW 1971, 323 mit Anm. Geimer; BGHZ 57, 72 = NJW 1972, 391 mit Anm. Geimer; BGHZ 59, 23 = BB 1972, 23 mit Anm. Trinkner; weitere Nachweise bei Schütze, DIZPR, Rdn. 166

der lex causae beurteilen[32]. Die Anwendung der lex causae auf das Zustandekommen des Prorogationsvertrages beruht jedoch darauf, dass die Parteien regelmäßig die Gerichtsstandsvereinbarung nach demselben Recht beurteilt wissen wollen, dem der Hauptvertrag untersteht. Bei der zuständigkeitsbegründenden Einlassung vereinbaren die Parteien aber gerade ausdrücklich nichts. Es wäre lebensfremd anzunehmen, dass der sich rügelos Einlassende die darin liegende stillschweigende Gerichtsstandsvereinbarung dem Recht des Hauptvertrages unterstellen will. Selbst wenn man eine solche Konstruktion wählen würde, blieben alle die Fälle ungelöst, in denen sich der Beklagte bei nichtvertraglichen Ansprüchen einlässt. Die Qualifikation nach der lex causae muss deshalb ausscheiden. Das Zustandekommen der Zuständigkeitsvereinbarung beurteilt sich auch nach der lex fori. Zunächst ist die Einlassung nach zweitstaatlichem Recht zu prüfen. Denn die Prüfung der internationalen Zuständigkeit erfolgt unter hypothetischer Anwendung zweitstaatlicher Zuständigkeitsnormen. Darüber hinaus ist aber auch eine Qualifikation nach erststaatlichem Recht notwendig. Denn ob und wann eine Einlassung zur Hauptsache vorliegt, ist nur aus dem Licht des jeweiligen erststaatlichen Prozessrechts zu beurteilen[33].

II. Rechtswahrende vorbehaltlose Einlassung

Von der zuständigkeitsbegründenden Wirkung der rügelosen Einlassung ist ihre Bedeutung im Rahmen des ordre public zu unterscheiden.

1. Rechtliches Gehör

Nach § 328 Abs. 1 Nr. 2 ZPO bewirkt die Einlassung des Beklagten, dass Mängel der Zustellung der prozesseinleitenden Ladung oder Verfügung nicht mehr geltend gemacht werden können. Ähnliche

[32] Vgl. für die Anwendung des Vertragsstatuts bei der internationalen Gerichtsstandsvereinbarung BGHZ 49, 384; Mezger, Die Beurteilung der Gerichtsstandsvereinbarung navch dem Vertragsstatut und die des Vertrages nach dem Rechts des angeblich gewählten Gerichts, insbesondere im deutsch-französischen Rechtsverkehr, FS Wengler, 1973, S. 541 ff.; Schütze, DIZPR, Rdn. 166 m.w.N.
[33] Vgl. Schütze, ZZP 90 (1977), 67 ff. (73)

Regelungen finden sich in den Staatsverträgen, z.B. Art. 2 Nr. 2 des deutsch-österreichischen Vertrages und Art. 2 Abs. 1 Nr. 2 des deutsch-belgischen Abkommens. Der Versagungsgrund der mangelnden Zustellung der prozesseinleitenden Ladung oder Verfügung soll die Gewährung rechtlichen Gehörs für den Beklagten sichern[34]. Es handelt sich um einen Unterfall der ordre public-Klausel[35]. Der Beklagte muss Gelegenheit gehabt haben, sich angemessen zu verteidigen. Dazu gehört zunächst, dass er überhaupt in gehöriger Form von dem Verfahren Kenntnis erhält.

2. Einlassung

Lässt der Beklagte sich trotz mangelhafter Zustellung ein, dann gibt er damit zu erkennen, dass er von der Einleitung des Verfahrens Kenntnis erlangt hat. Damit ist ihm im Rahmen der Verpflichtung zur Gewährung rechtlichen Gehörs Gelegenheit zur Verteidigung gegen die Klage gegeben. Die Regelung des § 328 Abs. 1 Nr. 2 ZPO ähnelt der in § 189 ZPO, die vom Bundesgerichtshof zu Unrecht restriktiv interpretiert und nicht auf Auslandsfälle angewendet wird[36].

Der Normzweck des § 328 Abs. 1 Nr. 2 ZPO erfordert eine andere Art der Einlassung, als sie für die Zuständigkeitsbegründung erforderlich ist. Es genügt im weiteren Sinne jede anerkennende oder abwehrende Prozesshandlung[37], so z.B. die Rüge der Unzuständigkeit (international, örtlich, sachlich), die Ablehnung eines Richters, ein Vertagungsantrag pp. Problematisch erscheint der Fall, dass der Be-

[34] Vgl. Geimer, IZPR, Rdn. 2919; Geimer/Schütze, Internationale Urteilsanerkennung, Bd. II, S. 88; Schack, IZVR, Rdn. 841 ff.; Schütze, DIZPR, Rdn. 333; Zöller/Geimer, § 328, Rdn. 134

[35] Vgl. Kallmann, Anerkennung und Vollstreckung ausländischer Zivilurteile und gerichtlicher Vergleiche, 1946, S. 284 ff.

[36] Vgl. BGHZ 58, 177; 98, 263; ebenso OLG Hamm RIW 1996, 156 zu § 187 a.F. ZPO; inzwischen wendet die h.L. § 189 ZPO auch auf Auslandszustellungen an; vgl. Geimer, IZPR, Rdn. 2103; ders., Urteilsanmerkung, NJW 1972, 1624 ff. Kondring, Die Heilung von Zustellungsfehlern im internationalen Zivilrechtsverkehr, 1995, S. 184 ff.; ders., Die „konsularische Zustellung durch die Post", RIW 1996, 722 ff. (724); Linke, IZPR, Rdn. 238; Mössle, Internationale Forderungspfändung, 1991, S. 145; Schack, IZVR, Rdn. 168

[37] Vgl. OLG Köln, IPRax 1991, 114; OLG Hamm, RIW 1994, 243; Schack, IZVR, Rdn. 143; Zöller/Geimer, § 328, Rdn. 139

klagte von dem Verfahren so kurzfristig Kenntnis erhält, dass er sich nicht verteidigen kann und dies dem Gericht anzeigt.

Ein in Deutschland domizilierter Beklagter erhält von einem Verfahren gegen ihn in Tokio Kenntnis, in dem am folgenden Tag die mündliche Verhandlung stattfindet. Er telegrafiert an das Gericht, dass er soeben von der Klage Kenntnis erhalten habe, am nächsten Tag aber unmöglich in Tokio sein könne und um ordnungsgemäße Zustellung der Klageschrift bitte.

In einem solchen Fall hat der Beklagte zwar dem Gericht die Kenntnis bestätigt, sich aber gerade nicht eingelassen. Anders wäre es, wenn er um Vertagung bitten würde. Damit zeigte er, dass das Verfahren seinen Fortgang nehmen solle. Die Anerkennung der dennoch ergehenden Entscheidung des japanischen Gerichts in dem oben dargelegten Fall wäre dann nicht nach § 328 Abs. 1 Nr. 2 ZPO, wohl aber nach § 328 Abs. 1 Nr. 4 ZPO wegen Verstoßes gegen den verfahrensrechtlichen ordre public zu versagen[38].

3. Rechtlich beachtliche Form der Einlassung

Die Einlassung muss in rechtlich-beachtlicher Weise vorgebracht werden[39]. Dazu gehört zunächst, dass der Beklagte oder ein von ihm bestellter Vertreter die Erklärung abgibt. Es genügt nicht die Erklärung eines ohne Wissen des Beklagten bestellten Vertreters oder Prokurators[40]. Dasselbe gilt für den falsus procurator[41].

Weiterhin muss der Beklagte sich vor Erlass der Entscheidung eingelassen haben[42]. Eine spätere Einlassung genügt nicht. Ist gegen den

[38] Vgl. zum verfahrensrechtlichen ordre public Baur, Einige Bemerkungen zum verfahrensrechtlichen ordre public, FS Guldener, 1973, S. 1ff.; Geimer, Zur Nichtanerkennung ausländischer Urteile wegen nichtgehöriger Ladung zum Erstprozess, NJW 1973, 2138ff.; ders., Zur Nichtanerkennung ausländischer Urteile wegen nicht ordnungsgemäßen erststaatlichen Verfahrens, JZ 1969, 12ff.; Roth, Der Vorbehalt des Ordre Public gegenüber fremden gerichtlichen Entscheidungen, 1967, S. 41ff.

[39] Vgl. Matscher, Einige Fragen der internationalen Urteilsanerkennung und -vollstreckung, ZZP 86 (1973), 404 ff. (415) m.w.N.

[40] Vgl. Geimer, IZPR, Rdn. 3934 m.w.N. in FN 335

[41] Vgl. Geimer, IZPR, Rdn. 3934 a

[42] Vgl. Schütze, DIZPR, Rdn. 334

Beklagten beispielsweise ein Versäumnisurteil des Landesgerichts Salzburg ergangen und stellt er nach Fristablauf einen Antrag auf Wiedereinsetzung, so ist seine Einlassung unerheblich[43]. Sie führt nicht zum Verlust des Versagungsgrundes nach Art. 2 Nr. 2 des deutsch-österreichischen Vertrages.

Schließlich muss die Einlassung in prozessual richtiger Form erfolgen. Das bedeutet im Anwaltsprozess nicht notwendigerweise, dass die Erklärung von einem Rechtsanwalt abgegeben sein muss. Nur dann, wenn die Erklärung Postulationsfähigkeit voraussetzt, muss diese von einem Postulationsfähigen abgegeben sein, um Einlassungswirkung zu haben.

Der Begriff der Einlassung ist regelmäßig nach zweitstaatlichem Recht zu qualifizieren. Eine Qualifikation nach erststaatlichem Recht scheidet aus, da die Einlassung nach § 328 Abs. 1 Nr. 2 ZPO nach erststaatlichem Recht bedeutungslos ist und nur im Anerkennungsverfahren im Zweitstaat Bedeutung gewinnt. Dem trägt eher die Ansicht Matschers[44] Rechnung, der die Einlassung als faktischen Begriff sieht, „*der lediglich der Bewertung durch den Zweitrichter unterliegt*". Anders ist die Situation nach den Staatsverträgen über die Anerkennung und Vollstreckung ausländischer Zivilurteile, z. B. Art. 2 Nr. 2 des deutsch-österreichischen Vertrages. Eine Qualifikation allein nach zweitstaatlichem Recht würde dazu führen, dass die Entscheidung in einem Staat anerkannt werden könnte, im anderen jedoch nicht. Das widerspricht dem Geist eines Anerkennungsvertrages, der die gleichmäßige Anwendung in den Vertragsstaaten voraussetzt. Diese Differenzierung führt scheinbar dazu, dass die Anerkennung im Rahmen der Staatsverträge durch die Doppelqualifikation[45] gegenüber der autonomen Regelung des § 328 Abs. 1 Nr. 2 ZPO erschwert würde. Das ist jedoch nicht der Fall. Soweit durch die mangelnde Einlassung nach erststaatlichem Recht bei wirksamer Einlassung nach zweitstaatlichem Recht eine Anerkennung nach dem Staatsvertrag nicht,

[43] Ähnlich Matscher ZZP 86 (1973), 404 ff. (415) für den Fall des verspäteten Widerspruchs im Mahnverfahren. Im deutsch-österreichischen Verhältnis gilt nun Art. 34 Nr. 2 VO (EG) Nr. 44/2001

[44] Vgl. Matscher, Der neue österreichisch-deutsche Vertrag über die Anerkennung und Vollstreckung von gerichtlichen Entscheidungen im Lichte der allgemeinen Lehren des internationalen Zivilprozessrechts, JBl. 1960, 265 ff. (276)

[45] Vgl. dazu Schütze, DIZPR, Rdn. 60 ff

nach autonomem Recht aber an sich möglich wäre, scheitert sie unter Umständen auch nach autonomem Recht an § 328 Abs. 1 Nr. 5 ZPO wegen der mangelnden Deckungsgleichheit der Anerkennungserfordernisse[46].

III. Rügeverlust durch Nichteinlegung von Rechtsmitteln?

Hat das Erstgericht den Beklagten trotz mangelnder Einlassung verurteilt, so muss dieser nicht einen etwaigen Rechtsmittelzug im Erststaat ausschöpfen, um die Rüge der mangelnden Einlassung im Verfahren der Wirkungserstreckung zu erhalten.

1. Zuständigkeitsbegründende Einlassung

Das ist zunächst unbestritten für die zuständigkeitsbegründende Einlassung[47]. Hat das international unzuständige Gericht den sich nicht einlassenden Beklagten verurteilt, so liegt keine Prorogation vor. Die Internationale Zuständigkeit des Erstgerichts nach § 328 Abs. 1 Nr. 1 ZPO und den entsprechenden Bestimmungen in den Staatsverträgen fehlt. Davon gehen auch die Vertreter der Subjektionstheorie aus[48]. Legt der Beklagte jedoch ein Rechtsmittel ein, so muss er auch in der Rechtsmittelinstanz die Rüge der internationalen Unzuständigkeit weiterverfolgen. Sonst tritt die Zuständigkeitsbegründung durch die Einlassung zur Hauptsache in der Rechtsmittelinstanz ein.

46 Vgl. BGHZ 52, 251; 53, 332; Schütze, Internationale Zuständigkeit und Verbürgung der Gegenseitigkeit bei der Anerkennung ausländischer Entscheidungen, AWD 1970, 495 ff. Vgl. im übrigen zu den Problemetik, Schütze, Zur partiellen Verbürgung der Gegenseitigkeit bei der Anerkennung ausländischer Zivilurteile, NJW 1973, 2143 ff., abgedruckt auch sub 27

47 Vgl. BGH AWD 1969, 115; BGHZ 120, 305 = ZZP 106 (1993), 391 mit Anm. Schütze; BGH NJW 1999, 3198; OLG Stuttgart, NJW 1979, 130; Kropholler, Internationale Zuständigkeit, Rdn. 597; Reithmann/Martiny/Hausmann, Internationales Vertragsrecht, Rdn. 3207; Stein/Jonas/Roth, § 328, Rdn. 106; Wieczorek/Schütze/Hausmann, § 39, Rdn. 23

48 Vgl. Geimer, WM 1977, 69

2. Rechtswahrende Einlassung

Zur rechtswahrenden vorbehaltlosen Einlassung vertritt Geimer die Ansicht, der Beklagte müsse den Rechtsmittelzug im Erststaat ausschöpfen[49]. Geimer meint, die Fehlerhaftigkeit des erststaatlichen Verfahrens könne bei der Anerkennung nur Berücksichtigung finden, wenn der Beklagte diesen Verfahrensmangel im Erststaat bekämpft habe. Andernfalls sei mit dem Einwand des nicht ordnungsgemäßen erststaatlichen Prozesses präkludiert[50]. Eine Ausnahme soll nur für den Fall bestehen, dass der Einwand nach erststaatlichem Recht ohnehin unbeachtlich ist, eine Änderung der Entscheidung also auch im Rechtsmittelzug nicht erwartet werden kann. Denn vom Beklagten könne ein sinnloses Verhalten nicht verlangt werden.

In der Tat findet sich eine entsprechende Präklusionsregelung in Art. 2 lit. c Nr. 2 des deutsch-niederländischen Vertrages. Danach ist dem Beklagten die Berufung auf den Versagungsgrund der nicht gehörigen Ladung abgeschnitten, wenn er trotz Kenntnis keinen Rechtsbehelf gegen die Entscheidung eingelegt hat. Diese Regelung ist aber nicht geeignet, sie als Ausdruck eines allgemeinen Rechtsgedankens zu betrachten[51], sie ist vielmehr die Ausnahme von der Regel[52]. Auszugehen ist von der Rechtsnatur der Anerkennung[53]. Staatliche Urteile sind ein Akt der Hoheitsgewalt. Deshalb verbietet sich ihre Übernahme tale quale. Der Zweitstaat ist nur bereit, ausländischen Urteilen Wirkung auf seinem Territorium zu verleihen, wenn diese Entscheidungen gewisse Mindesterfordernisse erfüllen, die nach zweitstaatlichem Rechtsverständnis aus staatlichem oder privatem Interesse unabdingbar sind. Erfüllt eine ausländische Entscheidung diese Mindesterfordernisse nicht, dann ist die Erstreckung der Wirkungen auf den Zweitstaat unmöglich. Unerheblich ist dabei, warum die Erfordernisse nicht erfüllt werden.

49 Vgl. Geimer, Zur Nichtanerkennung ausländischer Urteile wegen nicht ordnungsgemäßen erststaatlichen Verfahrens, JZ 1969, 12 ff.; ders., IZPR, Rdn. 2922; Zöller/Geimer, § 328, Rdn. 137

50 Vgl. Geimer, JZ 1969, 14

51 So jedoch Geimer, JZ 1969, 14

52 Vgl. OLG Stuttgart, RIW/AWD 1979, 130.

53 Vgl. dazu Schütze, Die Anerkennung und Vollstreckung ausländischer Zivilurteile in der Bundesrepublik Deutschland als verfahrensrechtliches Problem, Diss. Bonn, 1960, S. 1 ff.

Der Beklagte braucht deshalb im Erststaat kein Rechtsmittel einzulegen, um die Rüge nicht ordnungsgemäßer Ladung oder Zustellung zu erhalten[54]. Das schließt nicht aus, dass der Beklagte den Versagungsgrund des § 328 Abs. 1 Nr. 2 ZPO im Wirkungserstreckungsverfahren ausdrücklich geltend machen muss, da dieser Versagungsgrund nur auf Einrede, nicht von Amts wegen, zu berücksichtigen ist[55].

[54] Vgl. OLG Stuttgart, RIW/AWD 1979, 130

[55] Vgl. Geimer, Urteilsanmerkung, NJW 1969, 801, Schack, IZVR, Rdn. 844; Thomas/Putzo/Hüßstege, § 328, Rdn. 11; Zöller/Geimer, § 328, Rdn. 131

24. Die Notzuständigkeit im deutschen Recht[1]

Im Jahr 1932 erfuhr die juristische Welt aus dem Journal Clunet[2] von einem Fall, der Stoff für eine herzanrührende Geschichte geben konnte. Was war geschehen? Ein russisches Ehepaar lebte in Paris im Exil. Der Ehemann verließ seine Frau, zog in die Türkei und wurde dort naturalisiert. Die verlassene Ehefrau wollte das nicht hinnehmen und betrieb die Scheidung. Bis hierher eine ganz normale Geschichte. Als die Klägerin aber die Klage einreichen wollte, ergaben sich Schwierigkeiten. Nach französischem Recht bestand nämlich eine ausschließliche Zuständigkeit der türkischen Gerichte, während das türkische Recht, das anders als das französische Recht die Zuständigkeit an den Klägerwohnsitz anknüpfte, die französischen Gerichte als ausschließlich zuständig ansah. So wären die Partien verheiratet geblieben, bis dass der Tod sie geschieden hätte, wäre da nicht der Tribunal de la Seine gewesen, der sich als Notgericht für zuständig erklärte und so einen déni de justice verhinderte.

Es darf keinen déni de justice geben. Dies ist ein Postulat in allen Kulturstaaten, das regelmäßig auch verfassungsmäßig begründet ist[3] und teilweise aus der Europäischen Menschenrechtskonvention hergeleitet wird[4]. Schröder[5] definiert treffend: „*Wo ein Zuständigkeits-*

[1] Erstmals publiziert in FS Rechberger, 2005, S. 563 ff.

[2] Vgl. Tribunal de la Seine, Journal Clunet 59 (1932), 370

[3] Vgl. Dreier/Schulze-Fielitz, Kommentar zum Grundgesetz, Bd. II, 1998, Art. 20 Rdn. 201; Jarras/Pieroth, GG, 3. Aufl., 1995, Art. 20 Rdn. 66; Nagel/Gottwald, IZPR, S. 200; vgl. auch BAGE 44, 246 für den negativen Kompetenzkonflikt im Verhältnis Arbeitsgerichtsbarkeit/Sozialgerichtsbarkeit

[4] Vgl. Drobnig, Urteilsanmerkung, JZ 1959, 317 ff. (318) (für die freiwillige Gerichtsbarkeit); Echterhölter, Die Europäische Menschenrechtskonvention in der juristischen Praxis, JZ 1956, 142 ff. (145); Geimer, Einige Zweifelsfragen zur Abgrenzung der internationalen Zuständigkeit nach dem EWG-Übereinkommen vom 27.9.1968, RIW/AWD 1975, 81 ff. (83); ders., IZPR, Rdn. 1035; Kropholler, Internationale Zuständigkeit, Rdn. 187; Matscher, Die Einwirkungen des EMRK auf das internationale privat- und zivilprozessuale Verfahrensrecht, FS Schwind, 1993, S. 79 ff.; ders., Der Einfluss des EMRK auf den Zivilprozess, FS Henckel, 1995, S. 598 ff.; ders., in: Fasching, Kommentar zu den Zivilprozessgesetzen, 2. Aufl., Bd. 1, 2000, § 28 JN, Rdn. 40; Milleker, Der Negative Internationale Kompetenzkonflikt, 1975, S. 69; Schorn, Die Europäische Konvention zum Schutz der Menschenrechte, 1968, S. 207

[5] Vgl. Schröder, Internationale Zuständigkeit, S. 214

interesse unabweisbar Befriedigung verlangt, dort muss auch eine internationale Zuständigkeit aufgetan werden." Besteht somit Einmütigkeit hinsichtlich des Prinzips, so sind die Grenzen doch nicht klar. Einige moderne Kodifikationen wie das schweizerische IPR-Gesetz haben die Notzuständigkeit nunmehr positivgesetzlich geregelt. Der deutsche Gesetzgeber hat bei allen Reformen die Chance verpasst[6].

I. Die Notzuständigkeit in einigen europäischen Rechten[7]

1. Schweiz

Art. 3 IPRG[8] statuiert eine Notzuständigkeit der schweizerischen Gerichte bei Unmöglichkeit oder Unzumutbarkeit der Rechtsverfolgung im Ausland. Das Gesetz sieht drei Erfordernisse einer solchen Zuständigkeit vor:

– Es darf keine schweizerische internationale Zuständigkeit nach dem IPRG gegeben sein.

– Die Rechtsverfolgung im Ausland muss unmöglich oder unzumutbar sein, sei es weil ein ausländisches Forum – wie beim negativen internationalen Kompetenzkonflikt – nicht gegeben ist, sei es, dass im Forumstaat kein zumutbares Verfahren für einen effektiven Rechtsschutz zur Verfügung steht. Art. 3 IPRG greift auch bei einer rechtlichen oder faktischen Rechtsverweigerung der an sich zuständigen

[6] Das liegt wohl daran, dass sich der deutsche Gesetzgeber mit einer derartigen Regelungswut auf den Verbraucherschutz gestürzt hat, dass andere regelungsbedürftige Fragen vernachläßigt wurden. Aus verbraucherschützerischer Sicht ist Notzuständigkeit auch bedeutungslos, da der Verbraucher ohnehin regelmässig an seinem Wohnsitz klagen kann.

[7] Von den modernen außereuropäischen Gesetzen ist insbesondere Art. 3136 Code Civil 1991 von Quebec zu erwähnen, der vorsieht:
«Bien qu'une autorité québécoise ne soit pas compétente pour connaître d'un litige, elle peut, néanmoins, si une action à l'étranger se révèle impossible ou si on ne peut exiger qu'elle y soit introduite, entendre le litige si celui-ci présente un lien suffisant avec le Québec».

[8] Art. 3 IPRG: *„Sieht dieses Gesetz keine Zuständigkeit in der Schweiz vor und ist ein Verfahren im Ausland nicht möglich oder unzumutbar, so sind die Schweizerischen Gerichte oder Behörden am Ort zuständig, mit dem der Sachverhalt einen genügenden Zusammenhang aufweist".*

ausländischen Gerichte ein[9]. Eine erschwerte Rechtsverfolgung genügt nicht zur Annahme der Unzumutbarkeit[10]. Die Notzuständigkeit kann auch nicht dazu missbraucht werden, sich eine bessere Rechtsposition bei Ehescheidungsklagen zu verschaffen, etwa um eine längere Trennungsfrist im gegebenen Forum zu vemeiden[11].

– Der Sachverhalt, der Gegenstand des Rechtsstreits ist, muss eine genügende Binnenbeziehung zur Schweiz aufweisen. Der Begriff der Binnenbeziehung deckt sich dabei nicht mit dem in Art. 271 Abs. 1 Ziff. 4 SchKG (Ausländerarrest)[12].

2. Österreich

§ 28 Abs. 1 Ziff. 2 JN sieht vor, dass der Oberste Gerichtshof eine Zuständigkeit in dem Fall bestimmen kann, dass

> *„der Kläger österreichischer Staatsbürger ist oder seinen Wohnsitz, gewöhnlichen Aufenthalt oder Sitz im Inland hat und im Einzelfall eine Rechtsverfolgung im Ausland nicht möglich oder unzumutbar wäre".*

Erfordernisse einer solchen Notzuständigkeit sind:

– Es darf keine Zuständigkeit eines österreichischen Gerichts bestehen.

– Für die Rechtsverfolgung darf – etwa wegen eines negativen internationalen Kompetenzkonfliktes – keine Zuständigkeit bestehen oder die Prozessführung im an sich gegebenen ausländischen Forum muss unmöglich oder unzumutbar sein. Es genügt nicht, dass die Rechtsdurchsetzung im Ausland mit Schwierigkeiten verbunden ist[13].

– Es muss eine Binnenbeziehung bestehen, die durch die österreichische Staatsangehörigkeit, Wohnsitz, Sitz oder gewöhnlichen Aufent-

9 Vgl. Volken, in: Zürcher Kommentar IPRG, 2. Aufl., 2004, Art. 3 Rdn. 30

10 Vgl. Kantonale Rechtsprechung: ZR 1990, 139, Nr. 65; Patocchi/Geisinger, IPRG, 2000, Art. 3 Rdn. 2

11 Vgl. BG BGE 121 III 246; Obergericht Zürich, ZR 1990, 139; Walter, IZPR, S. 106

12 Vgl. Obergericht Zürich, ZR 2000, 112; zustimmend Volken in: Zürcher Kommentar Art. 3 Rdn. 38

13 Vgl. Matscher, in: Fasching § 28 JN, Rdn. 70 mit umfangereichen Nachweisen für die Rechtsprechung

halt in Österreich hergestellt werden kann. Die Binnenbeziehung muss eine ausreichende personen- oder sachbezogene sein[14]. Es ist mit der EMRK zu vereinbaren, dass nicht alle Rechtssachen, sondern nur solche, die einen ausreichenden Binnenbezug aufweisen, vor österreichische Gerichte gebracht werden können[15], selbst wenn die Prozesschancen im Ausland geringer sein mögen[16].

Verfahrenmäßig besteht die Besonderheit, dass nicht jedes Gericht über das Bestehen der Notzuständigkeit entscheiden kann. Diese kann nur durch Ordination des OGH herbeigeführt werden. Dessen Entscheidung ist bindend und schafft einen Gerichtsstand. Das ordinierte Gericht ist daran gebunden und kann nicht mehr selbständig entscheiden[17].

3. Frankreich

Im Anschluss an die eingangs dargestellte Entscheidung des tribunal de la Seine ist die Notzuständigkeit allgemein als zuständigkeitsbegründend anerkannt[18], wenn und soweit eine Rechtsverfolgung wegen negativen Kompetenzkonfliktes unmöglich oder im an sich gegebenen ausländischen Forum unmöglich oder unzumutbar ist. Voraussetzung für eine internationale Notzuständigkeit der französischen Gerichte ist darüber hinaus eine Binnenbeziehung, die verhindern soll, dass die Notzuständigkeit zu einem weltweiten forum shopping missbraucht wird[19].

[14] Vgl. SZ 65/141; Matscher, in: Fasching § 28 JN, Rdn. 45

[15] Vgl. Matscher, Die Verfahrensgarantien, der EMRK in Zivilrechtssachen, ZÖR 31 (1980), 19 ff.

[16] Zweifelnd für den Fall drohender Klagabweisung im ausländischen Prozess Matscher, in: Fasching, § 28 JN, Rdn. 70

[17] Vgl. Matscher, in: Fasching, § 28 JN, Rdn. 50

[18] Vgl. Civ. 13.1.1981, JDI 1981, 360; Paris 10.11.1959, Rec. crit. 1960, 218; Paris 16.12.1974, D. 1975, 355; Mayer/Heuzé, Droit International Privé, 7. Aufl., 2001, Rdn. 288; Audit, Droit International Privé, 2. Aufl., 1997, Rdn. 348, jeweils m.w.N.

[19] Vgl. Audit Droit International Privé, 21. Aufl., 1997, Rdn. 348

II. Die Notzuständigkeit im deutschen Recht

Der Notgerichtsstand ist heute in Deutschland allgemein als zuständigkeitsbegründend anerkannt[20]. Leading case ist eine Entscheidung des früheren Reichsgerichts aus dem Jahr 1942 in einem deutsch-österreichischen Fall[21]: Ein österreichisches Ehepaar lebte mit seinem minderjährigen Kind in Wien. Als der Ehemann starb, zog die Mutter mit dem Kind nach Wien. Die vormundschaftsgerichtliche internationale Zuständigkeit bestimmte sich zwar nach deutschem und österreichischen Recht nach dem Wohnsitz des Kindes, beide Rechte bestimmten diesen aber unterschiedlich. Während das österreichische Recht an den Wohnsitz des Vaters – auch nach dessen Tod – anknüpfte, bestimmte das deutsche Recht den abgeleiteten Kindeswohnsitz nach dem Tod des Vaters nach dem der Mutter. Das Reichsgericht löste diesen negativen Kompetenzkonflikt nicht weniger pragmatisch als der tribunal de la Seine und entschied sich für eine internationale Zuständigkeit der deutschen Gerichte, um eine Rechtsverweigerung zu vermeiden.

Dabei will ein Teil der Lehre den Konflikt über einen zuständigkeitsrechtlichen Renvoi lösen[22].

[20] Vgl. Bauer, Compétence judiciaire internationale des tribunaux civils français et allemands, 1965, No. 139, S. 138 f.; Geimer, IZPR, Rdn. 1024 ff.; ders., Zur Prüfung der Gerichtsbarkeit und der internationalen Zuständigkeit bei der Anerkennung ausländischer Urteile, 1966, S. 56; ders., Einige Zweifelsfragen zur Abgrenzung nach dem EWG-Übereinkommen v. 27.9.1968, RIW/AWD 1975, 81 ff. (82); Kropholler, Internationale Zuständigkeit, 187 ff., 192 ff.; Matthies, Die deutsche internationale Zuständigkeit, 1955, S. 52 ff.; MünchKomm ZPO/Patzina, § 12, Rdn. 98 ff.; Nagel/Gottwald, IZPR, § 3, Rdn. 296; Neuhaus, Internationales Zivilprozessrecht und Internationales Privatrecht, RabelsZ 20 (1955), 265 f.; Neuner, Internationale Zuständigkeit, 1929, S. 53 ff.; Schack, IZVR, Rdn. 397 ff.; Schröder, Internationale Zuständigkeit, S. 214 ff.; Schütze, DIZPR, Rdn. 128 ff.; ders., RV, Rdn. 80 f.

[21] Vgl. RG DR 1942, 1286

[22] Vgl. Milleker, Der negative internationale Kompetenzkonflikt, 1975, S. 81 ff.; Schröder, Internationale Zuständigkeit, S. 789 ff.; dagegen Kropholler, Internationale Zuständigkeit, Rdn. 202; MünchKomm ZPO/Patzina, § 12 Rdn. 100

1. Unmöglichkeit oder Unzumutbarkeit der Rechtsverfolgung als Voraussetzung der Notzuständigkeit

Die Notzuständigkeit setzt voraus, dass entweder kein Forum gegeben oder die Rechtsverfolgung am gegebenen Forum unmöglich oder unzumutbar ist. Dabei sind im wesentlichen drei Fallkonstellationen zu unterscheiden:

a. Negativer Kompetenzkonflikt

Der „klassische" Fall der Annahme eines Notgerichtsstandes[23] ist das Auftreten eines negativen Kompetenzkonfliktes[24] in einer der folgenden Konfliktssituationen:

– Die beteiligten Rechtsordnungen knüpfen die internationale Zuständigkeit unterschiedlich an (z.B. Klägerwohnsitz/Beklagtenwohnsitz);

– die beteiligten Rechtsordnungen knüpfen die internationale Zuständigkeit zwar in gleicher Weise an, bestimmen den die Anknüpfung herbeiführenden Tatbestand aber unterschiedlich (z.B. bei Sitz oder Wohnsitz).

Ein Beispiel für die erste Variante ist der oben dargestellte Fall der scheidungswilligen Russin[25], ein Beispiel für die zweite Variante der vom Reichsgericht entschiedene Fall des des fürsorgebedürftigen Kindes[26]. Beide Varianten des negativen Kompetenzkonfliktes eröffnen zur Vermeidung eines déni de justice eine Notzuständigkeit.

b. Unmöglichkeit oder Unzumutbarkeit der Rechtsverfolgung im an sich gegebenen Forum

Der rechtlichen Unmöglichkeit der Rechtsverfolgung wegen eines negativen Kompetenzkonfliktes steht die faktische Unmöglichkeit der rechtlichen Durchsetzung von Ansprüchen im an sich gegebenen

[23] Vgl. Geimer, IZPR, Rdn. 1024 ff.

[24] Vgl. dazu insbes. Geimer, IZPR, Rdn. 1024 ff.; Milleker, Der negative internationale Kompetenzkonflikt, 1975; Kropholler, Internationale Zuständigkeit, Rdn 192; Schröder, Internationale Zuständigkeit, S. 199 ff., 789 ff.

[25] Tribunal de la Seine Journal Clunet 59 (1932), 370

[26] RG DR 1942, 1286

Forum gleich. Eine solche faktische Unmöglichkeit liegt bei Stillstand der Rechtspflege im Forumstaat vor[27]. Stillstand der Rechtspflege herrschte beispielsweise nach dem Sturz Perons in Argentinien, heute aber insbesondere in vielen Staaten des nahen und mittleren Ostens wegen der dortigen kriegerischen und revolutionären Verwicklungen. Der Stillstand der Rechtspflege darf aber nicht nur vorübergehender Natur sein. Ist die Wiederaufnahme geordneter justizieller Tätigkeit absehbar, so kann sich der Kläger nicht auf den Notgerichtsstand berufen. Erfolgt die Klageerhebung während des Stillstands der Rechtspflege, so wird bei Wegfall des Hindernisses die Zuständigkeit aber nicht beseitigt. Es tritt perpetuatio competentiae internationalis ein[28]. Denn bei Klageerhebung ist regelmässig nicht abzusehen, wie lange der Stillstand er Rechtspflege anhält.

Eine Unmöglichkeit der Rechtsverfolgung liegt auch vor, wenn die zu verklagende juristische Person im Forumstaat durch Enteignung untergegangen ist und die Spaltgesellschaft noch keinen Sitz in Deutschland begründet hat[29].

Ebenso wie die Unmöglichkeit der Rechtsverfolgung ist die Unzumutbarkeit der Prozessführung im Forumstaat zu behandeln. Diese ist gegeben, „wenn bei dem ausländischen Gericht eine sachgerechte, den elementaren rechtsstaatlichen Garantien entsprechende Entscheidung des Rechtsstreits nicht gewährleistet ist“[30].

Es ist aber Vorsicht geboten. Lediglich Erschwernisse gegenüber dem deutschen Prozess genügen nicht. So mag der US-amerikanische Prozess lästig und – jedenfalls im Hinlick auf die american rule of costs[31] – aus deutscher Sicht gegen das Gebot der Waffengleichheit

[27] Vgl. Geimer, IZPR, Rdn. 1027; Pfeiffer, Internationale Zuständigkeit und prozessuale Gerechtigkeit, 1995, S. 451

[28] In diesem Sinne für den gleichgelagerten Fall des Wegfalls einer Gerichtsstandsvereinbarung BAG JZ 1979, 647 mit Anm. Geimer

[29] Vgl. Geimer, IZPR, Rdn. 1028

[30] Vgl. OLG Frankfurt, IPRax 1999, 247 (entschieden zum Irak)

[31] Vgl. dazu Hommelsheim, Kostentragung und -ausgleichung im amerikanischen Zivilprozess, Diss. Bonn 1990; Jestaedt, Erstattung von Anwaltskosten im US-Prozess?, RIW 1986, 95ff.; Schack, Einführung in das US-amerikanische Zivilprozessrecht, 3. Aufl., 2003, S. 10 f.

der Parteien verstoßen[32], für die Eröffnung des Notgerichtsstandes genügt das nicht. Die Zumutbarkeitsgrenze wird bei korruptem Gerichtssystem, aber auch überlanger Prozessdauer[33] im Forumstaat überschritten. Schlechtere Prozesschancen im ausländischen Prozess genügen nicht, Unzumutbarkeit anzunehmen. Sind die im gegebenen Forum regelmäßig zugebilligten Schmerzensgeldbeträge niedriger als in Deutschland, dann kann sich der Geschädigte keinen Prozessvorteil durch eine Notzuständigkeit verschaffen. Andernfalls wäre einem hemmungslosen forum shopping Tür und Tor geöffnet.

Die Rechtsprechung hat im wesentlichen Fälle entschieden, in denen die Parteien die ausschließliche Zuständigkeit eines ausländischen Gerichts vereinbart hatten und die Rechtsverfolgung im forum prorogatum nachträglich unmöglich oder unzumutbar wurde. In diesem Sinne hat das Bundesarbeitsgericht eine zunächst wirksame Gerichtsstandsvereinbarung in einem Arbeitsvertrag eines Flugkapitäns einer libanesischen Fluggesellschaft für unwirksam angesehen, als im Libanon Stillstand der Rechtspflege eintrat[34]. In Wahrheit handelt es sich in dieser Entscheidung nicht um eine Frage der Notzuständigkeit, da das BAG angenommen hat, dass nach Wegfall der Gerichtsstandsvereinbarung eine Zuständigkeit nach § 23 ZPO in Deutschland eröffnet wurde. Die Grundsätze treffen aber auch auf die Notzuständigkeit zu. Das gleiche gilt für eine Entscheidung des LAG Hamburg[35], in der eine Gerichtsstandsvereinbarung in einem Arbeitsvertrag zugunsten der iranischen Gerichte für unwirksam gehalten wurde. In

[32] Vgl. dazu Schütze, Kostenerstattung und ordre public. Überlegungen zur deutsch-amerikanischen Urteilsanerkennung, FS Németh, 2003, S. 795ff.; der BGH sieht das in der Kalifornienentscheidung allerdings anders, vgl. BGHZ 118, 312 = RIW 1993, 132 mit abl. Anm. Schütze

[33] Die überlange Prozessdauer kann zu einer mit Art. 6 EMRK nicht zu vereinbarenden Rechtlosstellung des Klägers führen, vgl. Geimer/Schütze, EuZVR, A. 1, Art. 27, Rdn 58; Schlosser, EuZPR, Art. 27, Rdn. 11. Der BGH hat die an sich nach h.L. zu berücksichtigende ausländische Rechtshängigkeit deshalb auch dann für unbeachtlich erklärt und ein deutsches Forum eröffnet, wenn die Verfahrensdauer im Ausland übermäßig lang ist, vgl. BGH NJW 1983, 1269, dazu Geimer, Beachtung ausländischer Rechtshängigkeit und Justizgewährungsanspruch, NJW 1984, 527 ff.; vgl. jedoch jüngst EuGH Rs C-116/02 – Erich Gasser GmbH v. MISAT Srl., RIW 2004, 289, der das Problem rein formal lösen will; vgl. dazu Thiele, Anderweitige Rechtshängigkeit im Europäischen Zivilprozessrecht – Rechtssicherheit vor Einzelfallgerechtigkeit, RIW 2004, 285 ff.

[34] Vgl. BAG JZ 1979, 647

[35] Vgl. LAG Hamburg, IPRspr. 1980, Nr. 137 A

dieser Entscheidung wird eine wohl nicht gegebene Zuständigkeit der Zweigniederlassung bejaht. Hier hätte das Gericht gut eine Notzuständigkeit annehmen können. Ähnlich lag auch der Fall, der einer Entscheidung des LAG Frankfurt/Main[36]. Das Gericht hielt eine Gerichtsstandsvereinbarung zugunsten der iranischen Gerichte wegen Unmöglichkeit der Rechtsverfolgung im forum prorogatum für unzulässig und bejahte eine Zuständigkeit aufgrund §§ 21, 23 ZPO. In diesem Fall war der Schritt zur Notzuständigkeit nicht notwendig, da bei Unwirksamkeit der Derogation der deutschen internationalen Zuständigkeit eine Zuständigkeit der deutschen Gerichte bestand. Die in der Rechtsprechung entwickelten Grundsätze hätten aber die Annahme einer Notzuständigkeit erlaubt, wenn kein anderes deutsches Forum zur Verfügung gestanden hätte.

c. Nichtanerkennung von Urteilen von Gerichten des an sich gegebenen Forums in Deutschland

Es gibt Fälle, in denen die Rechtsverfolgung in dem an sich gegebenen Forum in einem rechtsstaatlichen Verfahren möglich ist, Urteile dieses Staates aber wegen mangelnder Verbürgung der Gegenseitigkeit (§ 328 Abs. 1 Nr. 5 ZPO) in Deutschland nicht anerkannt und vollstreckt werden können und deshalb der Zugriff auf in Deutschland belegenes Vermögen des Schuldners nicht möglich ist[37]. Wenn in diesen Fällen keine deutsche internationale Zuständigkeit eröffnet würde, so könnte sich ein Schuldner einer res extra commercium erfreuen. So können liechtensteinische Urteile in Deutschland nicht durchgesetzt werden. Hier hilft nur die Notzuständigkeit[38]. Denn Prozesse werden nicht um der Entscheidung willen geführt, sondern um der Durchsetzung des Anspruchs willen. Die problematische Situation in diesen Fällen ist im wesentlichen durch die Rechtsprechung des BGH[39] und des OLG Stuttgart[40] zu § 23 ZPO entstanden. Da-

[36] Vgl. LAG Frankfurt/Main, RIW 1982, 524

[37] Vgl. Geimer, IZPR, Rdn. 1029

[38] In gleichem Sinne für das österreichische Recht Matscher, in: Fasching, § 28 JN Rdn. 69 m.w.N.

[39] Vgl. BGHZ 115, 90 = NJW 1991, 3092 mit Bespr. Geimer NJW 1992, 3072 ff. = MDR 1991, 988 = RIW 1991, 856 mit Bespr. Fricke RIW 1992, 57 ff. = JZ 1992, 51 mit Anm. Schack = DWir 1991, 245 mit Bespr. Schütze ebenda 239 ff.

[40] Vgl. OLG Stuttgart RIW 1990, 829 mit Bespr. Fischer RIW 1990, 794 ff. = IPRax 1991, 179 mit Bespr. Fischer ebenda 159 ff.

nach ist für eine Vermögenszuständigkeit eine Binnenbeziehung notwendig. Wenn diese fehlt, dann kann auf den Vermögensgerichtsstand nicht zurückgegriffen, es muss zur Vermeidung eines déni de justice vielmehr eine Notzuständigkeit eröffnet werden. Das zeigt, wie problematisch die neue Rechtsprechung zu § 23 ZPO ist[41].

Probleme ergeben sich dann, wenn der Kläger die Rechtsverfolgung in Deutschland selbst unmöglich gemacht hat, indem er einen an sich gegebenen deutschen Gerichtsstand derogiert hat. Eine solche Fallkonstellation lag einer Entscheidung des OLG Koblenz zugrunde[42]. Der Kläger – ein liechtensteinischer Rechtsanwalt – hatte mit seiner Mandantin für Ansprüche aus dem Anwaltsvertrag die ausschließliche Zuständigkeit der liechtensteinischen Gerichte vereinbart. Als er – zu spät – erkannte, dass ein liechtensteinisches Urteil in Deutschland nicht anerkannt und für vollstreckbar erklärt werden konnte[43] und deutsche Vermögenswerte der Schuldnerin seinem Zugriff entzogen waren, versuchte er sein Glück mit einer Klage vor den deutschen Gerichten. Er war erfolglos. Denn da die Anerkennungsfähigkeit des im forum prorogatum ergehenden Urteils nicht Erfordernis für die Wirksamkeit einer internationalen Gerichtsstandsvereinbarung ist[44], musste er sich an der von ihm abgeschlossenen Zuständigkeitsvereinbarung festhalten lassen. In ähnlicher Weise hat der BGH für die Gerichtsstandsvereinbarung zugunsten der Gerichte in Bangkok entschieden, obwohl thailändische Urteile in Deutschland mangels Verbürgung der Gegenseitigkeit nicht anerkannt werden können

[41] Vgl. dazu Schütze, Das Vermögen als Anknüpfungspunkt für die ingternationale Zuständigkeit, FS Ishikawa, 2001, S. 493 ff. m.w.N., abgedruckt auch sub. 19

[42] Vgl. OLG Koblenz, IPRax 1984, 267 mit Besprechungsaufsatz Schütze, Bedeutung der in Forum Prorogatum ergehenden Entscheidung für die Wirksamkeit einer ausschließlichen internationalen Gerichtsstandsvereinbarung, IPRax 1984, 246 ff.; ähnlich OLG Saarbrücken NJW-RR 1989, 828, 829

[43] Vgl. Schütze, Anerkennung und Vollstreckung ausländischer Zivilurteile in Liechtenstein, RIW/AWD 1976, 564 ff.

[44] Vgl. für Nachweise Schütze, Zur Bedeutung der Anerkennungsfähigkeit der Entscheidung des prorogierten Gerichts für die Wirksamkeit einer internationalen Gerichtsstandsvereinbarung, AWD 1973, 368 ff.; ders., Die Bedeutung der Anerkennungsfähigkeit der Entscheidung des prorogierten Gerichts für die Wirksamkeit einer internationalen Gerichtsstandsvereinbarung, FS Fragistas, Bd. V, 1969, S. 167 ff.

und die Rechtsverfolgung in Thailand gegenüber dem deutschen Zivilprozess erschwert sein mag[45].

Den Entscheidungen ist zuzustimmen. Die Parteien können frei entscheiden, ob sie eine Gerichtsstandsvereinbarung abschließen wollen und welchen Inhalt diese haben soll. Sie brauchen kein Kindermädchen. Wenn sie einen Gerichtsstand ausschließen, dann können sie diesen nicht später wieder über die Hintertür einer Notzuständigkeit eröffnen.

Irren sich die Parteien über die Durchsetzbarkeit ihrer Ansprüche im vereinbarten Forum, dann kann die Gerichtsstandsvereinbarung u.U. durch Anfechtung beseitigt werden oder es kann – bei gemeinsamem Irrtum – eine Anpassung nach den Regeln über das Fehlen oder den Wegfall der Geschäftsgrundlage erfolgen[46]. Das ist aber keine Frage der Notzuständigkeit zur Vermeidung eines déni de justice.

2. Die Bestimmung des Notgerichts

a. Internationale Zuständigkeit

Einigkeit herrscht heute darüber, dass das Postulat von Neuhaus[47]: „Wo sonst kein Land zuständig ist, soll jedes Land zuständig sein" so nicht richtig sein kann. Würde man dem Kläger eine weltweite Zuständigkeit eröffnen, dann machte man ihn vom Bettler nach einer internationalen Zuständigkeit zum König mit der Möglichkeit eines unbeschränkten forum shoppings[48]. Es heißt, hier eine sinnvolle Grenzziehung vorzunehmen.

Es muss eine Binnenbeziehung vorliegen[49]. Insoweit gelten in Deutschland dieselben Grundsätze wie im österreichischen, schweizerischen

45 Vgl. BGH IPRspr. 1973, Nr. 128

46 Vgl. dazu Schütze, Die Bedeutung der Durchsetzbarkeit eines Anspruchs im forum prorogatum für die Wirksamkeit einer internationalen Gerichtsstandsvereinbarung, RIW/AWD 1982, 773 ff.

47 Vgl. Neuhaus, RabelsZ 20 (1955), 265

48 Vgl. Schütze, DIZPR, Rdn. 130.

49 Vgl. Kegel, Gerichtsstand und Geschäftsgrundlage, FS Henrich, 2000, S. 341 ff. (353); Nagel/Gottwald, IZPR, § 3 Rdn. 296; Schack, IZVR, Rdn. 397; Schütze, RV, Rdn. 81, Schröder, Internationale Zuständigkeit, S. 216 f.

und französischen Recht. Problematisch bleibt die Definition der Binnenbeziehung. In Betracht kommen die Staatsangehörigkeit, der Wohnsitz, der gewöhnliche Aufenthalt, die Vollstreckungsmöglichkeit, die Anwendbarkeit deutschen Rechts pp. Letztlich kommt es darauf hinaus, dass die Binnenbeziehung ausreicht, ein Rechtsschutzbedürfnis zu rechtfertigen. Man wird nach dem Rechtsschutzziel differenzieren müssen[50].

Hemmung der Verjährung: Die Verjährung ist nach deutschem Recht materiellrechtlicher Natur. Auf die Verjährung ist die Rechtsordnung anzuwenden, die für den Anspruch gilt (Art. 32 Abs. 1 Nr. 4 EGBGB). Angesichts der Problematik, ob die Verjährung eines deutschem Recht unterliegenden Anspruchs durch ausländische Klageerhebung gehemmt wird[51], wird die Binnenbeziehung bei diesem Rechtgsschutzziel durch die Anwendbarkeit deutschen Rechts hergestellt. Auch Wohnsitz oder gewöhnlicher Aufenthalt des Klägers in Deutschland wird man als ausreichend ansehen können, nicht jedoch die Staatsangehörigkeit.

Leistung: Bei Leistungsklagen ist die Anknüpfung an die Staatsangehörigkeit nicht ausreichend. Wesentliches Kriterium ist die Durchsetzungsmöglichkeit eines deutschen Titels, bei Zahlungsklagen regelmäßig Vermögen des Beklagten in Deutschland, obwohl hier die Eröffnung einer Notzuständigkeit wegen § 23 ZPO häufig nicht notwendig ist. In Betracht kommt die Notzuständigkeit jedoch in den Fällen, in denen der Vermögensgerichtsstand ausgeschlossen ist, etwa im Bereich europäischen Rechts[52] oder bei Fehlen einer Binnenbeziehung i.S. der Rechtsprechung zu § 23 ZPO. Auch der Wohnsitz oder der gewöhnliche Aufenthalt des Klägers genügen zur Herstellung einer Binnenbeziehung. Die Möglichkeit der Vollstreckung in nicht in Deutschland belegenes Vermögen kann nicht gefordert werden, da der Beklagte ja in Zukunft Vermögen hier erwerben kann.

Scheidung: Hier genügen zur Herstellung einer Binnenbeziehung Staatsangehörigkeit, Wohnsitz oder gewöhnlicher Aufenthalt. Dies sind letzt-

[50] In diesem Sinne für das österreichische Recht auch Matscher, in: Fasching, § 28 Rdn. 76 ff., der Fallgruppen bildet

[51] Vgl. dazu Schütze, Die Unterbrechung und Inlaufsetzung der Verjährung von Wechselansprüchen durch ausländische Klageerhebung, WM 1967, 246 ff.

[52] Vgl. Geimer, IZPR, Rdn. 1030, FN 216

lich die zuständigkeitsbegründenden Anknüpfungspunkte des § 606 a ZPO.

b. Örtliche Zuständigkeit

Hatte der Beklagte früher einmal einen Wohnsitz im Inland und hat er nunmehr keinen Wohnsitz (weder im In- noch im Ausland)[53] mehr, so hilft § 16 ZPO. Zuständig ist das Gericht am lezten Wohnsitz das Beklagten im Inland. Eine solche Fallkonstellation wird äußerst selten sein und kommt nur vor, wenn der Beklagte sich unbekannten Aufenthalts in das Ausland absetzt.

Hat der Beklagte Vermögen im Inland, in das die Vollstreckung stattfinden soll, ist aber die Vermögenszuständigkeit wegen der restriktiven Haltung der Rechtsprechung zu § 23 ZPO nicht gegeben, dann ist eine analoge Anwendung des § 23 ZPO für die Bestimmung der örtlichen Zuständigkeit im Rahmen der Notzuständigkeit geboten.

Im Übrigen ergibt sich die Situation, dass eine örtliche Zuständigkeit nach §§ 12ff. ZPO nicht vorgesehen ist, da das deutsche Recht die Notzuständigkeit nicht gesetzlich geregelt hat. Es gilt eine passende Zuständigkeitsnorm für die analoge Anwendung zu finden. § 36 Nr. 6 ZPO regelt die Zuständigkeit im Fall des negativen Kompetenzkonfliktes bei Unzuständigkeitserklärung mehrer Gerichte, wobei es gleichgültig ist, ob die örtliche, sachliche oder funktionelle Zuständigkeit betroffen ist[54]. Die analoge Anwendung dieser Norm erscheint sachgerecht. Sie führt im Ergebnis zu einer Ordination i.S. von § 28 JN im österreichischen Recht. Der BGH nimmt die Zuständigkeitsbestimmung vor.

3. Möglichkeiten der Rechtsverfolgung gegen gleichermaßen Verpflichtete

Problematisch mag sein, ob die Notzuständigkeit dadurch ausgeschlossen wird, dass eine Möglichkeit der Rechtsverfolgung gegen einen anderen Verpflichteten besteht, die eine Geltendmachung des Anspruchs zwar nicht gegen den Schuldner selbst, aber einen anderen

[53] Vgl. OLG Köln IPRax 2003, 59
[54] Vgl. im einzelnen Wieczorek/Schütze/Hausmann, § 36 Rdn. 54

Mithaftenden zulässt. Das ist beispielsweise der Fall, wenn bei einer Gesamtschuldnerschaft die Schuldner in verschiedenen Ländern ihren Sitz haben und nur in dem Sitzstaat eines Schuldners Stillstand der Rechtspflege eine Rechtsverfolgung unmöglich macht. Eine ähnliche Situation kann bei Bürgschafts- und Garantieverhältnissen bestehen, wenn die Rechtsverfolgung gegen den Hauptschuldner unmöglich oder unzumutbar ist, die gegen den Bürgen oder Garanten aber unproblematisch.

Auszugehen ist davon, dass der Justizgewährungsanspruch gegen den Staat erfordert, dass dieser eine Rechtsschutzmöglichkeit für jeden legalen Anspruch zur Verfügung stellt. In diesem Rahmen gibt es keine Subsidiarität. Der Gläubiger oder sonst Berechtigte kann nicht darauf verwiesen werden, dass eine anderweitige Ersatzmöglichkeit besteht, selbst wenn diese bei Gesamtschuldverhältnissen, Garantien und Bürgschaften auf erstes Anfordern gegeben sein mag.

Die Möglichkeit der Rechtsverfolgung gegen einen Mitverpflichteten schließt einen Notgerichtsstand für eine Klage gegen einen Schuldner nicht aus.

25. Zur Anerkennung ausländischer Zivilurteile[1]

Wenn man das Problem der Anerkennung ausländischer Privatscheidungen[2] außer Betracht lässt[3], dann ist es ein etablierter Grundsatz deutschen internationalen Zivilprozessrechts, dass nur Entscheidungen ausländischer staatlicher Gerichte anerkennungsfähig im Sinne von § 328 ZPO sind[4] und nur solche Urteile nach §§ *722*f. ZPO für vollstreckbar erklärt werden können. Dabei ergeben sich zuweilen Schwierigkeiten bei der Abgrenzung von staatlichen und privaten, von in- und ausländischen Gerichten.

I. Unabhängigkeit von internationalem Zivilprozessrecht und Völkerrecht

Problematisch ist, inwieweit völkerrechtliche Normen im Rahmen des internationalen Zivilprozessrechtes angewendet werden müssen oder

[1] Erstmals publiziert in: JZ 1982, 636 ff.

[2] Vgl. dazu Basedow, Die Anerkennung von Auslandsscheidungen, 1980, S. 8 ff. (rechtsvergleichend); Beitzke, Anerkennung inländischer Privatscheidungen von Ausländern?, IPRax 1981, 202 ff.; Beule, Die Anerkennung ausländischer Entscheidungen in Ehesachen, insbesondere bei Privatscheidungen, StAZ 1979, 29 ff.; Haecker, Anerkennung ausländischer Entscheidungen in Ehesachen, 1989; Kleinrahm/Partikel, Die Anerkennung ausländischer Entscheidungen in Ehesachen, 2. Aufl., 1970, S. 145 ff.; Siehr, Privatscheidungen und Anerkennungsverfahren nach Art. 7 § 1 FamRÄndG, FamRZ 1969, 184 ff.

[3] Vgl. zur Nichtanerkennungsfähigkeit von im Inland vollzogenen Privatscheidungen nach ausländischem Recht BGHZ 82, 34 = IPRax 1983, 38 mit Besprechungsaufsatz Kegel, Scheidung von Ausländern im Inland durch Rechtsgeschäft, IPRax 1983, 22 ff. Die Entscheidung ist bedenklich, privilegiert sie doch jüdische Privatscheidungen, für die das OLG Stuttgart (Vorinstanz zu BGHZ 82, 34) diese nicht den Regeln wie im entschiedenen Fall (Thai-Ehe) unterworfen hat.

[4] Vgl. BGHZ 22, 24; Geimer, Anerkennung, S. 100; Schack, IZVR, Rdn. 813; Schütze, DIZPR, Rdn. 325; ders., Die Anerkennung und Vollstreckung ausländischer Zivilurteile in der Bundesrepublik Deutschland als verfahrensrechtliches Problem, Diss. Bonn, 1960, S. 18 f. m.w.N.; Sonnenberger, Anerkennung und Vollstreckung ausländischer Gerichtsentscheidungen, Schiedssprüche, Vergleiche und sonstiger Titel, in: Zeitgenössische Fragen des internationalen Zivilverfahrensrechts, 1972, S. 209 ff. (213)

dürfen[5]. Ein Bereich des internationalen Zivilprozessrechts ist nun zwar völkerrechtlicher Natur, die Gerichtsbarkeit[6]. Auch sind einige Materien durch völkerrechtliche Verträge geregelt, so weite Bereiche der Wirkungserstreckung von Zivilurteilen. Das internationale Zivilprozessrecht selbst ist aber nationales Recht, das autonome Normen für die Durchführung von Verfahren mit internationalem Bezug enthält[7]. Dabei ist es unerheblich, ob man das internationale Zivilprozessrecht dem Zivilprozessrecht oder dem internationalen Privatrecht zurechnet oder ihm eine eigenständige Funktion zubilligt. Das gilt auch für den hier interessierenden Bereich der Anerkennung und Vollstreckbarerklärung ausländischer Zivilurteile. Ein ausländisches Urteil ist ein Hoheitsakt, dessen Wirkung an der Staatsgrenze endet. Dies folgt aus der Souveränität der Staaten[8]. Es besteht auch keine völkerrechtliche Verpflichtung, ihm im Inland Wirkung zu verleihen[9]. Davon ging schon die im 19. Jahrhundert herrschende Comitas Lehre (doctrine of comity) aus, wonach die Anerkennung eines ausländischen Urteils ex comitate nicht ex necessitate erfolgte.[10]

[5] Zur gleichen Problematik im Rahmen des internationalen Privatrechts vgl. Engel, Die Bedeutung völkerrechtlicher Anerkennungen für das Internationale Privatrecht, FS Rothoeft, 1994, S. 87 ff.

[6] Vgl. Dahm, Völkerrechtliche Grenzen der inländischen Gerichtsbarkeit gegenüber ausländischen Staaten, FS Nikisch, 1958, S. 153 ff.; Geimer, Zur Prüfung der Gerichtsbarkeit und der internationalen Zuständigkeit bei der Anerkennung ausländischer Urteile, 1966, S. 67 ff.; ders., IZPR, Rdn. 371 ff.; Habscheid, Die Immunität ausländischer Staaten nach deutschem Zivilprozessrecht, Berichte der Deutschen Gesellschaft für Völkerrecht 8 (1968), S. 159 ff.; Malina, Die völkerrechtliche Immunität ausländischer Staaten im zivilrechtlichen Erkenntnisverfahren, Diss. Marburg 1978, S. 4 ff.; Schütze, DIZPR, Rdn. 67 ff. m.w.N.

[7] Vgl. Schütze, DIZPR, Rdn. 2

[8] Vgl. z.B. Panchaud, La Technique Législative des Traités sur l'Exécution des Jugements Etrangers, FS Fragistas, Bd. III, 1968, S. 65 ff.

[9] Vgl. Geimer, Zur Prüfung der Gerichtsbarkeit und der internationalen Zuständigkeit bei der Anerkennung ausländischer Urteile, 1966, S. 37; ders., Anerkennung, S. 10 f.; ders., IZPR, Rdn. 2757, jeweils m.w.N.; Guldner, Das interkantonale und internationale Zivilprozessrecht der Schweiz, 1951, S. 92; Nagel, Die Begrenzung des internationalen Zivilprozessrechts durch das Völkerrecht, ZZP 75 (1962), 408 ff. (435); Nagel/Gottwald, IZPR, § 11, Rdn. 102; Schütze, DIZPR, Rdn. 287

[10] Vgl. Zur Entwicklung Silberberg, The Recognition and Enforcement of Foreign Judgments in South Africa, Heft 3 der Veröffentlichungen des Institute of Foreign and Comparative Law University of South Africa, S. 2 ff.; Relikte der comitas Lehre fanden sich bis zum Erlass der Verfahrensordnung des Board of

Ob, bis zu welchem Maße und unter welchen Bedingungen ein ausländisches Urteil anerkannt wird, liegt in der Regelungsbefugnis jeden Staates. Der Begriff des ausländischen Urteils in §§ 328, 722f. ZPO ist damit allein dem deutschen internationalen Zivilprozessrecht zu entnehmen. Dieses bestimmt auch, nach welchem Recht zu qualifizieren ist.

II. Urteil eines staatlichen Gerichts

Der Urteilsbegriff setzt eine Entscheidung eines mit staatlicher Jurisdiktionsgewalt ausgestatteten Spruchkörpers voraus. Damit scheiden zunächst alle privaten Gerichte, z.B. Vereinsgerichte[11] aus dem Anwendungsbereich des § 328 ZPO aus. Ein anschauliches Beispiel findet sich in der französischen Rechtsprechung. Der tribunal de la Seine[12] hat einer Entscheidung eines „russischen Konsulargerichts", das durch russische Emigranten in Istanbul gegründet worden war, das Exequatur verweigert, weil es sich nicht um die Entscheidung eines mit staatlicher Hoheitsgewalt bekleideten Gerichtes handelte. Ein solches Urteil hätte auch in Deutschland nicht anerkannt werden können.

Bei der Einordnung eines Gerichtes als staatlich oder nicht staatlich ist eine Doppelqualifikation erforderlich[13]. Die Natur des Erstgerichtes als eines staatlichen Gerichtes muss zunächst nach deutschem (zweitstaatlichem) Recht vorliegen. Wir sind nur bereit, Urteile anzu-

Grievances 1989 im saudischen Recht, wo die Wirkungserstreckung ausländischer Zivilurteile im Ermessen des Board of Grievances stand; vgl. Schütze, Rechtsverfolgung bei deutsch-arabischen Handelsgeschäften, RIW/AWD 1977, 761 ff. (767)

[11] Diese „Gerichte" sind u.U. als Schiedsgerichte zu qualifizieren, so dass ihre Sprüche nach § 1061 ZPO anerkennungsfähig sein können.

[12] Vgl. Tribunal de la Seine, Journal Clunet 59 (1932), 370

[13] Zur Doppelqualifikation im Rahmen der Bestimmung des Begriffs der Zivilsache vgl. Geimer/Schütze, Internationale Urteilsanerkennung, Bd. II, S. 258; Riezler, IZPR, S. 116 f.; Schütze, DIZPR, Rdn. 327; zur Doppelqualifikation im Rahmen der Staatsverträge vgl. Schütze, Zur Anwendung des deutsch-britischen Anerkennungs- und Vollstreckungsabkommens, RIW/AWD 1980, 170f.; ders., Zur Auslegung internationaler Übereinkommen, FS von Maydell, 2002, S. 649 ff. (651f.); Geimer, IZPR, Rdn. 317 bezeichnet die Doppelqualifikation als denkbar, Linke, IZPR, Rdn. 57 zeigt Wohlwollen, erklärt sie aber zur einheitlichen Anwendung auf kleinstem gemeinschaftlichen Nenner; ebenso Schack, IZVR, Rdn. 51

erkennen, die nach unseren eigenen Rechtsvorstellungen Urteile eines staatlichen Spruchkörpers sind. Auf der anderen Seite ist es aber auch notwendig, dass die Entscheidung nach erststaatlichem Recht von einem staatlichen Gericht gefällt worden ist. Denn die Anerkennung ist Wirkungserstreckung. Das bedeutet, dass nicht mehr Wirkungen erstreckt werden können, als nach erststaatlichem Recht bestehen. Würde man nur nach zweitstaatlichem Recht qualifizieren, dann könnten bei Auseinanderfallen von erst- und zweitstaatlichem Recht durch die Anerkennung Wirkungen im Zweitstaat geschaffen werden, die im Erststaat nicht bestehen.

Problematisch ist die Anerkennung von Urteilen aus nicht anerkannten Staaten. Auszugehen ist zunächst davon, dass die völkerrechtliche Anerkennung eines Staates oder das Bestehen diplomatischer Beziehungen keine Bedeutung für den Staatsbegriff im Sinne von § 328 ZPO haben[14]. Entscheidend ist, ob ein Gericht staatliche Gerichtsbarkeit in einem Territorium ausübt oder nicht. Würde man die völkerrechtliche Anerkennung eines Staates zum Kriterium für die Staatlichkeit eines Gerichtes machen, so könnte dies zur Verschlechterung der Rechtspositionen der Parteien führen. So wurden die so genannten Homelands Südafrikas, z.B. die Transkei, Bophuthatswana und Vendaland pp.[15] – in erster Linie aus Missbilligung der südafrikanischen Apartheidpolitik – international – auch von der Bundesrepublik – nicht anerkannt. Dennoch bestand dort ein unabhängiges Gerichtssystem[16] und eine selbständige Rechtsprechung in Zivilsachen. Hatte der Beklagte nun beispielsweise einen Gerichtsstand allein in Umtata (Transkei), so konnte der Kläger nur dort Recht suchen.

[14] Zur gleichgelagerten Frage der Anwendung des Rechts nicht anerkannter Staaten im Rahmen des Kollisionsrechts haben die deutschen Gerichte stets erklärt, dass die fehlende völkerrechtliche Anerkennung keine Bedeutung für die Entscheidung habe, vgl. KG, IPRspr. 1932 Nr. 21; OLG Oldenburg, IPRspr. 1956/57 Nr. 202; BGH, IPRspr. 1966/67 Nr. 14; vgl. dazu im einelnen, Engel, Die Bedeutung völkerrechtlicher Anerkennungen für das Internationale Privatrecht, FS Rothoeft, 1994, S. 87 ff. (88)

[15] Vgl. zur Anerkennung und Vollstreckbarerklärung ausländischer Zivilurteile in den Homelands Brooks, The Recognition and Enforcement of Foreign Judgments in Transkei, Bophuthatswana and Venda, South African Yearbook of International Law 5 (1979, S. 1 ff.

[16] Vgl. z.B. für die Rechtslage in Vendaland Carpenter, The Independence of Venda, South African Yearbook of International Law 5 (1979), S. 40 ff.

Würde das Urteil des Transkei-Gerichts wegen der bloßen Tatsache nicht anerkannt worden sein, dass Deutschland aus politischen Gründen der Transkei die völkerrechtliche Anerkennung verweigerte, dann hätte der Kläger seine Ansprüche nur in der Transkei einklagen, die Wirkungen eines solchen Urteils könnten im Ausland aber nicht geltend machen können.

Kriterium für die Staatlichkeit eines Gerichtes ist nicht die völkerrechtliche Anerkennung des Erststaates und das Bestehen von diplomatischen Beziehungen zu diesem, sondern die nicht nur vorübergehende Ausübung von Gerichtsbarkeit in einem Territorium. Das war bei den Homelands im südlichen Afrika der Fall, nicht jedoch bei politischen Gruppierungen, die souveräne Staatsgewalt nicht ausüben. So hat der tribunal de la Seine in der oben zitierten Entscheidung zu Recht dem russischen Emigrantengericht die Qualität eines staatlichen Gerichtes abgesprochen. Auch revolutionäre Gruppierungen, die Gerichte unterhalten, üben keine staatliche Gerichtsbarkeit im Sinne von § 328 ZPO aus. Erst wenn eine revolutionäre Bewegung durch ihre Gerichtsbarkeit die des bestehenden Staates ersetzt hat, sind ihre Urteile solche staatlicher Gerichte im Sinne von § 328 ZPO. Entscheidend ist also allein die Ausübung von Gerichtsbarkeit in einem Territorium. In diesem Sinne waren auch Urteile aus der Transkei, Bophuthatswana und Vendaland anerkennungsfähig.

III. Ausländisches Urteil

Eng mit der völkerrechtlichen Anerkennung eines Staates verknüpft ist die Frage, ob ein ausländisches oder ein inländisches Urteil, gegebenenfalls ein Urteil welchen ausländischen Staates vorliegt. Diese Frage, die früher im Wesentlichen im Rahmen der Konsular- und Kolonialgerichtsbarkeit diskutiert wurde[17], hat nach den beiden Weltkriegen durch Grenzverschiebungen Bedeutung erlangt.

Auch hier ist davon auszugehen, dass die völkerrechtliche Anerkennung eines Staates unerheblich für die Abgrenzung des Inlands- und Auslandsbegriffes ist. So wurden schon Urteile von Gerichten des

[17] Vgl. dazu Perroud, Les jugements étrangers, 1929, Nr. 21 ff.

„Generalgouvernements" Polen in Deutschland auch während der Besatzungszeit als ausländische angesehen[18].

1. Das Problem DDR

Der Bundesgerichtshof[19] und die herrschende Lehre[20] sind wegen der staatsrechtlichen Lage der DDR Jahrzehnte davon ausgegangen, dass Urteile von Gerichten der DDR inländische Urteile seien und keiner Anerkennung und Vollstreckbarerklärung nach §§ 328, 722f. ZPO bedürften. Wenig konsequent hat man diese Urteile dann aber nicht tale quale als inländische übernommen, sondern mit der Messlatte des § 328 Abs. 1 ZPO gemessen (unter Außerachtlassung einiger Höhen)[21]. So sollten – mit Ausnahme des Erfordernisses des § 328 Abs. 1 Nr. 5 ZPO – die Nummern 1–4 dieser Bestimmung zumindest analog und modifiziert anwendbar sein, als ob es sich um ausländische Urteile handelte.

Neben der staatsrechtlichen Situation hatte diese Meinung zumindest für eine gewisse Zeit eine Stütze, als noch zivilprozessual Rechtseinheit herrschte. Spätestens mit dem Zerbrechen der Rechtseinheit auf dem Gebiete des Zivilprozessrechts am 1.1.1976[22] war diese Ansicht unhaltbar geworden. Die Gerichte der DDR übten eine andere Gerichtsbarkeit aus als die der Bundesrepublik Deutschland. Urteile von DDR-Gerichten waren deshalb ausländische Urteile, unabhängig von der Staats- und völkerrechtlichen Situation der DDR und des Verhältnisses beider deutscher Staaten zueinander. Sie waren im Gebiet der Bundesrepublik Deutschland grundsätzlich ohne Wirkung und entfalteten Wirkungen erst nach Anerkennung bei Vorliegen der Erfordernisse des § 328 ZPO und – soweit es sich um die Vollstreck-

[18] Vgl. Riezler, IZPR, S. 528

[19] Vgl. BGHZ 34, 134 = JZ 1961, 667 mit Anm. Beitzke; BGHZ 84, 19

[20] Vgl. für viele Geimer, IZPR, Rdn. 3073; für Nachweise vgl. Baumbach/Lauterbach/Albers/Hartmann, § 328, Rdn. 1

[21] Vgl. BVerfGE 36, 30; BGH NJW 1997, 2051

[22] Vgl. Gesetz über das gerichtliche Verfahren in Zivil-, Familien- und Arbeitsrechtssachen (Zivilprozessordnung) vom 19.6.1975 (GBl. I Nr. 29), in Kraft seit dem 1.1.1976

barkeit handelt – nach Vollstreckbarerklärung gemäß §§ 722 f. ZPO[23]. Das Problem ist durch die Wiedervereinigung erfreulicherweise obsolet geworden. Nach Art. 18 des Einigungsvertrages vom 31.8.1990[24] bleiben Entscheidungen der ehemaligen DDR wirksam.

Dasselbe gilt für Urteile aus den deutschen Ostgebieten, die nach 1945 abgetrennt wurden. Ein Urteil eines Gerichtes in Königshütte ist ein polnisches Urteil im Sinne von § 328 ZPO – unabhängig von der völkerrechtlichen Situation.

2. Das Problem Andorra[25]

War das Problem der Behandlung von Urteilen von DDR-Gerichten ein solches der Abgrenzung in- und ausländischer Urteile, so stellte sich im Fall Andorras die Frage, welchem Staat ein Urteil zuzuordnen ist. Auch hier ist darauf abzustellen, welcher Staat bei dem Spruch Gerichtsbarkeit ausgeübt hat. Andorra war bis 1993[26] Kondominium des Bischofs von Urgel und des französischen Staatspräsidenten[27]. Die Gerichte Andorras leiteten ihre Befugnis Recht zu sprechen von den Mitsouveränen her. Die andorranischen Gerichte üben damit – zumindest auch – französische Gerichtsbarkeit aus[28]. Die französische Cour de Cassation[29] sah folgerichtig – trotz mancherlei Angriffen in der Rechtslehre – andorranische Urteile nicht als ausländische an. Andorranische Urteile waren ungeachtet der völkerrechtlichen Situation Andorras deshalb zumindest auch französische

[23] Vgl. OLG Düsseldorf, FamRZ 1979, 313; Schütze, Die Geltendmachung deutscher Urteile im Ausland – Verbürgung der Gegenseitigkeit, 1977, S. 21ff.; Stein/Jonas/Münzberg, ZPO, 20. Aufl., § 722, Rdn. 1

[24] BGBl. I 889

[25] Vgl. dazu Maus, Zur Einbeziehung Andorras in internationale Verträge, RIW/AWD 1981, 151ff.; Schütze, Anerkennung und Vollstreckung deutscher Zivilurteile in Andorra, RIW/AWD 1977, 399 f.

[26] Andorra ist am 28.7.1993 als 184. Mitglied in die UNO aufgenommen worden.

[27] Vgl. Schindler, in: Strupp/Schlochauer, Wörterbuch des Völkerrechts, Bd. I, 1960, S. 45; Wengler, Völkerrecht, Bd. II, 1964, S. 1264 f.

[28] Vgl. Schütze, RIW/AWD 1977, 399 f.; a.A. Maus, RIW/AWD 1981, 151 ff.

[29] Z.B. Journal Clunet 98 (1971), 830 mit Anm. Ruzié = Jurisclasseur Périodique 1971 II 16843 mit Anm. Blodeau = Rev. Crit. 1971, 533 mit Anm. Simon-Depitre

Urteile, für die die Klauselerteilung in Deutschland nach dem EuGVÜ möglich war[30].

IV. Fazit

Die Anerkennung und Vollstreckbarerklärung ausländischer Entscheidungen ist völkerrechtlich nicht geregelt – soweit nicht vertraglichen Vereinbarungen auf bi- oder multilateraler Ebene bestehen. Es existiert auch keine völkerrechtliche Verpflichtung, ausländischen Urteilen Wirkung im Inland zu verleihen.

Der völkerrechtliche Staatsbegriff ist kein geeignetes Kriterium zur Abgrenzung im Rahmen der Beurteilung des Urteils eines ausländischen Gerichtes im Sinne von § 328 ZPO.

Entscheidend ist allein, ob das Erstgericht staatliche Gerichtsbarkeit ausgeübt hat, wobei eine Doppelqualifikation nach erst- und zweitstaatlichem Recht erforderlich ist.

Auch die Bestimmung, ob ein Gericht ein inländisches oder ein ausländisches – gegebenenfalls welchen Staates – ist, hat danach zu erfolgen, welche Gerichtsbarkeit es ausgeübt hat.

[30] Vgl. Geimer/Schütze, Internationale Urteilsanerkennung, Bd. I/2, S. 1786f.; Schütze RIW/AWD 1977, 399f.; a.A. Droz, Compétence Judiciaire et Effets des Jugements dans le Marché Commun, 1972, S. 20, N. 1; Martiny, Handbuch, Rdn. 1313; Maus, RIW/AWD 1981, 151 ff.

26. Der Zeitpunkt der Anerkennung ausländischer Zivilurteile[1]

Die Anerkennung ausländischer Zivilurteile erfolgt – soweit es sich nicht um gewisse Eheurteile handelt – grundsätzlich formlos[2]. Die Wirkungen der ausländischen Entscheidung werden ipso iure erstreckt, wenn die Voraussetzungen der Anerkennung vorliegen und keine Versagungsgründe gegeben sind[3]. Im Gegensatz zu vielen anderen Rechtsordnungen[4] ist kein besonderer Akt der Wirkungserstreckung vorgesehen[5]. Die Anerkennung beruht auf der Automatik des Gesetzes, vergleichbar der Rechtskrafterstreckung auf Dritte nach §§ 325, 265 ZPO[6]. Wie dort die subjektiven Grenzen der Rechtskraft erweitert werden, so handelt es sich bei der Anerkennung um eine territoriale Wirkungserstreckung.

Das Fehlen eines förmlichen Anerkennungsaktes bringt Schwierigkeiten bei der Bestimmung des Zeitpunktes der Wirkungserstreckung. Der Zeitpunkt der Anerkennung ist aber von entscheidender Bedeutung für die Frage, wann die Erfordernisse der Anerkennung vorliegen müssen[7]. Dies wird in Rechtsprechung und Lehre weitgehend

[1] Erstmals publiziert in: NJW 1966, 1598 f.

[2] Vgl. dazu RGZ 166, 367; Geimer, Grundfragen der Anerkennung und Vollstreckung ausländischer Urteile im Inland, JuS 1965, 476; ders., Anerkennung, S. 94; Schütze, Die Anerkennung und Vollstreckung ausländischer Zivilurteile in der Bundesrepublik Deutschland als verfahrensrechtliches Problem, Diss. Bonn 1960, S. 3 ff.

[3] Vgl. für die Unterscheidung der Erfordernisse der Anerkennung in Voraussetzungen und Versagungsgründe und die Bedeutung dieser Unterscheidung für die Beweislast Schütze, Die Anerkennung und Vollstreckung ausländischer Zivilurteile in der Bundesrepublik Deutschland als verfahrensrechtliches Problem, Diss. Bonn 1960, S. 27 ff.

[4] So sieht das polnische Recht für jede Art der Wirkungserstreckung die Notwendigkeit eines gerichtlichen Exequaturs vor, vgl. Geimer/Schütze, EuZVR, E.14, Rdn. 10

[5] Eine Ausnahme besteht für die Anerkennung ausländischer Entscheidungen in Ehesachen nach Art. 7 § 1 FamRÄndG

[6] Für weitere Beispiele vgl. Bettermann, Die Vollstreckung des Zivilurteils in den Grenzen seiner Rechtskraft, 1948, S. 128 ff.

[7] Vgl. dazu auch Eberlein, Zu welchem Zeitpunkt müssen die Voraussetzungen für die Anerkennung ausländischer Urteile in Deutschland nach § 328 Abs. 1,

verkannt, wenn das Vorliegen der Anerkennungsvoraussetzungen in dem Zeitpunkt, in dem die Frage der Anerkennung geprüft wird[8] oder bei Eintritt der Rechtskraft der ausländischen Entscheidung[9] gefordert wird. Beide Kriterien sind unbrauchbar. Ihre Anwendung kann im Einzelfall zwar zu einem richtigen Ergebnis führen, aber nur, wenn der Zeitpunkt der Anerkennung zufällig mit den von der h.L. für wesentlich erachteten Tatbeständen zusammenfällt.

Auszugehen ist von der Definition der Anerkennung. Die Anerkennung erstreckt die Wirkungen der ausländischen Entscheidung – die im Prinzip territorial begrenzt sind – auf das Inland[10]. Diese Wirkungserstreckung erfolgt unter verschiedenen, in § 328 ZPO normierten Erfordernissen. Es erscheint deshalb selbstverständlich, dass die Erfordernisse der Anerkennung spätestens im Zeitpunkt der Wirkungserstreckung vorliegen müssen. Denn die Wirkungserstreckung setzt die Erfüllung der Anerkennungserfordernisse voraus. Ebenso wenig wie also das Vorliegen der Erfordernisse des § 328 ZPO nach Anerkennung genügt, kann es irgendeine Bedeutung haben, wenn die Anerkennungserfordernisse ganz oder teilweise *vor* Anerkennung vorgelegen haben. Die Anerkennung erfordert, dass alle Erfordernisse der Wirkungserstreckung gleichzeitig vorliegen, und zwar in dem

Ziff. 1, 4 und 5 ZPO und der entsprechenden Bestimmungen in den Staatsverträgen gegeben sein?, Diss. Erlangen 1952

[8] Vgl. RGZ 41, 424 (Vollstreckbarerklärung); RG JW 1928, 3044 (dort Nachweise) mit zustimmender Anmerkung Wieruszowsky; BGH NJW 1957, 61; BGHZ 138, 331, OLG Hamm NJW-RR 1992, 710; Herrmann, Die Anerkennung US-amerikanischer Urteile in Deutschland unter Berücksichtigung des ordre public – Eine rechtsvergleichende Untersuchung zum „Justizkonflikt“ zwischen Deutschland und den USA, 2000, S. 58 ff.

[9] So Geimer, IZPR, Rdn. 2798; Martiny, Handbuch, Rdn. 298; Nagel/Gottwald, IZPR, Rdn. 7; Riezler, IZPR, S. 554 (für die Gegenseitigkeit); Schack, IZVR, Rdn. 880; Wieczorek, ZPO, 2. Aufl., § 328 Erl. B III c 1; Zöller/Geimer, § 328, Rdn. 272

[10] Vgl. Geimer, Anerkennung, S. 86; Coninx, Die Bedeutung der Wohnsitzgarantie von Art. 59 der Bundesverfassung im internationalen Rechtsverkehr, Diss. Zürich 1942, S. 41; Riezler, IZPR, S. 512; Schütze, Die Anerkennung und Vollstreckung ausländischer Zivilurteile in der Bundesrepublik Deutschland als verfahrensrechtliches Problem, Diss. Bonn 1960, S. 3 f.; anders die Nostrifizierungstheorie, vgl. zu den Anerkennungstheorien Meier, Grenzüberschreitende Drittbeteiligung, 1994, S. 149. In der amerikanischen Terminologie spricht man zutreffend von *judgment extension*, vgl. dazu Nussbaum, Grundzüge des internationalen Privatrechts, 1952, S. 217

Zeitpunkt, in dem das ausländische Urteil über die territorialen Grenzen des Erstsstaates Wirkung entfalten soll.

Als Zeitpunkt der Wirkungserstreckung kommt in Betracht:

- der Zeitpunkt des Erlasses oder des Eintritts der Rechtskraft der ausländischen Entscheidung,

- der Zeitpunkt, in dem das rechtskräftige Urteil eine Inlandsbeziehung gewinnt,

- der Zeitpunkt, in dem die ausländische Entscheidung dadurch Bedeutung erlangt, dass sie Gegenstand einer Vorfrage wird, was mit dem Zeitpunkt der „Prüfung" der Anerkennungserfordernisse zusammenfällt.

Bei der Lösung des Problems ist von dem Wesen der Anerkennung als Wirkungserstreckung auszugehen. Eine Wirkung kann nicht aus sich selbst bestehen. „*Wirken heisst, sich als Komponente eines Geschehens zu betätigen*"[11]. Das Wesen der Wirkung liegt darin, dass sie in der Kausalkette wieder Ursache für eine neue Wirkung ist. Eine Wirkung kann deshalb immer nur im Hinblick auf ihre Bedeutung für bestimmte Tatbestände gesehen werden. So kann die Rechtskraft einer Entscheidung nur Bedeutung haben im Hinblick auf einen neuen Prozess über denselben Streitgegenstand. Ist ein gerichtliches Verfahren oder eine andere hoheitliche Feststellung über den Streitgegenstand undenkbar, so gibt es keine Rechtskraftwirkung. Man kann deshalb von vornherein ausschließen, dass alle ausländischen Entscheidungen, die an sich anerkennungsfähig wären, weil die Erfordernisse des § 328 ZPO erfüllt sind, schon im Zeitpunkt ihres Erlasses oder des Eintritts der Rechtskraft Wirkung im Inland entfalten. Ohne eine irgendwie geartete Inlandsbeziehung kann das ausländische Urteil nicht Ursache für inländische Rechtskraftwirkungen sein. Die Wirkungserstreckung setzt eine Inlandsbeziehung voraus, die es möglich macht, dass der Streitgegenstand der ausländischen Entscheidung überhaupt rechtliche Bedeutung erlangen kann. Das Urteil eines ägyptischen Gerichts, das einen libyschen Schuldner zur Rückzahlung eines Darlehns an den ägyptischen Gläubiger verurteilt, äußert nicht schon allein Wirkungen in Deutschland, weil die Erfor-

[11] Vgl. Schmidt, Philosophisches Wörterbuch, 4. Aufl., S. 308

dernisse des § 328 ZPO erfüllt sind. Erst wenn eine der Parteien Vermögen in Deutschland eignet, Wohnsitz im Inland begründet oder eine sonstige Inlandsbeziehung heergestellt wird, kann das ägyptische Urteil bei einer deutschen Steuerfestsetzung, einem Prozess vor einem deutschen Gericht oder sonstwie Bedeutung erlangen. Erst die Inlandsbeziehung stellt den auslösenden Tatbestand für die Erstreckung der Urteilswirkungen dar. Der Zeitpunkt der Anerkennung ist der, in dem

- die Erfordernisse der Anerkennung vorliegen und
- eine Binnenbeziehung besteht[12].

Wenn in vorstehendem Beispiel die Verbürgung der Gegenseitigkeit im Zeitpunkt des Eintritts der Rechtskraft angenommen werden könnte[13], sie aber durch einen Wandel der ägyptischen Rechtssprechung vor Herstellung einer Inlandsbeziehung wegfiele, dann könnte eine Anerkennung nicht erfolgen. Umgekehrt schadet es nicht, wenn die Verbürgung nach Herstellung einer Inlandsbeziehung wegfällt und im Zeitpunkt der Prüfung der Anerkennung nicht mehr gegeben ist[14]. Die einmal erfolgt Anerkennung verliert ihre Wirkungen nicht mehr[15].

Eine andere Frage ist, wann die Erfordernisse der Vollstreckbarerklärung vorliegen müssen. Man könnte geneigt sein, auf den Zeitpunkt der Vollstreckbarerklärung abzustellen[16]. Dieser ist leicht zu bestimmen. Da die Vollstreckbarerklärung konstitutiv ausgestaltet ist, erfolgt die Erstreckung der Vollstreckbarkeit im Zeitpunkt des Erlasses des Vollstreckungsurteils[17]. Anerkennung und Vollstreckbarerklärung

[12] AA Martiny, Handbuch, S. 140, der allein auf den Zeitpunkt abstellt, in dem die Erfordernisse der Anerkennung erfüllt sind.

[13] Die Gegenseitigkeit im Verhältnis zu Ägypten ist verbürgt, vgl. IPG 1970 Nr. 34 (Heidelberg); Schütze, DIZPR, Rdn. 348

[14] Dabei ist auch zu berücksichtigen, dass die ausländische Entscheidung mehrfach Gegenstand einer Vorfrage sein kann. Es wäre wenig sinnvoll, wollte man die Rechtskraft einmal berücksichtigen, einmal nicht, nur weil inzwischen die Gegenseitigkeit fortgefallen ist.

[15] Vgl. Wieczorek, ZPO, 2. Aufl., § 328 Erl. B III c 1. In diesem Sinne wohl auch Riezler, IZPR, S. 554 f.

[16] So RGZ 41, 424; 167, 376; Baumbach/Lauterbach/Albers/Hartmann, § 723, Rdn. 5; Riezler, IZPR, S. 554; Zöller/Geimer, § 328, Rdn. 39

[17] Die Rechtsnatur der Vollstreckbarerklärung als Gestaltungsurteil ist heute unbestritten, vgl. für Nachweise Wieczorek/Schütze/Schütze, § 722 Rdn. 24

bilden jedoch keine Gegensätze. Vielmehr setzt die Vollstreckbarerklärung die Anerkennung voraus[18]. Sie erfordert über die Erfordernisse der Anerkennung nur noch der Vollstreckbarkeit im engeren Sinne als weitere Voraussetzung[19]. Ist die Anerkennung einmal erfolgt, dann bedarf es im Zeitpunkt der Vollstreckbarerklärung nur noch des Vorliegens der Vollstreckbarkeit des ausländischen Titels. Für die Anerkennungserfordernisse ist dabei allein der Zeitpunkt der Anerkennung maßgebend. Denn es wäre unsinnig anzunehmen, dass eine Entscheidung im Inland zwar Rechtskraft wirkte, aber nur deshalb nicht für vollstreckbar erklärt werden könnte, weil zwischen Anerkennung und Vollstreckbarerklärung ein Erfordernis des § 328 ZPO – etwa die Verbürgung der Gegenseitigkeit – fortgefallen ist. Dann könnte aus dem ausländischen Urteil nicht mehr vollstreckt werden, weil ein Vollstreckungsurteil nicht mehr erlassen werden könnte. Eine inländischen Klage stünde aber die – durch die Anerkennung erstreckte – Rechtskraft entgegen, jedenfalls aber wäre der deutsche Richter bei einer erneuten Klage an das ausländischer Urteil gebunden. Was wäre in diesem Fall mit der Verweigerung eines Vollstreckungsurteils erreicht?[20]

Es ist deshalb erforderlich und genügend, dass die Erfordernis der Anerkennung im Zeitpunkt der Anerkennung und das weitere Erfordernis der Vollstreckbarerklärung im Zeitpunkt der letzten mündlichen Verhandlung des Verfahrens nach §§ 722 f. ZPO vorliegen.

[18] Vgl. Geimer, Die Vollstreckbarerklärung ausländischer Urteile, NJW 1985, 1413ff.; Kallmann, Anerkennung und Vollstreckung ausländischer Zivilurteile und gerichtlicher Vergleiche, 1946, S. 311; Reu, Anwendung fremden Rechts, 1938, S. 86; Riezler, IZPR, S. 512; Schütze, DIZPR, Rdn. 352; eine seltene Ausnahme mag es für die Vollstreckbarerklärung von Titeln ohne anerkennungsfähige Wirkungen geben, vgl. Geimer, Anerkennung, S. 175

[19] Vgl. RGZ 88, 249; Riezler, IZPR, S. 563; Wieczorek/Schütze/Schütze, § 723, Rdn. 10; Wolff, Vollstreckbarerklärung, in; Handbuch des internationalen Zivilverfahrensrechts, Bd. II/2, 1984, S. 337

[20] Aus diesem Grund ist auch die Ansicht Millekers, Teilanerkennung fremder Urteile nach Urteilswirkungen in vermögensrechtlichen Streitigkeiten, NJW 1971, 303ff. abzulehnen, vgl. Geimer/Schütze, Internationale Urteilsanerkennung, Bd. I/2, S. 1769 f.

27. Zur partiellen Verbürgung der Gegenseitigkeit bei der Anerkennung ausländischer Zivilurteile[1]

Das Problem der verbürgten Gegenseitigkeit[2] bei der Anerkennung und Vollstreckbarerklärung ausländischer Zivilurteile (§ 328 Abs. 1 Nr. 5 ZPO) hat in jüngerer Zeit in Rechtsprechung[3] und Lehre[4] eine vertiefte Behandlung erfahren. Der BGH[5] hat seine Rechtsprechung zur partiellen Verbürgung weiterentwickelt, Instanzgerichte[6] haben

1 Erstmals publiziert in: NJW 1973, 2143 ff.

2 Das BVerfG hat – allerdings in anderem Zusammenhang – die Gegenseitigkeitsverbürgung als eine Erscheinungsform des völkerrechtlichen Gegenseitigkeitsprinzips, *„das der Wahrnehmung eigener staatlicher Belange gegenüber anderen Staaten"* dient, gewertet, vgl. BVerfGE 30, 409 = NJW 1971, 1508

3 Vgl. zur Rechtsprechung bis 1969 Schütze, Die Rechtsprechung des BGH zur Verbürgung der Gegenseitigkeit (§ 328 Abs. 1 Nr. 5 ZPO), NJW 1969, 293 ff.

4 Vgl. dazu insbes. Doser, Gegenseitigkeit und Anerkennung ausländischer Entscheidungen (§ 328 Abs. 1 Nr. 5 ZPO), dargestellt am Beispiel Südafrika, 1999; Einmahl, Zur Verbürgung der Gegenseitigkeit bei der Anerkennung ausländischer Entscheidungen, NJW 1971, 1487ff.; Fischer, Die Anerkennung ausländischer Urteile in Deutschland, ZAkDR 1935, 230 ff.; Fragistas, Der Begriff der Gegenseitigkeit bei der Anerkennung der ausländischen Urteile, FS Schätzel, 1960, S. 149 ff.; Geimer/Schütze, EuZVR, E.1, Rdn. 64 ff.; Hepting, Die Gegenseitigkeit im Internationalen Privatrrecht und Internationalen Zivilprozessrecht, Diss. München 1973; Kleinfeller, Gegenseitigkeit, JW 1924, 1326ff.; Nagel Veränderte Grundlagen für die Anwendung der Gegenseitigkeit im internationalen Zivilprozessrecht, Jahrbuch für internationales Recht 11 (1962), 338ff.; Pfeiffer, Kooperative Reziprozität – § 328 Abs. 1 Nr. 5 ZPO neu besichtigt, RabelsZ 55 (1991), 734ff.; Puttfarken, Zur Anerkennung und Vollstreckung ausländischer Urteile deutscher Kläger – verfassungswidrige Gegenseitigkeit, RIW/AWD 1976, 149ff.; Satter, Die Verbürgung der Gegenseitigkeit bezüglich ausländischer Urteile in Ehesachen, ZZP 55 (1930), 459 ff.; Schütze, Zur Verbürgung der Gegenseitigkeit bei der deutsch-amerikanischen Urteilsanerkennung, ZVglRWiss 98 (1999), 131ff. (mit einer Darstellung der Rechtsprechung zur Gegenseitigkeit im deutsch-amerikanischen Verhältnis); Schwantag, Gegenseitigkeit und „loi uniforme" in Abkommen zum internationalen Privat- und Prozessrecht, Diss. Freiburg 1976; Süss, Die Anerkennung ausländischer Urteile, FS Rosenberg, 1949, S. 229ff.; von Wedel, Zur Auslegung von § 328 Nr. 5 ZPO, Judicium 5 (1933), 77 ff.

5 Vgl. BGHZ 52, 251 = NJW 1969, 2090 mit abl. Anm. Geimer, AWD 1969, 372 (zweite Südafrikaentscheidung); BGHZ 53, 332 = NJW 1970, 1002 = AWD 1970, 226 (zweite Frankreichentscheidung)

6 Vgl. LG Berlin NJW 1971, 331 mit Anm. Joel, NJW 1971, 1529 = AWD 1971, 348 (Gegenseitigkeit im Verhältnis zu Israel verbürgt); AG Garmisch-Parten-

zur Verbürgung der Gegenseitigkeit zu einzelnen Staaten entschieden und in der Literatur sind Einzelprobleme analysiert worden[7].

Von besonderer Bedeutung war in allen Fällen das Problem der partiellen Verbürgung, das sich im Rahmen von § 328 Abs. 1 Nr. 5 ZPO immer wieder stellt. Denn es gibt praktisch keine deckungsgleichen Rechtsordnungen. Es kommt bei der Gegenseitigkeitsfrage deshalb darauf an, die Grenzen abzustecken, innerhalb derer im wesentlichen Deckungsgleichheit besteht.

I. Partielle Verbürgung nach Urteilsgattungen

Es ist seit langem anerkannt, dass eine partielle Verbürgung der Gegenseitigkeit für einzelne Urteilsgattungen ausreichend ist[8]. Das AG Garmisch-Partenkirchen[9] hat im Verhältnis zu Italien – zu Recht – entschieden, dass für die Gattung der Versäumnisurteile, die nicht unter das deutsch-italienische Anerkennungs- und Vollstreckungsabkommen fallen[10], bei im Übrigen genereller Verbürgung die Gegenseitigkeit nicht verbürgt ist[11]. Dieselben Grundsätze galten vor EuGVÜ und VO (EG) Nr. 44/2001 für Spanien und Irland, wo bei im Übrigen verbürgter Gegenseitigkeit eine partielle Nichtverbürgung für Versäumnisurteile anzunehmen war.

kirchen NJW 1971, 2135 mit Anm. Geimer, NJW 1972, 1010 = AWD 1972, 137 (Gegenseitigkeit im Verhältnis zu Italien ausserhalb des Versäumnisurteils verbürgt)

[7] Vgl. u.a. Einmahl, Die Verbürgung der Gegenseitigkeit bei der Anerkennung ausländischer Entscheidungen, NJW 1971, 1487ff.; Milleker, Teilanerkennung fremder Urteile nach Urteilswirkungen in vermögensrechtlichen Streitigkeiten, NJW 1971, 303ff.; Schütze, Zur Verbürgung der Gegenseitigkeit , insbesondere im Verhältnis zu Israel, AWD 1972, 281ff.

[8] Vgl. dazu Fragistas, Der Begriff der Gegenseitigkeit bei der Anerkennung der ausländischen Urteile, FS Schätzel, 1960, S. 149 ff.; Geimer/Schütze, EuZVR, E.1, Rdn. 94 ff.; Kleinfeller, Gegenseitigkeit, JW 1924, 1326 ff.; Riezler, IZPR, S. 554

[9] NJW 1971, 2135 = AWD 1972, 282

[10] Das Problem ist durch EuGVÜ und VO (EG) Nr. 44/2001 nunmehr weitgehend obsolet geworden.

[11] Auf die von Geimer, Urteilsanmerkung, NJW 1972, 1010ff. behandelte Problematik der Geltung des autonomen neben dem Vertragsrecht soll in diesem Zusammenhang nicht eingegangen werden.

Die Entscheidung des LG Berlin[12] zur Verbürgung der Gegenseitigkeit im Verhältnis zu Israel[13] bringt einen weiteren – im Urteil leider nicht behandelten – Aspekt der partiellen Verbürgung. Die Exequierung ausländischer Urteile ist nach dem Gesetz Nr. 5718/1958[14] im Prinzip nur fünf Jahre nach Urteilserlass möglich. Für ältere Entscheidungen – für die im deutschen Recht nach §§ 328, 722f. keine zeitliche Limitierung besteht – ist die Gegenseitigkeit deshalb nicht verbürgt. Ähnliche Limitierungen finden sich auch in anderen Rechten, so im indischen[15], pakistanischen[16] und im Recht Bangla Deshs[17]. In allen diesen Fällen ist davon auszugehen, dass Entscheidungen innerhalb der zeitlichen Limitierung eine Urteilsgattung darstellen, die zur Abgrenzung der partiellen Gegenseitigkeitsverbürgung ausreicht[18].

[12] NJW 1971, 331 = AWD 1971, 348

[13] Vgl. dazu Joel, NJW 1971, 1529 f., Schütze, AWD 1972, 281 ff.; das Problem der Verbürgung der Gegenseitigkeit im Verhältnis zu Israel ist durch den Abschluss des deutsch-israelischen Anerkennungs- und Vollstreckungsvertrages v. 20.7.1977 gelöst worden.

[14] Sefer Ha-Chukkim Nr. 244 v. 20.2.1958, vgl. dazu Garb, Länderbericht Israel, in: Garb/Lew, Enforcement of Foreign Judgments, Israel, 3 ff.; Shaki, Deux problèmes de droit international privé en Israel – Exequatur de jugements étrangers et compétence internationale des tribunaux israéliens à la suite de la guerre de six jours, Journal Clunet 98 (1971), 344 ff.; Sharon, Länderbericht Israel, in: Campbell (Herausg.), International Execution against Judgment Debtors, ISR, 1 ff.; Schütze, Die Anerkennung und Vollstreckung ausländischer Zivilurteile in Israel, DAR 1965, 43 f.; ders., Zur Verbürgung der Gegenseitigkeit, insbesondere im Verhältnis zu Israel, AWD 1972, 281 ff.

[15] Vgl. dazu Diwan, Indian and English Private International Laws, 1977, S. 599 ff.; Otto, Länderbericht Indien, in: Geimer/Schütze, Internationaler Rechtsverkehr, 1046. 7 ff.; Raghavan, Foreign Judgments and Foreign Arbitral Awards – Enforcement in India, Supreme CourtJ 1965, 37 ff.

[16] Vgl. dazu Ibrahim/Rana, Länderbericht Pakistan, in: Campbell (Herausg.), International Execution against Judgment Debtors, PAK, 1 ff.; Otto, Länderbericht Pakistan, in: Geimer/Schütze, Internationaler Rechtsverkehr, 1109. 6 ff.

[17] Vgl. dazu Otto, Länderbericht Bangla Desh, in: Geimer/Schütze, Internationaler Rechtsverkehr, 1018. 6 ff.

[18] Die Gegenseitigkeit im Verhältnis zu Indien, Pakistan und Bangla Desh ist aus anderen Gründen nicht verbürgt.

II. Partielle Verbürgung bei Deckungsgleichheit der Anerkennungserfordernisse

Der BGH hat in einigen Entscheidungen die Gegenseitigkeit partiell als nicht verbürgt angesehen, weil die Normen über die internationale Zuständigkeit nicht mit denen des deutschen Recht übereinstimmten[19]. In der zweiten Südafrikaentscheidung[20] verneinte der BGH die Gegenseitigkeit für südafrikanische Entscheidungen, die im Gerichtsstand des Vermögens ergangen sind, da das südafrikanische Recht diesen Gerichtsstand nicht als internationale Zuständigkeit begründend ansieht[21]. In der zweiten Frankreichentscheidung[22] ist die Gegenseitigkeit partiell für solche Urteile verneint worden, die – wären es deutsche Entscheidungen – wegen des Jurisdiktionsprivilegs der Artt. 14, 15 cc in Frankreich nicht anerkannt würden. In beiden Entscheidungen führt des BGH den in der ersten Südafrikaentscheidung[23] entwickelten Grundsatz, wonach das *„beiderseitige Anerkennungsrecht und die beiderseitige Anerkennungspraxis bei einer Gesamtwürdigung im wesentlichen gleichwertige Bedingungen für die Vollstreckung eines Urteils gleicher Art im Ausland"* schaffen müssen, gleichermaßen fort und entfernt sich von ihm. Von der Gesamtwürdigung der Anerkennungserfordernisse kommt der BGH zu einer Einzelwürdigung. Er prüft, ob im Einzelfall die Erfordernisse der Wirkungserstreckung – in den entschiedenen Fällen die erst- und zweitstaatliche Zuständigkeitsordnung – sich decken. Dieser Weg zur Abgrenzung ist im Prinzip richtig, wenngleich er bei der internationalen Zuständigkeit teilweise zu einem falschen Ergebnis führt, weil die Grenzen der Erfordernisse der verbürgten Gegenseitigkeit und der internationalen Zuständigkeit unzulässigerweise verwischt werden[24].

Im Übrigen erweitert die Rechtsprechung des BGH die Möglichkeiten, eine partielle Verbürgung der Gegenseitigkeit anzunehmen –

[19] Vgl. dazu auch Schütze, Internationale Zuständigkeit und Verbürgung der Gegenseitigkeit bei der Anerkennung ausländischer Entscheidungen, AWD 1970, 495 ff.

[20] BGHZ 52, 251 = NJW 1969, 2090

[21] Vgl. dazu auch BGHZ 120, 334 = NJW 1993, 1073

[22] BGHZ 53, 332 = NJW 1970, 1002

[23] BGHZ 42, 194 = NJW 64, 2350 = AWD 1964, 394

[24] Vgl. dazu Schütze, AWD 1970, 495 ff.

auch bei nicht übereinstimmenden Rechten – erheblich. Das wird insbesondere für die ordre public Klausel bedeutsam werden können[25]. Der Versagungsgrund des Verstoßes gegen den ordre public findet sich in allen Regelungen der internationalen Urteilsanerkennung. Seine Ausformung ist aber so unterschiedlich, dass es sich manchmal nur der Bezeichnung nach um dieselbe Norm handelt. So ist in vielen Rechten zweifelhaft, inwieweit die ordre public Klausel eine versteckte révision au fond ermöglicht[26]. In allen Fällen wird man in Verfolg der BGH Rechtsprechung nachprüfen können und müssen, inwieweit sich die ausländische ordre public Interpretation mit der deutschen Auslegung deckt. Versagt die marokkanische Rechtsprechung beispielsweie einem deutschen Unterhaltsurteil gegen den unehelichen Vater wegen Verstoßes gegen den ordre public das Exequatur[27], so ist diese ordre public Auslegung bei der Gegenseitigkeitsbetrachtung allein für Unterhaltsurteile gegen den unehelichen Vater maßgebend.

Trotz der Bedenken gegen die Richtigkeit der zweiten Frankreichentscheidung, in der die Anerkennung richtigerweise wegen mangelnder internationaler Zuständigkeit, nicht wegen partieller Nichtverbürgung der Gegenseitigkeit zurückgewiesen worden wäre[28], bereitet die BGH Rechtsprechung den Weg für eine flexiblere Interpretation des Gegenseitigkeitserfordernisses.

[25] Vgl. dazu Roth, Der Vorbehalt des Ordre Public gegenüber fremden gerichtlichen Entscheidungen, 1967

[26] Das war früher nach argentinischem Recht der Fall; vgl. Schütze, Vollstreckung ausländischer Urteile in Argentinien – Verbürgung der Gegenseitigkeit, AWD 1969, 262 ff.; Waldeyer/Schütze, Vollstreckung ausländischer Urteile in Argentinien, AWD 1970, 565 ff. Nachdem das früher bestehende Erfordernis der Vereinbarkeit der ausländischen Entscheidung mit dem argentinischen Recht fortgefallen ist, besteht die versteckte révision au fond nicht mehr; vgl. Geimer/Schütze, EuZVR, E.1, Rdn. 136

[27] Vgl. dazu Schütze, Die Vollstreckung deutscher Unterhaltsurteile in Marokko, JR 1965, 416

[28] Vgl. Schütze, AWD 1970, 495 ff.

III. Partielle Verbürgung für einzelne Urteilswirkungen

Milleker[29] hat einen neuen Aspekt der partiellen Gegenseitigkeitsverbürgung herausgestellt[30]. Ausgehend davon, dass einige ausländische Rechte[31] für die Anerkennung dem deutschen Recht entsprechende Erfordernisse, für die Vollstreckbarerklärung jedoch weitergehende Voraussetzungen als im deutschen Recht verlangen, vertritt er die Ansicht, dass eine partielle Verbürgung der Gegenseitigkeit für die Anerkennung allein in Betracht komme, auch wenn sie für die Vollstreckbarerklärung ausscheide. Die Differenzierung nach den durch die Anerkennung und die Vollstreckbarerklärung erstreckten Urteilswirkungen im Rahmen der Gegenseitigkeitsprüfung ist jedoch nur in sehr beschränktem Rahmen möglich.

1. Differenzierung nach Urteilswirkungen

Auszugehen ist mit Milleker davon, dass hinsichtlich der Erstreckung von Urteilswirkungen Anerkennung und Vollstreckbarerklärung scharf zu trennen sind. Durch die Anerkennung werden alle Urteilswirkungen (Rechtskraft, Gestaltungswirkung, Feststellungswirkung, Tatbestandswirkung pp.) erstreckt, mit Ausnahme der Vollstreckbarkeit. Dabei ist die Anerkennung Voraussetzung der Vollstreckbarerklärung. Eine Vollstreckbarerklärung ohne Anerkennung ist nicht möglich, wohl aber eine Anerkennung ohne Vollstreckbarerklärung[32].

29 Vgl. Milleker, Teilanerkennung fremder Urteile nach Urteilswirkungen in vermögensrechtlichen Streitigkeiten, NJW 1971, 303 ff.

30 Zustimmend Sonnenberger, Anerkennung und Vollstreckung ausländischer Gerichtsentscheidungen, Schiedssprüche, Vergleiche und sonstiger Titel, in: Zeitgenössische Fragen des internationalen Zivilverfahrensrechts, 1972, S. 207 ff. (220)

31 Das von Milleker in diesem Zusammenhang herangezogene Beispiel Israels war schon damals ungeeignet. Die Rechtslage war bereits durch das Gesetz Nr. 5718/1958 im Jahre 1958 geändert.

32 Vgl. Schütze, Die Anerkennung und Vollstreckung ausländischer Zivilurteile in der Bundesrepublik Deutschland als verfahrensrechtliches Problem, Diss. Bonn 1960, S. 1 ff. m.w.N.

2. Vollstreckbarer Inhalt als Erfordernis der Vollstreckbarerklärung

Nur für Entscheidungen mit vollstreckbarem Inhalt ist eine Vollstreckbarerklärung nach §§ 722f. ZPO möglich[33]. Bei allen anderen Entscheidungen kommt es deshalb in der Tat nur darauf an, ob die Gegenseitigkeit für die Anerkennung verbürgt ist. So kann beispielsweise die Gegenseitigkeit für die Anerkennung eines Gestaltungs- oder Feststellungsurteils verbürgt sein, für die Vollstreckbarerklärung eines Leistungsurteils nicht, wie es früher im deutsch-polnischen Verhältnis[34] der Fall war[35].

Ein echtes Problem stellt sich nur bei Entscheidungen mit vollstreckbarem Inhalt. Die durch die Anerkennung erstreckte Rechtskraft bewirkt nach verbreiteter Ansicht eine vollkommene Klagsperre, nach anderer Ansicht hindert sie nur eine abweichende Entscheidung[36]. Folgt man der ersten Ansicht, dann führt Millekers Theorie zu einer Rechtslosstellung des Gläubigers. Einer Leistungsklage im Inland steht die durch Anerkennung erstreckte Wirkung des ausländischen Urteils entgegen. Die Entscheidung kann wegen mangelnder Verbürgung der Gegenseitigkeit aber nicht für vollstreckbar erklärt werden. Folgt man der zweiten Ansicht, dann führt Millekers Theorie zu einem ebenso absurden Ergebnis. Der inländische Richter wäre bei erneuter Klage an das ausländische Urteil gebunden, er müsste es ohne sachliche Nachprüfung übernehmen und eine inhaltlich gleiche Entscheidung erlassen. Das Erfordernis der verbürgten Gegenseitigkeit wäre für diese Fälle abgeschafft. Nun kann man zwar das Erfordernis der verbürgten Gegenseitigkeit rechtspolitisch für verfehlt halten[37], so kann man es aber nicht umgehen.

[33] Vgl. Wieczorek/Schütze/Schütze, § 723, Rdn. 2

[34] Vgl. zur früheren Rechtslage im deutsch-polnischen Verhältnis Gralla, Das polnische internationale Zivilverfahrensrecht, Jahrbuch für Ostrecht Bd. X, 1, S. 167 ff. (229)

[35] Vgl. Geimer/Schütze, Internationale Urteilsanerkennung, Bd. I/2, S. 1769 f.

[36] Vgl. dazu im Rahmen der internationalen Urteilsanerkennung Wieczorek/Schütze/Schütze, § 722 Rdn. 1 ff. mit einer Diskussion des Meinungsstandes

[37] Vgl. z.B. Kisch, Anerkennung ausländischer Urteile als Gesetzgebungsproblem, ZakDR 1937, 705 ff.; Riezler, IZPR, S. 552 ff.; Süss, Die Anerkennung ausländischer Urteile, FS Rosenberg, 1949, S. 229 ff.

3. Klagabweisende Urteile

Eine besondere Problematik stellt sich bei klagabweisenden Urteilen. Sie sind – soweit es sich um echte Sachentscheidungen handelt – der Anerkennung fähig[38], können jedoch nicht für vollstreckbar erklärt werden. Dennoch folgen sie hinsichtlich der Anerkennung den Regeln über zusprechende Urteile. Negative und positive Sachentscheidungen können hinsichtlich der Rechtskrafterstreckung nicht unterschiedlich behandelt werden. Würde man für klagabweisende Entscheidungen bei Leistungsklagen die Verbürgung der Gegenseitigkeit für die Anerkennung genügen lassen, dann führte dies zu einer einseitigen Benachteiligung des Klägers des ausländischen Verfahrens. Erstreitet er beispielsweise teilweise ein obsiegendes Urteil, so könnte er sich hinsichtlich des zusprechenden Teils nicht auf die Rechtskraft der ausländischen Entscheidung berufen, für den Teil der Klage, mit dem er abgewiesen worden ist, wäre er aber an erneuter Klageerhebung im Inland gehindert.

Man muss deshalb davon ausgehen, dass bei klagabweisenden Entscheidungen die Gegenseitigkeit in derselben Weise und in demselben Masse gegeben sein muss, wie für das zusprechende Urteil[39].

IV. Partielle Verbürgung bei mangelnder Kostenäquivalenz im Exequaturverfahren

Kennt das ausländische Recht im Exequaturverfahren keine Kostenerstattung, dann erhält der Gläubiger eines deutschen Urteils den Urteilsbetrag nur geschmälert um die Kosten, die er für die Vollstreckbarerklärung aufwenden muss, während der Gläubiger eines ausländischen Urteils den Urteilsbetrag ungeschmälert erhält, da § 91 ZPO im Vollstreckbarerklärungsverfahren nach §§ 722, 723 ZPO Anwendung findet. So erfolgt im deutsch-amerikanischen Verhältnis

[38] Vgl. Geimer, Anerkennung, S. 89f.; ders., Zur Prüfung der Gerichtsbarkeit und der internationalen Zuständigkeit bei der Anerkennung ausländischer Urteile, 1966, S. 31 f.; ders. IZPR, Rdn. 2788

[39] Vgl. Geimer/Schütze, EuZVR, E.1, Rdn. 99

nach der american rule of costs[40] keine Kostenerstattung der unterliegenden an die obsiegende Partei im Exequaturverfahren in den USA. Das führt – in Höhe der nicht erstattbaren Kosten im US-amerikanischen Exequaturverfahren – zu einer teilweisen Nichtverbürgung der Gegenseitigkeit[41]. Die Kosten sind in jedem Verfahren unterschiedlich, wegen der Berechnung der Anwaltsgebühren aber auch bei geringen Streitwerten erheblich. Man muss pauschalieren. US$ 100.000.– erscheinen im Augenblick noch angemessen und ausreichend, kann aber bald zu wenig sein.

[40] Vgl. dazu Hommelsheim, Kostentragung und -ausgleichung im amerikanischen Zivilprozess, Diss. Bonn 1990; Jestaedt, Erstattung von Anwaltskosten im US-Prozess?, RIW 1986, 95ff.; Schack, Einführung in das US-amerikanische Zivilprozessrecht, 3. Aufl., 2003, S. 10 f.

[41] Vgl. Schütze, Zur Verbürgung der Gegenseitigkeit bei der deutsch-amerikanischen Urteilsanerkennung, ZVglRWiss 98 (1999), 131ff.; Schack, Einführung in das US-amerikanische Zivilprozessrecht, 3. Aufl., 2003, S. 79 meint: *„Die Idee ist gut, auch wenn sie den Justizkonflikt zu verschärfen droht“.*

28. Aktuelle Fragen der Anerkennung und Vollstreckbarerklärung von US-amerikanischen Schiedssprüchen und Gerichtsurteilen in Deutschland[1]

Die Möglichkeit der wechselseitigen Geltendmachung von Titeln ist im internationalen Rechtsverkehr ein wesentlicher Prüfstein für die Rechtsbeziehungen von Staaten. Dieser Problemkreis hat deshalb politische Dimension[2]. Das zeigt sich im deutschen Recht an dem Erfordernis der verbürgten Gegenseitigkeit nach § 328 Abs. 1 Nr. 5 ZPO. Auf Antrag Struckmann in § 661 CPO aufgenommen[3], hielt man es für ein *„unantastbares Prinzip der nationalen Würde"*[4]. Ausländische Staaten sollen gezwungen werden, deutschen Entscheidungen Wirksamkeit zu verleihen[5].

Über diese Frage kam es dann Anfang des vorigen Jahrhunderts zum ersten Eklat im deutsch-amerikanischen Rechtsverkehr, zum Beginn des deutsch-amerikanischen Justizkonfliktes[6]. Nach dem Brand in San Francisco 1906 änderte Kalifornien flugs seine Zivilprozessordnung, um die bis dahin nicht verbürgte Gegenseitigkeit zu Deutschland herzustellen und die Durchsetzung kalifornischer Titel gegen deutsche Versicherungsgesellschaften zu ermöglichen[7]. Das half den

[1] Erstmals publiziert in: ZVglRWiss 104 (2005), 427 ff.

[2] Vgl. Schütze, Überlegungen zur Anerkennung und Vollstreckbarerklärung US-amerikanischer Zivilurteile in Deutschland – Zur Kumulierung von Ordre-public-Verstössen –, FS Geimer, 2002, S. 1025 ff. (1026 f.); ders., Internationales Zivilprozessrecht und Politik, FS Georgiades, 2005, S. 577 ff.

[3] Vgl. Hahn, Materialien zur deutschen ZPO I, S. 77, 804 ff., II, S. 887 ff.

[4] Vgl. Süss, Die Anerkennung ausländischer Urteile, FS Rosenberg, 1949, S. 229 ff. (241 f.)

[5] Vgl. Geimer/Schütze, Internationale Urteilsanerkennung, Bd. I/2, S. 1750 f.

[6] Vgl. zum schwelenden deutsch-amerikanischen Justizkonflikt z.B. Habscheid (Herausg.), Der Justizkonflikt mit den Vereinigten Staaten von Amerika, 1986 (mit Beiträgen von Stürner, Lange und Taniguchi); Schlosser, Der Justizkonflikt zwischen den USA und Europa, 1985; Schütze, Zum Stand des deutsch-amerikanischen Justizkonfliktesm RIW 2004, 162 ff.

[7] Vgl. dazu Feller, Die Vollstreckbarkeit von Urteilen amerikanischer Gerichte in Deutschland, JW 1931, 112 ff.; Kisskalt, Die Vollstreckbarkeit kalifornischer Urteile in Deutschland, LZ 1907, 689 ff.; Wittmaack, Kann ein Vollstreckungs-

kalifornischen Klägern allerdings damals nichts. Das Reichsgericht verneinte trotz dieses „Zweckgesetzes" die Gegenseitigkeit[8], da es nach der Ansicht des Gerichts an der tatsächlichen Übung fehlte. Das Misstrauen des Reichsgerichts war wohl – wenn man die gegenwärtige US-amerikanische Rechtsprechung zu international zivilprozessualen Fragen betrachtet, die letztlich zum unvermindert schwelenden europäisch-amerikanischen Justizkonflikt geführt hat[9] – berechtigt[10]. Die Entscheidung wäre heute vom Bundesgerichtshof aber wahrscheinlich anders ausgefallen. Die deutsche Rechtsprechung ist in extensiver Weise bemüht, den deutsch-amerikanischen Rechtsverkehr nicht zu stören und § 328 ZPO bei Urteilen US-amerikanischer Gerichte in höchst anerkennungsfreundlicher Weise zu interpretieren.

I. Probleme der Anerkennung und Vollstreckbarerklärung US-amerikanischer Zivilurteile

Zwischen den USA und Deutschland besteht keine staatsvertragliche Regelung der wechselseitigen Geltendmachung von Zivilurteilen. Auch alle gutgemeinten Versuche der letzten Jahrzehnte, im Rahmen einer multilateralen Konvention die Wirkungserstreckung von Urteilen zu regeln, müssen als gescheitert angesehen werden[11]. So gilt für US amerikanische Urteile die allgemeine Regelung des § 328 ZPO, im Rahmen derer die Erfordernisse der Nummern 1, 4 und 5 des Absatzes 1 im deutsch-amerikanischen Rechtsverkehr Probleme bereiten mögen[12].

urteil nach §§ 722 und 723 ZPO auf Grund eines nordamerikanischen, insbesondere kalifornischen Urteils erlassen werden?, NiemeyersZ 22 (1912), 1 ff.

[8] Vgl. RGZ 70, 343

[9] Vgl. dazu Schütze, Prozessführung und -risiken im deutsch-amerikanischen Rechtsverkehr, 2004; ders., Klagen vor US-amerikanischen Gerichten – Probleme und Abwehrstrategien, RIW 2005, 579 ff.

[10] Vgl. Geimer/Schütze, EurZVR, E.1, Rdn. 77

[11] Vgl. Schütze, DIZPR, Rdn. 50

[12] Vgl. dazu Schütze, Deutsch-amerikanische Urteilsanerkennung, 1992 m. Nachweisen für Rechtsprechung und Schrifttum

1. Die internationale Zuständigkeit

Nach § 328 Abs. 1 Nr. 1 ZPO ist die internationale Zuständigkeit des Erstgerichts Erfordernis der Anerkennung. Dies könnte auf den ersten Blick deshalb problematisch sein, da die deutsche und die US-amerikanische Zuständigkeitsordnung sich erheblich unterscheiden. Während in Deutschland der Grundsatz actor sequitur forum rei – trotz aller Durchbrechungen insbesondere im Verbraucherschutzrecht – Geltung hat, tendiert das US-amerikanische Prozessrecht mit seinen exorbitanten Gerichtsständen des doing business[13], der transient jurisdiction[14], der alien tort claims Zuständigkeit[15], dem Zuständigkeitsdurchgriff[16] und anderem mehr zu einer Allzuständigkeit[17] amerikanischer Gerichte, jedenfalls zugunsten eigener Staatsangehöriger[18].

Das ist aber für die internationale Zuständigkeit i.S. von § 328 Abs. 1 Nr. 1 ZPO, der Anerkennungszuständigkeit, aber ohne Bedeutung.

[13] Vgl. dazu Müller, Die Gerichtspflichtigkeit wegen „doing business", 1992; Gottwald, Internationale Zuständigkeit kraft „business activities" im geplanten Haager Übereinkommen über Zuständigkeit und ausländische Urteile in Zivil- und Handelssachen, FS Geimer, 2002, S. 231 ff.

[14] Vgl. dazu Bernstein, Prozessuale Risiken im Handel mit den USA (Ausgewählte Fragen zu § 328 ZPO), FS Ferid, 1978, S. 75 ff.; Ehrenzweig, The Transient Rule of Personal Jurisdiction, 65 YaleL.J. 289 (1956); Grothe, Exorbitante Gerichtszuständigkeiten – Konflikte im deutsch-amerikanischen Rechts- und Wirtschaftsverkehr, in: Heldrich/Kono (Herausg.), Herausforderungen des Internationalen Zivilprozessrechts, 1994, S. 209 ff. (214 ff.); Schack, Jurisdictional Minimum Contacts Scrutinized, 1983, S. 32 ff.

[15] Vgl. dazu Hess, Kriegsentschädigungen aus kollisionsrechtlicher und rechtsvergleichender Sicht, in: Heintschell von Heinigg/Kadelbach/Hess/Hilf/Benedek/Roth, Konstitutionalisierung der Welthandelsordnung, 2003, S. 107ff. (176ff.); Steinhardt/d'Amato (Herausg.), The Alien Tort Claims Act: An Analytical Antology, 1999

[16] Vgl. dazu Grothe aaO., S. 217 ff.; Toepke, Jurisdiction over Foreign (non US) Corporations in the United States in Parent-Subsidiary Relationships (Durchgriffshaftung), FS Stiefel, 1987, S. 785 ff.; Welp, Internationale Zuständigkeit über auswärtige Gesellschaften mit Inlandstöchtern im US-amerikanischen Zivilprozess, 1982

[17] Vgl. dazu Schütze, Die Allzuständigkeit amerikanischer Gerichte, 2003

[18] Die Bevorzugung US-amerikanischer Staatsangehöriger findet sich im Zuständigkeitsrecht insbesondere bei der Anwendung der forum non conveniens Lehre. Vgl. dazu Schütze, Forum non conveniens und Rechtschauvinismus, FS Jayme, 2004, S. 1021 ff.

Denn diese Zuständigkeit wird nach dem Spiegelbildgrundsatz[19] bestimmt. Danach wird die deutsche Zuständigkeitsordnung hypothetisch auf den Erststaat angewendet. Unerheblich ist, auf welchen erststaatlichen Gerichtsstand das ausländische Gericht seine Zuständigkeit gegründet hat, solange die zuständigkeitsbegründenden Tatsachen nur zu einer Zuständigkeit nach deutschem Recht führen. So kann auch internationale Zuständigkeit gegeben sein wenn das ausländische Gericht seine Zuständigkeit aus einem dem deutschen Recht unbekannten Gerichtsstand etwa dem der transient jurisdiction, des doing business oder des Zuständigkeitsdurchgriffs hergeleitet hat.

Der Spiegelbildgrundsatz erleidet zwei Ausnahmen[20], die im deutsch-amerikanischen Verhältnis bedeutsam sind:

Eine Ausdehung des Prinzips nimmt der BGH für Mehrrechtsstaaten wie die USA an. Obwohl die amerikanischen Einzelstaaten eigene Regelungen für die Wirkungserstreckung ausländischer Urteile praktizieren[21] und die Gegenseitigkeit im Verhältnis zu jedem Einzelstaat geprüft werden muss, geht der BGH[22] davon aus, dass der Zuständigkeitsbezug zum gesamten Hoheitsgebiet zu prüfen ist und es genügt, wenn die spiegelbildliche Anwendung deutscher Zuständigkeitsnormen zur Zuständigkeit irgendeinen Einzelsstaates – nicht unbedingt des Urteilsstaates – führt. In dem entschiedenen Fall handelte es sich um die Anerkennung eines Urteils des United States District Court, Eastern District of Wisconsin. Der BGH ließ belegenes Vermögen im Staate Illinois genügen, um die Anerkennungzuständigkeit der Gerichte von Wisconsin zu begründen. Diese Rechtsprechung begegnet Bedenken[23].Wenn man den Einzelstaat mit eigenem Gerichtsauf-

[19] Vgl. dazu Fricke, Anerkennungzuständigkeit zwischen Spiegelbildgrundsatz und Generalklausel, 1990

[20] Vgl. dazu auch Schindler, Durchbrechungen des Spiegelbildgrundsatzes bei der Anerkennung ausländischer Urteile, 2004

[21] Vgl. im einzelnen Schütze, Deutsch-amerikanische Urteilsanerkennung, 1992

[22] Vgl. BGH NJW 1999, 3198 = RIW 1999, 698; ebenso Geimer, IZPR, Rdn. 2900; ders., Anerkennung, S. 117; Schärtl, Das Spiegelbildprinzip im Rechtsverkehr mit ausländischen Staatenverbindungen, 2005; Zöller/Geimer, Rdn. 97 a

[23] Vgl. BayObLG NJW 1990, 3099; OLG Hamm RIW 1997, 961; Coester-Waltjen, Das Spiegelbildprinzip bei der Anerkennungszuständigkeit, FS Buxbaum, 2000, S. 101ff. (112); Schack, IZVR, Rdn. 906; Schütze, Urteilsanmerkung, RIW 1997, 1041; Stein/Jonas/Roth, § 328 Rdn. 88 m.w.N.

bau und gesonderter Anerkennungsregelung für die Beurteilung der Gegenseitigkeitsfrage als eigenständig ansieht, dann muss das auch für die Anerkennungszuständigkeit gelten.

Der Aufweichung des Spiegelbildprinzips für Mehrrechtsstaaten steht eine wichtige Einschränkung entgegen, die der BGH in der zweiten Südafrikaentscheidung[24] begründet und in der Brasilienentscheidung[25] bestätigt hat. Ratio decidendi dieser Urteile ist es, dass die durch das Spiegelbildprinzip an sich begründete internationale Zuständigkeit nicht für die Anerkennungszuständigkeit genügt, wenn der Urteilsstaat, den Gerichtsstand nicht als Anerkennungzuständigkeit begründend ansieht. Dies kann im deutsch-amerikanischen Verhältnis insbesondere für den Gerichtsstand des Erfüllungsortes bedeutsam werden.

2. Der ordre public Vorbehalt

Der US-amerikanische und der deutsche Zivilprozess sind gekennzeichnet durch zahlreiche prozessuale und materiellrechtliche Divergenzen[26]. Das allein genügt jedoch noch nicht, einen ordre public Verstoß anzunehmen. Grundsatz des internationalen Zivilprozessrechts und internationalen Privatrechts ist die restriktive Anwendung der Vorbehaltsklausel[27]. Nur, wenn die Anwendung ausländischen Rechts im deutschen Prozess (IPR) oder die Durchsetzung im Ausland titulierter Ansprüche im Inland mit den Grundprizipien deutschen Rechts unvereinbar wäre, kurz eine unerträgliche Situation entstehen würde, kann ein Verstoß gegen den ordre public angenommen werden.

[24] Vgl. BGHZ 52, 251; dazu Schütze, Internationale Zuständigkeit und Verbürgung der Gegenseitigkeit bei der Anerkennung ausländischer Entscheidungen, AWD 1970, 495 ff.

[25] Vgl. BGHZ 120, 334

[26] Vgl. auch Schütze, Konzeptionelle Unterschiede der Prozessführung vor US-amerikanischen und deutschen Gerichten, WM 1983, 1078 ff.; ders., Überlegungen zur Anerkennung und Vollstreckbarerklärung US-amerikanischer Zivilurteile in Deutschland – Zur Kumulierung von Ordre-public-Verstössen, FS Geimer, 2002, S. 1025 ff. (1030 ff.)

[27] Vgl. im einzelnen Schütze, DIZPR, Rdn. 337 m.w.N.

Bei der Betrachtung sind insbesondere folgende Abweichungen vom deutschen Recht zu berücksichtigen im Hinblick darauf, ob für die Abweichung allein oder kumuliert mit anderen Divergenzen eine solche Unerträglichkeitssituation eintreten kann.

a. Prozessuale Divergenzen

aa. Jury-trial

Der wichtigste konzeptionelle Unterschied des US Rechts und des deutschen Rechts liegt in der Art. des Spruchkörpers. Amendment VII zur amerikanischen Verfassung garantiert auch in Zivilprozessen – jedenfalls im Regelfall – das Recht auf eine Entscheidung durch eine Jury. Dies wird als eine wesentliche Errungenschaft des amerikanischen Justizsystems verstanden[28]. Die Entscheidung von Zivilrechtsstreitigkeiten durch Geschworene, die historisch im Beginn der Geschichte der USA eine juristische Großtat gewesen sein mag als es darum ging, ob die Weide- oder Wasserrechte dem Kläger oder dem Beklagten zustanden, ob das Brandzeichen von Kühen des Klägers durch solche des Beklagten ersetzt wurde, begegnet heute Bedenken.

– Die Juroren sind ihrer Ausbildung nach häufig nicht in der Lage, der Beweisführung für schwierige Sachverhalte über Tage zu folgen. Das ist keine Frage der Intelligenz, sondern der Übung. Richter, Anwälte, Staatsanwälte haben es gelernt über längere Zeit zuzuhören – selbst wenn sie zuweilen in Halbschlaf verfallen – und komplizierte Sachverhalte zu begreifen. Hausfrauen, Handwerker, Kraftfahrer haben das nicht gelernt, sie sind darauf nicht trainiert. Sie sitzen da als Publikum eines Schauspiels wie es Maxeiner treffend beschreibt[29].

– Darüber hinaus sind Laienrichter stärker beeinflussbar als Berufsrichter, sie lassen ihr Herz sprechen. Nur so sind die horrenden Schadensersatzbeträge zu verstehen, die von Juries – zuletzt im Vioxx-Fall – zugesprochen werden. Gegen die Emotion ist die Wahrheit zuweilen chancenlos. Symptomatisch ist ein Prozess um den

[28] Vgl. Herrmann, Die Anerkennung US-amerikanischer Urteile in Deutschland unter Berücksichtigung des ordre public, 2000, S. 202; Schack, Einführung in das US-amerikanische Zivilprozessrecht, 3. Aufl., 2003, S.63; Zekoll, US-amerikanisches Produkthaftpflichtrecht vor deutschen Gerichten, 1987, S. 101

[29] Vgl. Maxeiner, Die Gefahr der Übertragung deutschen Rechtsdenkens auf den US-amerikanischen Zivilprozess, RIW 1990, 440 ff. (444)

Unfall mit einer Hebebühne, bei dem der Geschädigte eine Querschnittslähmung erlitten. Der Unfall war ganz offenbar auf grobes eigenes Verschulden zurückzuführen. Als der damals junge deutsche Anwalt – der Autor – mit dem amerikanischen Prozessanwalt die Abwehrstrategien erörtern wollte, erklärte dieser: „Was Sie da entwickeln mag alles ganz richtig sein und einen deutschen Richter überzeugen. Wenn der Kläger aber in einem Rollstuhl in das Gericht gefahren wird und einen nur einigermaßen guten Eindruck macht, haben Sie bei der Jury keine Chance". So war es dann auch. Die Beeinflussbarkeit von Juries zeigt sich im Übrigen auch daran, dass amerikanische Anwälte in großen Fällen vor Mock-Juries üben, um den richtigen Nerv der Juroren zu treffen[30].

Die Beeinflussbarkeit der Jury hängt auch mit ihrer Auswahl zusammen. Schwarz, Weiss oder Latino – Mann oder Frau, das alles kann den Prozessausgang bestimmen. Wir haben im Simpson Fall[31] erlebt, dass vor der Juryauswahl Meinungsumfragen der Beteiligten veranstaltet wurden, um Ansichten der einzelnen Gruppen über den Fall zu erkunden und das Ergebnis bei der Auswahl der Jury Mitglieder zu verwerten.

bb. Richterbestellung

Ein konzeptioneller Unterschied zum deutschen System besteht auch in der Bestellung der Richter bei den Staatsgerichten[32]. In 23 Staaten werden die Richter direkt gewählt. Daran könnte man kaum Kritik üben – kennen doch auch andere Rechtsordnungen gewählte Richter – würde da nicht der typisch-amerikanische Wahlkampf sein. Richter gehen campaigning. Denn sie wollen gewählt werden. Dazu brauchen sie Geld und die Zustimmung der Wähler.

[30] Vgl. dazu Cahn, Winning Big Cases with Trial Simulations, ABA Journal 69 (1983), 1073 ff.

[31] Das Elend des Jury-Trial in den Simpson Fällen (Strafverfahren und Zivilverfahren) schildert Mörsdorf-Schulte, Spezielle Vorbehaltsklauseln im Europäischen Internationalen Deliktsrecht, ZVglRWiss 104 (2005), 192 ff. (214 FN 108) anschaulich

[32] Vgl. dazu Schütze, Richterwahlsponsoring – Überlegungen zur ordre public Widrigkeit von Urteilen US-amerikanischer Staatsgerichte, ZVglRWiss 100 (2001), 464 ff.; Tabarrok/Helland, Court Politics: The Political Economy of Tort Award, 42 J.L. & Econ. 157; Zätzsch, Richterliche Unabhängigkeit und Richterauswahl in den USA und Deutschland, 2000, 40 ff.

Das erste – nämlich das Geld – bekommen sie von den Anwälten ihres Bezirks. Sie sitzen im Steering Committee, sie finanzieren den Wahlkampf. Wie soll ein Richter unparteiisch sein, wenn der klägerische Anwalt seinen Wahlkampf mit finanziert, der Beklagtenanwalt den Gegenkanditaten unterstützt hat. Zumindest konzeptionell ist der Richter befangen. Tabarrok/Helland haben aufgrund empirischer Untersuchungen bewiesen, dass dies auch in der Praxis so ist.

Das zweite – nämlich das Wohlwollen des Wahlvolks – erkauft sich der Richter durch Wahlgeschenke in der Form seiner Rechtsprechung. Die Aussage des Richters Neely vom West Virginia Court of Appeals[33] macht weitere Erörterungen dieses Punktes überflüssig:

> *„As long as I am allowed to redistribute wealth from out-of-state companies to injured instate plaintiffs, I shall continue to do so. Not only is my sleep enhanced when I give someone's else money away, but also my job security, because the instate plaintiffs, their families, and their friends will reelect me."*

Bei gewählten Richtern an Staatsgerichten besteht zumindest für die Prozessbeteiligten eine konzeptionelle Befangenheit, die ordre public relevant ist.

cc. Pre-trial discovery

Die extensive pre-trial discovery im US-amerikanischen Zivilprozess ist eine für deutsche Prozessparteien besonders – um es euphemistisch auszudrücken – lästige Eigenheit der Prozessführung vor amerikanischen Gerichten und die unter ordre public Gesichtspunkten am meisten diskutierte. Drei Bedenken ergeben sich insbesondere aus deutscher Sicht:

– Einmal kann die pre-trial-discovery der Ausforschung dienen[34]. Der Ausforschungsbeweis ist im deutschen Recht unzulässig[35]. Aber

[33] Vgl. Neely, The Product Liability Mess, 1988, S. 4

[34] Vgl. dazu Schütze, Die Anerkennung und Vollstreckbarerklärung US-amerikanischer Zivilurteile, die nach einer pre-trial-discovery ergangen sind, in der Bundesrepublik Deutschland, FS Stiefel, 1987, S. 697 ff.

[35] Vgl. BGH NJW 1984, 1414; 1968, 1233; BGH MDR1973, 233; Arens, Zur Aufklärungspflicht der beweisbelasteten Partei im Zivilprozess, ZZP 96 (1983), 1 ff.; Coester-Waltjen, Internationales Beweisrecht, 1983, Rdn. 296; Lüderitz, Aus-

nicht jede pre-trial discovery beinhaltet auch eine Ausforschung. Das OLG Düsseldorf[36] hat das Beweisermittlungsverfahren deshalb zu Recht nicht ipso iure für ordre public widrig gehalten. Es bleiben aber viele Fälle, in denen eine aus deutscher Sicht unzulässige Ausforschung vorliegt.

– Zum anderen kommt es zu Spannungen, wenn Beweise in der pretrial discovery außerhalb des Haager Beweisübereinkommens erhoben werden. Diese Konvention ist aus deutscher Sicht ausschließlich, aus amerikanischer Sicht nicht. Seit der Enscheidung des Supreme Court in der Sache Société Nationale Industrielle Aerospatiale v. United States District Court for the Southern District of Iowa[37] – der deutsch-amerikanische Fall Anschütz wurde danach verglichen[38] – betrachtet die amerikanische Rechtssprechung das Haager Beweisübereinkommen nur als weitere Möglichkeit der Beweiserhebung „über die Grenze", das die autonomen Regelungen des US-amerikanischen Prozessrechts nicht beschneidet oder einengt.

– Das dritte Bedenken ist mehr praktischer Natur. Die amerikanische Anwaltschaft hat die pre-trial-discovery als Quelle der Generierung von Honoraren entdeckt, die man durch Öffnen zum Sprudeln bringen kann, je mehr je besser. Das führt wegen der american rule of costs zu einer unangemessenen Belastung der Parteien. Es ist zwar richtig, dass die Parteien sich die Findung der Wahrheit etwas kosten

forschungsbeweis und Auskunftsanspruch bei der Verfolgung privater Rechte, 1966; Stürner, Die Aufklärungspflicht der Parteien im Zivilprozess, 1976, S. 112 ff.; Zöller/Greger, Vor § 284, Rdn. 5

36 Vgl. OLG Düsseldorf RIW 1991, 594

37 482 U.S.522, 107 S.Ct. 2542, 96 L.Ed. 2d 461 (1987), abgedruckt auch bei Schack, Höchstrichterliche Rechtsprechung zum internationalen Privat- und Verfahrensrecht, 1993, Nr. 42 (S. 183 ff.); vgl. dazu auch Heidenberger, Entscheidung des U.S. Supreme Court über die Anwendung des Haager Beweisübereinkommens, RIW 1987, 540 ff.; Trittmann, Anwendungsprobleme des Haager Beweisübereinkommens im Rechtsverkehr zwischen der Bundesrepublik Deutschland und den Vereinigten Staaten von Amerika, 1989; Trittmann/Leitzen, Haager Beweisübereinkommen und pre-trial discovery: Die zivilprozessuale Sachverhaltsermittlung unter Berücksichtigung der jeweiligen Zivilprozessreformen im Verhältnis zwischen den USA und Deutschland, IPRax 2003, 7 ff.

38 Vgl. Heidenberger, Der Fall Anschütz durch Vergleich beendet, RIW 1988, 483; zur interessanten Prozessgeschichte vgl. Heidenberger, U.S. Supreme Court wird über die Anwendung des Haager Beweisübereinkommens entscheiden, RIW 1986, 489 ff.

lassen müssen. Aber man mag Zweifel haben, ob die extensive pre-trial-discovery, wie sie heute praktiziert wird, nur dem Ziel der Wahrheitsfindung dient.

dd. American rule of costs

Nach der american rule of costs[39] trägt jede Partei ihre eigenen außergerichtlichen Kosten unabhängig vom Prozessausgang, von Obsiegen und Unterliegen. Der Grundsatz *costs follow the event,* der in §§ 91 ff. der deutschen ZPO manifestiert ist, hat keine Geltung. Das hat der BGH in der Kalifornienentscheidung[40] als vertretbar angesehen. Davon gehen auch andere Rechtsordnungen aus, die die prozessuale Gerechtigkeit dem freien Zugang zu den Gerichten unterordnen[41].

Das Prinzip der mangelnden Kostenerstattung ist jedoch nicht das wesentliche Problem im US-Zivilprozess. Das Anstößige ist die unterschiedliche Behandlung der Parteien, die Durchbrechung des Grundprinzips jeden Verfahrens: der Waffengleichheit. Während der Beklagte auch bei Klageabweisung immer auf seinen Kosten „sitzen" bleibt, kann der Kläger über das „packing" seine Kosten als punitive damages zugesprochen bekommen[42]. Den BGH hat das in der Kalifornienentscheidung nicht gestört, und er hat die Verurteilung des Beklagten zur Kostenerstattung des vom Kläger aufgewendeten Er-

[39] Vgl. dazu Hommelsheim, Kostentragung und -ausgleichung im amerikanischen Zivilprozess, Diss. Bonn 1990; Jestaedt, Erstattung von Anwaltskosten im US-Prozess?, RIW 1986, 95 ff.; Neufang, Kostenverteilung im US-amerikanischen Zivilprozess und Urteilsanerkennung in Deutschland, 2002; Schack, Einführung in das US-amerikanische Zivilprozessrecht, 3. Aufl., 2003, S. 10 f.; Schütze, RV, Rdn. 507

[40] BGHZ 118, 312

[41] Vgl. dazu Schütze, Kostenerstattung und ordre-public-Überlegungen zur deutsch-amerikanischen Urteilsanerkennung, FS Németh, 2003, S. 795 ff.

[42] Vgl. Grossfeld, Probleme der Rechtsvergleichung im Verhältnis Vereinigte Staaten von Amerika – Deutschland, RabelsZ 39 (1975), 5 ff. (25); Herrmann, Die Anerkennung US-amerikanischer Urteile in Deutschland unter Berücksichtigung des ordre public, 2000, S. 218; Lenz, Amerikanische punitive damages vor dem Schweizer Richter, 1992, S. 32; Hoechst, Zur Versicherbarkeit von Punitive Damages, VersR 1993, 13 ff. (14); Hommelsheim, Kostentragung und -ausgleichung im amerikanischen Zivilprozess, Diss. Bonn, 1990, S. 142; Stiefel/Stürner, Die Vollstreckbarkeit US-amerikanischer Schadensersatzurteile in exzessiver Höhe, VersR 1987, 829 ff. (831)

folgshonorars von immerhin 40% für anerkennungsfähig gehalten, ohne sich mit der Frage der Waffengleicheit der Parteien und ihrer Gleichbehandlung überhaupt auseinanderzusetzen[43]. Es kann nicht sein, dass Kläger und Beklagter prozessual unterschiedlich behandelt werden. Das widerspricht der prozessualen Gerechtigkeit. Verurteilungen in Form des packing verstoßen gegen den ordre public.

b. Materielle Divergenzen

Die bedeutendste materielle Abweichung des US-amerikanischen Zivilprozesses vom deutschen Verfahren findet sich in der Möglichkeit US-amerikanischer Gerichte Strafschadensersatz (punitive damages) zuzusprechen. Die Diskussion um die Vereinbarkeit von punitive damages mit dem ordre public hat insbesondere das deutsche[44] und schweizerische Schrifttum[45] beschäftigt. Anlass waren vor allem die hohen Strafschadensersatzverurteilungen in product liability Fällen von Unternehmen der Automobil- Tabakwaren- und Chemieindustrie.

Nun hat der BGH einen gewissen Schlusspunkt in der Kalifornienentscheidung gesetzt. Das Gericht sieht zwar punitive damages Entscheidungen trotz ihres pönalen Charakters noch als Zivilurteile i.S. von §§ 328, 722f. an, hält aber die Verurteilung zu Strafschadensersatz grundsätzlich für ordre public widrig. Der letzte Leitsatz der Entscheidung lautet:

> *„Ein US-amerikanisches Urteil auf Strafschadensersatz (punitive damages) von nicht unerheblicher Höhe, der neben der Zuerkennung von*

[43] Vgl. Schütze, Die Anerkennung und Vollstreckbarerklärung US-amerikanischer Punitive-Damages-Urteile in Deutschland, RIW 1993, 139 ff.

[44] Vgl. für Nachweise Herrmann, Die Anerkennung US-amerikanischer Urteile in Deutschland unter Berücksichtigung des ordre public, 2000, S. 229 ff.; im übrigen Mörsdorf-Schulte, ZVglRWiss 104 (2005), 192ff.; Rosengarten, Punitive Damages und ihre Anerkennung und Vollstreckung in der Bundesrepublik Deutschland, 1994; Schütze, Die Anerkennung und Vollstreckbarerklärung US-amerikanischer Schadensersatzurteile in Produkthaftungssachen in der Bundesrepublik Deutschland, FS Nagel, 1987, S. 392 ff.; zur Rechtsnatur der punitive damages eingehend Merkt, Abwehr der Zustellung von „punitive damages"-Klagen 1995 mit umfangreichen Nachweisen

[45] Vgl. u.a. Drolshammer/Schärrer, Die Verletzung des materiellen ordre public als Verweigerungsgrund bei der Vollstreckung eines US-amerikanischen „punitive-damages-Urteils", SJZ 1986, 309 ff.; Lenz, Amerikanische Punitive Damages vor dem Schweizer Richter, 1992

Ersatz für materielle und immaterielle Schäden pauschal zugesprochen wird, kann insoweit in Deutschland regelmässig nicht für vollstreckbar erklärt werden".

Zu Recht geht der BGH davon aus, dass der Strafschadensersatz, soweit er Sühne- und Präventivcharakter hat und bei dem der einzelne als „privater Staatsanwalt" auftritt, mit der deutschen Auffassung vom Bestrafungsmonopol des Staates nicht vereinbar ist, obwohl sich im deutschen Recht auch schon Aufweichungstendenzen in § 10 UWG scheinbar vorhanden sind. Aber da die Abschöpfungsbeträge an den Bundeshaushalt abzuführen sind, kann man kaum von einer Systemänderung sprechen. Grundsatz bleibt, dass der Geschädigte zwar vollen Ausgleich für seinen Schaden erhalten (§ 249 BGB), aber kein „Geschäft" aus dem Schadensfall machen soll.

Hier aber liegt ein Problem. Denn nach der ratio decidendi der Kalifornienentscheidung soll nur die Zusprechung nicht erlittenen Schadens ordre public widrig sein. Das schließt nach der Ansicht des BGH also das packing, d.h. die Verurteilung zum Ersatz von klägerischen Anwaltskosten, die in der Kalifornienentscheidung immerhin das vom Kläger aufgewandte Erfolgshonorar von 40 % ausmachten, nicht in das ordre public Verdikt ein. Dem ist – wie bei der american rule of costs bereits gezeigt – wegen Verstoßes gegen den Grundsatz der Waffengleichheit der Parteien nicht zu folgen. Der Teil der punitive damages, des das packing betrifft, ist nicht deshalb ordre public widrig, weil er gegen das Bestrafungsmonopol des Staats verstieße oder den Grundsatz des § 249 BGB verletzte, sondern wegen der Verletzung des Gleichbehandlungsgebots der Parteien.

In der Erkenntnis, dass die exzessiven punitive damages die Industrie ruinieren und die USA international isolieren können, finden sich Begrenzungen der Höhe nach. Das aber hat auf die ordre public Widrigkeit von – auch so begrenzten – Verurteilungen zu Strafschadensersatz keinen Einfluss.

c. Kumulierung von ordre public Verstößen[46]

Die crux bei der ordre public Prüfung liegt darin, dass die einzelne materielle oder prozessuale Divergenz im deutsch und US-amerikani-

[46] Vgl. dazu Herrmann, Die Anerkennung US-amerikanischer Urteile in Deutsch-

schen Prozess hinnehmbar sein mag, das Ergebnis aber unerträglich erscheint. Es wird deshalb diskutiert, ob und inwieweit der ordre public Verstoß aus einer Kumulierung von einzelnen Abweichungen resultieren kann. Die Rechtsprechung gibt nicht viel her. Ein Urteil des LG Berlin aus dem Jahr 1989[47] bejaht die Frage. Es hat in seiner wohlbegründeten Entscheidung zahlreiche Aspekte eines Urteils aus Massachusetts in prozessualer (Zuscheidung einer Mitverschuldensquote von 95% ohne Begründung) und materieller Hinsicht (z.B. Zuerkennung von Zinseszinsen) kumuliert und die Wirkungserstreckung des Titels nicht nur wegen des punitive damages Teil, sondern insgesamt versagt. Die Entscheidung hat bedauerlicherweise wenig Resonanz gefunden. Lediglich Herrmann setzt sich mit dem Problem in seiner Dissertation eingehend auseinander und verneint – aus seiner Sicht des favor recognitionis – jegliche Kumulierbarkeit[48].

Das Urteil ist aber seinem Zustandekommen und Inhalt nach ein Ganzes. Es kann nicht zerpflückt werden. Die ordre public Prüfung muss dieses Ganze, nicht nur Teile, erfassen. Wenn man prüft, ob eine Suppe ungeniessbar ist, kann man auch nicht einzelne Ingredienzien gesondert prüfen. Vielleicht ist die Suppe leicht versalzen noch genießbar, ein bisschen zu viel Kerbel, Majoran oder Thymian mag auch unschädlich sein. Das Produkt ist aber nicht mehr zum Genuss geeignet. Ebenso ist es mit den ordre public Verstößen. Mag auch der einzelnen Verstoß noch hinnehmbar sein, wenn das Gesamtergebnis für die deutsche Rechtsordnung unerträglich erscheint, ist das Urteil nach § 328 Abs. 1 Nr. 4 ZPO nicht anerkennungsfähig.

3. Die Verbürgung der Gegenseitigkeit

Die Verbürgung der Gegenseitigkeit i.S. von § 328 Abs. 1 Nr. 5 ZPO wird heute im Verhältnis allen Bundesstaaten der USA bejaht. Auch Montana und Mississippi haben die gegenseitigkeitsschädliche révi-

land unter Berücksichtigung des ordre public, 2000; Schütze, Überlegungen zur Anerkennung und Vollstreckbarerklärung US-amerikanischer Zivilurteile in Deutschland – Zur Kumulierung von Ordre-public-Verstössen, FS Geimer, 2002, S. 1025 ff.

[47] Vgl. LG Berlin RIW 1989, 988

[48] Vgl. Herrmann, Die Anerkennung US-amerikanischer Urteile in Deutschland unter Berücksichtigung des ordre public, 2000

sion au fond zwischenzeitlich fallen gelassen – Montana durch Übernahme des Mustergesetzes, Mississippi durch Änderung der Rechtsprechung[49]. In der Diskussion um die Gegenseitigkeitsverbürgung hat man bisher aber nur den Aspekt behandelt, ob die Erfordernisse der Anerkennung deutscher Entscheidungen in materieller und prozessualer Hinsicht dem vom BGH geforderten Äquivalenztest standhalten, insbesondere keine révision au fond praktiziert wird.

Schamhaft ausgeklammert und totgeschwiegen wird der Kostenaspekt[50]. Auch im Verfahren der Vollstreckbarerklärung – sei es durch Registrierung, sei es durch Vollstreckungsklage – gilt die american rule of costs, wonach jede Partei unabhängig von Obsiegen oder Unterliegen ihre eigenen Kosten zu tragen hat. Das bedeutet, dass der Gläubiger eines deutschen Titels für dessen Vollstreckbarerklärung teilweise sehr hohe Kosten aufzuwenden hat, während der Gläubiger eines Urteils eines US-amerikanischen Gerichts im deutschen Vollstreckbarerklärungsverfahrens nach § 91 ZPO im Obsiegensfall volle Kostenerstattung erhält. Damit ist eine echte Äquivalenzstörung gegeben. Während der Gläubiger eines Titels eines US-amerikanischen Gerichts den Urteilsbetrag ungeschmälert erhält, muss der Gläubiger eines deutschen Titels in den USA erhebliche Kosten für dessen Durchsetzung aufwenden, die ihn wirtschaftlich schlechter stellen als den Gläubiger eines US-amerikanischen Urteils in Deutschland. Bei kleinen Urteilssummen führt die american rule of costs zu einer wirtschaftlichen Unmöglichkeit der Anerkennung und Vollstreckbarerklärung überhaupt. So ist es wirtschaftlich sinnlos einen Kostenfestsetzungsbeschluss des LG Stuttgart über 5.000.– Euro in New York für vollstreckbar erklären zu lassen, wenn der Kostenaufwand 10.000.– US $ beträgt. Weinschenk hat schon 1973 darauf hingewiesen, dass der Gläubiger einer kleinen Forderung praktisch rechtsschutzlos ist[51]. Der von ihm damals genannte Betrag von 10.000.– US $ reicht heute bei weitem nicht aus.

[49] Vgl. Wurmnest, Recognition and Enforcement of U.S. Money Judgments in Germany, Berkeley Journal of International Law, 223 (2005), 175 ff. m.w.N.

[50] Vgl. dazu Schütze, Zur Verbürgung der Gegenseitigkeit bei der deutsch-amerikanischen Urteilsanerkennung, ZVglRWiss 98 (1999), 131 ff.

[51] Vgl. Weinschenk, Die Eintreibung kleiner Forderungen in den USA, AWD 1973, 131 ff.

An sich müsste man in dieser Situation die Gegenseitigkeit verneinen. Als Kompromiss bietet sich an, eine partielle Verbürgung der Gegenseitigkeit anzunehmen unter Zugrundelegung von Erfahrungswerten für Kosten im US-Exequaturverfahren. Das führt zu einer partiellen Verbürgung für Urteilsbeträge über 100.000.– US $[52], wobei der Grenze ständig überprüft werden muss.

4. Fazit

Angesichts der mannigfachen Probleme – insbesondere im Hinblick auf den ordre public – scheint es so, als ob die Haltung von Rechtsprechung und Schrifttum recht großzügig gegenüber US-amerikanischen Urteilen ist. Der favor recognitionis ist Leitmotiv. Die Verschärfung des schwelenden europäisch – amerikanischen Justizkonfliktes soll offenbar mit allen Mitteln verhindert werden[53], obwohl die Amerikaner selbst keine Anstalten in dieser Hinsicht machen, wie die konventionsfeindliche Auslegung der Haager Zustellungs- und Beweisübereinkommen, die Usurpierung internationaler Zuständigkeit durch den Alien Tort Claims Act und die chauvinistische Anwendung der forum non conveniens Lehre[54] zeigt.

Bei allem Verständnis für diese Motivation darf man die Probleme nicht einfach „unter den Tisch" kehren. Es sind so tiefgreifende konzeptionelle Unterschiede des US-amerikanischen und deutschen Zivilprozesses vorhanden, die zur Verweigerung der Anerkennung US-amerikanischer Urteile in vielen Fällen führen müssen, ohne dass die Rechtsstaatlichkeit des US-amerikanischen Systems in irgendeiner Weise in Frage gestellt wird.

Die unterschiedliche Auffassung des Prozessystems in den USA und Deutschland, die auf einem völlig anderen Verfahrensverständnis

[52] Vgl. Schütze, ZVglRWiss 98 (1999), 131 ff., wohlwollend Schack, Einführung in das US-amerikanische Zivilprozessrecht, 3. Aufl., 2003, S. 79

[53] So schreibt Schack, Einführung in das US-amerikanische Zivilprozessrecht, 3. Aufl., 2003, S. 79 im Hinblick auf die Ansicht des Autors, dass angesichts der Anwendung der american rule of costs im Exequaturverfahren die Gegenseitigkeit nur partiell verbürgt sei: *„Die Idee ist gut, auch wenn sie den Justizkonflikt zu verschärfen droht"*.

[54] Vgl. dazu Schütze, Forum non conveniens und Rechtschauvinismus, FS Jayme, 2004, S. 1021 ff.

beruht führt im Bereich des ordre public zwar nicht zu einer grundsätzlichen Unvereinbarkeit mit fundamentalen deutschen Rechtsgrundsätze. Das hieße, das „Kind mit dem Bade ausschütten". Die Lösung wird man über eine Umkehr der Darlegungs- und Beweislast suchen müssen[55]. Der Gläubiger eines Urteils eines Urteils eines Bundesgerichts – Urteile von Staatsgerichten sind wegen der konzeptionellen Befangenheit gewählter Richter ohnehin nicht anerkennungsfähig[56] – muss im Einzelfall darlegen und Beweisen, dass kein Verstoß gegen den ordre public vorliegt, die Divergenzen des Verfahrens, z.B. im Hinblick auf die pre-trial discovery, nicht die Grenze des für die deutsche Rechtsordnung Erträglichen überschreiten.

II. Probleme der Wirkungserstreckung US-amerikanischer Schiedssprüche in Deutschland

Ist nun die Anerkennung und Vollstreckbarerklärung US-amerikanischer Zivilurteile also problematisch, so bietet sich bei Schiedssprüchen ein sehr viel günstigeres Bild. Es ist in den letzten Jahren – seit jenen umstrittenen Entscheidungen des BGH aus dem Jahre 1984 zur Doppelexequierung von New Yorker Schiedssprüchen – um amerikanische Schiedssprüche still geworden. Die Vollstreckbarerklärung eines Schiedsspruchs der American Film Marketing Association durch das Bayerische Oberste Landesgericht[57] hat eher zum Schmunzeln über die klassische Bildung eines amerikanischen Schiedsrichters angeregt, denn zu einer Diskussion über amerikanische Schiedssprüche. In der Entscheidung hatte der Schiedsrichter nämlich ein Shakespeare Zitat („As Night Follows Day") zur Begründung eines Teils des Spruchs benutzt: *„Or to put it in Shakespeare's phrase, the award follows as the night the day from this conclusion".*

Drei Aspekte der Durchsetzung US-amerikanischer Schiedssprüche in Deutschland mögen von einiger Aktualität sein.

[55] Vgl. Schütze, FS Geimer, S. 1025 ff. (1041)

[56] Vgl. Schütze, ZVglRWiss 100 (2001), 464 ff.

[57] Vgl. BayObLG SchiedsVZ 2003, 142 mit Besprechungsaufsätzen von Eberl, As Night Follows Day, Shakespeare und die schiedsrichterliche Kompetenz gemäß Art. V 1 c des UNÜ vom 10.6.1958, SchiedsVZ 2003, 109 ff. und Plassmeier, Vollstreckung nicht „endgültiger" Schiedssprüche, SchiedsVZ 2004, 234 ff.

1. Die Anwendbarkeit des deutsch-amerikanischen Freundschafts-, Handels- und Schiffahrtsvertrages 1954

Grundlage der Wirkungserstreckung US-amerikanischer Schiedssprüche ist das UN-Übereinkommen 1958, das durch § 1061 ZPO seit der Reform 1998 auch Grundlage für die Anerkennung und Vollstreckbarerklärung ausländischer Schiedssprüche im autonomen Recht geworden ist. Daneben ist aber auch noch der deutsch-amerikanische Freundschafts-, Handels- und Schiffahrtsvertrag v. 29.10. 1958[58], dessen Art. VI Abs. 2 eine Regelung für die Geltendmachung von Schiedssprüchen enthält. Dieser Staatsvertrag kennt für die Vollstreckbarerklärung eines aufgrund einer gültigen Schiedsvereinbarung ergangenen Schiedsspruchs nur den Versagungsgrund des Verstoßes gegen den ordre public. Der Katalog der Erfordernisse des UN-Übereinkommens 1958 – und damit auch der Regelung des § 1061 ZPO – schrumpft damit auf ein Minimum. Das sehen diejenigen nicht, die meinen, der bilaterale Vertrag mit den USA habe nach Inkrafttreten des UN-Übereinkommens seine Bedeutung verloren.

2. Die Doppelexequierung US-amerikanischer Schiedssprüche

Im Jahre 1984 schreckte der BGH die juristische Welt mit zwei Entscheidungen[59] über die Vollstreckbarerklärung von New Yorker Schiedssprüchen auf. Der BGH brach mit den Entscheidungen mit einem jahrzehntelang in Rechtsprechung[60] und Lehre[61] etablierten

[58] BGBl. 1956 II 487; vgl. dazu Arnold/Hill/Kern, Der Freundschafts-, Handels- und Schiffahrtsvertrag zwischen der Bundesrepublik Deutschland und den Vereinigten Staaten von Amerika vom 29. Oktober 1954, BAnz. Beil. Nr. 141 v. 27.6. 1955; Schwenk, Der neue Freundschafts-, Handels- und Schiffahrtsvertrag zwischen der Bundesrepublik Deutschland und den Vereinigten Staaten von Amerika, JZ 1957, 197 ff.

[59] Vgl. BGH RIW 1984, 557 mit Anm. Dielmann ebenda und Schütze, RIW 1984, 734 ff.; BGH RIW 1984, 644 mit Anm. Mezger ebenda

[60] Vgl. RGZ 5, 397; 30, 368; RG JW 1938, 468

[61] Vgl. Förster/Kann, ZPO, 3. Aufl., § 1042, Anm. 11; Nagel, Internationales Zivilprozessrecht, 1. Aufl., 1980, S. 289; Jellinek, Die zweiseitigen Staatsverträge über Anerkennung ausländischer Zivilurteile, 1. Heft, 1953, S. 175; Stein/Jonas/Münzberg, ZPO, 20. Aufl., § 722, Rdn. 10; Wieczorek, ZPO, 2. Aufl., § 722, Anm. C 1 b; Zöller/Geimer, ZPO, 14. Aufl., § 722, Rdn. 6; Geimer/Schütze, Internationale

Grundsatz. Der BGH ließ nämlich bei zwei in New York exequierten New Yorker Schiedssprüchen als weitere Möglichkeit neben der Vollstreckbarerklärung der Schiedssprüche nach § 1044 a.F. ZPO und den staatsvertraglichen Regelungen eine Vollstreckbarerklärung der Exequatururteile nach den Regeln über die Anerkennung und Vollstreckbarerklärung ausländischer Zivilurteile, d.h. §§ 328, 722f. ZPO, zu. Das OLG Hamburg hat sich dieser Rechtsprechung angeschlossen[62]. Das LG Hamburg hat bei grundsätzlicher Bejahung der Parallelverfahren das Rechtsschutzbedürfnis für die Vollstreckbarerklärung der Exequaturentscheidung verneint[63]. Die Rechtsprechung zur Doppelexequierung hat zu extensiver wissenschaftlicher Diskussion geführt[64].

Der BGH geht davon aus, dass nach der doctrine of merger[65] wie sie u.a. in New York praktiziert wird, das Exequatururteil den Inhalt des Schiedsspruchs in sich aufnimmt, diesen also absorbiert. Es findet eine Verschmelzung der Titel – ein merger – statt, bei dem der Schiedsspruch in das Vollstreckungsurteil aufgeht. In der Tat ist es so, dass in den USA bestätigte Schiedssprüche nach den Grundsätzen für Urteile anerkannt und für vollstreckbar erklärt werden[66]. Der BGH geht

Urteilsanerkennung, Bd. I/2, S. 1692; a.A. allerdings schon vor 1984 Maier, Handbuch der Schiedsgerichtsbarkeit, 1979, Rdn. 472; Schlosser, Das Recht der privaten internationalen Schiedsgerichtsbarkeit, Bd. I, 1975, Rdn. 782

62 Vgl. OLG Hamburg RIW 1992, 939

63 Vgl. LG Hamburg, RabelsZ 53 (1989), 165 mit Anm. Anderegg ebenda und Anm. Schlosser EWiR § 1044 ZPO 1/87, 1249.

64 Vgl. Borges, Das Doppelexequatur von Schiedssprüchen, 1997; Dolinar, Vollstreckung aus einem ausländischen, einen Schiedsspruch bestätigenden Exequatururteil, Gedanken zur Merger-Theorie, FS Schütze, 1999, S. 187ff.; Schlosser, Doppelexequatur zu Schiedssprüchen und ausländischen Gerichtsentscheiden?, IPRax 1985, 141ff.; Schütze, Die Bedeutung eines ausländischen Urteils über die Wirksamkeit eines Schiedsspruchs für dessen Exequierung im Inland, Jahrbuch für die Praxis der Schiedsgerichtsbarkeit 3 (1989), S. 118 ff.

65 Vgl. zur doctrine of merger im US-amerikanischen Recht, Borges, Das Doppelexequatur von Schiedssprüchen, 1997, S. 275ff.; Borris, Die internationale Handelsschiedsgerichtsbarkeit in den USA, 1987, S. 91f.; Dolinar, FS Schütze, S. 187 ff. (193 ff.); zum englischen Recht Kilgus, Anerkennung und Vollstreckung englischer Schiedssprüche in Deutschland, 1995, S. 122 ff.

66 Vgl. Island Territory of Curaçao v. Solitron Devices, 489 F. 2d 1313, 1323 und Seetransport Wiking Trader Schiffahrtsgesellschaftv. Navimpex Centrala Nanvala, 989 F. 2d 572, 583; im übrigen Kronenburg, Vollstreckung ausländischer Schiedssprüche in den USA, 2001, S. 124 f.

aber – und das ist das Problematische an der Rechtsprechung – darüber hinaus, indem er dem Gläubiger freistellt und ihm ein Wahlrecht einräumt, ob er den Schiedsspruch oder das Exequaturuteil anerkennen und für vollstreckbar erklären lassen will, was zu einer wunderbaren Titelvermehrung führt. Wenn der BGH konsequent gewesen und die merger theory richtig angewendet hätte, dann hätte er nur die Vollstreckbarerklärung des Exequaturuteils zulassen dürfen. Wenn er dagegen nach dem Grundsatz „exequatur sur exequatur ne vaut" verfahren wäre, dann hätte er die Doppelexequierung nicht zulassen und den Gläubiger auf die Vollstreckbarerklärung des Schiedsspruchs verweisen müssen.

3. Der ordre public Vorbehalt

Der ordre public Vorbehalt in § 1059 Abs. 2 Nr. 2 lit. b ZPO[67] und den entsprechenden staatsvertraglichen Vereinbarungen hat in der Praxis offenbar nicht zu größeren Problemen geführt. Wie bei der Wirkungserstreckung von Urteilen mögen bei der Anerkennung und Vollstreckbarerklärung von Schiedssprüchen im deutsch-amerikanischen Verhältnis zwei Spezifica US-amerikanischen Verfahrensrecht eines Verstoßes gegen den ordre public verdächtig sein.

a. Punitive damages Verurteilungen[68]

Nachdem der BGH in der Kalifornien Entscheidung vom 4.6.1992[69] die Veruteilung zu Strafschadensersatz, soweit dieser Sühne- und Präventivcharakter hat, und bei der der einzelne anstelle des Staates

[67] Vgl. dazu u.a. Kornblum, „Ordre public transnational", „ordre public international" und „ordre public interne" im Recht der privaten Schiedsgerichtsbarkeit, FS Nagel 1987, S. 140 ff.; Marx, Der verfahrensrechtliche ordre public bei der Anerkennung und Vollstreckung ausländischer Schiedssprüche in Deutschland, 1994; Roth, Der Vorbehalt des Ordre Public gegenüber fremden gerichtlichen Entscheidungen, 1967

[68] Vgl. dazu Lüke, Punitive Damages in der Schiedsgerichtsbarkeit, 2003

[69] Vgl. BGHZ 118, 312 = RIW 1993, 132 = EuZW 1992, 705 = IPRax 1993, 310 = NJW 1992, 3096 = WM 1992, 1451 = ZZP 106 (1993), 79; dazu Geimer, Urteilsanmerkung EwiR § 328 ZPO 1/92, 827; Schütze, Die Anerkennung und Vollstreckbarerklärung US-amerikanischer Punitive-Damages-Urteile in Deutschland, RIW 1993, 139 ff. (aktualisiert auch in: Schütze, Prozessführung und -risiken im deutsch-amerikanischen Rechtsverkehr, 2004, S. 130 ff.)

quasi als „privater Staatsanwalt“ handelt, als mit der deutschen Auffassung vom Bestrafungmonopol des Staates unvereinbar erklärt und die Anerkennung derartiger Verurteilung als ordre public widrig angesehen hat, muss für ausländische Schiedssprüche – trotz der teilweise verwirrenden Differenzierungen in „ordre public transnational“, „ordre public international“ und „ordre public interne“[70] – dasselbe angenommen werden. In der deutschen Rechtsprechung zur Anerkennung ausländischer Schiedssprüche ist allerdings keine Entscheidung feststellbar, die dieses Problem zum Gegenstand hätte. Vielleicht ist es auch ein Scheinproblem. Denn die Diskussion in den USA über die Zulässigkeit von punitive damages Verurteilungen durch Schiedsgerichte[71] ist noch nicht abgeschlossen, jedoch scheint die Tendenz zu einer Tolerierung von Strafschadensersatz in der Schiedsgerichtsbarkeit zu gehen[72].

b. Pre-trial discovery

Bei der Anerkennung US-amerikanischer Urteile kann eine extensive pre-trial discovery, die eine im deutschen Recht verbotene Ausforschung zum Gegenstand hat zu einem ordre public Verstoß führen[73]. Dieser Gesichtspunkt hat bei US-amerikanischen Schiedssprüchen keine – oder doch nur eine untergeordnete – Bedeutung. Das Beweisermittlungsverfahren ist ein auf das jury trial zugeschnittenes Institut, da die Jury vor der Verhandlung die Beweismittel nicht kennt. Im Schiedsverfahren ist eine pre-trial-discovery nicht erforderlich und wird – jedenfalls nach Bundesrecht – nicht praktiziert[74].

[70] Vgl. dazu insbes. Kornblum, „Ordre public transnational“, „ordre public international“ und „ordre public interne“ im Recht der privaten Schiedsgerichtsbarkeit, FS Nagel, 1987, S. 140 ff.

[71] Vgl. aus der deutschen Literatur Lüke, Punitive Damages in der Schiedsgerichtsbarkeit, 2003 m.w.N. für das US-amerikanische Schrifttum; Vorpeil, Schiedsspruch über Punitive Damages, RIW 1991, 557 ff.; ders., Punitive Damages und Schiedsrecht, RIW 1992, 405 ff.

[72] A.A. recht apodiktisch Mörsdorf-Schulte, ZVglRWiss 104 (2005), 192 ff. (247, FN 262): *„Schiedsgerichte können keine Punitive Damages verhängen“*.

[73] Vgl. im einzelnen Schütze, Die Anerkennung und Vollstreckbarerklärung US-amerikanischer Zivilurteile, die nach einer pre-trial-discovery ergangen sind, in der Bundesrepublik Deutschland, FS Stiefel, 1987, S. 697 ff. m.w.N.

[74] Vgl. Borris, Die internationale Handelsschiedsgerichtsbarkeit in den USA, 1987, Rdn. 227 ff.

Ordre public schädlich kann jedoch eine extensive Vorlageverpflichtung von Unterlagen und Dokumenten sein, wenn diese wiederrum zu einer aus deutscher Sicht unzulässigen Ausforschung führt, etwa wenn das Schiedsgericht die Vorlage aller Aufsichtsrats- und Vorstandsprotokolle der Jahre 1995–2005 durch eine Partei anordnen würde, ohne dass die andere Partei spezifiziert, der Inhalt welches dieser Protokolle zum Beweis welchen entscheidungserheblichen Beweisantritts dienen soll. Amerikanische Schiedsrichter, die in der Tradition des jury trial stehen, sind hier oft zu großzügig. Die Messlatte für die Zulässigkeit der Urkundenvorlage ist die Ausforschung. Der Verbot des Ausforschungsbeweises ist ein Grundprinzip des deutschen Rechts. Seine Verletzung führt zur ordre public Widrigkeit.

4. Fazit

Die Anerkennung und Vollstreckbarerklärung von US-amerikanischen Schiedssprüchen in Deutschland ist sehr viel einfacher als die von Urteilen staatlicher Gerichte. Eine spezifisch deutsch-amerikanische Problematik findet sich hier nicht, wenn man von der vom BGH im Rahmen der merger Theorie vertretenen wundersamen Titelvermehrung absieht. Diese erleichtert aber die Durchsetzung amerikanischer Schiedssprüche in Deutschland, indem sie einen zusätzlichen Weg der Wirkungserstreckung eröffnet, erschwert sie nicht. So ist die Schiedsvereinbarung vielleicht der beste Weg, die Freizügigkeit amerikanischer Titel zu sichern[75].

[75] Vgl. dazu auch Sandrock, Gerichtsstands- oder Schiedsklauseln in Verträgen zwischen US-amerikanischen und deutschen Unternehmen: Was ist zu empfehlen?, FS Stiefel, 1987, S. 625 ff.

www.ingramcontent.com/pod-product-compliance
Lightning Source LLC
LaVergne TN
LVHW010652300926
849161LV00005B/1107
9783899493313